G R A V I T A R E 万有引力

[美] 沙希利·浦洛基——著　孙 宁 王梓诚——译

浦洛基作品集 III

NUCLEAR FOLLY

A New History of the Cuban Missile Crisis

愚蠢的核弹

古巴导弹危机新史

SPM 南方传媒 | 广东人民出版社

·广州·

图书在版编目（CIP）数据

愚蠢的核弹：古巴导弹危机新史 /（美）沙希利·浦洛基著；孙宁，王梓诚译. —广州：广东人民出版社，2024.1
（万有引力书系）
书名原文：NUCLEAR FOLLY
ISBN 978-7-218-16728-2

Ⅰ.①愚… Ⅱ.①沙… ②孙… ③王… Ⅲ.①加勒比海危机（1962）—通俗读物 Ⅳ.①D851.22-49 ②D871.22-49

中国国家版本馆CIP数据核字（2023）第126063号

著作权合同登记号：图字19-2023-179号

YUCHUN DE HEDAN: GUBA DAODAN WEIJI XINSHI
愚蠢的核弹：古巴导弹危机新史
［美］沙希利·浦洛基 著 孙 宁 王梓诚 译

出 版 人：肖风华

丛书策划：施 勇 钱 丰
责任编辑：陈 晔 梁欣彤
营销编辑：龚文豪 张静智 罗凯欣
责任技编：吴彦斌 周星奎
特约校对：孙 丽
装帧设计：董茹嘉

出版发行：广东人民出版社
地 址：广州市越秀区大沙头四马路10号（邮政编码：510199）
电 话：（020）85716809（总编室）
传 真：（020）83289585
网 址：http://www.gdpph.com
印 刷：广州市岭美文化科技有限公司
开 本：889毫米×1194毫米 1/32
印 张：14.125 **字 数：**320千
版 次：2024年1月第1版
印 次：2024年1月第1次印刷
定 价：98.00元

如发现印装质量问题，影响阅读，请与出版社（020-85716849）联系调换。
售书热线：（020）87716172

献给那些敢于冷眼旁观、直面真相的勇者

中文版序：五段旅程

这五本书是一个系列，探索并解释了漫长的20世纪的多重变革。它们探讨了强权的衰落和新的国家意识形态的兴起，揭示了不同思想、不同政体间的碰撞，并讨论了第二次世界大战、冷战和核时代给世界带来的挑战。这五本书通过创造叙事，换句话说就是通过讲述故事来实现上述目的。这些故事包含着对现在和未来的启示，具有更广泛的意义。

中国有句谚语："前事不忘，后事之师。"与之最接近的西方谚语是罗马政治家和学者马库斯·图利乌斯·西塞罗（Marcus Tullius Cicero）的名言："历史乃人生之师（Historia est magistra vitae）。"自这句话问世以来，历史的教化作用曾多次被怀疑，在过去几个世纪里，持怀疑态度的人远多于相信的人。但我个人相信，历史作为一门学科，不仅能够满足人们的好奇心，还可以作为借镜，但需要注意的是，我们只有努力将所研究的人、地点、事件和过程置于适当的历史情境中，才能理解过去。

英国小说家L. P. 哈特利（L. P. Hartley）在1953年写道："过去是一个陌生的国度，那里的人做事的方式与众不同。"这句话很有见地，我也把我的每一本书都当作一次前往"陌生国度"的旅行，无论主题是外国的历史还是我自己民族的过去。虽然我的"旅程"的主题或"终点"各不相同，但它们的出发点、行程和目的地都与当下的关注点和感知密不可分。因此，我更愿意把我的研究看作一次往返之旅——我总是试图回到我出发的地方，带回一些身边的人还不知道的有用的东西，帮助读者理解现在，并更有信心地展望未来。

我对个人的思想、情感和行为非常感兴趣，但最重要的是发现和理解形成这些思想、情感和行为的政治、社会、文化环境，以及个人应对环境的方式。在我的书中，那些做决定的人、“塑造”历史的人不一定身居高位，他们可能是，而且往往只是碰巧出现在那个时间、那个地点，反映的是时代的光亮和悲歌。最后，我相信全球史，它将现在与过去联系在一起，无论我们今天信奉什么观点，无论我们现在身处哪个社会。因此，我的许多著作和论文都涉及不同社会政治制度、文化和世界观之间的碰撞。我认为我的任务之一就是揭示其中的多重纽带，而这些纽带把我们彼此，以及我们的前辈联系在了一起。

《愚蠢的核弹：古巴导弹危机新史》聚焦于 1962 年秋天的古巴导弹危机，审视了冷战时期最危险的时刻。在美国公众的记忆中，这场危机极富戏剧性。他们几乎完全聚焦于肯尼迪总统的决策和行动，他不仅是胜利者，还是让世界免于全球灾难的拯救者。而我的著作则将危机历史“国际化”。我扩展了叙事框架，纳入了其他的关键参与者，尤其是赫鲁晓夫，还有卡斯特罗。为了了解危机的起因、过程和结果，并吸取教训，我不仅要问自己他们为避免核战争做了哪些“努力”，还要问自己他们在将世界推向核对抗边缘时犯了哪些错。

我对后一个问题的回答是，肯尼迪和赫鲁晓夫犯下的许多错误不仅是由于缺乏准确的情报，也因为两位领导人无法理解对方的动机和能力。赫鲁晓夫之所以决定在古巴部署苏联导弹，是因为美国在土耳其部署的导弹让苏联人感觉受到了威胁，但肯尼迪并没有意识到这一点，还认为在美国本土附近选择一个新基地来平衡双方才公平。赫鲁晓夫也从未理解过美国的政治体制，在这种体制下，总统的权力受到国会的限制——肯尼迪并不像赫鲁晓夫那样拥有广泛的权力。国会所代表的美国公共舆论认为，古巴在地理、历史和文化上与美国的关系比土耳其与俄罗斯或苏联的关系要密切得多。

我对苏联方面史料的研究，包括在乌克兰档案中发现的克格勃军官的报告，使我能够透过苏联官兵的视角，从下层观察危机的历史。事实证明，这一视角对于全面了解两位领导人对军队的真实掌控力，以及实地指挥官在战争与和平问题上的决策自主性至关重要。苏联指挥官曾违抗莫斯科的明确命令，击落了古巴上空的一架美国 U-2 侦察机，差点使危机演变成一场真的战争。这是因为苏联指挥官误认为他们已经置身战争之中，必须保护自己。事件突发后，肯尼迪和赫鲁晓夫付出了极大的努力，才在局面完全失控之前结束了这场危机。核对抗带来的恐惧为两位领导人提供了一个共同的基础，使他们能够搁置政治和文化上的分歧，让世界免于核灾难。

《切尔诺贝利：一部悲剧史》的主题是一场真实发生的核事故。在这本书中，我集中描写了一些普通人——切尔诺贝利核电站的管理人员和操作人员——的思想、情感、行动和经历，他们是书中的主要人物。其中一些人的行为导致了灾难的发生，而另一些人致力于阻止事故对人类和环境造成更大的破坏。我再次试图理解他们的工作和生活环境对其动机的影响。在此过程中，我将重点放在苏联管理方式的一个关键特征上，即一种自上而下的模式，这种管理方式不鼓励主动性和独立行动，却事实上“鼓励”了被动和责任的推卸。

导致灾难发生的另一个原因是苏联核工业的保密文化。考虑到切尔诺贝利核电站使用的石墨慢化沸水反应堆（RBMK）具有双重用途——既可以生产电力，又能生产核弹燃料，即使其操作人员也不知道它的弱点和设计缺陷。迫于高级管理层的压力，操作人员在 1986 年 4 月 26 日反应堆关闭期间匆忙进行测试。他们违反了规章制度，却没有充分认识到其行为的后果，因为他们对反应堆的一些关键特性一无所知。这次测试造成了一场灾难，而政府却试图向本国人民隐瞒这场灾难的全部后果。

“你认为掩盖切尔诺贝利事故只是苏联的故事，而我们的政府没有发生过类似行为吗？”当我在美国、欧洲和澳大利亚巡回演讲时，读者们一再向我提出这样的问题。我不知道答案，于是决定更深入地研究这个问题，而后我写了《原子与灰烬：核灾难的历史》。在这本书中，我讨论了包括切尔诺贝利核事故在内的六次重大核事故的历史。

其他五次事故包括：1954 年，美国在“布拉沃城堡”试验中试爆了第一颗氢弹，试验结果超出设计者的预期，污染了太平洋的大部分地区；1957 年，位于乌拉尔山脉附近的苏联克什特姆发生核事故，一罐放射性废料的爆炸导致大片地区长期无法居住；与克什特姆核事故相隔仅数周，急于为英国第一颗氢弹生产足够燃料的温茨凯尔核电站同样发生核泄漏，事故绵延影响了英国的大片海岸；1979 年，美国三里岛核电站的核事故迫使超过 14 万人暂时离开家园；2011 年，日本福岛第一核电站发生意外，其后果与切尔诺贝利核事故最为接近（我会在福岛核事故的前一章讨论切尔诺贝利核事故）。

我从政府官员、事件的普通参与者以及普通民众的视角来审视这些事故。我相信，《切尔诺贝利》的读者会认识到：所有政府，无论是什么体制，无一例外都不喜欢坏消息，而且大多数政府都考虑或执行了某种掩盖措施。但在苏联的体制之下，掩盖真相更容易实现，克什特姆核事故被隐瞒了下来，在长达 30 年的时间里，苏联社会和整个世界对此一无所知。

但是，正如切尔诺贝利核事故的历史所表明的那样，掩盖行为会带来巨大的代价。当戈尔巴乔夫提出“公开性”政策时，民众要求政府说出“切尔诺贝利的真相”，这一诉求在莫斯科、立陶宛维尔纽斯（立陶宛有伊格纳利纳核电站）以及乌克兰境内（乌克兰有切尔诺贝利核电站）发酵，进而催化出一系列的政治效应。1990 年 3 月，立陶宛成为第一个宣布脱离苏联独立的共和国；1991 年 8 月，乌克兰也宣布独立。短短几个月之内，苏联消失了，成为切尔诺贝利核事故的又一个“受害者”，这里面的原因不在于事故灾难本身，而在于掩盖。

《被遗忘的倒霉蛋：苏联战场的美国空军与大同盟的瓦解》是我认为最值得研究和写作的，因为它让我有机会通过二战参与者的日常经历来研究更广泛的政治和文化现象，二战是世界历史上最戏剧性、最悲剧性的事件。该书讲述了在英国、美国和苏联组成反希特勒联盟——大同盟的背景下，美国飞行员在苏联空军基地的经历。

美国人向苏联人提出的计划背后有着地缘政治和军事上的充分考量：从英国和意大利机场起飞的俗称“空中堡垒”的 B-17 轰炸机在完成对东欧的德占区的空袭后，降落到苏联境内，利用苏联基地补充燃料和弹药，并在返航时再次轰炸德军目标。这样的飞行安排可以使美国飞机深入德军后方，打击的目标更接近苏联的前线。美苏双方都能从这一安排中获益。但苏联当局不愿意让美国人进行这种穿梭轰炸。事实证明，即使在获得批准后，苏联人仍想着尽快赶走其基地（恰好在乌克兰）里的美军人员。

苏联指挥官与基地里的美国飞行员之间的关系每况愈下。战争结束时，双方关系已经到了无法调和的地步。苏联人为什么反对这样一次“互惠互利”的军事行动？我试图通过查阅驻苏美国军官的报告和苏联情报部门关于美军人员的报告来回答这个问题。苏联方面的文献来自乌克兰的克格勃档案，其中的发现让我大吃一惊。我的假设是，斯大林不希望美国人在苏联领土上建立基地，而双方的争吵则主要出于意识形态和文化方面的原因。

事实证明，这一假设部分是对的，尤其是在涉及苏联领导层时。但关键问题实际上是历史问题，即外国势力武装干涉苏俄内战的记忆，以及文化因素。苏联人觉得自己不如美国人，因为美国人有着先进的军备。政治文化的差异比缺乏共同的语言和乡土文化的影响来得更大。在大萧条的艰困中，许多有左翼政治思想的美国军人开始同情苏联，但他们并不理解或接受苏联政治文化中有关个人自由、秘密情搜（他们是从苏联情报机构那里见识到的）等方面的内容。

正如我在书中所展示的那样，美国人见识了苏联情报部门的手法，尤其针对与美国人日常交往的苏联人，这使得美国军人中的许多“苏联迷”走向了苏维埃政权的对立面。一旦大同盟的地缘政治因素不复存在，两个超级大国之间基于政治文化差异积累起来的敌意便会使双方加速走向冷战时期的对立。

《失落的王国：追寻俄罗斯民族的历程》一书在很大程度上源自苏联解体后凸显的政治和历史问题带来的思考。俄罗斯的起点和终点在哪里？俄罗斯的历史和领土由什么构成？这些问题因苏联解体和各加盟共和国的独立而浮上台面，随着 2014 年俄军进入克里米亚及 2022 年 2 月俄乌冲突爆发变得尤为紧迫。

苏联在许多方面都是俄罗斯帝国的延续，苏联解体后，俄罗斯面临着比欧洲大多数前帝国国家（如英国和法国）更大的挑战。英法等国的挑战在于不得不与各自的帝国脱钩，俄罗斯则发现自己不仅要处理去帝国化的问题，还要重新思考自己的民族叙事。这一叙事始于基辅罗斯，一个在本书中被称为“失落的王国”的中世纪国家。尽管俄罗斯后来的历史一波三折，但其仍被视为始于基辅——自 1991 年以来独立的邻国的首都。俄罗斯首都莫斯科直到 12 世纪中叶才见诸史册，比基辅要晚得多。

我在书中探索了俄罗斯对基辅罗斯的历史主张，并介绍了俄罗斯作为基辅的王朝、法律制度、文化和身份认同的继承者，在帝国时期、苏联时期及后苏联时期的自我转变。该书通过俄罗斯历史上重要人物的思想和行动，围绕“帝国”和“民族”这两个概念的关系，再现了俄罗斯思想上和政治上的历史进程。另一个重要主题是俄罗斯和乌克兰这两个新兴国家之间的关系，后者认为（现在仍然认为）自己的历史与基辅的过去联系更为紧密，这不仅体现在王朝或法律方面，也体现在民族方面。这本书讨论了俄乌冲突的历史和思想根源，这场战争已成为第二次世界大战以来欧洲乃至全世界最大规模的军事冲突。历史叙事对社会及其领导者有巨大的影响力，但双方都有责任作批判性的审视，反思过去，而不是试图将其变成自己的未来。这也是我在本书创作过程中汲取的教训之一。

本系列的五本书各有各的故事，各有各的启示。对每个读者来说，它们可能不尽相同——分析方式确有所不同。但我希望，这几本书在让我们面对过去进行恰当提问的同时，也能提供有价值的解释和回答。我祝愿每一位读者都能在过去的“陌生国度”中有一段收获丰富的愉悦旅程，并希望你们能从中找到值得带回家的东西——一个教训、一个警示或一个希望。

沙希利·浦洛基

2023 年 8 月

今天，这个星球上的每一位居民都必须思考，当地球不再适合居住时，我们该如何自处。无论何种性别、何许年岁，每一个男人、女人和小孩都生活在核危机的达摩克利斯之剑下，悬剑之线，细若青丝，随时可能因意外、误判或一时冲动而被斩断。

——1961 年 9 月，约翰 · 肯尼迪 [1]

当然，我很害怕。只有疯子才不会感到恐惧。我所恐惧的是在核战争蹂躏下包括我的国家在内的所有国家将会面临的危机。如果是恐惧帮助我避免了这种疯狂行径的发生，那么我对这种恐惧感到欣慰。今日世界存在的诸多问题之一，就是能深切感知核战争危险的人还不够多。

——1962 年 12 月，尼基塔 · 赫鲁晓夫 [2]

序　言

“夏威夷受到弹道导弹威胁！立即就近寻找避难所！这不是演习！”2018年1月13日上午，上万名夏威夷居民收到这样一条短信。据夏威夷大学马诺阿分校（University of Hawaii at Manoa）橄榄球运动员、21岁的大二学生卢克·克莱门茨（Luke Clements）回忆，他的第一反应是“从床上跳起来，想弄清到底发生了什么”。克莱门茨临时避难的地下教室很快就挤满了人，一些人尖叫着要求把门关上。“足足有10分钟，没有任何秩序。大家都努力想要一起活下去，”克莱门茨回忆道，“这是一场平静的乱局。”

然而，那条短信被证实是一次误报。官方后来解释称是有人按下了“错误的按钮”。事实上，真相远没有这么简单。犯下错误的官员是一个在应急机构工作了10年的老手，况且他要启动这个能够引发全州恐慌的警报，必须得按下两个按钮，而不是一个。克莱门茨、他的同学和大批夏威夷居民因为一条导弹预警信息出门寻找避难所，最终躲进了建筑物地下室，但这条信息的出现并不完全是个意外。2017年12月，夏威夷当局开始测试岛内的警报系统，这是30年来的第一次，上一次测试还是在1987年。[1]

2017年，朝鲜领导人金正恩选择在7月4日，也就是美国独立日这一天发射一枚洲际弹道导弹，其射程可达美国的阿拉斯加州。同年晚些时候，他宣布朝鲜具有“完备的核力量”，其导弹可以打击全球目标。2017 年 10 月，当朝鲜媒体宣布朝鲜的氢弹试验成功后，美国总统唐纳德・特朗普威胁要“彻底摧毁朝鲜”。他斥责道：“‘火箭人’（金正恩）正在为他和他的政权实施自杀式任务。”金正恩予以回击，称特朗普是一个“精神错乱的疯老头”。2018 年 5 月，特朗普总统宣布美国退出限制伊朗发展核武器的伊朗核问题协议。2020 年 1 月，伊朗也宣布中止履行该协议，此举引发了国际社会对其核力量快速发展的担忧。[2]

美国正经历着冷战结束以来最严重的核危机，过去的历史似乎正在变为当下的现实。2017 年 8 月，两位极有影响力的时事评论员表达了相同的看法，其中一位是共和党人约翰・博尔顿（John Bolton），后来被特朗普总统任命为国家安全事务助理，另一位是民主党人莱昂・帕内塔（Leon Panetta），克林顿总统时期任白宫幕僚长、奥巴马总统时期先后任中央情报局（简称中情局）局长和国防部部长。二人认为，美朝两国因金正恩发展核武器和导弹计划而陷入的僵局，是自美古对立以来对世界影响最严重的一场核危机。2019 年 2 月，弗拉基米尔・普京宣布他已准备好应对一场新的“古巴导弹危机”，并威胁将在离美国领海不远的地方部署搭载有超音速核弹头的潜艇或军舰。2020 年 2 月，普京重申了这一立场。一个月前，也就是 2020 年 1 月，美国暗杀了伊朗伊斯兰革命卫队“圣城旅”指挥官卡西姆・苏莱曼尼（Qasem Suleimani），随后伊朗宣布彻底退出伊核协议。美国媒体则将特朗普总统处理核问题时采取的冒险举措与当年肯尼迪总统在古巴导弹危机中的行动放在一起比较。[3]

在国际政治舞台和相关媒体的报道中，古巴导弹危机被反复提及，没有淡出的迹象。随着核武器议题重回国际政治舞台的中心，古巴导弹危机的梦魇又不可避免地再次出现。我们能否通过重新审视这段历史来阻止一场新的核对抗，或至少在不引发核战争的前提下破解危局？在本书中，我认为，从制造并解决这场危机的那些人的经历中，我们的确能学到很多东西。而选择回顾这段历史还有另外一个原因，那就是随着世界局势变化，我们有责任让年轻一代了解曾经发生的一系列事件，以帮助他们更好地面对当今世界的种种不确定性。

关于古巴导弹危机的文献浩如烟海，但正如下文所述，不论是在对这场危机的新闻报道中，还是在将其划归为一次国际事件而非美国事件的普遍认知中，都有诸多重要的空白尚待填补。对古巴导弹危机这一历史事件的深入发掘始于 20 世纪 60 年代，其标志性事件是罗伯特·肯尼迪（Robert Kennedy）所著的《十三天：古巴导弹危机回忆录》（*Thirteen Days: A Memoir of the Cuban Missile Crisis*）一书的出版。这本书至今仍然有很多读者。然而，随着古巴导弹危机期间美国国家安全委员会执行委员会（Executive Committee of National Security Council）会议辩论的录音带被公之于众，许多早先有关决策过程的所谓“真相”受到了质疑。这些音频由约翰·肯尼迪总统秘密录制，而他的弟弟在创作回忆录时显然参考了这些录音。后来的研究表明，《十三天：古巴导弹危机回忆录》中对与肯尼迪总统关系较差的人，如国务卿迪安·腊斯克（Dean Rusk）和时任副总统的林登·约翰逊（Lyndon Johnson）在危机中所扮演角色的叙述往往失之偏颇、不够准确。[4]

1969年罗伯特·肯尼迪的著作出版以来，历史学家、政治学家和新闻工作者对这段历史的研究取得了重大进展。哈佛大学政治学教授格雷厄姆·艾利森（Graham Allison）所写的有关古巴导弹危机期间政府决策的经典著作①［菲利普·泽利科（Philip Zelikow）参与了该书第二版的创作］，已经成为全世界国际关系专业学生的必读书目。美国历史学家蒂莫西·纳夫塔利（Timothy Naftali）和他的俄罗斯同事亚历山大·富尔先科（Aleksandr Fursenko）在20世纪90年代所做的研究对我们了解古巴导弹危机期间苏联政府的决策过程做出了巨大贡献。迈克尔·多布斯（Michael Dobbs）则在详尽新闻调查的基础上撰写了一部还原这场危机真实面貌的历史作品，绘制了一幅由三个当事国的数十个乃至数十万个参与者构成的群体画像。而古巴那些曾经难以获取的相关历史资料，也在近几十年随着古巴历史学家的著作出版并被译为英文而逐渐为人所知。[5]

但是，无论近几年乃至几十年来有多少关于古巴导弹危机的研究著作问世，这些作品的叙事主线都出奇一致：约翰·肯尼迪拒绝让步，在心腹顾问的帮助下，准确地预测并判断了苏联的意图与实力，从而顺利解决了危机。而我试图对这种既定的叙事发起挑战，为解读和重构古巴导弹危机另辟蹊径。以往大多数的研究都关注那些身处危机之中的关键人物及普通参与者做出正确决策的时刻和过

① 即《决策的本质：还原古巴导弹危机的真相》。（本书页下注均为译者注和编者注）

程，与之相反，我着眼于那些让他们做出误判的情势。

约翰·肯尼迪十分警惕因误读对手意图而引发战争的可能性，他对巴巴拉·塔奇曼（Barbara Tuchman）的普利策获奖作品《八月炮火》（*The Guns of August*）尤为推崇。该书出版于1962年，讲述了第一次世界大战"意外"爆发前后的那段历史。他不仅把这本书赠给了亲密的朋友，还赠给了驻扎在世界各地的美军指挥官。但在我看来，古巴导弹危机的故事或许用塔奇曼另一本获奖著作《愚政进行曲》（*The March of Folly*）的书名来总结更为恰当。我将在本书中指出，肯尼迪和赫鲁晓夫二人都犯下了一连串的错误。这些错误是在多重因素作用下产生的，包括意识形态上的傲慢与偏见、凌驾一切的政治私利、对于对手的地缘战略目标和意图的误判，以及由情报缺失和文化差异导致的判断失当等。[6]

肯尼迪无法理解赫鲁晓夫的动机，并对可能引发的柏林核危机忧心忡忡。在还未明确苏联在古巴驻军的规模及核力量之前，肯尼迪就提议对苏联部署在古巴的导弹设施进行军事打击。赫鲁晓夫未曾料到肯尼迪会做出如此坚决的回应，他起初惊慌失措，后来又难以传达自己希望尽快解决危机的愿望。赫鲁晓夫不仅错失先机，最终还难以控制苏联驻古巴集团军，以及惶惶不安但渴望与美国人开战的菲德尔·卡斯特罗。[7]

我在为找寻肯尼迪、赫鲁晓夫以及他们的顾问和下属所犯错误的蛛丝马迹而检索相关文献（包括最近解密的苏联国家安全委员会档案）时，不禁感到疑惑：到底是什么阻止了核战争的爆发？很多人——实际上是太多人会说，这在很大程度上得益于美苏领导人的正确决策。然而他们的背景、从政轨迹、思想观念和理政风格都大相径庭，却为何不约而同地做出同样的抉择？正如我在本书中指出的，真正起到决定性作用的是他们所具有的一个共同点，那就是对核战争的恐惧。这场危机之所以没有演变为一场兵戎相见的战事，是因为肯尼迪和赫鲁晓夫都对核武器心存忌惮，对核武器的使用慎之又慎。

肯尼迪原本计划通过军事行动摧毁苏联在古巴部署的核导弹，但当了解到这些核导弹已处于可发射状态时，他转而采取了封锁措施。无独有偶，赫鲁晓夫起初希望用核导弹威慑美国，以防止其对古巴发动攻击，但得知美军采取封锁措施后，他立刻命令苏联舰艇回撤，并在获悉装备了核弹头的美军战略轰炸机正处于高度戒备状态后，撤走了部署在古巴的核导弹。1962 年 10 月底，在未经莫斯科授权的情况下，苏联驻古巴集团军击落了一架美国 U–2 侦察机，这让美苏领导人意识到两国的地面和空中军事力量都在逐渐失控。此后，他们迅速就美国部署在土耳其的核导弹达成一致意见，赫鲁晓夫甚至将那些还未被美军发现的核武器也撤出了古巴，以避免引发第二次危机和可能发生的战争。

在那个时代，广岛和长崎的核爆炸在肯尼迪、赫鲁晓夫等大国领袖以及他们国家的民众心中都留下了无法抹去的阴影。而 1954 年美国“布拉沃城堡”热核试验与 1961 年苏联“沙皇炸弹”氢弹试爆又再次刷新了人们对核武器极端破坏力的认知。那一代人敏锐地意识到，原子弹有可能摧毁一个国家甚至整个人类世界，氢弹尤甚。因此，本书认为，两位领导人在制定每一项决策时，真正起决定作用的是他们心中对核武器使用后果的恐惧。然而，与 1962 年如履薄冰的肯尼迪和赫鲁晓夫不同，当今世界，某些国家的领导人却对核武器和核战争漫不经心、不以为意。

人们未曾意识到，自 2019 年 8 月 2 日起，这个世界已经进入了一个新的危机时代。就在那一天，地球上拥有最强核力量的两个国家——美国和俄罗斯（两国的核弹头数量合计达 3 万枚）于 1987 年由罗纳德·里根和米哈伊尔·戈尔巴乔夫签署的《美苏消除两国中程和中短程导弹条约》（简称《中导条约》）正式全面失效。截至 2019 年 8 月 2 日，该条约是最后一个签订于冷战时期且仍然有效的军备控制协议。也正是从那一天起，一场失控的核军备竞赛正式开始。8 月 8 日，也就是《中导条约》全面失效后还不到一周，恶果就开始显现。一枚代号为“天降”（Skyfall）的俄罗斯核动力巡航导弹的反应堆在巴伦支海（Barents sea）上爆炸，造成 5 名俄罗斯科学家死亡、多名海军军官牺牲，并对俄罗斯阿尔汉格尔斯克地区的大气和水体造成污染。就在一年前，普京总统在一段公开视频中表示，“天降”的最终目标就是美国。[8]

一些作家将我们当下所经历的一切称为“第二个核时代”的到来。但是，与冷战时期相比，我们如今处在一个更加危险、更加难以预知的世界之中。因为人们在冷战最初几十年里积累的对核武器的恐惧感如今已消失殆尽，而越来越多的国家开始选择利用核武器来威胁对手。我们忘却了历史的教训。为了在这个时代中生存下去，我们必须温故而知新。[9]

目　录

序 幕

罗伯特·麦克纳马拉（Robert McNamara）简直不敢相信自己的耳朵。据一位在场者回忆，当得知实情后，这位曾在约翰·肯尼迪和林登·约翰逊两任美国总统麾下担任国防部部长的老人“不得不扶着桌子来稳住自己”。那是 1992 年 1 月 9 日，参与解决古巴导弹危机的关键人物之一、时年 75 岁的麦克纳马拉正在哈瓦那参加一场关于这场危机的专题会议。

会议嘉宾来自美国、古巴和苏联，而且都是这场危机的主要参与者，菲德尔·卡斯特罗也出席了会议。正在台上发言的是前华沙条约组织联合武装部队的指挥官阿纳托利·格里布科夫（Anatoly Gribkov）将军，他是 1962 年苏联在古巴部署导弹的主要策划者之一。令麦克纳马拉大惊失色的是格里布科夫平淡的发言：1962 年夏秋之间，苏联已经成功地在古巴部署了 4.3 万名士兵。然而，当年麦克纳马拉和他手下的军事专家们曾坚信苏联在古巴的驻军人数不可能超过 1 万，并以这个预判为依据，来决定是否打击苏联在古巴部署的军事设施并入岛作战。

随后格里布科夫披露了更多令人震惊的真相。他沉声静气地讲道，除了大量兵力、防空武器、轰炸机，以及射程可达美国本土、可搭载核弹头的中程弹道导弹外，苏联还在古巴部署了战术核武器，而美国对此一无所知。苏联在古巴部署了 6 个“月神”（美方称为“蛙式”）导弹发射装置，以及 9 枚搭载核弹头的短程导弹。尽管这些导弹的射程较短，威胁不到佛罗里达州，但如果将其用于对抗美军的进攻，仍会产生毁灭性的后果。每枚核弹头的爆炸威力相当于 0.6 万—1.2 万吨 TNT 炸药，仅略低于 1945 年 8 月美国在广岛投下的原子弹的爆炸当量（1.5 万吨）。最重要的是，麦克纳马拉得知，在危机发生后的一段时间里，使用“月神”导弹发射器的决定权是由远在古巴的苏军指挥官实际掌控的。[1]

麦克纳马拉在几天后表示：“我们当时不相信古巴有核弹头，也没有任何迹象表明他们有核弹头。”与麦克纳马拉一同出席会议，曾任肯尼迪总统白宫特别助理的小阿瑟·施莱辛格（Arthur M. Schlesinger, Jr.）也大吃一惊。他回忆称，格里布科夫的揭秘令美国民众不寒而栗。“难以置信，”施莱辛格想起了他听到这些真相时的感受，“之前，我一直认为我们高估了此次危机的危险程度，因为赫鲁晓夫深知美国在核力量方面的整体优势和美国在加勒比地区的传统优势，所以他绝不会冒险发动战争。但我们现在得知，如果遭遇美军袭击，苏联军队已经做好了发射战术核导弹的准备。”[2]

就在格里布科夫发言的几个小时前，麦克纳马拉在会议上表示，古巴导弹危机三个主要参与国的行动“因误报、误判和误解而被扭曲”。但是让他没有想到的是，美苏双方的误会与误解竟如此之深。“想想就让人后怕，”麦克纳马拉在接受记者采访时说，“这意味着，如果美国发动进攻，如果苏联不撤出导弹，那么核战争爆发的可能性就是 99%。”[3]

第一部分

棋逢敌手

第一章　新手上任

1961 年 1 月 20 日，约翰·菲茨杰拉德·肯尼迪在华盛顿宣誓就职。那日天气冷冽，尽管背部疼痛，但身材高大而挺拔的他身穿燕尾服，与周围裹着冬衣的人们形成鲜明对比，他展现出的年轻、活力、乐观与坚定让人印象深刻。就任时，他只有 43 岁，是美国历史上最年轻的总统。肯尼迪的形象和言辞让人们相信，他将在总统任期内甚至未来几十年里为他的国家和这个世界开辟新道路、创造新气象。[1]

在这一天，美国国家领导人实现了新老交替，镜头捕捉到了这一更迭与传承的过程：即将卸任的艾森豪威尔总统头发花白稀疏，他把自己裹得严严实实，跟年轻的继任者同乘一辆汽车前往就职典礼现场，并在肯尼迪宣誓后跟他握手。艾森豪威尔是战争英雄，也是美国历史上最成功的总统之一，当时已经 70 岁了，但他并不是出席者中年龄最大的。为了欢迎新总统就任，也为了传递道德领导力的火炬，86 岁的美国“桂冠诗人”罗伯特·弗罗斯特（Robert Frost）也出席了典礼。赢得大选后，肯尼迪邀请弗罗斯特出席他的就职典礼并致辞，弗罗斯特欣然接受并回复道："如果您在这个年纪就能够承受成为美国总统的荣誉，那么我在这个年龄应该有资格参加您的就职典礼。"[2]

弗罗斯特深知肯尼迪担任总统后将会面临挑战，但他相信年轻是肯尼迪最大的财富，并设想这位新总统能够以罗马帝国第一位元首奥古斯都为榜样，引领美国进入一个光辉的新纪元。那将是一个四海升平、国泰民安的时代，一个文化与权力交融的时代。弗罗斯特曾专门为这场就职典礼创作了一首献礼诗，但由于典礼前一天夜里华盛顿下了一场大雪，而典礼当天天气晴朗，大雪在阳光照耀下反射出刺眼的强光，让这位老人无法看清自己的诗稿，因此他没能当众朗诵这首新诗。弗罗斯特在诗中预言："新奥古斯都时代的荣耀 / 一个由能力与自豪领衔的强国 / 一颗渴望接受试炼的青春雄心 / 在与任何国家的博弈之中 / 我们的自由信仰坚定不移。"[3]

如果说弗罗斯特虽有远见却视力欠佳，那么比他年轻 40 多岁的肯尼迪则远见和视力兼备。他的就职演说是美国政治史上最著名的演讲之一，并成为全美小学生的必读文本。肯尼迪总统图书馆暨博物馆的网站称，演讲中最令人难忘的一句话是："不要问国家能为你做什么，而要问你能为国家做什么。"有人认为这句话"使男女老少意识到公民行动和公共服务的重要性"，事实也的确如此。然而，国内的公共服务并不是肯尼迪关注的焦点。对肯尼迪来说，要开创罗伯特·弗罗斯特所设想的新奥古斯都时代，宣扬国际牺牲精神才是关键所在。"为了确保自由的存在与胜利，我们将不惜付出任何代价，承担任何重任，面对任何困难，支持任何朋友，并反对任何敌人。"肯尼迪宣告。这次演讲中有关国际政治的内容占据了大部分篇幅。尽管 20 世纪 60 年代美国国内的社会动荡还持续存在，但他认为当务之急是应对因苏联成功发射人造地球卫星和共产主义在亚非拉的发展而造成的恐慌。[4]

在演讲中，肯尼迪警告他的同胞乃至整个世界："人类最后的战争"将有可能发生。核军备竞赛及其后果一直困扰着他。尽管通篇演讲未提及苏联，也没有提到苏联领导人的名字，但其中的一部分关键内容确实是指向尼基塔·赫鲁晓夫的。肯尼迪隐晦地将苏联等国称为"那些要与我们为敌的国家"，并呼吁这些国家"重新着手寻求和平，不要等到科学释放出的可怕破坏力有意或无意地使全人类沦于自我毁灭"。肯尼迪引用了他的演讲顾问——哈佛大学经济学家约翰·肯尼思·加尔布雷思（John Kenneth Galbraith）说过的一句话："让我们绝不因为害怕而谈判。但是，也让我们绝不害怕谈判。"

肯尼迪承诺要让一个全新的美国在一个全新的世界中崛起。美国的崛起将以自由为基石，依靠所有美国民众的奉献和牺牲来实现。他对"姐妹共和国"（即拉丁美洲国家）做出承诺，要"把我们的美好诺言化作善行"，并为消除贫困而建立一个"新的进步的联盟"。"但这一充满希望的和平变革不能成为敌对势力的猎物。"肯尼迪接着说，"让我们的所有邻邦都知晓，我们将与他们一同挫败发生在美洲任何地方的侵略或颠覆行动。还要让所有的外部势力都知晓，西半球的事情，应该由西半球的人民自己来管。"[5]

肯尼迪希望效仿奥古斯都，开创美国版的"罗马和平"。但这个愿景有可能实现吗？一个年轻又缺乏经验的总统能够胜任于此吗？罗伯特·弗罗斯特心中的答案是肯定的。而弗罗斯特的远见、肯尼迪的才干与决心也即将面临一次考验。它来得比任何人预料的都要更早，也比任何人预料的都更接近美国海岸。

这次考验便来自古巴。

在 20 世纪，古巴是一个符号，象征着美洲未能完成其彻底推翻帝国主义统治的最高目标，也未能达到世界反殖民主义运动对其寄予的厚望。作为西班牙殖民地，古巴在摆脱殖民统治方面相较于其他美洲国家一直较为滞后。1804 年，邻国海地摆脱了法国的统治；1821 年，墨西哥推翻西班牙的统治，宣布独立；同年，经过与西班牙的浴血奋战，西蒙·玻利瓦尔（Simón Bolívar）使委内瑞拉彻底摆脱西班牙殖民统治。然而，在整个 19 世纪上半叶，西班牙一直维持着对古巴的殖民统治。1868 年，古巴人民揭竿而起，发动了争取自由独立的战争，但经过 10 年的抗争，起义最终失败了。古巴人民又分别于 1879 年和 1895 年发动武装起义。最后这一次，他们有了一个强大的盟友——美国。[6]

美国军队于 1898 年 6 月登陆古巴。美国政府之所以介入，部分原因是美国民众要求西班牙停止对古巴人民的暴行。当时，西班牙对古巴实施的残暴统治被美国媒体广泛报道，并时有夸大之词。然而，秉承数十年之久的“门罗主义”才是美国此举背后的根本原因。早在 1823 年，在拉丁美洲独立战争期间，美国总统詹姆斯·门罗（James Monroe）就宣布，欧洲任何列强控制或压迫南北美洲国家的任何企图都将被视为“对美国的敌意行为”，“门罗主义”就此诞生。1898 年，它又被赋予了新的含义：美国不仅要维护拉丁美洲国家的独立，更要帮助这些国家实现独立。在美国的干预下，西班牙不得不从古巴撤军并放弃对古巴的主权。

1820 年，托马斯·杰斐逊（Thomas Jefferson）曾经设想吞并古巴，使其成为美国的一个州。然而到了 1902 年，美国政府既没有要扩大美国边界、将古巴“收入囊中”的想法，也不愿意放手让古巴实现真正的独立。1901 年，作为美国陆军拨款法案补充条款的《普拉特修正案》得以通过。这项法案以其主要提出者美国参议员奥维尔·普拉特（Orville Platt）的名字命名，要求古巴政府同意美国政府在古巴建立军事基地，并以实现“有效治理”为名干涉古巴内政，这极大侵害了古巴的国家主权。该修正案被写入古巴宪法，使得古巴实际上成为美国的保护国，也吹响了古巴反对派和革命者的集结号。在接下来的几十年里，反抗者的数量越来越多。美国取代了西班牙，成为古巴人民竭力反抗的“新主人”。[7]

实际上，古巴已经成为美国在加勒比地区的“殖民地”。古巴的农业、矿业、公用事业以及金融服务业的大部分资产，最终都落入美国之手。为了维护美国在古巴的战略布局和经济利益，美国政府与古巴当地的庄园主和军方结盟。当时古巴政府的最高领导人中，最受美国信任的盟友是富尔亨西奥·巴蒂斯塔（Fulgencio Batista）将军，他曾在 1940—1944 年担任古巴总统，随后在 1952 年通过发动军事政变重新掌权。他与古巴岛上两股最强大的美国经济势力——农业公司和黑手党家族建立了密切的联系。为了迎合美国游客的需求，在他的纵容下，古巴的赌博和卖淫活动日益猖獗。[8]

1952 年，巴蒂斯塔重新掌权之后，立即取消了即将举行的总统选举。他的腐败统治不仅激起了贫苦大众的反对，也引起了中产阶级的反感。随着总统选举被取消，民主制度遭受重创，愤懑的年轻一代揭竿而起。1953 年 7 月 26 日，一群年轻的革命者攻打了位于圣地亚哥的蒙卡达兵营。最终，起义被镇压，起义领导者被捕，其中就包括一名出身富裕庄园主家族的 26 岁律师——菲德尔·卡斯特罗。一同被捕的还有他的弟弟劳尔·卡斯特罗（Raúl Castro）以及另外 24 名起义参与者。随后，菲德尔被判处 15 年有期徒刑。

然而，幸运的是，巴蒂斯塔为了改善自己的国际形象，于 1955 年 5 月释放了卡斯特罗兄弟和他们的伙伴。由于担心再次被捕，卡斯特罗兄弟离开古巴前往墨西哥。至此，蒙卡达兵营事件似乎得到了圆满解决：巴蒂斯塔毫发无伤，并通过操纵选举继续统治古巴，革命者们也被驱逐出境。这一切都让他的美国盟友们甚为满意，因为美国政府既希望维护其在古巴的利益，又不愿受到国内和国际舆论的谴责。令许多人始料不及的是，卡斯特罗兄弟于 1956 年 11 月重返古巴。这一次，一群流亡海外的古巴爱国青年和来自拉丁美洲其他国家的革命者一同跟随菲德尔，他们乘坐一艘破旧的游船“格拉玛号”（*Granma*）偷渡入境，谋划发动新的起义。

这场最终迫使巴蒂斯塔下台的游击战争，开局并不十分顺利。这些革命者刚刚登陆古巴不久就遭到了巴蒂斯塔军队的围剿。为了活命，他们不得不转战古巴东南部奥连特省（Oriente）的马埃斯特腊山区（Sierra Maestra）。登陆的 81 名革命者中，只有 19 人成功突围，到达山区的安全地带，其中包括卡斯特罗兄弟以及他们的亲密盟友——阿根廷医生埃内斯托·切·格瓦拉（Ernesto Che Guevara）。尽管起步艰辛，但随着不满独裁统治的古巴城市青年和当地农民不断加入，这支革命队伍开始逐步壮大。

巴蒂斯塔政权对革命军发动了更为残酷的镇压，然而镇压举措非但没有达到预期效果，反而让更多的人加入了革命队伍。不仅如此，由于这些举措极大损害了古巴政权在海外的形象，美国的社会舆论开始强烈谴责这位古巴独裁者。迫于舆论压力，美国政府不得不将驻古巴大使从哈瓦那召回，并对古巴实施贸易禁运。此举切断了巴蒂斯塔的武器供应，助推了革命队伍的迅速壮大。1958 年，当美国停止对古巴的军售之后，卡斯特罗领导的革命运动迎来了重大转折。这一年夏天，在被巴蒂斯塔军队重挫后，卡斯特罗又重新集结队伍并发动了反攻。12 月 31 日，各路革命军合力攻打并占领了圣克拉拉（Santa Clara），经此一役，巴蒂斯塔自觉大势已去，仓皇逃亡海外。

随着独裁者的下台，半年前几乎将革命武装赶尽杀绝的反革命力量也随之瓦解。1959 年 1 月 8 日，革命军攻下了哈瓦那，菲德尔·卡斯特罗举行了入城游行仪式，庆祝革命胜利。巴蒂斯塔曾迫于国际压力将卡斯特罗从狱中释放，而卡斯特罗不管国际舆论如何，对新政权的敌人一律严惩不贷。数百名巴蒂斯塔政府的官员被解职并接受审判，其中近 200 人被处决。新政权的主要领导人劳尔·卡斯特罗和切·格瓦拉发动了清洗。一个腐败且极不受欢迎的独裁者消失了，取而代之的是一个看似不会腐败且魅力非凡的新人。

古巴革命取得了胜利，但这场胜利将产生何种影响，无论是对古巴新政权的领导者，还是对古巴新政权的国内外支持者和反对者来说都是未知数。在卡斯特罗执政的第一年，美国对古巴的直接投资有所增加，但当新政府实行了古巴急需的土地改革后，情况很快发生了变化。1959 年 5 月，卡斯特罗将私有农田的面积限制在约 4 平方公里以内，其余部分由政府没收并重新分配。1960 年 7 月，古巴政府将美国在古巴的企业和资产全部收归国有，并表示由于政府资金与资源短缺，无法对没收资产提供任何补偿。作为回应，艾森豪威尔总统宣布取消美国对古巴的主要进口商品——蔗糖的采购。[9]

美国发现，自己所处的境地与之前英国和法国这类老牌帝国主义列强在其亚洲、非洲的殖民地和附属国的处境极为相似。此时，古巴国内的共产主义运动也有兴起之势，苏联也开始直接介入这个地区——这种模式在前殖民地国家中屡见不鲜。1959 年 4 月，应美国报纸主编协会（American Society of Newspaper Editors）的邀请，菲德尔·卡斯特罗访问了美国。其间，卡斯特罗发表声明撇清了自己与共产主义之间的关系："我知道全世界都认为我们是共产主义者，但我已经说得很清楚，我们不是共产主义者，这一点非常明确。"然而世事变化无常。1960 年 2 月，尼基塔·赫鲁晓夫的高级顾问之一——经验丰富的政治家、布尔什维克元老阿纳斯塔斯·米高扬（Anastas Mikoyan）访问了古巴。随后，他敦促赫鲁晓夫尽快为这个年轻的革命政权提供经济援助。5 月，赫鲁晓夫发表公开声明，要求美国停止对古巴的干涉，否则将使用核武器。这是苏联版的"门罗主义"。苏联决意维护拉丁美洲国家的独立，使其免受美国的影响。

在艾森豪威尔看来，此举已经严重威胁到美国的利益，无论卡斯特罗是不是共产主义者，共产主义都正在古巴蓬勃发展。幸运的是，总统的顾问团队已经准备好了一项应对危机的计划。几年前，也就是 1954 年 6 月，由于危地马拉的土地改革对联合果品公司（United Fruit Company）的利益造成了威胁，美国中情局在危地马拉成功策动了一场政变。1960 年 3 月，古巴的土地改革已经开始，但没收美国商业资产的消息尚未公布，艾森豪威尔决定在此时推翻古巴政权。按照计划，美国将以其人之道还治其人之身，让古巴在海外的政治流亡者回国发动平民暴动，以这种方式逼迫卡斯特罗下台。美国中情局就此制订了详细计划，不过艾森豪威尔已经没有时间执行这个计划了。接手这项重任的是新任美国总统约翰·肯尼迪。[10]

艾伦·杜勒斯（Allen Dulles）是一位头发花白、爱抽烟斗的美国情报界元老，也是从艾森豪威尔政府中留任的官员，在肯尼迪就任总统后继续担任中情局局长。1961 年 1 月 28 日，也就是肯尼迪的就职典礼约一周后，杜勒斯首次向总统呈报了入侵古巴的计划。

当时，理查德·比塞尔（Richard Bissell）是中情局主管行动策划的副局长，曾负责马歇尔计划在战后德国的实施，入侵古巴的计划就是由他负责制订的。他提议在古巴的海外流亡者中招募一批游击战士，让他们在中情局危地马拉基地受训，随后帮助他们潜入古巴。比塞尔还建议在古巴领土上建立一个兼备入海通道和简易机场的滩头阵地，以此作为未来新古巴政府的行动基地。他希望这次入侵行动能引发古巴民众对卡斯特罗政权的抗议和暴动，但最终结果如何他并不在意。因为比塞尔设想的最后阶段的行动是“以终止古巴内战为名，美国将公开倡议，由美洲国家组织（Organization of American States，简称 OAS）联军对古巴实施军事占领”。[11]

这个最后阶段的行动计划让肯尼迪身边的一些顾问深感不安。参谋长联席会议（the Joint Chiefs of Staff）主席莱曼·莱姆尼策（Lyman Lemnitzer）将军表示，鉴于卡斯特罗政府的军事力量不断增强，目前正在受训的 6000—8000 人的部队不足以实现这一目标。他表示，“最终计划还须包括提前商定的为古巴反政府军队提供额外支持的方案——这种支持很大概率将来自美国”。莱姆尼策知道，美国军方将不得不介入这项计划，他希望提前厘清责任。而国务卿迪安·腊斯克的担忧则有所不同，他认为美国的入侵会招致国际社会的强烈反对。他和他的手下预见到“未经美洲国家组织授权和支持的任何公开军事行动，都将给我们国家在整个西半球的地位带来严重的政治风险”。

肯尼迪要求他的顾问团队重新审视这个计划。美国国防部奉命对此次行动进行军事评估，国务院则设法争取拉丁美洲国家的支持。各部门达成一项共识，即“美国必须明确澄清，其对古巴政府目前所持立场是出于坚决抵制共产主义向美洲国家渗透的需要，而并非为了反对民主革命与经济改革”。但对于如何将对民主革命的支持与对共产主义的抵制区分开来，却无定论。[12]

1961 年 2—3 月，肯尼迪继续与其顾问团队商议中情局提出的入侵计划，想弄清楚这个计划是否确实是解决古巴问题的最佳方案。面对相互冲突的决策目标，肯尼迪进退两难。一方面，他决意阻止共产主义在西半球的传播；另一方面，为了向拉丁美洲的“姐妹共和国”展现新任美国总统的友好姿态，他又不愿动用美国的军事力量。此时，肯尼迪希望改善的美苏关系也变得岌岌可危。顾问告诉他时间已经不多了，他必须采取行动。面对这种情况，肯尼迪很可能认为，在古巴采取秘密行动是兼顾各方需求的唯一方法。

1961 年 2 月 8 日，在与顾问团队开展的一次会议上，肯尼迪建议特遣部队以小组形式分头渗透古巴，他们的首次大规模行动的策源地应是古巴，且他们不是作为“美国派来的入侵部队”开展行动的。中情局和军方都不赞同这个想法。比塞尔于 3 月 11 日呈报了一份备忘录，有力地反驳了肯尼迪关于采用小股力量逐步渗透的设想。他在备忘录中称，如果没有空中支援和地面坦克配合，这些游击部队很难从海滩登陆并深入山区。比塞尔建议应“投入全部兵力实施登陆”。肯尼迪对此颇为不满。他将行动计划退回，要求中情局重新制订一个让美国的介入“不那么明显”的计划。[13]

4 天后，也就是 3 月 15 日，比塞尔提出了一个替代方案。他仍然坚持实施空中支援，但建议将行动所使用的飞机伪装成古巴军机。为了保证计划顺利实施，这支由所谓的反卡斯特罗古巴流亡分子组成的登陆部队需要控制一个古巴境内的临时机场，并将其作为行动基地。因此，比塞尔建议，部队登陆后必须立即占领一片设有飞机跑道的区域。此外，考虑到此次行动将以“深入敌后”的方式进行，登陆部队占领的区域必须适合长期防御。比塞尔认为科奇诺斯湾（也称猪湾）的海滩最为合适，因为那里被沼泽湿地环绕，虽然远离山区，但有两条适合 B–26 轰炸机降落的跑道，只需一支规模不大的部队即可对其进行有效防御。肯尼迪批准了这项新计划，但提出了一个条件：为了确保事后可以撇清该行动与美国的关系，部队必须在夜间登陆，而且运送特遣部队的船只必须在黎明之前撤离该地区。

在接受了赫鲁晓夫提出的尽早举行美苏首脑会晤的提议后，经过与父亲的多次商议，肯尼迪决定在复活节休假期间批准实施入侵计划。由于行动日期定在4月16日星期天，肯尼迪打算离开白宫，到他位于弗吉尼亚州的格伦奥拉庄园度过那个周末。这依然是一种策略，因为媒体了解他的行程，肯尼迪可借此来撇清美军和他本人与该入侵计划的关系。然而，这个假期对肯尼迪来说并不轻松，他不停地接打电话，当这项代号为"萨帕塔"（Zapata）的行动开始后，他变得愈发焦虑。[14]

4月14日晚，由近1400名古巴流亡者组成的"2506"突击旅乘船驶离尼加拉瓜海岸，前往古巴。4月15日早6时，8架由古巴流亡者驾驶并涂有古巴空军标识的B-26轰炸机从尼加拉瓜机场起飞，他们此行的目标是突袭古巴政府军的机场，从而摧毁卡斯特罗的空军力量。事后，这些突袭者报告称行动取得了成功，但实际上他们并不知道卡斯特罗的许多飞机仍完好无损。[15]

菲德尔·卡斯特罗利用国际舆论对美国进行了反击。空袭当天，古巴外交部部长劳尔·罗亚（Raúl Roa）正巧就在纽约。他设法说服联合国机构负责人召开政治与安全委员会紧急会议，讨论此次空袭问题。劳尔·罗亚将此次空袭定性为一场由美国支持的入侵古巴行动的前奏。而美国驻联合国代表阿德莱·史蒂文森（Adlai Stevenson）则重申了肯尼迪总统3天前做出的保证，即美国军队或美国公民不会插手古巴冲突。罗亚声称是美国军机轰炸了古巴，为了反驳这个说法，史蒂文森拿出了一张照片，照片拍下的是当天早些时候在佛罗里达州迈阿密机场降落的一架 B–26 轰炸机，机身涂装与古巴军机的颜色相同。这架飞机的飞行员告诉记者，他参加了由古巴空军中反卡斯特罗军官组织并执行的轰炸行动。史蒂文森不知道的是，这架飞机的降落正是中情局计划的一部分，其目的就是误导国际舆论。[16]

尽管已派出船只和飞机，但这支经中情局训练的突击旅在正式作战之前仍须得到总统的首肯，也就是说，肯尼迪必须在 4 月 16 日中午之前下达最终指令。然而，这天一早就传来了刺耳的声音。当天上午，美国部分主流报纸刊登文章曝光了中情局的此次行动，还指出在迈阿密机场降落的飞机是为了掩盖美国支持此次针对古巴的空袭行动。记者们注意到，那架 B–26 轰炸机上的机枪并没有开过火，而且飞机的型号也与古巴政府军的飞机型号不同。肯尼迪有些动摇。这天上午，他和妻子杰奎琳（Jacqueline）先去了当地的天主教堂做弥撒，随后与家人共进午餐。午餐过后，他又出门去打高尔夫球。时间到了下午，最后期限已过，但他还是拿不定主意。直到下午 1 时 45 分左右，他回到家中，终于致电比塞尔并下令：入侵行动可以继续进行。

4 月 16 日深夜，“2506”旅在古巴岛上多个地点开始登陆。4 月 17 日凌晨，4 艘运输船到达猪湾的吉隆滩（Playa Girón）。此处人烟稀少，周围没有古巴军队驻守，这些流亡者轻而易举地击溃了当地民兵。但让他们始料未及的是，即使登陆地点偏远，他们的行动还是很快就被古巴方面知晓。一名古巴电报员设法在他的小队被“2506”旅歼灭前发出了当地遭到入侵的消息。卡斯特罗收到消息后，立即命令古巴军机（包括洛克希德 T–33 战斗机和 B–26 轰炸机）投入战斗——这些飞机都逃过了两天前的空袭。

中情局提供给“2506”旅用于空中支援的飞机仅有 6 架，而古巴仍能使用的军机数量却远超于此，这导致“2506”旅很快便失去了制空权。不仅如此，他们的 2 艘负责运送燃料、弹药和药品的补给舰——“休斯敦号”（*Houston*）和“里约·埃斯康迪多号”（*Rio Escondido*）也在战斗中遭到重创。雪上加霜的是，中情局侦察员将海滩附近的珊瑚礁误认为海藻，致使其余几艘运输船无法靠近海滩，士兵们不得不划船登陆，在汹涌的海浪中损失了大量武器和弹药，仅存的一些也都被浸湿，大都无法使用。由于缺乏武器、弹药和补给，当卡斯特罗派出的增援部队到达猪湾时，“2506”旅在兵力和武器上都处于劣势。古巴的增援部队有 2 万多人，由警察、士兵和民兵组成，他们不仅人数众多，还有苏制 T–34 坦克的掩护。[17]

中情局请求肯尼迪授权投入美军战机支援“2506”旅，但遭到了拒绝。国务卿迪安·腊斯克非常恼火，因为中情局隐瞒了在迈阿密降落的所谓古巴军机的相关信息，让阿德莱·史蒂文森成了向全世界撒谎的小丑。于是，除了允许先前已到达古巴的飞机执行空袭任务外，腊斯克决意否决中情局提出的其他所有空袭方案。4 月 16 日晚 9 时过后，腊斯克与肯尼迪通了电话，肯尼迪也同意他的想法。肯尼迪表示他从未授权美军参与空袭行动，并下令取消了中情局已经计划好的其他空袭方案。中情局不得不接受总统的命令，但是，当 4 月 17 日凌晨美军开始登陆时，中情局的查尔斯·卡贝尔（Charles Cabell）将军致电腊斯克，希望他和总统再斟酌一下。但是命令并未更改：入侵，可以；空中支援，不可以。“2506”旅在猪湾的海滩上拼死挣扎，原定在古巴发起全国暴动的计划已无胜算，他们如今只想保住自己的性命。[18]

4 月 17 日星期一，肯尼迪返回白宫。他一边按照常规日程参加官方会议和宴会，一边试图厘清下一步的行动策略。尽管这次入侵计划让他在政治上受到了冲击，但军事上的情况还未可知。他先是驳回了中情局提出的派出伪装轰炸机支援在古巴海滩上苦苦挣扎的入侵部队的请求。但在 4 月 19 日凌晨，随着战况进一步恶化，肯尼迪妥协了：他允许美军飞行员驾驶伪装飞机支援“2506”旅，但要求飞行员不得与敌机交火，并且将行动时间限制在几个小时以内。美军指挥官终于得到了机会，但没有好好利用。由于尼加拉瓜和古巴存在时差，前去支援的飞机比预定时间更晚到达，其中 2 架被击落，4 名美军飞行员失踪。哈瓦那广播电台宣称，古巴找到了其中一人的尸体。至此，这次冒险行动演变成了一场彻头彻尾的灾难。[19]

肯尼迪再也不可能授权出动美国空军了。到 4 月 20 日星期四，一切都结束了。“2506”旅奋力抵抗了两天半的时间。但由于缺少空中支援、弹药短缺、火力不足，军队士气日益低落，再加上寡不敌众，他们最终只能投降。突击旅中有 100 多人死亡，近 1200 人被俘。卡斯特罗方面的伤亡更加惨重，但这无关紧要，重要的是他和他的军队没有屈服。这对卡斯特罗和他的政权来说是一场振奋人心的胜利，但对肯尼迪来说则是一次触目惊心的失败。[20]

没有军事上的胜利，政治上的胜利就是天方夜谭。就这样，肯尼迪在军事和政治两方面都遭遇了失败。在接下来的几个月里，肯尼迪都在复盘猪湾入侵行动，寻找失败的原因，他先是自我检讨，但接着又将这次失败归咎于中情局和军方，而不是国务院和建议他开展秘密军事行动的顾问团队。在肯尼迪看来，中情局和军方好大喜功，向他承诺了一些他们根本无法兑现的目标，并设了一个圈套，迫使他授权一项他无意推进的军事行动。“如果是议会制政府，我就得辞职了。但在这个政府里我不能，所以要走人的是你和艾伦·杜勒斯。”他告诉比塞尔。[21]

1961 年年底之前，比塞尔和杜勒斯两人引咎辞职，离开了中情局。一直力主入侵古巴的参谋长联席会议主席莱姆尼策将军也于 1962 年 9 月被解职。尽管猪湾事件的部分核心参与者已经离开了权力中心，但总统与美军高级将领之间的怀疑和猜忌仍然存在。双方互相指责，都认为是对方造成了这次惨败。这些将军们希望再次入侵古巴，洗刷战败的耻辱，而肯尼迪则想尽一切办法扼杀这种可能性。在这场美国政府和美国军队相互指责的“大戏”中，尼基塔·赫鲁晓夫成了主要的受益者。

第二章 博弈高手

没有哪位国家领袖比苏联领导人尼基塔·赫鲁晓夫更关切约翰·肯尼迪如何处理此次猪湾事件，更希望从中获得具有深远意义的结论。

赫鲁晓夫身材矮胖，为人大胆，精力充沛，喜欢虚张声势和夸张表演，与肯尼迪这位年轻美国总统的形象迥然不同。赫鲁晓夫出身贫寒，来自社会底层，无论在家庭教养、职业轨迹还是政治意识形态上，都与肯尼迪截然相反。如果说肯尼迪的雄心壮志源于他不想辜负父亲殷切期望的决心，那么赫鲁晓夫的雄心壮志则是受到了母亲的鼓舞，她渴望看到自己的儿子取得成功，而不要像她软弱的丈夫那样被认为是家族中的失败者。肯尼迪接受了美国最顶尖的精英教育，而赫鲁晓夫却连大学都未能读完。肯尼迪入主白宫前唯一的团队管理经验就是在二战时担任过 PT-109 号鱼雷艇的艇长，而赫鲁晓夫人生中的大部分时间都在负责大型项目和大批人员的管理和监督。肯尼迪从小就开始为走上国际政治舞台做准备，而赫鲁晓夫则是在 60 岁以后才第一次参与高层外交事务。除此之外，两人的年龄差距也很大。1917 年的俄国革命对当时 23 岁的赫鲁晓夫来说是人生和事业的转折点。而这一年，肯尼迪才刚刚出生。[1]

艾森豪威尔担任美国总统期间曾多次命令 U–2 侦察机秘密飞越苏联领空，赫鲁晓夫和他的幕僚们对此颇有微词。1960 年 7 月，来自马萨诸塞州的年轻参议员约翰・肯尼迪获得了民主党总统候选人的提名，也就是在此时，赫鲁晓夫和他的行政班子第一次注意到肯尼迪。当时，共和党总统候选人是理查德・尼克松。1959 年，尼克松曾以美国副总统的身份出访苏联，其间与赫鲁晓夫有过交锋①。在苏联高层看来，相较于尼克松，肯尼迪似乎没有那么强硬，也似乎更容易被赫鲁晓夫的诡计和恐吓所影响。比如，肯尼迪认为在导弹实力方面，美国要落后于苏联，他的这个想法一方面是受到了苏联人造卫星成功发射的影响，另一方面是被赫鲁晓夫的炫耀与鼓吹迷惑了。而艾森豪威尔派出的 U–2 侦察机则有可能查实其中的真相。

赫鲁晓夫想要帮助肯尼迪赢得选举，并命令苏联国家安全委员会（以下简称克格勃）尽其所能来实现这一目标。克格勃奉命行事，并安排了一系列会面，按照今天的说法，这些会面就是肯尼迪总统竞选团队与克里姆林宫相互“勾结”的铁证。在肯尼迪赢得党内总统提名后不久，克格勃特工尤里・巴尔苏科夫（Yurii Barsukov）假扮成苏联《消息报》（*Izvestiia*）的记者，敲开了罗伯特・肯尼迪办

① 即著名的“厨房辩论”。1959 年 7 月 24 日，在莫斯科举行的美国国家博览会开幕式上，尼克松和赫鲁晓夫展开了一场关于东西方意识形态和核战争的论战。辩论是在厨房用具展台前进行的，故名“厨房辩论”。

公室的门。罗伯特·肯尼迪是约翰·肯尼迪的弟弟，当时正负责统筹总统竞选活动。巴尔苏科夫询问罗伯特，苏联方面能为他的哥哥做些什么。克格勃驻华盛顿情报站站长亚历山大·费克利索夫（Aleksandr Feklisov）的回忆录中记载，罗伯特拉开了墙上的一块幕布，幕布后面是一张美国地图，地图上标注着每个州民主党与共和党选票的预测数量。他请巴尔苏科夫记录下这些数字，巴尔苏科夫照做了。罗伯特随后提出，对苏联来说最好的策略是保持中立，这样的话，一旦他的哥哥赢得了选举，美苏之间的关系将能够得到改善。[2]

1960 年夏天，尼基塔·赫鲁晓夫和苏联宣传机构听从了罗伯特·肯尼迪的建议，没有对约翰·肯尼迪进行任何声援。赫鲁晓夫转而抨击艾森豪威尔政府，暗示肯尼迪所说的美苏导弹实力差距确实存在。1960 年 9 月，在美国总统大选期间，赫鲁晓夫突然赴美参加联合国大会并在会上发言。他一如既往地恐吓道："你们想让苏联把军备竞赛变成一场恶性竞争吗？我们不希望那样，但也不怕变成那样。我们会打败你们的！我们的导弹正源源不断地生产出来。"此话一出，印证了肯尼迪关于美苏间导弹实力差距的说法，对肯尼迪的质疑之声也渐消。[3] 美苏导弹实力差距的说法帮助肯尼迪赢得了总统竞选。

1960 年 12 月 1 日，此时肯尼迪当选美国总统还不到一个月。这天上午 10 时，克格勃特工尤里·巴尔苏科夫再次敲开了罗伯特·肯尼迪办公室的门。"来自《消息报》的巴先生进来了。"罗伯特的日程本上这样写道。事后，巴尔苏科夫在关于此次会面的报告中指出，罗伯特已经准备好代表他哥哥发言，而不仅仅是代表他自己。报告中写道："如果美苏双方都能有所让步，肯尼迪总统希望最早于 1961 年签署一项禁止核试验的条约。"罗伯特 · 肯尼迪还向这位克里姆林宫的特使保证，总统将"尽其所能就柏林问题达成协议"。罗伯特在会面结束时暗示了美苏就共同关心的中国问题进行合作的可能性，他告诉巴尔苏科夫，"在未来几年内，根本问题将不再是美苏关系，而是美国与中国的关系"。[4]

赫鲁晓夫读到巴尔苏科夫的这份报告时非常高兴。肯尼迪就职典礼的第二天，也就是 1961 年 1 月 21 日，赫鲁晓夫要求苏联媒体刊登了这位年轻总统的就职演说。他还同意释放两名关押在苏联的美国飞行员，而在艾森豪威尔任美国总统期间他一直拒绝释放二人。［1960 年 7 月 1 日，两名空军上尉——弗里曼 · 布鲁斯 · 奥姆斯特德（Freeman Bruce Olmstead）和约翰 · 麦科恩（John McCone）——驾驶的一架满载电子监视设备的 RB–47H 同温层喷气式飞机，在巴伦支海的科拉半岛附近被苏联米格–19 战斗机击落。］1 月 25 日，在美国历史上首次进行电视直播的总统新闻发布会上，肯尼迪宣布了苏联将释放两名飞行员的消息。1 月 27 日，肯尼迪在安德鲁斯空军基地与两名飞行员的妻子共同迎接英雄的归来。此时的肯尼迪沉浸在全国的关注和赞许之中。[5]

赫鲁晓夫认为肯尼迪当选美国总统要归功于自己，并期望得到回报。"我们帮助了肯尼迪当上总统，"他在 1961 年夏天对一群苏联政治官员和科学家宣称，"可以说是我们选上了他。"赫鲁晓夫希望尽快举行美苏首脑会晤，以借此机会试探肯尼迪的虚实。而猪湾事件的发生非但没有让他举行首脑会晤的想法破灭，反而进一步激起了赫鲁晓夫的兴趣。一个缺乏经验、自信不足的总统，是他能想象到的商讨国际事务的最佳对象。在猪湾事件的打击下，为了恢复自己在国际舞台上的地位，约翰·肯尼迪踏进了这个“陷阱”——两位国家领导人同意尽快会面。[6]

赫鲁晓夫和肯尼迪于 1961 年 6 月 3 日在美国驻维也纳大使馆首次会晤。尽管会面地点在美国大使馆，但赫鲁晓夫比肯尼迪更加放松，表现得好像是一位资深政治家与年轻且稚嫩的对手见面一样。赫鲁晓夫提醒肯尼迪，他们之前有过一次短暂的会面，就在 1959 年他应艾森豪威尔的邀请访问美国时，那一次肯尼迪迟到了。接着他们又聊到了肯尼迪的年纪。赫鲁晓夫说，他很乐意“把自己的年龄匀一些给总统”。这是一个友好的开端，但赫鲁晓夫已经占据了主动地位。[7]

就在一个多月前，美国在古巴的溃败似乎已经让举行美苏首脑会晤的希望变得极为渺茫，然而令肯尼迪始料未及的是，赫鲁晓夫在 5 月初又重提了这个想法。1961 年 5 月 4 日，苏联外交部部长安德烈·葛罗米柯（Andrei Gromyko）在办公室会见了美国驻苏联大使卢埃林·汤普森（Llewellyn Thompson）。葛罗米柯告诉汤普森，苏联领导人准备照常举行两国首脑会晤。葛罗米柯表示，猪湾事件表明两国之间有必要建立沟通渠道。5 月 16 日，赫鲁晓夫写信给肯尼迪，对肯尼迪提出的私下会晤的建议表示欢迎，并表示此举将缓解两国间的紧张局势，有利于和平解决国际分歧。另外，他也同意了肯尼迪总统提出的“于 1961 年 6 月 3 日在维也纳举行会晤”的方案。[8]

赫鲁晓夫提议双方就和平解决老挝问题、裁减核武器以及西柏林局势等议题进行商讨。肯尼迪此时迫切需要在国际舞台上取得成绩，于是对此欣然接受。肯尼迪希望在老挝内战中支持不同阵营的美苏两国能够在老挝问题上达成一致意见。此外，他认为商讨裁减核武器将可能成为达成禁止核试验条约的敲门砖，这也是他一直希望实现的目标。西柏林局势是一个更加棘手的问题，对于此事，肯尼迪决定在会谈中只简单交换一下意见。然而，事实证明这只是他一厢情愿，赫鲁晓夫最想讨论的就是柏林问题。赫鲁晓夫希望美军撤离柏林，为此，赫鲁晓夫准备对这位因猪湾事件而内心不安且自信受挫的年轻美国总统使用攻心术，通过威逼令他屈服。[9]

西柏林，这个东德社会主义之海中的资本主义孤岛，是赫鲁晓夫和肯尼迪从斯大林和杜鲁门手中继承来的遗产，也是波茨坦协定的产物。西柏林虽位于苏联控制的德国东部境内，距美、英、法三国控制的德国西部超过 160 公里，却由美、英、法三国部队占领。1945 年，战后德国的占领区划分就是在西柏林商定的。当时，柏林被划分为四个区域，分别由刚刚获胜的反法西斯同盟成员国——苏联、美国、英国和法国控制。这一划分表面上是同盟国协商一致的结果，但实际上由于苏联和西方盟国之间的分歧和敌意，柏林很快就分裂为由苏联控制的东部地区和由美、英、法三国控制的西部地区。

1948 年 6 月，随着冷战的加剧，苏联切断了从德国西部通往柏林的铁路和公路运输通道，从而封锁了柏林的西部地区。他们想迫使美国与其盟友退出西柏林，让德国东部完全处于苏联的控制之下。波茨坦会议后，盟国对德管制委员会曾通过决议，建立了三条进出西柏林的空中走廊，美国利用这一决议从空中打破了封锁。在12个月的时间里，美国空军每天为250万西柏林居民空运1.3万吨食品供给，累计完成了20多万架次的飞行。

最终，苏联选择了让步，于1949年5月解除了对西柏林的陆路封锁。同月，西方盟国结束了对德国西部地区的占领，宣布成立德意志联邦共和国（俗称西德）。10月，苏联紧随其后，宣布在其占领的区域内建立德意志民主共和国（俗称东德）。这意味着，除了仍处于四国控制之下的柏林外，德国东、西两个区域的主权分别得以恢复。由于西方资本主义国家的势力一直未从柏林退出，苏联当时所面临的主要问题并不是军事、政治甚至意识形态上的，而是来自经济领域。1947年，美国启动了马歇尔计划，向饱受战争蹂躏的西欧提供了价值170亿美元的援助，包括西柏林在内的西德也在该计划的帮助下创造了经济奇迹。而苏联由于资源匮乏，无法重振以农业为主的东德经济，相比之下，西柏林很快成为东德人向往的地方。[10]

柏林危机愈演愈烈，这在赫鲁晓夫当上苏联最高领导人的过程中发挥了重要作用。1953年6月，东柏林的一场工人罢工运动演变成一场反对东德共产主义铁腕人物瓦尔特·乌布利希（Walter Ulbricht）政权的运动，最终这场运动在苏联坦克的镇压下失败。与此同时，赫鲁晓夫在克里姆林宫发起行动，逮捕了拉夫连季·贝利亚（Lavrentii Beria），一举成为斯大林逝世后苏联最高领导集团中的一号人物。对贝利亚的指控之一就是他准备在德国问题上向西方让步，放弃在东德开展的社会主义实验，并允许建立一个统一的、披着资本主义外衣但实际保持中立的德意志国家。[11]

赫鲁晓夫巩固最高权力的第二个关键步骤，就是在 1957 年 7 月与占苏共中央主席团多数席位的反对派一决胜负。这次对决也与德国问题密切相关。赫鲁晓夫提出向经济低迷的东德提供价值 30 亿卢布的贷款，而斯大林主义者领导的反对派对此感到不满。赫鲁晓夫坚持自己的立场。随着政敌逐一下台，“反党”团体被击溃，赫鲁晓夫将苏联的最高领导权牢牢掌控在手中，并决心不惜一切代价挽救东德即将崩溃的经济。[12]

1958 年 11 月，赫鲁晓夫在会见波兰共产党代表团时发表讲话。在讲话中，赫鲁晓夫透露了他解决柏林问题的计划。他提议将西柏林变为一座自由城市，这意味着美、英、法三国军队必须撤出西柏林。赫鲁晓夫的这次讲话相当于向这三国发出最后通牒：如果西方三国不接受他的提议，苏联将单独同东德签订和约，退出 1945 年签订的四方协议，并将西德通往柏林的通道管理权移交给东德。此举将很可能导致美、英、法等国与东德之间的武装冲突，许多人担心这一地区冲突将进一步升级为全球军事危机，甚至是核战争。因此，在准备与肯尼迪举行维也纳会晤时，赫鲁晓夫把柏林问题当作首要议题。他的计划是把肯尼迪“吓”出这座城市。[13]

◇ ◇ ◇

1961 年 6 月 3 日，赫鲁晓夫开始对肯尼迪发起攻势，他用最浅显的马克思主义理论分析美国的帝国主义制度，并宣布他坚信未来是属于共产主义的。尽管肯尼迪被迫卷入了意识形态的辩论，但他仍专注于现实的政治议题。在谈到“现代武器”时，他警告赫鲁晓夫：“如果我们两国做出误判，两国人民将在未来很长一段时间内承受恶果。”肯尼迪表示，他的目标是和平。赫鲁晓夫对此嗤之以鼻。他认为“误判”是一个非常模糊的表述，美国“希望苏联像学生一样乖乖端坐，双手放在桌子上”。然而，赫鲁晓夫已经准备好要“胡闹”一番了。[14]

6月4日，双方会晤第二天，赫鲁晓夫利用肯尼迪对“误判”的担忧威胁他。他告诉肯尼迪，“如果美国误解了苏联的立场”，美苏双边关系将受到很大影响。他希望签署一份全面的和平条约，正式结束战争，承认“两个德国”的存在，并让西柏林成为一个自由城市。苏联将保证这座城市能够与世界其他地方自由往来，并承诺不干涉其内部事务。赫鲁晓夫暗示将不会再实施封锁。美国甚至可以保留其在西柏林的驻军，当然如果那样的话，苏联也会在城市的西部区域驻军。他表达了同肯尼迪达成协议的愿望，但如果愿望无法实现，他将准备与东德单独签署一份协议。赫鲁晓夫还从道义层面论证了自己的想法：苏联已经在第二次世界大战中失去了2000多万人，这场战争必须正式结束，没有理由在敌对状态结束16年后还继续推迟签订和平条约。

肯尼迪的辩论则完全基于征服者的权力逻辑，以及维护大国声望的重要性。他说：“我们并不是轻轻松松被请进柏林的。虽然美国的伤亡人数可能没有苏联那么多，但我们也是一路浴血奋战来到柏林的。”肯尼迪没有讲明美国具体的伤亡人数，因为这个数字（大约42万）要远低于苏联的。他没有理会赫鲁晓夫关于美军可以留在作为自由城市的西柏林的建议，继续说道：“如果我们被驱逐出那个地区，如果我们接受主权的丧失，那便无人再会相信美国的承诺和保证。”肯尼迪甚至表示：“如果我们离开西柏林，也就意味着抛弃欧洲……我们退出西柏林会导致美国被孤立。”

赫鲁晓夫非常愤怒。他再次提及苏联在战争中的损失，概括了他之前的观点，并对美国发出了最后通牒：“苏联将签署和平条约，民主德国的主权将得到保护。任何对这一主权的侵犯，都将被苏联视为对一个热爱和平的国家的公开侵略，由此产生的一切后果都要由来犯国自负。”当肯尼迪问苏联与东德的协议是否会影响美国进出西柏林的权利之时，赫鲁晓夫回答说会。随着这场不愉快的辩论继续进行，赫鲁晓夫宣布苏联不能再等了，并将在年底签署和约，将控制西柏林进出通道的权力移交给东德政府。

会谈气氛愈发紧张，两位领导人谈论的话题很快从和平走向了战争。当赫鲁晓夫提及苏联在二战中的巨大牺牲时，肯尼迪回应称，正是为了避免这样的牺牲，美国才希望不要再生战事。赫鲁晓夫勃然大怒，回应道：“如果美国想以柏林问题发动战争，那苏联也无可奈何！”他再次谈到“误判”问题：“我们是一个共同体，我们每个人都必须确保没有做出错误的判断。”这位苏联领导人对战争问题也十分执着，他对肯尼迪说：“如果美国想要在德国发动战争，就随你们吧；也许苏联应该马上签署和平条约，然后结束这一切……如果有哪个疯子想要战争，就应该给他套上枷锁。”肯尼迪心中一惊，意识到赫鲁晓夫是在以发动战争来要挟自己。[15]

当天晚些时候，肯尼迪与赫鲁晓夫进行了私下会谈，重新讨论了柏林问题，但并未取得任何结果。赫鲁晓夫态度坚决，表示“必以武力还击武力”。最后，肯尼迪以“这将是一个寒冷的冬天”结束了会谈。[16]

肯尼迪带着深深的挫败感回到了美国。他认为这是自己在不到两个月的时间内，在国际舞台上遭遇的第二次重大失败。在肯尼迪结束与赫鲁晓夫的会谈后，《纽约时报》（*The New York Times*）记者詹姆斯·赖斯顿（James Reston）第一时间采访了肯尼迪。“相当艰难吧？”赖斯顿问道。肯尼迪坦率地回答：“这是我一生中最艰难的时刻。”他认为自己受到这样的待遇是因为猪湾事件的失利。肯尼迪推测，赫鲁晓夫认为“当一个如此年轻且经验不足的人面对这样一个烂摊子时，应该很容易被拿捏住……并且任何参与其中却不能善始善终的人都是懦夫”，因此，“他决定给我个当头痛击”。尽管赫鲁晓夫从未在私下或公开场合夸耀自己曾“痛击”肯尼迪，但他与身边的一个顾问讲过：“这个人非常缺乏经验，甚至还不太成熟。与他相比，艾森豪威尔才是一个睿智且有远见的人。”[17]

肯尼迪感到身心俱疲。在会晤开始的几周前，他背部的伤病再次发作。在谈判过程中，肯尼迪一直强忍疼痛，依靠服用药物和洗热水澡来维持身体状况。回国后，他的疼痛加重，即使稍作挪动都需要依赖拐杖。尽管他在镜头前努力保持微笑，但懊恼的神情根本无法掩饰。6 月 6 日，肯尼迪在电视观众面前承认，谈判没有取得他所预期的成果，尤其是关于德国问题的商讨——他称之为“最令人沮丧的对话”——没有取得任何进展。

相比之下，维也纳会晤结束后，赫鲁晓夫的心情要好得多，尽管他也没能获得期望中的大胜。他称这次会晤是一个良好的开端，苏共中央委员会的委员们也一致称颂他高超的外交技巧和“进取精神”。随后，赫鲁晓夫于 6 月 11 日公开了他在维也纳递交给肯尼迪的备忘录，并威胁将在 6 个月之后与东德签署和平条约。肯尼迪又一次颜面扫地，因为他在有关此次会晤的讲话中从未提及这份备忘录的存在。6 月 15 日，赫鲁晓夫公开抨击“资本主义垄断者”在柏林问题的谈判中故步自封，并再次暗示战争的可能性。这位苏联领导人表示，“显然，冷战是为战争做准备、积蓄力量的时期”。[18]

另一边，战争的可能性一直困扰着肯尼迪，也令他感到害怕。肯尼迪曾询问他的军事顾问：假如与苏联发生核战争，美国的预计死亡人数是多少？他得到的答案是 7000 万人。要知道，1960 年美国的总人口数刚刚超过 1.8 亿，7000 万人意味着每两到三个美国人中就有一人死亡。而一枚核弹击中一个大型城市将可能造成 60 万人死亡。在得知这一情况后，肯尼迪表示，60 万人相当于美国内战期间的总阵亡人数。他接着说：“一百年过去了，我们都没能从那时的伤痛中走出来。”[19]

肯尼迪必须回应赫鲁晓夫的挑衅，但又不能因此加剧紧张局势，让赫鲁晓夫所谓“序幕”般的冷战发展成全面战争。到目前为止，他不仅没有完成艾森豪威尔总统在任时就开始筹备的古巴入侵计划，还不顾前任总统的劝告，准备在老挝问题上与苏联妥协，甚至在维也纳被赫鲁晓夫公开羞辱。肯尼迪必须做些事情来改变赫鲁晓夫对自己的看法，更重要的是，他要改变国内反对派对自己的看法——这些人认为肯尼迪是一个软弱无能的总统，很可能会给国家带来灾难。肯尼迪回想起他在哈佛大学的毕业论文，论文结论是英国在二战初期表现欠佳的重要原因就在于军备松弛。基于这种考虑，肯尼迪开始向公众展示他积极备战的决心。

1961 年 7 月 25 日，肯尼迪拄着拐杖来到白宫，并就日益严重的柏林危机发表演讲。他向电视机前的观众表示，面对苏联的恐吓，他将奋起反抗。就在 4 天前，国会批准了超过 120 亿美元的资金，用于购置肯尼迪先前就要求为美军配备的新型飞机、导弹和舰艇。在演讲中，他又要求增加 32.5 亿美元的国防开支，并为海军和空军征召 9 万名新兵。军费的激增与艾森豪威尔在任时尽力降低国防开支的政策大相径庭。肯尼迪要传达的信息是，美国不会像二战前的英国那样坐以待毙，而是要把自己“武装到牙齿”。

“我们不愿战斗，”肯尼迪解释道，“但我们也曾战斗过。早些时候，有些国家也犯了同样危险的错误，认为西方国家太自私、太软弱、太分裂，无力抵御发生在其他国家领土上的侵略行径。那些威胁要以西柏林争端为借口发动战争的人，应该回想一下这句名言——‘制造恐惧的人也无法摆脱恐惧’。”[20]

1961 年 7 月末，肯尼迪政府裁军谈判首席代表约翰·杰伊·麦克洛伊（John Jay McCloy）在黑海度假胜地皮聪大（Pitsunda）拜访了赫鲁晓夫。他回忆说：“赫鲁晓夫当时非常生气。”赫鲁晓夫称肯尼迪的演讲是“战争的预备宣言”。他威胁说无论如何都要和东德签署和平条约，并警告称这场战事的规模不会太小——这将是一次核战争。[21]

对赫鲁晓夫而言，肯尼迪的好战言论和刚刚发表的扩军声明，意味着他在维也纳对肯尼迪的攻心战术没有取得预期的效果。在他看来，肯尼迪就是一个在两国首脑会晤上被吓破胆，回国后又被身边幕僚操纵的软弱总统。赫鲁晓夫认为自己帮助肯尼迪当上了总统，但他的表现却让人非常失望。“你看，我们去年帮助肯尼迪当选了总统，”赫鲁晓夫在 1961 年 7 月 10 日就曾对一群苏联官员和科学家说，“然后我们在维也纳与他会谈，这次会谈本可以成为一个转折点。但是他是怎么说的？‘不要要求太多。别让我为难。如果我做出太多让步，就要被赶下台了。’真是个狡猾的家伙！他参加首脑会晤，却无法像首脑一样做出承诺。我们要这样一个人做什么？为什么浪费时间与他沟通？”半个月后，肯尼迪于 7 月 25 日的演讲更加深了赫鲁晓夫对他的失望和不满。[22]

赫鲁晓夫需要一个解决柏林危机的方案，这个方案既不是他一直声称要与东德签署的和平条约，也不是剥夺美国进出西柏林的权利，更不能是军事对抗。在当前局势下，也许一个软弱的总统比一个强大的总统更容易引发热核战。赫鲁晓夫心知肚明，他没有什么资本能与肯尼迪抗衡，因为所谓的美苏“导弹实力差距”，真正落后的其实是苏联，况且他也拿不出更多的资金用于军事建设，更无法对抗肯尼迪启动的如此大规模的扩军行动。但是他也不能坐以待毙，柏林问题必须尽快解决。东德民众被西德更高的生活水平吸引，越来越多人离开了东德。由于人们可以在东柏林与西柏林之间自由通行，因此东德民众很容易就能通过西柏林到达西德。

东德领导人瓦尔特·乌布利希提出了一个解决方案：用墙包围西柏林。然而，这个方案实行起来是很困难的。首先，东柏林与西柏林共同构成了一个铁路枢纽，没有它，东德经济就会陷入停滞。

其次，苏联领导人及其在捷克斯洛伐克和匈牙利的盟友们担心，在修建隔离墙之后，整个东欧阵营都将受到经济封锁的影响，导致经济状况恶化，这样苏联就要提供更多补贴。乌布利希却并不在意。1961 年 5 月，一个有利于隔离方案实施的情况出现了：东德的工人们已经完成了外环铁路线的建设。这意味着可以在不损害东德经济的前提下将东柏林与西柏林分隔开来。现在只需要赫鲁晓夫点头。但赫鲁晓夫犹豫了，他仍寄希望于逼迫肯尼迪屈服。[23]

1961 年 8 月 1 日，也就是肯尼迪总统发表演说的一周后，赫鲁晓夫告诉乌布利希可以开始修筑围墙了。8 月 13 日星期天凌晨，东德军队和边境警察封锁了西柏林，并在建筑工人的帮助下，用带刺铁丝网包围这片区域。赫鲁晓夫曾提议让西柏林成为一个“自由城市”，但它正在变成一个巨大的集中营。在施工开始前，赫鲁晓夫访问了东柏林与西柏林，猜测美国可能对此做出的反应。肯尼迪曾在维也纳坚持维护美方在西柏林的通行权，赫鲁晓夫并不打算干涉这一权利，也几乎放弃了与东德签署和平协议的计划，因为修建柏林墙的初衷就是在不与东德签署和约的情况下解决柏林问题。但他仍然十分忐忑。[24]

肯尼迪听到修建柏林墙时的第一反应是震惊，随后又松了一口气。感到震惊是因为他之前并未预料到苏联会修建围墙，因为他安插在西柏林的间谍们甚至都没有注意到修建前的准备工作。但肯尼迪很快意识到，这堵墙并没有侵犯他曾承诺要用武力捍卫的通行权。随后，肯尼迪批准国务院就此事发表声明。声明指出，柏林墙的修建违背了苏、美、英、法四国就柏林问题达成的协议，且“当前这些措施的直接受害者是东柏林和东德的居民，而美、英、法三国对西柏林的军事占领及西德与西柏林之间的通行均未受影响”。

然而西柏林人民却并不认同这份乐观的声明。他们认为这堵墙是针对西柏林人修建的，并要求美国出手制止。肯尼迪又一次表现得软弱无力，也又一次被迫在既不能加剧紧张局势又不会背负渎职罪名的前提下，采取更加强硬的措施。此时，增加军费和征召预备役人员这一招已经不管用了。因此，当西柏林市长维利·勃兰特（Willy Brandt）提出希望美国加强在西柏林的驻军力量时，肯尼迪欣然同意。8 月 20 日，也就是西柏林被封锁一周后，1500 名美军遵照肯尼迪总统的命令，沿着西柏林与西德之间唯一的高速公路向西柏林进军。此举一石三鸟，既重新确认了美国的通行权，又巩固了驻军力量，还有效安抚了西柏林居民的情绪。肯尼迪和赫鲁晓夫都希望美军此行能够畅通无阻、一切顺利，而结果也正如他们所愿。[25]

此时，柏林墙的存在到底会产生何种影响仍未可知。虽然柏林墙没有立刻引发冲突，但它是否会在未来导致美国与苏联之间爆发新的冲突呢？赫鲁晓夫在 1961 年 9 月下旬联系了肯尼迪，依然主张签署和平条约。肯尼迪拒绝了这个提议。10 月 17 日，肯尼迪在给赫鲁晓夫的信中写道：“我认为没有必要改变西柏林的局势，因为那里的人民现在既有选择生活方式的自由，也有能够维护这种自由的保障。”他接受了这堵墙的存在，但这也是他在此事上能够容忍的极限。赫鲁晓夫于 10 月 19 日收到了肯尼迪的这封信。10 月 21 日，在莫斯科召开的苏联共产党第二十二次代表大会上，赫鲁晓夫发出了最后通牒，声称将与东德签署和平条约，但没有提及年底这一最后期限。乌布利希曾把柏林墙视为与苏联达成和平条约的垫脚石，以及他在东柏林组建政府并插手西柏林事务的跳板。然而赫鲁晓夫的这次表态让他十分失望。他写信给赫鲁晓夫表达自己的不满。[26]

赫鲁晓夫很难掌控乌布利希，而肯尼迪也有一位让他头疼的手下，那就是卢修斯·克莱（Lucius Clay）将军。他是继艾森豪威尔之后的美国驻德占领军总司令，也是1948—1949年建立柏林空中补给线的英雄。1961年8月，作为肯尼迪总统的顾问和代表，克莱被派往西柏林安抚当地居民。克莱虽不辱使命，却也让局势变得更加紧张微妙。10月27日，为维护二战后四国协议赋予美国在东西柏林自由通行的权利，他向位于东西柏林边界上的查理检查站（Checkpoint Charlie）派出美国坦克。作为回应，苏联军队也将坦克驶入该地区。

傍晚时分，双方的坦克在查理检查站对峙，每列坦克都距离边界线不到100米。坦克装备了实弹，双方士兵也都接到命令：如对方开火，则立即给予反击。美军司令克莱已经做好了用坦克摧毁一部分新建柏林墙的准备。暮色渐浓，对峙依然没有停止。直到第二天早上，双方的坦克才开始从边界线后撤。苏联坦克首先后撤了5米，美国坦克也跟着后撤5米。然后双方开始轮流后撤5米。这场对峙危机自27日下午5时开始，到28日上午11时结束。白宫和克里姆林宫都分别下达了停止对峙的命令。肯尼迪和赫鲁晓夫都不希望这场对峙升级为战争。[27]

经过肯尼迪和赫鲁晓夫之间的秘密磋商，一触即发的军事对抗危机被解除。这次危机的解决要归功于罗伯特·肯尼迪与当时驻华盛顿的苏联军方情报官格奥尔基·博尔沙科夫（Georgii Bolshakov）上校进行的两次会谈。会谈中，罗伯特警告苏方不要采取任何侵略行动，否则美方将会采取反制措施。因此，赫鲁晓夫首先下令让坦克后撤，美军随后也做出了让步。作为交换，美国需要付出的代价包括禁止西德人进入东柏林。就这一点而言，苏联才是这场危机的赢家，但全世界都只看到了苏联坦克率先撤退，就误以为是苏联输了。而让美苏双方都意想不到的是，这场危机的顺利解决，将为之后发生的一场更为严峻的危机提供解决方案上的参考。[28]

第二部分

红色赌博

第三章　共产主义的胜利

1961 年 10 月，尼基塔 · 赫鲁晓夫“成为”国际共产主义“领袖”。同月，在东西柏林之间的查理检查站发生了美苏坦克对峙事件。1961 年 10 月 17—31 日，苏联共产党第二十二次代表大会在莫斯科召开。

作为国际共产主义发展史上的重要节点，此次大会以“共产主义建设者”的代表大会之名被载入史册。大会通过了苏联共产党第三个也是最后一个纲领。苏共的第一个纲领于 1903 年通过，宣布了推翻沙皇专制制度的目标；第二个党纲于 1919 年通过，要求苏共担负起建设社会主义国家的责任；1961 年的党纲则宣布了“建成共产主义社会”的最高目标。为了庆祝即将到来的共产主义，开启历史新纪元，赫鲁晓夫邀请了瓦西里 · 舒尔金（Vasilii Shulgin）参加大会。舒尔金曾是沙俄国家杜马的议员，并见证了最后一任俄国沙皇尼古拉二世（Nicholas II）的退位。[1]

近 5000 名代表参加了此次大会，然而，他们中的大多数却全然不知，一场世界历史上规模最大的“烟花秀”正在悄然上演。

1961年10月30日，美苏坦克对峙事件发生的3天后，苏共第二十二次代表大会计划于翌日闭幕。就在这一天，几架在北极附近收集空气样本的美国飞机侦测到苏联北部发生了一次大型核爆。当日，苏联在北冰洋新地岛（Novaia Zemlia）上空引爆了一枚代号为“大伊万”（美方称其为“沙皇炸弹”）的氢弹。这枚氢弹的爆炸当量达到了5800万吨，而1954年美国在比基尼环礁进行的“布拉沃城堡”热核试验的爆炸当量则为1500万吨。新地岛的核试验产生了世界历史上规模最大的一次核爆炸，这次爆炸形成了一个直径8公里的火球，在爆炸冲击力的推动下，火球蹿升至60公里的高空，爆炸时产生的火光在1000公里外都清晰可见。医疗记录显示，距核爆中心100公里处有居民因爆炸而遭受三度烧伤。距核爆中心400公里处的房屋被完全摧毁。[2]

“在新地岛进行的试验成功了。负责试验的人员和该地区居民的安全得到了保障。试验场和所有参与人员都圆满完成了祖国交予的任务。”一封从试爆点发往莫斯科的电报中这样写道。发报人是两位苏联高官：一位是叶菲姆·斯拉夫斯基（Yefim Slavsky），他是负责苏联核武器制造的苏联中型机械工业部的部长，曾在1953年帮助赫鲁晓夫逮捕了贝利亚；另一位是赫鲁晓夫的重要军事盟友基里尔·莫斯卡连科（Kirill Moskalenko）元帅，当时领导着苏联战略火箭军①。在这封电报的最后，两人写道：“我们正在前往代

① 苏联战略火箭军成立于1959年，是当时苏联五大军种中成立最晚、规模最小的军种，但地位极高，主要负责战略导弹任务，且拥有大量的科研机构和教学单位。

表大会的路上。”这两名苏联高官也是大会代表，但是他们并未坐在会场中认真聆听领导们的发言，而是在新地岛视察新武器的试验。这枚世界上威力最大的核武器的引爆是苏联核工业向代表大会的“献礼”。[3]

在“沙皇炸弹”试爆的同一天，与会代表们投票决定将约瑟夫·斯大林的遗体从列宁墓中移走。1953 年斯大林去世后，他的遗体就一直被安放在列宁的遗体旁边。此时的赫鲁晓夫在国内外已经完全摆脱了斯大林的阴影，成为苏联无可置疑的领导者。但是他“成为”国际共产主义“最高领袖”一事并非毫无争议。在这次代表大会上，赫鲁晓夫认为他几年前开始采取的“和平共处政策”是有效的，只有“无可救药的教条主义者”才会对此提出质疑。

此次大会上，没有哪个第三世界国家比菲德尔·卡斯特罗领导的古巴更引人注目。半年前，古巴击退了由美国策划并支持的军事入侵行动，这次又派出了共产党代表团参加大会。“在勇敢的爱国者和革命家菲德尔·卡斯特罗的领导下，古巴人民迅速击溃了美国雇佣兵，把他们赶进了科奇诺斯——俄语中那是“猪湾”的意思。那里才是他们的归宿！”赫鲁晓夫讲到这里时，“共产主义建设者”代表大会会场内随即爆发出笑声和掌声。赫鲁晓夫不遗余力地称赞古巴人民的“反帝国主义”斗争。然而，他却不愿承认古巴革命的社会主义性质和卡斯特罗的马克思主义者身份，为了避免与美国产生冲突，他更无意在意识形态上为古巴撑腰，古巴也察觉到了这一点。甚至当长期担任古巴共产党领导人的布拉斯·罗加（Blas Roca）将古巴国旗作为布尔什维克革命薪火相传的象征送给赫鲁晓夫时，赫鲁晓夫的回应也是赞扬古巴，而不是赞扬社会主义。[4]

为了平衡美苏关系，赫鲁晓夫必须巧妙处理好古巴问题，才能既可以巩固他作为世界共产主义运动旗手的地位，又能够避免与美国正面对抗。但让赫鲁晓夫和他的手下没有想到的是，卡斯特罗不仅成功解除了猪湾事件带来的危机，还立即公开转向社会主义阵营，这给华盛顿和莫斯科都带来了重大挑战。赫鲁晓夫对待古巴革命的谨慎态度，与菲德尔·卡斯特罗本人和他的共产主义战友的公开声明形成鲜明对比。在这些声明中，卡斯特罗等人将古巴革命与苏联、马克思主义和社会主义紧密联系在一起。

菲德尔·卡斯特罗在猪湾的“濒死”经历使得古巴政权的官方论调发生了戏剧性的转变。1961 年 5 月 1 日这一天，卡斯特罗在哈瓦那发表讲话，宣布他领导的革命是社会主义性质的，并要求法律工作者为古巴制定新的社会主义宪法。他还坚定地将自己和古巴归入社会主义阵营。“如果肯尼迪先生不喜欢社会主义，那么我们也不喜欢帝国主义！”卡斯特罗表示。“我们不喜欢资本主义！我们有权反对一个距离我国海岸 90 英里的资本主义兼帝国主义政权的存在，正如肯尼迪觉得他必须反对一个距离美国海岸 90 英里的社会主义政权的存在一样。”为免有人质疑他的决心，卡斯特罗还让一群孩子在哈瓦那的街道上组队游行，并高喊“我们的社会主义革命万岁”的口号。[5]

受到猪湾事件的影响，卡斯特罗预测在不久的将来美国会实施更大规模的军事入侵行动。因此他坚信，要保卫他的革命成果，就必须将国家转变为社会主义性质。他迫切需要团结社会主义阵营的力量，并希望这种团结的力量不仅仅体现在古巴能够向苏联出口蔗糖、向苏联贷款购买苏制设备或是从苏联进口石油等方面上，他更需要的是武器装备，特别是导弹。卡斯特罗在 1961 年 9 月 4 日写给莫斯科的信中提到，为了保卫古巴领空，他希望苏联提供 388 枚曾在 1960 年 5 月击落美军 U–2 侦察机的地对空导弹。他还要求苏联向其提供总额达 2 亿美元的军事援助。苏方接受了他的提议，但将援助总额减少到约 1.5 亿美元，而且一直拖延交付。赫鲁晓夫并不着急。[6]

临近年关，急切的卡斯特罗公开宣称自己是马克思列宁主义者。1961 年 12 月 2 日，他发表了一篇演讲，直接引用了一个多月前赫鲁晓夫在苏共第二十二次代表大会上的讲话。卡斯特罗表示，赫鲁晓夫在大会上的报告证明了马克思主义是鲜活且不断发展的思想体系。他还指出，马克思没有留下建设社会主义社会的蓝图。根据他对马克思著作的理解，卡斯特罗认为所有的反帝革命都是社会主义革命。他声称："反帝国主义革命和社会主义革命只能是一体的，因为革命只有一种。"[7]

这次演讲在苏联与古巴关系的天平中增加了意识形态的砝码。卡斯特罗宣称自己是马克思列宁主义者或苏联式马克思主义者，还表示自己在学生时代就读过马克思和列宁的著作，但直到最近才充分理解了这些作品的内涵。美国媒体立即对卡斯特罗发表的马克思主义信仰宣言展开热议，并纷纷声称早就知道卡斯特罗是共产主义者。与之相对，苏联媒体则表现得更为冷静保守。

在莫斯科，卡斯特罗仍只被视为第三世界国家中反对帝国主义的领袖人物之一。1961 年 12 月苏联的主流报纸《消息报》刊文称：

“各国政治家，包括古巴的人民英雄卡斯特罗、印尼总统苏加诺、印度总理尼赫鲁，以及加纳总统恩克鲁玛等，都以自己的方式表达了对马克思列宁主义和苏共第二十二次代表大会精神的赞同……就连美国联邦调查局也不敢冒险宣布他们都是共产主义者。就算菲德尔·卡斯特罗宣称自己是马克思主义者，苏加诺也不会这么说。”[8]

当时《消息报》的主编是赫鲁晓夫的女婿，因此从这篇文章的语气中人们可以猜测到，赫鲁晓夫对卡斯特罗公开其所谓的马克思主义者身份一事并不感到高兴。虽然赫鲁晓夫私下里对这一变化表示欢迎，但他认为，卡斯特罗此时公开宣布他建设社会主义国家的计划和实现共产主义的远大目标，未免也太早了些。他在回忆录中写道：“我们很难理解卡斯特罗为什么选择在这个时机发声。他的宣言一经发表，那些反对社会主义的人便会与他疏远，而他在抵御外国入侵方面能够依靠的支持力量也将因此被削弱。”他还补充道：“就卡斯特罗个人的勇气而言，他的立场令人钦佩，也是正确的。但从战术角度来看，这一做法实在没有多大意义。”[9]

尽管在赫鲁晓夫看来，卡斯特罗的声明并没有什么战术意义，但是对卡斯特罗而言，这次发声意义重大。当时的他急需大量武器。通过将古巴革命定义为社会主义性质并宣称自己为马克思主义者，卡斯特罗是在迫使赫鲁晓夫尽快做出抉择：作为世界共产主义运动的“领袖”，他怎么可能会拒绝一个暴露在帝国主义面前、正在领导国家进行社会主义革命的马克思主义者呢？然而，莫斯科方面仍然没有对卡斯特罗提出的军事援助要求做出回应。12 月 17 日，在卡斯特罗发表“我是一个马克思主义者”演讲的半个月后，他和他的助手们找到了一个他们觉得能够直接联系克里姆林宫的人——克格勃驻古巴负责人亚历山大·希托夫（Aleksandr Shitov），外界称他为阿列克谢耶夫。阿列克谢耶夫察觉到了古巴人的不快，他们向他抱怨苏联官员没有兑现向古巴运送导弹的承诺，并警告苏联“美国可能会入侵古巴”。阿列克谢耶夫就此事向莫斯科提交了一份报告，但赫鲁晓夫并未回应。[10]

1962 年，古巴遭遇了前所未有的经济困难。这一年的 2 月，肯尼迪总统对古巴发起了新一轮经济制裁，停止了对古巴蔗糖和雪茄的进口。而单纯依靠苏联和中国的蔗糖采购，古巴根本无法逆转政府财政赤字不断增长的趋势。古巴国内的所有商品都处于供应紧缺的状态。为了解决粮食短缺问题，卡斯特罗被迫推行了定量配给制。美国中情局 1962 年 4 月初的一份备忘录记录道：“古巴目前正面临着经济危机，这场危机在很大程度上是古巴自由外汇严重短缺，无法进口急需的食品和美制机械设备的替换零件导致的。”[11]

由于莫斯科迟迟不肯提供武器，卡斯特罗的不安感和挫败感与日俱增，他准备转换斗争策略，将矛头指向本国的马克思主义者，也就是古巴共产党人。这不仅是为了巩固他对古巴政权的政治掌控，还是为了向整个共产主义世界发出愤懑的信号。3 月 25 日，卡斯特罗发表了长篇电视讲话，谴责古巴共产党人的宗派主义。“什么是宗派主义？”卡斯特罗问。接着，他自答道：“宗派主义就是认为只有革命家，只有自己的同志才可以胜任重要岗位，甚至认为只有资历深的马克思主义激进分子才可以在人民农场、合作社和政府任职。”[12]

卡斯特罗这次讲话抨击的主要对象是阿尼瓦尔·埃斯卡兰特（Aníbal Escalante），他长期从事共产主义活动和党报的编辑工作。一年前，卡斯特罗任命他为古巴革命统一组织的书记，这个政治组织不仅包括古巴共产党人，还包括“七二六运动”的参与者，以及以学生为骨干的“三一三革命指导委员会”的成员。埃斯卡兰特竭力将自己打造成古巴政权体系中的核心人物之一，声望直逼卡斯特罗的重要盟友切·格瓦拉。如果说切·格瓦拉因其在拉丁美洲遍燃“星星之火”的革命热情和对中国人民的深厚感情而闻名，那么埃斯卡兰特则是颇负盛名的苏联拥趸。因此，为了表示对苏联的不满，卡斯特罗解除了埃斯卡兰特的职务。由此可见，当民众对卡斯特罗政权的支持率下降，以及古巴经济状况恶化引起不满情绪上升之时，卡斯特罗也会让部分古巴老共产党人成为替罪羊。[13]

随着古巴政局日益紧张，埃斯卡兰特到莫斯科寻求帮助。他声称，中国在哈瓦那的影响力正在上升，他曾试图扭转这种局面，但因此遭到罢免。1962 年 4 月 3 日，埃斯卡兰特向苏共中央委员会提交了一份报告。由于古巴的情况不容乐观，赫鲁晓夫不得不采取行动。在埃斯卡兰特提交报告的 8 天后，苏共中央机关报《真理报》就古巴领导层的情况发表了长篇报道。让埃斯卡兰特感到失望且震惊的是，苏共中央决定放弃他，转而支持他的死敌菲德尔·卡斯特罗。埃斯卡兰特曾将卡斯特罗的行为归因于中国对古巴日益增强的影响力，对此，《真理报》强调了团结一致反对帝国主义侵略的必要性。[14]

赫鲁晓夫被迫在老共产党人埃斯卡兰特和新晋马克思主义信仰者卡斯特罗之间做出选择，而他最终决定支持后者，因为在他看来，卡斯特罗的领导是将古巴留在苏联阵营的最佳保障。克格勃告诉赫鲁晓夫，在对古巴的影响力上，中国对苏联的威胁只不过是夸大其词，而赫鲁晓夫也认为相较中国来说，应对美国的入侵威胁才是当务之急。1962 年 3 月 12 日，赫鲁晓夫的女婿、《消息报》主编阿列克谢·阿朱别伊（Aleksei Adzhubei）向苏共中央提交了一份关于同年早些时候他与肯尼迪总统会谈的备忘录。这次会谈讨论了古巴问题。肯尼迪对阿朱别伊说："从心理角度来看，美国人民对古巴正在发生的事情感到难以接受。毕竟，它离我们国家的海岸只有 90 英里。这真的很难接受。"肯尼迪还将 1956 年苏联在匈牙利十月事件中采取的果断措施与美国中情局在处理古巴问题上的无能表现做了比较。这份备忘录传递出一个信息：肯尼迪并没有放弃古巴，军事干预即将到来。[15]

1962 年 4 月 12 日，也就是《真理报》长篇社论发表的第二天，赫鲁晓夫领导下的苏联最高权力机构——苏共中央主席团批准了为菲德尔·卡斯特罗及其政府提供援助的一揽子紧急对策。苏共中央主席团下令加快进度，在 1962 年 9 月向古巴交付 180 枚地对空导弹。卡斯特罗还得到了在苏联米格-15 战斗机机体的基础上研发的索普卡（Sopka）空对地巡航导弹，以此作为反舰武器。在这些将被运往古巴的导弹中，有一部分是从已经承诺给埃及总统贾迈勒·阿卜杜勒·纳赛尔（Gamal Abdel Nasser）的订单配额中划拨出去的。尽管埃及是苏联在第三世界的另一重要武器外销对象，但就当前形势而言，古巴的需求要优先于埃及。

与卡斯特罗之前提出的需求数量相比，莫斯科此次承诺交付的导弹数量依然存在缺口。但卡斯特罗也收到了一些意想不到的“馈赠”：10 架伊尔 –28 中型轰炸机和 4 架 R–15 巡航导弹发射器。苏共中央主席团一面削减卡斯特罗要求的导弹数量，一面又向他提供其他武器装备的做法并不是为了节省成本。要知道，在军事冲突中，轰炸机的重要性不亚于导弹。因此，苏联此举是为了帮助古巴做好万全准备，以击退可能发生的入侵。除了武器装备，苏联军方也派部队支援古巴。共有 650 名苏联官兵被派往古巴，负责操作发射器、驾驶飞机，并培训古巴部队掌握这两项技能。[16]

根据苏共中央主席团 4 月 12 日的决定，此次运往古巴的导弹和其他武器装备共花费 2300 万卢布。这是在苏联对古巴巨额军事援助计划之上的再次加码。早在 1960 年，苏联就开始向古巴提供武器装备，到 1962 年 5 月，双方共签署了价值 2.28 亿卢布的军供协议。其中，价值 1.42 亿卢布的武器装备已经运抵哈瓦那。这些武器装备有一部分是捐赠的，一部分是苏联以折扣价卖给古巴的，还有一部分是通过向古巴提供信贷额度的方式以正常价格出售的。1962 年，古巴应向苏联支付 5000 万卢布的军事采购费，然而这个深陷危机的国家一贫如洗，根本无力支付这笔巨款，甚至连运输费用都负担不起。

因此，赫鲁晓夫不仅决定免除古巴先前购买武器装备而产生的债务，而且决定在今后两年内不计数量和成本，免费向古巴提供新的武器。此外，在苏军派驻古巴人员的经费问题上，苏联还同意，除古巴军方提供的住房和交通保障外，其他费用一律由苏方承担。而且在之后的两年内，苏联将免费向古巴部队提供其所需的一切物资。所有费用按照古巴部队拥有 10 万名士兵的标准进行估算。1962 年 5 月 7 日，一份有关正式批准以上决定的建议被提交给苏共中央进行审议。[17]

就在同一天，赫鲁晓夫会见了新任苏联驻古巴大使阿列克谢耶夫。阿列克谢耶夫曾是克格勃驻哈瓦那办事处的负责人，与前任苏联驻古巴大使、职业外交官谢尔盖·库德里亚夫采夫（Sergei Kudriavtsev）不同，他受到了卡斯特罗的高度评价。“我不希望再出现‘双头政治’，”赫鲁晓夫对他说，“我们指派了一位大使，而古巴人信任的却另有其人。”赫鲁晓夫显然需要一位与卡斯特罗关系融洽的大使。阿列克谢耶夫表示，由于缺乏经济方面的专业知识，他无法胜任这一职位，但这番推辞被驳回了。赫鲁晓夫想要一个新人来担任这一职务，以便翻过苏古关系不愉快的一页。他派阿列克谢耶夫帮助苏共中央起草一封给卡斯特罗的信，以详细说明莫斯科将向他提供的一系列新的援助计划。[18]

1962 年 5 月 11 日，这封信草拟完成并提交苏共中央主席团进行审议，随后立即通过。除了免除古巴的军备债务并免费提供新武器外，信中还提到向古巴提供经济和建设方面的援助。苏联承诺将为古巴建造一个地下无线电中心，并提供 5 艘苏联渔船。如果古巴人民愿意接受，苏联可以立刻将渔船移交给古巴。苏联还准备在农业灌溉方面向古巴提供帮助。为了将这些好消息及时带到古巴，苏联向古巴派出了一个代表团，沙罗夫·拉希多夫（Sharof Rashidov）任代表团团长。他是乌兹别克苏维埃社会主义共和国共产党中央第一书记，也是农业灌溉领域的专家。阿列克谢耶夫听说他有种植甘蔗的经验，可以帮助古巴人民解决甘蔗种植方面的困难。然而，在制订新的“拯救古巴”经济计划的兴奋与混乱中，人们忽视了一个事实——相较于生产，真正对古巴人民造成困扰的是蔗糖的销售，而非甘蔗的种植。[19]

苏联对古巴提供了前所未有的大规模军事和经济援助，这意味着苏联在古巴问题上所下的赌注也越来越大。这封信还邀请卡斯特罗在1962年底前访问苏联。虽然卡斯特罗曾一度被苏联无视，但他提出的将要领导古巴走向社会主义的承诺终于得到了回应。尽管这是他通过打击苏联在哈瓦那的盟友换来的。1962年4月18日，为纪念古巴猪湾事件胜利一周年，赫鲁晓夫致信“菲德尔·卡斯特罗同志”。这一称呼表明赫鲁晓夫已经彻底抛弃了此前对卡斯特罗和古巴采取的谨慎态度。这也意味着，卡斯特罗最终利用意识形态将古巴和苏联捆绑在一起，赫鲁晓夫对此也欣然接受。赫鲁晓夫此举并非纯粹出于意识形态的考虑。与美国的大国竞争和核军备竞赛也是促使他重视维护与古巴关系的重要考量，他心里清楚，苏联在这两方面都不占上风。[20]

第四章　火箭超人

1962 年 5 月 14 日，尼基塔・赫鲁晓夫离开莫斯科，前往保加利亚开始计划已久的访问。保加利亚是苏联在东欧最可靠的卫星国之一。它与俄罗斯之间不仅在文化和宗教方面有较深的渊源，而且在沙皇时代还有共同对抗奥斯曼帝国的同袍之谊。而且，这两个国家都曾是君主制，而现在则均由本国共产党中央的第一书记领导。赫鲁晓夫此行要与他的“客户”——保加利亚共产党中央第一书记托多尔・日夫科夫（Todor Zhivkov）签署一项合作协议，并与他共同庆祝苏保友谊。

1954 年，也就是斯大林去世后的第二年，日夫科夫当上了保加利亚共产党第一书记，直至 1989 年东欧剧变他一直担任此职。为了迎接赫鲁晓夫的到来，他动员数十万民众举行庆祝活动。1962 年 5 月 19 日，25 万人聚集在保加利亚首都索非亚（Sofia）的主广场和毗邻街道上，欢迎来自莫斯科的贵客。对于一个总人口不到 800 万、首都人口不到 80 万的国家来说，这是相当了不起的，几乎每四个索非亚居民中就有一个在现场观看市长向赫鲁晓夫赠送具有象征意义的城市钥匙。此外，索非亚、瓦尔纳（Varna）和普列文（Pleven）三个城市还将荣誉市民的称号授予了这位苏联贵客。

因为没有苏共中央主席团的其他成员陪同，赫鲁晓夫自然成为关注和奉承的唯一对象。访问为期 5 天，在此期间拍摄的一张照片颇有趣味，照片上的赫鲁晓夫身穿浅色西装，身边的苏联和保加利亚官员全部身着深色西装，这让他在人群中显得十分抢眼，看起来就像一个穿着白色长袍的教皇被一群身穿黑色长袍的主教所簇拥。赫鲁晓夫的此次访问也确实有点宗教仪式的意味，其阵仗与罗马教皇访问一个虔诚信仰天主教的国家别无二致。这是一场共产主义的庆典，一场庆祝斯拉夫国家间兄弟情谊的活动，更重要的是，这还是一场颂扬个人权力、鼓吹集权之人永无谬误的大会，而尼基塔·赫鲁晓夫正是这个身处权力中心的被颂扬者。[1]

“那么，共产主义现在发展得如何？”在保加利亚北部一个名为奥布诺瓦（意为“革新”）的社会主义农业发展示范村，赫鲁晓夫向身着节日盛装的农民们发表讲话时问道。他夸耀地回答道：“共产主义的边界已极大扩展。不久前，苏联是唯一的社会主义国家，而如今，社会主义阵营的成员不断扩充，很多欧洲的社会主义国家、中华人民共和国、朝鲜民主主义人民共和国以及越南民主共和国都加入了我们的阵营，建立了兄弟般的情谊。二战后，欧洲许多国家都走上了社会主义道路。现在，社会主义的旗帜又在古巴高高飘扬。”[2]

在访问保加利亚期间，古巴问题仍时常萦绕在赫鲁晓夫的脑海中。尽管周围弥漫着胜利的气氛，他还是深感不安。赫鲁晓夫后来回忆道：“当我对保加利亚进行正式访问时，一个想法一直在我脑海里挥之不去：如果我们失去了古巴该怎么办？”美国再支持一场入侵行动的可能性让他寝食难安。“除了舆论战，我们必须想个办法来对抗美国，”赫鲁晓夫回忆当时的想法，“我们必须对美国在加勒比地区的干涉采取切实有效的遏制措施，但具体应该怎么做呢？”[3]

1962 年 4 月，赫鲁晓夫发现自己身陷一系列外交政策危机中。首先是卡斯特罗突然批判古巴政府中的共产主义者，而古巴又面临着新的入侵威胁。接着传来了肯尼迪政府恢复大气层核试验的消息。4 月 25 日，美国在太平洋的圣诞岛（Christmas Island）上试爆了一枚核弹，这是对苏联在 1961 年秋天进行核试验的反击。当月，鉴于美苏导弹实力差距不断扩大，赫鲁晓夫解除了苏联战略火箭军总司令基里尔·莫斯卡连科元帅的职务。[4]

莫斯卡连科元帅成为美国“民兵”（Minuteman）导弹的第一个受害者。这是一种新型的陆基洲际弹道导弹，以固体燃料为动力。与早期的液体燃料导弹在发射前需要花费数小时加注燃料不同，这种新型导弹可以随时发射。此外，“民兵”导弹可以储藏在很难被敌人破坏的发射井中，这种发射井坚不可摧。而苏联的导弹根本无法与“民兵”相提并论，因为苏联导弹使用液体燃料，在攻击前需要在开放式平台上进行几个小时的燃料加注，这使得它们极易遭受敌人的攻击。[5]

在 1957 年之前，美国就已经着手研发以固体燃料为动力的火箭，而苏联人造卫星的发射又让美国国会认识到了加快这项计划的必要性。1958 年，“民兵”导弹的研发预算几乎翻了两番，从

4000万美元增加到1.5亿美元，1959年该项预算又增加了20亿美元。到1960年，仅波音公司在犹他州北部的“民兵”导弹生产线就有1.2万名工程师和工人。1961年2月，这款新型导弹在佛罗里达州卡纳维拉尔角（Cape Canaveral）首次试爆成功。同年3月，首个“民兵”导弹基地在蒙大拿州破土动工。与其他导弹项目相比，肯尼迪政府更青睐“民兵”导弹，其主要原因是虽然它的设计费用昂贵，但生产成本相对较低。1962年3月，美国报纸开始大肆鼓吹新型导弹能够产生“百万吨级的破坏力”。

1962年2月，赫鲁晓夫在黑海的皮聪大度假胜地召开国防委员会会议，在会上他得知美国即将部署“民兵”导弹，而苏联对此却束手无策。赫鲁晓夫的儿子谢尔盖（Sergei）也参加了这次会议，此时他还是一名年轻的导弹工程师。据他回忆，告知赫鲁晓夫这个坏消息的是莫斯卡连科元帅。赫鲁晓夫十分信任这位元帅。莫斯卡连科出生在乌克兰顿巴斯（Donbas）地区，赫鲁晓夫也曾长期在这一地区生活和工作。1953年6月，莫斯卡连科带领一群军官逮捕了赫鲁晓夫的宿敌拉夫连季·贝利亚，以此表明对赫鲁晓夫的忠诚。4年后，1957年7月，当苏共中央主席团试图罢免赫鲁晓夫时，莫斯卡连科协助召开了苏共中央委员会全体会议，不仅成功为赫鲁晓夫开脱了罪名，还将他的对手从苏共领导层中清除了出去。在莫斯卡连科的领导下，苏联于1961年4月将尤里·加加林（Yuri Gagarin）送入太空轨道，并于同年10月试爆了“沙皇炸弹”。但面对美国即将部署到位的“民兵”导弹，莫斯卡连科也无能为力。[7]

莫斯卡连科汇报的开头是一个好消息：苏军将在本年内配备一款新型洲际弹道导弹——R-16（北约编号SS-7）。这款导弹长

30 米，重 140 吨，可搭载一枚 500 万吨当量的核弹头，最大射程为 1.1 万公里，远远超过莫斯科和华盛顿之间 8000 公里的距离。R–16 导弹准备就绪的消息对莫斯卡连科和在场的所有人而言都具有特殊的意义。1960 年 10 月，一枚 R–16 原型弹在哈萨克拜科努尔（Baikonur）试验场的发射台发生爆炸，造成 92 人死亡，其中就包括莫斯卡连科的前任、苏联战略火箭军首任总司令米特罗凡·涅杰林（Mitrofan Nedelin）元帅。1962 年 1 月，R–16 首次从发射井中发射成功。这意味着这款导弹已经可以装备部队了。[8]

然而，这是莫斯卡连科能够带来的唯一一个好消息。他不得不承认，苏联人期待已久的 R–16 并不是"民兵"导弹的对手。莫斯卡连科在国防委员会会议上表示，R–16 是苏联第一种使用可储存液体燃料的导弹，这减少了发射的准备时间，但即便如此，要为二级发动机加注燃料仍需要大约 6 个小时。相比之下，"民兵"导弹只需要几分钟就可以准备就绪。莫斯卡连科甚至夸张地表示："'民兵'导弹从装载到部署到位都不费吹灰之力。"要知道，他在军中有个"恐慌将军"的绰号。此外，R–16 还存在一个缺陷：如果不准备发射，燃料必须尽快从火箭的燃料箱中排出。这些燃料具有不稳定性和高腐蚀性，可在燃料箱中储存的时间不超过两天。"根据美国专家的说法，"莫斯卡连科说，"依靠固体燃料的'民兵'导弹可以多年维持战斗状态。"[9]

R–16 导弹的总设计师米哈伊尔·杨格尔（Mikhail Yangel）在 1960 年 10 月的那次灾难性火箭爆炸事故中幸运地活了下来，他目前正在努力改进导弹的设计，但无法保证在短时间内取得成果。杨格尔在会议中告诉赫鲁晓夫，R–16 将是 R 系列洲际弹道导弹的最后一个型号，这一系列的开山之作是曾作为运载火箭将斯普特尼克 1 号人造卫星发射升空的 R–7 弹道导弹。“民兵”导弹的出现改变了游戏规则，苏联需要研发出能够随时准备发射的新一代导弹。要知道，赫鲁晓夫曾吹嘘苏联能像生产香肠一样大规模制造导弹。但令人不安的消息不仅来自杨格尔和他领导的位于第聂伯罗彼得罗夫斯克（Dnipropetrovsk）的设计局。杨格尔的竞争对手人造卫星之父谢尔盖·科罗廖夫（Sergei Korolev）也正在为各种问题焦头烂额。他主导研制的 R–9 导弹使用了要在低温状态下储存的液体燃料——煤油和液氧的混合物。由于燃料箱内液氧的损耗，导弹需要不断地加注燃料。相比已通过测试并准备部署的 R–16 导弹，R–9 仍在进行性能测试，而每一次测试都会暴露出这款导弹的新问题。[10]

更糟糕的是，苏联实际上几乎没有可以用于战斗的远程导弹。赫鲁晓夫手中射程能够覆盖美国本土的洲际导弹数量十分有限。科罗廖夫研制的 R–7A 射程够远，但仅有 4 枚，而且型号过于陈旧，性能也不稳定，燃料加注需要 20 个小时，这个缺陷使得它很容易成为美国轰炸机的目标。杨格尔研制的 R–16 在性能上要比 R–7A 好得多，但 R–16 刚刚进入部署阶段，而且与发射井相关的测试也才刚刚开始。此外，R–16 的数量不过几十枚。莫斯卡连科还指出，R–16 也非常容易遭到敌方导弹的攻击，无法在打反击战时发挥作用。最终结论是，苏联几乎无力抵挡美国可能发动的攻击。[11]

这对苏联的整个导弹计划和赫鲁晓夫个人来说都是坏消息。赫鲁晓夫已经把赌注押在了导弹上，为此还大幅削减了其他军种的开支。但是由于没有使用固体燃料的发动机，这些导弹必须在发射台上花费数小时的时间加注液体燃料，这使它们很容易受到美国的攻击。

这也意味着，它们可以用作先发制人的武器，但在报复性打击中毫无用处。“父亲闷闷不乐地环视了一下会议室。他想要的结果又一次被证明是不可能实现的，”谢尔盖·赫鲁晓夫回忆道，“他要求在场的人想一想，怎样才能在最短时间内赶上美国人。”目前的状况是，苏联不仅在导弹数量上落后于美国，甚至在导弹质量上也不及美国。换言之，赫鲁晓夫早先就意识到的美苏间导弹实力的差距正在拉大。

赫鲁晓夫急于尽快弥补这个差距，要求与会人员提出新的想法和计划。1962 年 4 月 16 日，就在苏共中央主席团批准针对古巴的重大军事援助计划的几天后，他们通过了一项新计划，旨在造出射程能够覆盖美国本土的洲际弹道导弹（在苏共中央和苏联政府的决议中，这项计划被委婉地称为一项“特殊费用”）。赫鲁晓夫的“新宠”、火箭工程师弗拉基米尔·切洛梅（Vladimir Chelomei）被授权研发两款新型火箭——UR500 和 UR200，前者的装药量能够达到 5000 万吨，其威力可与“沙皇炸弹”媲美，后者的有效载荷为 7000 磅，飞行距离最远可达 1.2 万公里。米哈伊尔·杨格尔在第聂伯罗彼得罗夫斯克设计局负责研发一种射程达 1.6 万公里的新型导弹——R–36（北约代号 SS–9）。在其基础上诞生的 R–36M（北约代号 SS–18“撒旦”）将是苏联的第一枚分导式多弹头导弹（multiple independently targetable re-entry vehicle，简称 MIRV）。它可以将多个弹头带入并停留在既定轨道上，这样一来，实施导弹打击所需的时间就减少到了几分钟内。[12]

然而远水解不了近渴，“撒旦”开始装备部队时已经到了 1975 年，而赫鲁晓夫需要一个当下能解决问题的方案。他首先对苏联导弹研发和管理机构的高层进行了“大换血”。莫斯卡连科元帅因未能很好地管束导弹设计团队而被撤换。在皮聪大会议上，谢尔盖·科罗廖夫和火箭发动机设计师瓦连京·格鲁什科（Valentin Glushko）就使用何种类型的燃料才能使苏联火箭到达月球的问题针锋相对、互不相让。到最后，赫鲁晓夫不得不出面平息这场对他而言毫无意义的争论，因为比起登月，他更想尽快赶超美国。忠诚但低效的莫斯卡连科不得不离开。赫鲁晓夫后来回忆说，在他看来，莫斯卡连科有三重人格：一个是勇敢而精力充沛的将军；一个是对下属漠不关心，动不动就歇斯底里的粗暴无礼的管理者；还有一个是事业狂、野心家。而当时，莫斯卡连科连同他的三重人格都成了赫鲁晓夫的弃子。1962 年 4 月 24 日，赫鲁晓夫将自己的这位前任“门徒”调到国防部总监察组担任总监，而战略火箭军总司令的职务则由苏联国土防空军总司令谢尔盖·比留佐夫（Sergei Biriuzov）元帅接替。[13]

尽管对战略火箭军领导层进行了调整，研制新型导弹的计划也在准备中，但赫鲁晓夫仍然需要一个解决美苏导弹实力差距的快捷方案。令人意想不到的是，他在访问保加利亚期间茅塞顿开，最终想到了一个一箭双雕的解决方案。

1962 年 5 月 12 日，即在启程前往保加利亚首都索非亚的两天前，赫鲁晓夫会见了一位来访的美国人，一位与肯尼迪总统关系十分密切的人——白宫新闻秘书皮埃尔·塞林杰（Pierre Salinger）。赫鲁晓夫特意抽出时间带塞林杰乘船游览莫斯科河，两人的会面时间长达 14 个小时。赫鲁晓夫猛烈抨击了肯尼迪最近的言论，指责他没有声明放弃对苏联进行核打击。肯尼迪曾表示："当然，在某些情况下，比如当西欧明确遭受攻击时，无论结果如何，我们必须在一开始就准备使用核武器。"肯尼迪的这番言论是为了试图说明苏联洲际导弹的出现已经打破了美苏间的力量平衡，也是为了证明艾森豪威尔政府曾经提出的一击致命的核打击计划已经过时。虽然肯尼迪很快便收回了这番言论，但赫鲁晓夫显然并不满意，无论是在与塞林杰的私人谈话中还是在公开场合，都做出了言辞激烈的回应。[14]

赫鲁晓夫在面对索非亚热情洋溢的民众时说："肯尼迪甚至毫不犹豫地宣布，在某些情况下，美国可能将在'与苏联的核冲突中采取主动'。美国总统这番言论的目的难道不是想刺激我——苏联政府的首脑，与他比一比谁会先'按下按钮'吗？"赫鲁晓夫表示，他反对这样的比赛。他接着说："美国总统的这一声明很欠考虑。威胁一个同你一样强壮的人，这明智吗？在'与苏联的核冲突中采取主动'，率先按下按钮就是自寻死路。"[15]

赫鲁晓夫比任何人都清楚，美苏间核导弹的储备量相差悬殊。苏联现役导弹的射程几乎都无法覆盖到美国本土，更无法作为一种威慑，这让他很是烦恼。在保加利亚之行中，他不止一次谈到导弹。在黑海港口城市瓦尔纳，面对听众，他连连发问："土耳其及其邻国的统治集团难道不应该认识到，他们孤立于邻国的做法是徒劳的吗？难道他们意识不到这种做法将使国家利益让位于外国垄断企业的利益，让国家陷入毫无意义的战争准备之中吗？让那些部署了原子弹发射台并作为北约军事基地存在的海岸地区重新变成和平且繁荣的地方，不是更好吗？"[16]

赫鲁晓夫提到了美国在意大利和土耳其部署的能够携带 144 万

吨级核弹头的 PGM–19“木星”中程弹道导弹。1961 年 2 月，苏联发表了一份公开声明抗议这一部署，但没有起到任何效果。同年 6 月，美国空军在土耳其部署了 15 枚“木星”导弹。“该导弹基地（拥有 5 个发射台和 15 枚导弹）将在 1962 年 3 月前完全准备就绪，” 1962 年年初，苏联驻安卡拉大使馆向莫斯科提交的一份报告称，“到 1961 年年底，驻扎在基地的美国军事和非军事人员（包括家属）的总人数达到创纪录的 12 万人。”要知道，“木星”导弹的射程为 2400 公里，而部署导弹的土耳其伊兹密尔（Izmir）周边地区到莫斯科的距离为 2080 公里，也就是说，莫斯科完全暴露在美国导弹的打击范围之内。[17]

赫鲁晓夫并不指望土耳其人会听从他的建议退还美国的导弹。根据他的儿子谢尔盖回忆，赫鲁晓夫在瓦尔纳的一个海滨公园散步时，突然灵光一现：他要对美国“以其人之道，还治其人之身”，把苏联的核导弹部署在古巴海岸。赫鲁晓夫在回忆录中写道：“访问保加利亚期间，我萌生了在古巴部署核弹的想法。”这似乎可以同时解决他面临的两个问题，既能保护古巴，又能缩小与美国间的导弹实力差距。“赫鲁晓夫的想象力很丰富，当被某个想法吸引住时，他便会把这个想法的实施看作解决某个特定问题的简单方法，一种‘包治百病’的方法。”这位苏联领导人的助手奥列格·特罗扬诺夫斯基（Oleg Troianovsky）回忆道。[18]

赫鲁晓夫在黑海岸边找到了这个“包治百病”的“良药”。虽然缺少远程弹道导弹，但苏联拥有很多短程和中程弹道导弹，这些导弹由米哈伊尔·杨格尔领导的第聂伯罗彼得罗夫斯克设计局设计并生产，赫鲁晓夫曾在 1959 年夏天视察该设计局。他吹嘘可以像香肠一样生产的苏联导弹就是R–12(北约代号SS–4“凉鞋”)弹道导弹。这款导弹能够打击2000公里范围内的目标。1962年，苏联部队开始部署R–14（北约代号SS–5“短剑”）中程弹道导弹，作战射程为3700公里。通过在古巴部署短程和中程弹道导弹，苏联就有了打击美国本土目标的能力。这看起来是一个完美的解决方案。[19]

在返回莫斯科的飞机上，赫鲁晓夫与他的外交部部长安德烈·葛罗米柯进行了一次私人谈话。赫鲁晓夫询问葛罗米柯对这个方案的意见。“现在古巴周边局势危急，”赫鲁晓夫表示，“为了维持这个国家的独立性，我们必须在那里部署一批我们的核导弹。我认为这是唯一能拯救这个国家的办法。美国不会因为去年在猪湾的失败而放弃干预。”这个想法让葛罗米柯大吃一惊，他对这个方案的态度并不十分乐观，但由于自己并非苏共中央主席团成员，更不是苏联政府高层领导人，因此他只能十分谨慎地表达自己的担忧。“坦率地说，”葛罗米柯当时回复道，“把我们的核导弹带到古巴，会在美国引发一场政治风暴。”听了葛罗米柯的回答，赫鲁晓夫尽管不太高兴，但也没有斥责他。停顿片刻后，他告诉葛罗米柯：“我们不需要核战争，我们也不准备打仗。”葛罗米柯松了一口气。[20]

赫鲁晓夫确实不想发动一场核战争，但他所设想的是极其危险的核边缘政策。对他而言，这似乎是解决当前面临的两项外交难题——支持古巴新建立的共产主义政权和抗衡美国在核导弹方面的优势——的唯一方案。赫鲁晓夫曾公开表示自己是世界共产主义的捍卫者，还宣称苏联在导弹技术方面正在超越美国。现在他必须兑现诺言。

第五章　核武当道

明确了自己的目标之后，赫鲁晓夫的决心势不可当。1962 年 5 月 21 日，从保加利亚返回莫斯科的第二天，他就召开了一次国防委员会会议，该委员会成员均为苏联共产党和苏联政府的高层领导。苏联战略火箭军的新任总司令谢尔盖·比留佐夫元帅也出席了会议。

赫鲁晓夫先是介绍了他在保加利亚访问的情况，然后开始讨论古巴问题。“我说过，古巴必定会再次遭到入侵，如果指望这次入侵会和上一次一样计划不周、执行不力，那可就蠢透了。”赫鲁晓夫说，“我也警告过你们，如果古巴再次遭到入侵，菲德尔将被击垮，而我们是唯一能够阻止这场灾难发生的人。”随后，他提出了在古巴境内部署中程和中远程弹道导弹的想法。多年后，赫鲁晓夫回忆道：“除了保护古巴，我们的导弹还可以实现西方挂在嘴边的‘力量平衡’。”[1]

赫鲁晓夫短短几分钟的讲话就奠定了当天会议的基调。当天会议的议题为“关于对古巴的援助”，这表明赫鲁晓夫希望与会人员探讨如何“拯救古巴”，而不是如何解决美苏核武库和导弹实力差距的问题。在苏共中央总务部部长弗拉基米尔·马林（Vladimir Malin）关于该会议的一份非正式笔记中，有这样一句话：“如何帮助古巴坚持下去。”从马林的笔记来看，没有人反对赫鲁晓夫提出的解决方案。但根据另一名参会者——国防委员会秘书谢苗·伊万诺夫（Semen Ivanov）上将的说法，当时至少有一位反对者——苏联部长会议第一副主席阿纳斯塔斯·米高扬，他在会上反对苏联在古巴部署导弹和军队。[2]

赫鲁晓夫在会议开始前就与米高扬交换了意见，他知道米高扬反对这项导弹计划。米高扬担心，美国人一旦知道了这些导弹的存在，一定不会容忍如此近距离的核攻击威胁，他们必然会袭击导弹基地，这将导致苏联驻军的伤亡。“在这种情况下，我们要如何应对——对美国本土发动袭击？”米高扬问道。对此，赫鲁晓夫与其观点相同。“我也表达了同样的想法，”赫鲁晓夫在回忆他与米高扬的谈话时说道，“我甚至说，迈出这一步，几乎就是在鲁莽的边缘试探。这个计划的鲁莽之处在于，我们保卫古巴的想法可能会导致一场前所未有的核战争。我们需要想尽一切办法避免战争，因为蓄意发动这样的战争肯定是不计后果的冒险主义行径。”赫鲁晓夫知道他在冒着挑起战争甚至是核战争的风险，但侥幸心理让他相信，自己的这番鲁莽举动可以平安过关。

赫鲁晓夫想争取米高扬的支持，但没有成功。“假如我们把导弹运送到那里，然后迅速且隐秘地部署它们呢？”赫鲁晓夫从保加利亚回来后，在一次私下会议中询问米高扬，“随后，我们再将此事告知美方，首先通过外交渠道，然后公开发表声明。这样他们就会安分守己。他们会发现我们双方势均力敌。对古巴的任何侵略行为都意味着美国领土将会受到同样的攻击。他们将不得不放弃任何入侵古巴的计划。”米高扬并没有被赫鲁晓夫的这番言辞说服。“我告诉他这很危险。”他后来回忆说。“这种事情很难藏得住——如果被发现了怎么办？”他问赫鲁晓夫。但米高扬并没有得到令他满意的回答。[3]

然而，在5月21日的国防委员会会议上，赫鲁晓夫的观点还是占了上风。由于其他参会领导人要么保持沉默，要么表示支持赫鲁晓夫的提议，赫鲁晓夫不费吹灰之力地“屏蔽”了米高扬提出的异议。米高扬仍然坚持自己的观点，他后来回忆说，他是唯一一个在这个问题上反对赫鲁晓夫的人。这次国防委员会会议批准了在古巴部署核导弹的计划。有关与会领导人商议和批准的具体方案的简要记录如下：“部署核武器。秘密运输它们。稍后公布。火箭由我们指挥。这将是一项攻击性政策。”与会人员还议定与卡斯特罗就签署共同防御协议展开会谈。[4]

自赫鲁晓夫在1957年夏天粉碎了反对他上位的保守派，并在1958年春天成为苏联共产党和苏联政府的领导人以来，他在苏联的领导地位几乎没有受到任何挑战。米高扬的政党生涯始于列宁时期，他在斯大林统治时期也较受器重。作为苏联政府的“两朝元老”，他是唯一一个仍敢于向赫鲁晓夫发问并在公开讨论中反驳他的人。除米高扬外，其余人均是由赫鲁晓夫任命的官员，比如安德烈·葛罗米柯。他们不愿表达自己的意见，尤其不愿对赫鲁晓夫的想法和他在国内外越来越大胆的行为表示批评。不容挑战的领导地位给了赫鲁晓夫巨大的自由，使他在面对危机时能够迅速、果断和灵活地寻求解决方案，但这也给了他制造危机的机会。人们只能希望他能像擅长制造危机一样擅长解决这些危机。

赫鲁晓夫要求国防部部长罗季翁·马利诺夫斯基（Rodion Malinovsky）元帅和战略火箭军总司令比留佐夫元帅确定向古巴运送导弹和核弹头的行动方案和行动时间。

赫鲁晓夫知道他可以信赖63岁的马利诺夫斯基。他是一位圆脸、身材魁梧、性格直率的军官，曾在西班牙内战中与弗朗西斯科·佛朗哥（Francisco Franco）阵营交战，并在第二次世界大战中与赫鲁晓夫相识。马利诺夫斯基在斯大林格勒战役中功勋卓著，率领苏联军队解放了他的祖国乌克兰，并以占领维也纳的战果结束了其在欧洲的征战。1957年，赫鲁晓夫选择马利诺夫斯基接替个性专断的茹科夫担任国防部部长。此后，在艰难推进的军队改革中，马利诺夫斯基成了赫鲁晓夫最亲密的盟友。通过大规模裁军，军费从传统军种转移至新兴的导弹部队。[5]

马利诺夫斯基命令国防委员会秘书兼苏军总参谋部重要作战指挥部主任伊万诺夫上将制订行动计划。伊万诺夫参加了5月21日的国防委员会会议。会议结束后，当他返回办公室时，他的一个下属——43岁、一头卷发的阿纳托利·格里布科夫少将，立刻意识到有不寻常的事情发生。“我同我的直接上司相识很久，但这是我第一次看到他如此激动。”格里布科夫回忆说。伊万诺夫把他在会议上做的笔记交给了格里布科夫。他希望这位年轻的将军根据笔记内容，草拟一份导弹部署行动的方案。这项任务需要严格保密，因此只有两个人在格里布科夫的领导下开展这项工作，甚至连文书人员也被排除在外。“不能让打字员参与进来，”伊万诺夫命令道，“除了你们三个，谁也不能知道这份文件。”[6]

这项任务不仅需要严格保密，而且时间非常紧迫。“我们开始废寝忘食地工作。”多年后格里布科夫回忆道。他们在 2 天的时间内就拟定了一份长达 7 页的草案。格里布科夫和他的下属提议向古巴派遣 4.4 万名官兵和 1300 名平民——这将是一支规模不小的队伍。他们还计划向古巴运送数量同样庞大的武器装备和补给。根据格里布科夫的估计，能将上述人员和物资全部送往古巴的货船加客轮需要 70—80 艘。这支特遣部队的正式名称是“苏联驻古巴集团军”，其成员来自苏军的各个军种——海军、空军、国土防空军和陆军。他们的主要任务是协助并保护 5 个导弹团进行导弹部署。这 5 个导弹团中有 3 个团配备了 24 个 R–12 中程弹道导弹发射装置，另外 2 个团配备了 16 个 R–14 中远程弹道导弹发射装置。这 40 个发射装置共配有 60 枚导弹和 60 枚核弹头。

关于行动的时间安排——国防委员会要求马利诺夫斯基和比留佐夫确定的另一个问题——格里布科夫建议，从 7 月初开始，导弹可以分两批运送到古巴。到 9 月，整个派遣部队在古巴的集结工作即可完成。格里布科夫和他的助手估计，带有预制发射台的 R–12 导弹可以在抵达指定地点后 10 天内投入使用；而 R–14 导弹发射装置的建造工作则需要耗费大约 4 个月的时间。因此，R–12 导弹和 R–14 导弹将分别在 1962 年 9 月和 12 月投入使用。除了详细列举了行动所需的武器装备，以及参与任务执行的部队外，草案还提议将这个绝密行动命名为“阿纳德尔”（Anadyr）。[7]

“阿纳德尔”是东西伯利亚地区与美国阿拉斯加隔海相望的楚科奇（Chukotka）半岛上一条河流的名字。格里布科夫从未透露是谁想到用这条河来命名苏联在古巴开展的导弹部署行动。但选用这个名字，无疑表明策划者非常重视此次行动的保密性。他们还表现出了极大的勇气，因为要将40个导弹发射装置、60枚导弹、60枚核弹头和4.5万多名人员运送到古巴并秘密部署，这是一项几乎不可能完成的任务。尽管如此，国防部部长马利诺夫斯基还是签署了格里布科夫起草的行动方案。至此，赫鲁晓夫不成熟的想法已落实为一份详细的军事计划。苏军准备在古巴“大干一番”，建造一个设施完备的军事基地。而驻古巴苏军的名称“苏联驻古巴集团军”与苏联派驻东德部队的名称（苏联驻德国集团军）十分相似，这表明苏联已经将与西方阵营交锋的军事前沿急速推进到了加勒比地区。[8]

1962年5月24日，国防部部长马利诺夫斯基向苏央中央主席团呈报格里布科夫草拟的行动方案，该主席团的组成人员与国防委员会的成员基本相同。除了赫鲁晓夫本人，参与行动方案审议的还包括很多重量级政府官员，比如党内地位仅次于赫鲁晓夫的苏共“二把手”弗罗尔·科兹洛夫（Frol Kozlov）；担任最高苏维埃主席团主席这一仪式性职务，未来的苏联最高领导人列昂尼德·勃列日涅夫（Leonid Brezhnev）；时任苏联部长会议第一副主席，并在后来勃列日涅夫政府中担任苏联部长会议主席的阿列克谢·柯西金（Aleksei Kosygin）；同样担任苏联部长会议第一副主席的阿纳斯塔斯·米高扬。米高扬也是苏联最高领导层中唯一对该方案持保留意见的人。在这次会议中，他有礼有节地对赫鲁晓夫的凭空设想和由此衍生的行动方案表示质疑。[9]

面对米高扬的坚决反对，赫鲁晓夫只能求助于他的盟友马利诺夫斯基元帅。赫鲁晓夫询问他需要多久才能占领像古巴这样的岛屿。赫鲁晓夫在意的并不是马利诺夫斯基为阻止美国入侵而接管古巴的速度，而只是想知道美国人占领该岛能有多快。马利诺夫斯基对此心知肚明，他回答说大概需要 4 天，又或许是 1 周。“你现在明白了吗？”赫鲁晓夫对米高扬说，“我们别无选择。”赫鲁晓夫内心其实期待着美国的入侵行动，并准备以此要挟和恫吓这位党和政府领导层中唯一的异见者，让他屈服。但米高扬仍然不肯松口。

米高扬几年前曾访问古巴，他认为这次行动不可能做到完全保密，并且这些导弹一旦被部署，就很难逃过美军的侦察。“我告诉他，”米高扬回忆说，“我在 1960 年亲眼所见，在古巴没有树林可以隐藏导弹发射装置，只有一些彼此相距很远的棕榈树。”米高扬还补充道，这些棕榈树“光秃秃的”，只有顶部有叶子。主席团成员都去过位于苏联亚热带地区的黑海度假胜地索契（Sochi），知道棕榈树长什么样子。对此，他们无言以对。“我还告诉他们，”米高扬说，“贸然行动会导致危险，甚至是灾难性的后果。美国人很可能会对我们的导弹发动攻击，并在几分钟内摧毁它们。”他建议与会人员考虑遭到打击后要如何应对：“到那时我们该怎么办？如果忍气吞声，我们不仅在全世界面前丢了脸，甚至还可能失去古巴。如果是这样的话，我们做的这一切都是为了谁？还是说通过核打击来报复美国？这将意味着发动一场战争。”[10]

不过，在这次会议上，米高扬得到了意料之外的支持。赫鲁晓夫让其新任命的苏联驻古巴大使阿列克谢耶夫参加了这次会议。赫鲁晓夫对他说:“阿列克谢耶夫同志，为了帮助古巴，拯救古巴革命，我们决定在古巴部署导弹。”这个计划让阿列克谢耶夫这个古巴问题权威专家大吃一惊。“你觉得这个想法怎么样？菲德尔会有什么样的反应？他会同意吗？”阿列克谢耶夫是一名即将成为外交官的前克格勃官员，他调动了自己所有的外交技巧回答：卡斯特罗正在带头反对其他国家在拉丁美洲建设军事基地，并试图迫使美国人退出关塔那摩，因此，对他而言，同意苏联在古巴建立军事基地将与他自己的政策背道而驰。

听罢，赫鲁晓夫沉默了。察觉到自己呈报的“阿纳德尔”行动方案的处境岌岌可危，马利诺夫斯基元帅立刻发动了攻势，试图威逼阿列克谢耶夫赞同这项计划。“如果像你说的，他们不同意，那他们是在搞哪门子革命？”马利诺夫斯基怒吼道，“我在西班牙打过仗，虽然那是一场资产阶级革命，但他们还是接受了我们的帮助……正在进行社会主义革命的古巴更应该这样做！”如果如赫鲁晓夫所言，苏联拯救古巴是为了拯救社会主义，那么，按照马利诺夫斯基的逻辑，社会主义古巴怎么能拒绝苏联的导弹呢？面对意识形态的争论，阿列克谢耶夫也沉默了。此时，苏共中央书记科兹洛夫站了出来，为阿列克谢耶夫辩护，他表示不能想当然地认为卡斯特罗会支持赫鲁晓夫的大胆举措。赫鲁晓夫则表示希望阿列克谢耶夫施以援手，帮助即将前往哈瓦那的苏联政治军事代表团说服卡斯特罗，让他接受苏联的核导弹部署方案。[11]

赫鲁晓夫提出了一个折中方案。他建议继续推进相关准备工作，但推迟最终执行时间。他对米高扬说：“我们别再谈这个了。我们会征求菲德尔·卡斯特罗的意见，然后再做决定。我们将派比留佐夫和他的专家们去古巴勘察适合隐蔽导弹发射装置的地点，以免美国飞机发现它们。”伊万诺夫在笔记中潦草地写道：“苏共中央主席团成员和发言的人都通过了这一决议。决议内容是：会议一致通过‘阿纳德尔’行动，这份文件保存在国防部，征得卡斯特罗的同意后正式生效。”米高扬的反对意见起到了一些作用。他现在一方面寄希望于卡斯特罗会拒绝这个方案，另一方面也希望比留佐夫此行能够证实古巴的地理条件根本不适合隐藏导弹。[12]

会议结束之前，赫鲁晓夫做了总结发言，再次强调了在古巴部署核导弹的必要性。几十年后，阿列克谢耶夫回忆并复述了赫鲁晓夫当时的发言：“为了一雪猪湾战败之耻，美国人将用自己的武装部队对古巴进行干预，而不是借助雇佣军的帮助。我们有可靠的情报证明这一点。必须让美国人明白，在进攻古巴时，他们不仅要对付一个顽强奋战的国家，还要应对苏联的核力量。必须要把美国针对古巴采取军事冒险行动的代价提高到最大限度，在某种程度上，要让美国对古巴的威胁与我们对美国的威胁对等。可想而知……只有在古巴领土上部署带有核弹头的导弹才能达到这个目的。”[13]

阿列克谢耶夫说，赫鲁晓夫并没有仅仅停留在论述“拯救古巴”的必要性上，而是继续谈到了苏联和美国在核武库规模上的差距，并坚称苏联在古巴部署核导弹将使两国的核震慑能力重新恢复平衡。“因为美国的海外军事基地和多用途导弹设施已经对苏联形成了环抱之势，我们应该以其人之道还治其人之身，让他们尝尝自己酿下的苦果，也让他们感受一下成为核武器打击目标的滋味。”赫鲁晓夫特别提到了美国部署在意大利、西德和土耳其的导弹。马利诺夫斯基元帅十分关注美国部署在土耳其的“木星”导弹，并曾警告赫鲁晓夫，这些导弹可以在 10 分钟内打到苏联领土。由于苏联弹道导弹还要经过数年的发展才能抗衡美国“民兵”导弹，目前要对“木星”导弹进行反制，只能通过在古巴部署导弹实现。赫鲁晓夫显然不想失去这个机会。[14]

此外，赫鲁晓夫认为，采取这种措施来应对美国的核威胁不太可能引发核战争。毕竟，苏联已经毫无怨言地接受了美国在土耳其部署导弹的事实。赫鲁晓夫在苏共中央主席团会议结束时表示，他相信“务实的美国人不会冒无谓的风险，就像我们现在无法对美国部署在土耳其、意大利和西德的用以针对苏联的导弹采取任何行动一样”。他还补充道：“毕竟，美国那些明智的政治家们的想法应该和我们的一样。”在赫鲁晓夫看来，肯尼迪总统和他在民主党中的支持者们都是头脑冷静的政治家，不会希望因为苏联在古巴部署导弹而影响他们在 11 月进行的国会中期选举。这也让赫鲁晓夫进一步重申必须确保行动的保密性。他说：“尤其重要的是，要避免在美国的政治热情达到顶峰时，也就是国会中期选举期间，公开导弹部署的消息。”[15]

赫鲁晓夫在这次会议上的发言，也帮助几天后即将启程前往古巴的苏联代表团明确了立场和职责。该代表团团长由乌兹别克共产党中央第一书记沙罗夫·拉希多夫担任。名义上，代表团的首要任务是为古巴提供经济而非军事援助。核导弹部署的相关事宜由比留佐夫元帅负责，他也是这个代表团的成员。此外，苏联新委派的驻古巴大使阿列克谢耶夫也随代表团到达古巴。在代表们启程前，赫鲁晓夫在莫斯科附近的一座乡间别墅为他们饯行。据阿列克谢耶夫回忆，当时，苏共中央主席团中洋溢着一种轻松、“完全和谐”的气氛。那位成功让反对派噤声的苏联最高领导人发表了欢送辞。随后，代表团踏上了旅程。[16]

1962年5月28日，包括拉希多夫、比留佐夫、阿列克谢耶夫在内的苏联代表团启程前往几内亚。几内亚位于西非，1958年脱离法国独立，1962年时与苏联结盟。由于苏联和古巴之间没有直达航班，未来要前往"自由之岛"的几十名（甚至上百名）军官要在几内亚首都科纳克里（Conakry）中转。离开莫斯科的第二天，代表团就抵达了哈瓦那。阿列克谢耶夫要求劳尔·卡斯特罗立即安排代表团与他哥哥会面，当天晚上，菲德尔·卡斯特罗就会见了这些来自苏联的贵宾。一切进展顺利，所有计划都在加速推进中。[17]

当时，导弹取代了经济援助，成为苏古会议的首要议题。代表团团长拉希多夫很少讲话，主要由比留佐夫代表苏方发言。会谈中，古巴人都在认真记录，这是阿列克谢耶夫第一次看到他们做记录。阿列克谢耶夫在会谈中还充当翻译的角色。比留佐夫首先表达了苏联对古巴面临美国入侵威胁的关切，并询问卡斯特罗有什么办法可以避免这种局面。卡斯特罗知道苏联有更大的筹谋，因此并未要求苏联提供更多军事援助，而是直奔主题，提出了他最大的诉求，那就是与苏联签署同盟协议，以确保苏联会在美国入侵古巴时提供保护。卡斯特罗将古巴归入社会主义阵营，并希望效仿华沙条约组织成员国间达成的协议，也与苏联签署类似于北约宪章第五条（一个缔约国遭受的攻击应被视为对缔约国全体的攻击）的盟约。卡斯特罗在多年以后回忆自己在会议上说过的话："让美国明白，入侵古巴就意味着与苏联开战，这将是阻止它入侵古巴的最好办法。”[18]

比留佐夫要么是没有明白卡斯特罗这句话的真正意图，要么就是压根不愿接受这个提议。他借卡斯特罗的话来“推销”自己的解决方案——导弹。“但具体要如何做呢？”比留佐夫问道，他是在问卡斯特罗要如何让美国明白攻击古巴将意味着同苏联开战。“必须做些具体的事情来昭示这一点。”比留佐夫继续说。根据阿列克谢耶夫回忆，比留佐夫表示“苏联政府准备尽其所能帮助古巴加强防御能力，如果我们的古巴朋友认为中程弹道导弹能够有效震慑潜在的入侵者，那么我们也会考虑在古巴部署中程弹道导弹”。[19]

当卡斯特罗保持沉默时，阿列克谢耶夫感觉到了比留佐夫的紧张不安。“他的任务是提议在古巴部署战略导弹，他那时可能担心我们会不同意。”卡斯特罗多年以后回忆说。尽管始料未及，但当时决定权回到了卡斯特罗手中。比留佐夫的提议表明苏联对古巴的态度发生了重大转变。5月初，卡斯特罗还因苏联不愿提供足够数量的索普卡海岸防御反舰导弹帮助其抵御可能的入侵而满腹牢骚（苏联只提供了一套索普卡导弹，而非三套）。可是，突然之间，苏联人就提出要在古巴部署核导弹。此外，正如阿列克谢耶夫之前提醒赫鲁晓夫的那样，对于正带头反对外部势力在拉丁美洲建设军事基地的卡斯特罗而言，这项提议有可能给他带来政治上的压力。卡斯特罗一时间有太多事情要消化和考虑。[20]

卡斯特罗决定要仔细斟酌。他承诺古巴领导层将讨论这一提议，并会尽快做出正式回应。他本人似乎并不抵触苏联的提议。很快，卡斯特罗就想出了一个“自圆其说”的办法，以避免苏联在古巴部署导弹的计划与他反对他国在拉丁美洲设立军事基地的主张相冲突。他表示苏联部署在古巴的导弹不只是在保护古巴，更是在捍卫世界共产主义的硕果。他对苏联代表团说："这个想法很不错，因为除了捍卫古巴革命，它还将服务于全世界正在与无耻的美帝国主义进行斗争的社会主义国家和被压迫民族，保障他们的利益，美帝国主义正试图支配全世界。"卡斯特罗还向苏联代表们询问了即将部署在古巴的导弹数量和威力。[21]

第二天，也就是 1962 年 5 月 30 日，古巴共产党召开了领导层会议。切·格瓦拉也出席了会议，此外还有于 20 世纪 20 年代创立的"初代"古巴共产党的领导人布拉斯·罗加。他曾在 1961 年 10 月参加了苏联共产党第二十二次代表大会，并将象征古巴革命的旗帜交给了赫鲁晓夫。此时卡斯特罗已经确信，必须利用导弹来保卫他的政权。于是，他在会上做了详细的说明，希望参会者能够接受这项提议。"我们不是真的喜欢导弹，"卡斯特罗后来回忆说，"我们是从道德、政治和国际道义的立场来看待这个问题。"经过深思熟虑，他们决定接受苏联在古巴部署导弹的提议。卡斯特罗在当天会见了比留佐夫。"如果这将增强社会主义阵营的力量，并且——次要的一方面——有助于保卫古巴，不论需要部署多少导弹，我们都欣然接受。即使你们要送来 1000 枚，我们也没有二话。"他向比留佐夫元帅承诺。[22]

顺利通过卡斯特罗这关，比留佐夫就完成了自己的第一项任务。他的另一项任务是确定这些导弹可否在不被美国人发现的情况下完成部署。5 月 31 日，也就是得到卡斯特罗允诺的第二天，比留佐夫便同古巴国防部部长劳尔·卡斯特罗一起着手考察适合部署导弹的地点。劳尔此时才知道，运往古巴的导弹长度均超过 20

米（R–12的实际长度超过22米，R–14则超过24米）。后来，他向卡斯特罗表达了自己的疑虑，认为苏联不可能在不被美国察觉的情况下完成部署。实地考察之后，比留佐夫当然知道古巴的棕榈树不可能隐藏占地数百平方米的导弹设施，然而他似乎并不在意这一点。[23]

“阿纳德尔”行动的主要策划者之一格里布科夫将军在1962年秋天到达古巴时，才发现那里缺少天然植被的掩护。由于不方便批评他的上司比留佐夫，他转而指责代表团的“专家”，并哀叹：“他们认为仅凭那里的棕榈树林就能轻松、秘密地在古巴部署导弹，这是多么的无知。”赫鲁晓夫派比留佐夫去古巴是为了确保“阿纳德尔”行动的顺利开展。如果卡斯特罗拒绝了赫鲁晓夫的这个提议，比留佐夫可能会考虑告知赫鲁晓夫古巴不适合隐蔽导弹的事实，但古巴领导人接受了导弹部署方案，比留佐夫可能觉得在这种情况下自己别无选择。他回到莫斯科，报告了两个好消息：第一，卡斯特罗同意部署导弹；第二，古巴的地形适合隐蔽导弹。[24]

1962年6月10日，比留佐夫向苏共中央主席团做工作汇报。在他的汇报结束后，赫鲁晓夫走上了讲台。一份简短的会议笔记记录了他讲话的要点：“持续推进这项工作，我认为我们会取得这次行动的胜利。”这也意味着赫鲁晓夫个人在这个问题上的胜利，以及他的主要反对者阿纳斯塔斯·米高扬的失败。“不仅卡斯特罗同意了，而且古巴的地表环境也适合伪装导弹，”米高扬后来回忆说，“我其实不相信这个结论。”与此同时，欢欣鼓舞的赫鲁晓夫致信卡斯特罗，表示他十分满意代表团的访问成果，并对卡斯特罗接受导弹部署的决定感到欣慰。赫鲁晓夫还声称，这“意味着古巴革命的胜利成果得到了进一步的巩固，我们共同的事业也将取得更大的成功”。相较于卡斯特罗强调该行动对世界共产主义的好处，赫鲁晓夫则是把古巴的利益放在第一位，将共产主义的共同立场放在了第二位。尽管观念上略有差异，但他们在部署导弹这一核心问题上达成了共识。“阿纳德尔”行动可以正式启动了。[25]

第六章 “阿纳德尔”行动

1962 年 7 月 7 日，尼基塔·赫鲁晓夫在克里姆林宫会见了负责指挥导弹部署行动的将军们，并为他们送行。3 天后，也就是 7 月 10 日，他们将启程前往“自由之岛”——古巴。这些人的一举一动将直接关系到赫鲁晓夫核赌博的成败。因此，他要借此机会向他们下达最终指令并鼓舞他们的斗志。

列昂尼德·加尔布兹（Leonid Garbuz）少将是苏联战略火箭军第 43 导弹军的副军长，43 岁的他被任命为苏联驻古巴集团军的副司令。据他回忆，赫鲁晓夫当天神采飞扬，一边讲话一边打着手势。一如往常，赫鲁晓夫用开玩笑、打比方、讲故事的方式表达自己的想法。赫鲁晓夫说：“我们中央委员会决定在古巴部署导弹，就是把一只‘刺猬’扔给美国，这样美国就无法吞下古巴了。”他曾在早些时候告诉马利诺夫斯基元帅（他也出席了这次送行会），这只“刺猬”应该钻进山姆大叔的裤子里。这些指挥官们很喜欢这个“刺猬”的比喻，否则加尔布兹也不会在几十年后还记得它。

“这次行动的目标只有一个：帮助古巴抵御美国的侵略。”赫鲁晓夫继续讲道，“我们国家的政治军事领导人进行了通盘考量，认为没有其他方法可以阻止美国对古巴的袭击。根据我们的情报，美国正在为此紧锣密鼓地准备着。而一旦火箭就位，美国就会明白，如果想在短时间内占领古巴，就必须先过我们这一关。”赫鲁晓夫又向在场的将军们重申了苏联在古巴部署导弹的动机。但他也向将军们保证，他无意挑起战争。赫鲁晓夫说：“如果我们设法在古巴立足，那么美国人将不得不接受这个既成事实。”他还补充说，苏联将与古巴签署协议，他也与肯尼迪总统保持着经常性的联系，以此暗示因部署导弹产生的危机可以通过外交渠道和平解决。

加尔布兹将军很欣赏赫鲁晓夫的这套说辞。作为一个经验丰富的指挥官，他认为赫鲁晓夫在演讲中运用了心理学技巧。“在展开一项困难且危险的任务之前，他希望通过强调任务本身的正义性，让那些被征召到前线执行重大任务的官兵既有信心，也能安心。”加尔布兹后来写道。但赫鲁晓夫举办这次见面会的目的不仅是为了让官兵们放心，也是为了让自己放心。“你怎么看？我们能够秘密地在古巴部署导弹吗？”他问苏联驻古巴首席军事顾问阿列克谢·杰缅季耶夫（Aleksei Dementiev）将军。“不，尼基塔·谢尔盖耶维奇，这是不可能的。”经过一番思索后，阿列克谢回答道。“那里连一只鸡都藏不住，更别说导弹了。”他用像赫鲁晓夫的“刺猬论”一样简单易懂的方式继续解释道。根据加尔布兹的回忆录，赫鲁晓夫没有立刻反驳。如果赫鲁晓夫想把一只“核刺猬”塞进美国人的裤子里，那他就得先想办法把 20 多米长的“鸡”藏在像晒谷场一样空旷的古巴，或者更确切地说，他要想办法防止美国人发现正在他们眼皮底下发生的事情。[1]

不仅是杰缅季耶夫这样的苏联指挥官，就连古巴方面也对"阿纳德尔"行动能否秘密展开表示担忧。由于菲德尔·卡斯特罗希望与苏联就导弹部署事宜签署一份正式且公开的协议,7月初，劳尔·卡斯特罗前往莫斯科商谈协议内容。"在行动公开之前，你们采取了什么措施来防止美国发现呢？"同样对行动前景感到不安的劳尔问赫鲁晓夫。"别担心，我会揪住肯尼迪的命根子，逼他谈判。"赫鲁晓夫回答道。他似乎没有意识到，如果他已经在对方裤子里藏了一只刺猬，那么再想揪住对方的命根子将是一件非常危险的事情。[2]

这项行动最终被定名为"阿纳德尔演习"。1962 年 6 月 10 日，赫鲁晓夫和苏共中央主席团正式授权展开该行动。6 月 13 日，苏联战略火箭军总司令比留佐夫元帅批准了具体的行动方案。几天后，苏联战略火箭军第一副司令弗拉基米尔·托卢布科（Vladimir Tolubko）上将来到第 43 导弹军第 43 导弹师位于乌克兰罗姆内（Romny）的总部，并带来了将要执行这项秘密任务的消息。罗姆内是一个老式的哥萨克城镇，位于乌克兰首都基辅以东 200 多公里处。托卢布科曾任苏军驻东德德累斯顿市坦克部队的指挥官，1960 年被调到新成立的战略火箭军，当下正负责向古巴运送导弹部队的工作。他到达总部后便召开了师级指挥官会议。[3]

"会议是在严格保密的条件下进行的，会场外围设置了岗哨，大门紧闭，窗帘也拉上了，反间谍人员也在忙碌着，"伊戈尔·库连诺伊（Igor Kurennoi）中尉回忆道，"托卢布科上将低声宣布：'同志们，党和政府对你们非常有信心，你们师将承担一项关系重大的任务，任务地点位于海外。’”托卢布科并没有向军官们透露执行任务的具体地点，并暗示自己也不清楚相关情况。但他补充说：“当你们回国时，你们的名字将以金字镌刻在大理石石板上。”[4]

托卢布科亲临罗姆内是有原因的。在5月24日苏共中央主席团通过的“阿纳德尔”行动计划草案中，位于罗姆内的第43师就已经被选为派往古巴的主力导弹部队。计划草案中写道：“向古巴派遣第43导弹师[伊戈尔·斯塔岑科（Igor Statsenko）少将任指挥官]，该师由5个导弹团组成。”43岁的斯塔岑科毕业于苏军总参谋部军事学院，从二战开始，他一直在防空部队任职[5]，1962年4月被授予将官军衔，几周后他的名字就出现在“阿纳德尔”计划草案中了。他是土生土长的切尔诺贝利人，1986年那里发生了一场毁灭性的核灾难。

他又高又瘦，满头黑发，颇受其上司和下属的喜爱。“无论是在操练中还是在日常生活中，他的表现总是无可挑剔。他热爱诗歌，平时也会写诗，并与朋友分享。更重要的是，他在自己的军旅生涯中全身心地投入和奉献，伊戈尔是我心目中的模范公民、模范上司和模范将军。”他的一名部下如此描述他。在行动计划草案中写下伊戈尔名字的是格里布科夫将军，他对伊戈尔的评价同样很高：他办事效率高，精力充沛，总是精神抖擞。尽管有些人认为斯塔岑科是个野心家，但大多数人都觉得他不过是一个有理想、有抱负的人罢了。否则，一个出生在乌克兰偏远小镇的人，怎么可能在42岁晋升为导弹部队的师长，又在43岁就成为将军呢？[6]

1961年夏天，斯塔岑科加入战略火箭军，当时的火箭军才刚成立一年半。当他到第43导弹师上任时，这个师（最初是一个旅）

也不过才组建了一年。可以说，他的所有工作都是从零开始的。他在监督导弹发射台的建设上投入了大量精力。这项工作耗时近一年半，直到 1963 年年初，发射台才正式投入使用。然而，由于火箭研制单位提供的导弹和配套设备存在质量问题，为了不超出规定期限，部队指挥官们只能向莫斯科报告说导弹已经进入战斗戒备状态，但事实上，由于这些新设备未经测试且经常出现故障，发射台和导弹完全准备就绪仍需 6 个月的时间。克格勃曾报告称，德米特里·科布扎尔（Dmitrii Kobzar）将军领导的部队就出现过上述情况。科布扎尔将军指挥的导弹师与斯塔岑科的第 43 导弹师同属第 43 导弹军。这说明上述情况在当时似乎是普遍现象。[7]

斯塔岑科手下有 4 个导弹团，均装备了由米哈伊尔·杨格尔主持研发的导弹，其中的 2 个团装备了 R–12 导弹，另外 2 个团则装备了 R–14 导弹。R–12 导弹的作战射程为 2080 公里，换言之，从位于乌克兰考特瑞卡（Okhtyrka）的发射台向外发射，这种导弹可以命中 1711 公里外的维也纳，但无法到达 2161 公里外的慕尼黑。R–14 导弹的作战射程则超过 3700 公里，也就是说，从位于乌克兰列别金（Lebedyn）和赫卢希夫（Hlukhiv）的发射台向外发射，这种导弹可以到达距离赫卢希夫 2710 公里远的巴黎，却无法命中 3994 公里外的马德里。赫卢希夫位于俄罗斯和乌克兰边界附近，曾是哥萨克酋长国的首都，位于尼基塔·赫鲁晓夫的出生地卡利诺夫卡（kalinovka）东北 58 公里处。

斯塔岑科领导的第 43 导弹师隶属于第 43 导弹军，该军总部位于乌克兰中西部城市文尼察（Vinnytsia），由帕维尔·丹科维奇（Pavel Dankevich）中将担任军长，副军长则由列昂尼德·加尔布兹将军担任——丹科维奇和加尔布兹将同斯塔岑科一起被派往古巴。在欧洲地区，苏联导弹部队的兵力一直部署到喀尔巴阡山脉以西。这意味着，位于乌克兰东北部的斯塔岑科领导的第 43 导弹师是距离中西欧最远的部队，即使将其调离驻地，对东欧战区军力的影响也不大。

根据“阿纳德尔”行动方案的要求，斯塔岑科手下 4 个导弹团中的 3 个将被转移到古巴。最西边的一个导弹团将留守原地，这个团驻扎在乌克兰中部城市乌曼（Uman），装备了 R–12 导弹。其余 3 个距离欧洲较远的团——2 个装备了 R–14 导弹，1 个装备了 R–12 导弹——将被转移到古巴。作为“补偿”，从乌克兰北部和立陶宛调来的另外 2 个 R–12 导弹团也将由斯塔岑科指挥，一同前往古巴。这 5 个导弹团重组为第 51 导弹师，由斯塔岑科担任师长。在古巴，这个师被称为“斯塔岑科部队”。[8]

1962 年 7 月 7 日，60 岁的伊萨·普利耶夫（Issa Pliev）上将成为苏联驻古巴集团军司令。任命集团军司令是整个行动部署中最关键、最敏感的事情，最终的人选出乎多数人的预料，尤其是普利耶夫本人。由于“阿纳德尔”行动的主要任务是在古巴部署导弹，因此大家都认为会是一名战略火箭军的高级军官负责指挥这次行动。许多人认为集团军司令的职位应该由 43 岁的帕维尔·丹科维奇中将担任，他是第 43 导弹军的军长，也是斯塔岑科的顶头上司。第 51 导弹师的 5 个导弹团中，有 4 个都来自丹科维奇的部队。

但是赫鲁晓夫心中的司令人选却另有他人，并且为此在私下里找过丹科维奇，让他不要介怀。包括加尔布兹将军在内的很多人都以为丹科维奇会成为苏联驻古巴集团军的司令，他们后来猜测，赫鲁晓夫之所以没有选择丹科维奇，可能主要是因为如果任命一个火箭军的指挥官担任这一职务，将很可能暴露此次行动的主要目的。此外，加尔布兹将军还提出了另一种可能性：“我们认为赫鲁晓夫选择别人担任集团军司令是因为他清楚，在驻军部署过程中将会遇到很多问题，在关键时刻必须有人能够挺身而出维护我们的利益，维护我们部署导弹的权力。”[9]

后一种解释更接近事实。苏军总参谋部从策划该行动开始，就将其定位为一项需要海陆空军及战略火箭军联合参与的军事行动。赫鲁晓夫后来回忆：“我们的考虑是，如果我们要部署导弹，那么这些导弹必须得到妥善的保护。这就需要步兵。这就是为什么我们还要运送几千名步兵到古巴。防空武器装备也十分必要。后来我们又决定增加炮兵部队，以防御敌人的空降部队。”因此赫鲁晓夫不得不物色一位具有指挥不同军种经验的高级军官，而普利耶夫正好符合这一要求。新组建的驻古巴集团军与苏联在东欧国家驻军（如驻德国集团军）的规格相同。原计划专门为驻古巴集团军的最高指挥官授予比驻德部队的“司令”更高一级的“总司令”头衔。但实际上，该计划并未落实，普利耶夫的头衔一直是“司令”。[10]

普利耶夫相较于其他竞争者的另一个优势是他与当时的国防部部长马利诺夫斯基私交甚密，马利诺夫斯基对他十分信任。普利耶夫是北奥塞梯人（生活在俄罗斯与格鲁吉亚边境），于1922年加入苏联红军。作为一名骑兵，他在二战期间证明了大型骑兵编队在现代机械化战争中仍能发挥效力。斯大林格勒战役后，在普利耶夫的指挥下，苏联骑兵协助坦克部队深入德军占领区发动袭击。1944 年，被马利诺夫斯基收入麾下的普利耶夫利用奇袭战术解放了黑海沿岸的中心城市——马利诺夫斯基的家乡敖德萨，并因此获得了他的第一枚苏联“金星”奖章。第二年，他又在马利诺夫斯基的指挥下，率领苏蒙骑兵机械化集群穿越蒙古国南部的戈壁沙漠，一直推进到中国张家口一带，迫使那里的日本守军投降，这场胜利让他赢得了第二枚“金星”奖章。[11]

1962 年 4 月，普利耶夫荣获大将军衔，这是苏联军队中除元帅以外的最高军衔。此时，他还是北高加索军区的指挥官，俄罗斯南部地区及北高加索地区的自治共和国，包括他的家乡北奥塞梯均属该军区管辖。6 月，普利耶夫引起了他的前上司马利诺夫斯基元帅和整个苏共中央主席团的注意。就在这个月，俄罗斯南部哥萨克地区中部工业城市新切尔卡斯克（Novocherkassk）的工人举行罢工，抗议肉类和黄油价格上涨。因天气恶劣和农业管理不善，苏联爆发了粮食危机，为了维持收支平衡，赫鲁晓夫政府不得不采取提高物价的举措。工人们包围了当地苏共委员会的总部，还驱逐了赫鲁晓夫亲自派往新切尔卡斯克的苏共高级代表团，代表团成员中就有阿纳斯塔斯·米高扬。

苏共中央书记弗罗尔·科兹洛夫命令所有警察、官兵甚至克格勃成员到街上维持秩序。随后，普利耶夫下令，军区坦克装备实弹进入该城。这些坦克虽未开火，但在普利耶夫的指挥下，内务部士兵向抗议者射击，造成至少 24 人死亡、87 人受伤。最终，这次骚乱被镇压。幸存下来的骚乱领导者和主要参与者受到审判，其中 7 人被判处死刑并执行枪决。[12]

1962 年 6 月 2 日在新切尔卡斯克发生的一切，包括普利耶夫的所作所为，直到苏联解体为止一直都是最高国家机密。但著名作家亚历山大·索尔仁尼琴（Aleksandr Solzhenitsyn）在他 1968 年的纪实小说中讲述了新切尔卡斯克事件。根据索尔仁尼琴的说法，出生于北奥塞梯的普利耶夫命令少数民族士兵向俄罗斯抗议者开枪，在枪击结束后，又调来另外一批俄罗斯士兵换防，为所发生的事情承担责任。有关普利耶夫在镇压新切尔卡斯克骚乱中所起到的作用，直到今天都存在争议。一些人认为，向来行事谨慎的普利耶夫是被迫开火的；而另一些人则认为，要不是他的下属拒绝使用实弹，伤亡人数可能会更多。无论真相如何，普利耶夫在镇压骚乱中的表现显然取悦了高层，并使他获得了新的政治资本。当时，不仅是马利诺夫斯基，就连赫鲁晓夫也认为他值得信赖。[13]

7 月 4 日，正在军区内指挥军事演习的普利耶夫被突然召唤至莫斯科，并被任命为驻古巴集团军司令。多年后，赫鲁晓夫回忆起任命普利耶夫时的情形。“马利诺夫斯基作为国防部部长，提议任命陆军上将、北奥塞梯人普利耶夫为集团军司令。我召见了普利耶夫将军并与他面谈。尽管年事已高，身体抱恙，但他军事经验丰富，参加了卫国战争，我认为他甚至还参与了苏俄内战。他很聪明。二战期间我就对他有所耳闻，那时他是一支骑兵部队的指挥官。普利耶夫说，如果他被任命为集团军司令，那么他会把前往古巴执行任务当作一项荣誉。”赫鲁晓夫在普利耶夫身上找到了他希望驻古巴集团军司令应具备的经验与忠诚。他认为，让旧式战争中的骑兵来掌控可引发新式战争的核武器，并没有什么不妥。[14]

驻古巴集团军的其他将领和军官均来自战略火箭军，在普利耶夫被任命前就得到了赫鲁晓夫的任命，其中丹科维奇将军被任命为第一副司令。而在第 43 导弹军中担任丹科维奇副手的列昂尼德·加尔布兹将军被任命为集团军中负责部队作战训练的副司令。曾告诉赫鲁晓夫“在古巴连一只鸡都藏不住”的阿列克谢·杰缅季耶夫将军则被任命为负责地面部队的副司令。他是个冷静温和的人，留着两撇黑色的小胡子，嘴上总是挂着微笑。杰缅季耶夫善于与人打交道，但是对于这次军事行动，他没有充分的准备。

普利耶夫的大部分军旅生涯都是在骑兵部队度过的，因此对导弹知之甚少，他甚至用专指骑兵小队的“中队”一词来指代导弹支队，这使他受到了下属的奚落。另外，驻古巴集团军的司令需要处理大量的外交事务，但他在这方面缺乏经验。最糟糕的是，他患有肾病，为了照顾他，总参谋部不得不派遣一名私人医生随 7 月 18 日启程的侦察小组一同前往古巴。正因如此，普利耶夫身边那些雄心勃勃的年轻将领们对这位年老体弱又力不能及的最高指挥官不屑一顾。赫鲁晓夫和马利诺夫斯基虽然选择了一位忠诚且聪明的人担任集团军的司令，但忽视了他的健康问题会因古巴炎热潮湿的气候而愈发恶化，而他在军中的威信也将受到挑战。[15]

为了保密起见，普利耶夫化名巴甫洛夫，于 1962 年 7 月 10 日同他的副手们乘坐图–114 飞往哈瓦那。图–114 是当时机型最大、速度最快的飞机，赫鲁晓夫在 1959 年秋访问美国时就乘坐了这个型号的飞机。他们伪装成飞机专家，跟随由苏联民航局局长叶夫根尼·洛吉诺夫（Yevgenii Loginov）率领的代表团到达古巴。他们飞往哈瓦那的航班也很特别，这是苏联客机第一次直飞古巴，其目的是测试在莫斯科和哈瓦那之间开通定期客运航班的可行性。

这架飞机在飞行途中需要加油，而位于非洲西海岸的苏联新卫星国几内亚是它的第一个目的地。苏联在几内亚首都科纳克里修建了一座新机场，这一方面是苏联向几内亚提供援助的一部分，另一方面也是为了满足苏联跨大西洋飞行的需要。因此，普利耶夫一行人先前往科纳克里，在那里他们参加了由洛吉诺夫主持建造的新机场的落成仪式，然后继续前往哈瓦那。这是第一架从苏联飞往古巴的客机，他们一抵达哈瓦那，就受到了热烈欢迎。[16]

下一班飞往哈瓦那的苏联客机于 7 月 18 日离开莫斯科。除了普利耶夫的私人医生外，还有一群来自第 43 导弹师的军官。他们在一个月前的 6 月 18 日被召唤到莫斯科，比留佐夫、托卢布科和格里布科夫与他们进行了会谈。这些军官当时的首要任务是勘测导弹的部署位置。这将是苏联历史上首次在国土以外的地方部署导弹，因此有许多问题需要讨论和解决。斯塔岑科的部下连续 7 天一直在秘密征集关于如何从陆路和海路运送和转移导弹的建议。此外，比留佐夫还保证古巴的导弹团将获得最新型号的 R–12 导弹。[17]

驻扎在乌克兰考特瑞卡的导弹团副团长阿纳托利 · 布尔洛夫（Anatoly Burlov）少校后来回忆说，在莫斯科，他和他的战友们收到了一些能够证明他们是农业土壤改良方面专家的身份文件。关于此事，格里布科夫的回忆也可佐证，他还记得，有些军官的名字被搞混了，有些名字中有拼写错误，但时间紧迫，没有时间更改相关文件，这些军官被要求使用新护照上的名字。在布尔洛夫的小组中，有些人不愿接受土壤改良专家的身份，因为他们对这个领域一无所知。不过他们的想法没人关心，所以一行人中对土壤改良有少许了解的人不得不充当老师，向其他人普及“专业知识”。[18]

布尔洛夫所在的“农业专家”小组在飞往哈瓦那的过程中经历了多次滞留和换机。途经区域的一场热带风暴迫使飞行员在巴哈马的拿骚（Nassau）机场紧急降落。由于机舱内湿热难耐，他们被允许出舱休息。他们一露面就立刻成了数百名美国游客的关注对象，这些美国人有生以来第一次见到“俄国佬”。这些美国人拍摄了大量苏联“农业专家”的照片，却不知道这些照片实际上记录了第一批苏联战略火箭军抵达加勒比地区的窘况。风暴一结束，布尔洛夫和他的战友们就立刻启程。抵达哈瓦那后，他们受到了斯塔岑科将军的接待。[19]

侦察小组一到达古巴就意识到，6 月初访问古巴的比留佐夫元帅对哈瓦那的印象是错误的。比留佐夫在访问结束回国后曾跟自己的下属分享了这段经历，并夸赞了古巴宜人的气候。然而，他对古巴的地表环境以及气候的认知都存在偏差。他以为这里气候宜人是因为他碰巧错过了通常从 6 月开始一直持续到 11 月的飓风季。而对古巴的地表环境，比留佐夫更是一无所知，因为他根本没有时间在岛上考察。回国后，他告诉赫鲁晓夫：古巴的地面植被足以掩护导弹部署作业，美国人不会发现他们。他这样说不过是投其所好，讲了一些赫鲁晓夫想听到的“实情”而已。加尔布兹后来不无讽刺地复述了比留佐夫对古巴的印象：“这是一个黄金国度，你可以睡在每一丛灌木下，隐藏导弹简直是轻而易举。”然而，当先头部队于 7 月抵达古巴时，包括普利耶夫、斯塔岑科、加尔布兹和布尔洛夫在内的所有人都发现，那里不仅酷热潮湿，让人难以忍受，而且地表环境也十分恶劣。[20]

侦察小组很快发现，当地的小型棕榈林无法隐藏 20 多米长的导弹，而大片的茂密森林又无法保证空气的自由流通。要知道，苏联的火箭原本是专为欧洲战场研制的，在炎热潮湿的环境下，这些设备很容易出现故障。更糟糕的是，他们还碰到了很多闻所未闻的有毒植物，并对此束手无策。经过实地勘测，他们发现比留佐夫考察小组选定的几处地点都不适合部署导弹。斯塔岑科后来上报了他派出的侦察小组的调查过程和结论：“我们利用直升机对之前总参谋部指示各导弹团开展部署作业的地区进行了 4 次调查，又对古巴岛的西部和中部地区进行了勘测，最终发现分配给西多罗夫（Sidorov）、切尔克索夫（Cherkesov）和班迪洛夫斯基（Bandilovsky）同志的导弹团的作业区域均地形崎岖、植被稀疏，而且道路网不完善。因此，这些区域不适合导弹部署作业的开展。”[21]

苏联人不得不从头开始寻找新的部署地点。古巴方面此时也提出了他们的要求：被选定部署导弹的地区面积不得超过 1100 英亩（约 4.5 平方公里），且该区域内需要重新安置的家庭数目不得超过 8 户。在古巴东道主的帮助下，苏联侦察小组重点勘测了 150 多个区域，勘测总面积超过 9000 平方公里，并最终选择了 10 个基本满足要求的区域，然而这些区域仍有一个通病，那就是缺少可以躲过美国侦察机的可靠掩护。这 10 个区域被平均分给了 5 个导弹团。在小型工程队的协助下，他们立即动工，为即将在 9 月初抵达古巴的导弹建设发射基地。

在基地建设过程中，他们又发现了更多令人头疼的难题，其中之一就是古巴境内的跨河桥梁都不够坚固，根本无法承受运送导弹的苏联卡车满载时的重量。一名参与基地建设的工作人员回忆说，为了能让重型设备运送到指定地点，导弹师的师长不得不做出很多非常规性的决策，比如在河床上浇筑混凝土。“惊喜”接踵而至，他们还发现古巴发电站的发电频率为 60 赫兹，而苏联设备的供电需求频率为 50 赫兹。[22]

有关之前选定地点存在问题，而重新勘测的区域也无法保证导弹和发射装置能够秘密部署的消息很快传到了莫斯科。赫鲁晓夫后来把在秘密部署导弹方面出现的问题全部归咎于比留佐夫：“我们给比留佐夫配备了来自战略火箭军的精兵强将，为的就是让他们能够确定部署导弹的最佳方案。他们从古巴回来后向我们报告说，他们认为导弹可以在隐蔽状态下进行部署。那些侦察兵的能力太糟糕了，他们竟然天真地以为棕榈树能够起到掩护作用。”[23]

在他们越来越清醒地意识到这些导弹不可能躲过美国 U–2 侦察机的窥探后，苏联军方高层决定调整导弹部队的出发时间。总参谋部改变了原本要优先运送中程和中远程弹道导弹的计划，决定在运送核弹头和配套运载火箭之前，先运送一批防空导弹到古巴。他们想要在美国 U–2 侦察机发现弹道导弹的部署之前，让古巴驻军拥有打击美国侦察机的能力。这些防空导弹就位后，他们就可以开始部署 R–12 导弹和 R–14 导弹了。

事实证明这步棋下对了。向古巴运送防空导弹确实起到了掩护随后抵达的核弹头和 R–12 导弹的作用，但起作用的方式却与苏联人预想的不同。在得知苏联运送了一批防空导弹到古巴后，美方虽有警觉，但并未重视，他们以为苏联在古巴的军事建设仅限于防御性武器，因此忽略了大规模杀伤性武器的到来。赫鲁晓夫很幸运。[24]

第七章　公海之上

很少有民用船只能像苏联干货船“伊里亚·梅奇尼科夫号”（*Ilia Mechnikov*）那样在冷战历史上留下如此深刻的印记。这艘船于1956年在法国建造，以著名的俄国免疫学家、1908年诺贝尔生理学或医学奖得主的名字命名，最大载重量超过3000登记吨①。1960年9月，它向古巴运送了第一批苏联武器和弹药，其中包括至少10辆二战时期著名的苏联T–34坦克，以及100门高射炮。在第四次中东战争期间，也就是1973年10月，“伊里亚·梅奇尼科夫号”在访问叙利亚的塔尔图斯（Tartus）港时被以色列发射的火箭弹击沉。[1]

1962年，“伊里亚·梅奇尼科夫号”一如既往地忙碌，先是从印度将一批牛运送到保加利亚，随后又开启了古巴之旅，分两次向古巴运送苏联的武器和部队。第一次航行开始于8月8日，“伊里亚·梅奇尼科夫号”先是离开了位于乌克兰敖德萨的基地，随后停靠在克里米亚的费奥多西亚（Feodosia）港装载货物。官方文件

① 计算船只容积的单位。1登记吨约为2.83立方米。

显示，该船将向法国的勒阿弗尔（Le Havre）港运送1260吨货物。但实际上，它装载的是苏联在古巴建立军事通信中心所需的设备和工作人员，以及负责该中心运转的官兵。8月11日，这艘船秘密驶离费奥多西亚。当时，为了严格保密，被委派到船上负责安保工作的克格勃上尉佐祖利亚（Zozulia）下令封闭港口，所有船员的上岸休假活动都被取消了。[2]

8月14日，“伊里亚·梅奇尼科夫号”的船长向土耳其当局提交了虚假的货物申报单，使该船顺利通过博斯普鲁斯海峡。但当这艘船进入地中海并向直布罗陀海峡驶去时，发生了一起紧急事件，引起了船长以及随行的克格勃上尉佐祖利亚的注意。这起紧急事件与这艘船上一位姓马祖尔的机械师有关。在“伊里亚·梅奇尼科夫号”离开黑海后不久，马祖尔就开始抱怨腹部疼痛。船医若尔克夫斯基（Zholkevsky）给马祖尔做了医学检查，并诊断他患上了急性阑尾炎，需要马上动手术。但是佐祖利亚不能把他送上岸，因为尽管船上没有人知道这艘船的真正目的地是哪里，但这次航行是绝密的，包括马祖尔在内的所有人都知道，船上实际运载的货物与官方货物申报单上的记录有出入。

佐祖利亚的任务是确保没有外国人（特别是直布罗陀的英国机构）能接触到马祖尔并通过他发现任何蛛丝马迹。经过若尔克夫斯基和3名随行军医的会诊，他们得出结论：如果不动手术马祖尔就会有生命危险。在这种情况下，他们决定在船上做手术。佐祖利亚与船长和副船长共同出面说服马祖尔接受在船上进行手术的方案。马祖尔同意了。

手术被安排在一间名为“列宁室”的船厢中，这间船厢是专门为船员进行政治教育而设的。4 名医生在这间船厢中进行了 4 个小时的手术。但手术并不顺利。医生们没能切除发炎的阑尾，也没能缝合伤口。他们说马祖尔需要到医院接受二次手术。马祖尔的情况不断恶化，但把他送到岸上仍然是不可能的。他们向敖德萨的基地发送了请示电报，基地建议他们将马祖尔送到一艘返回苏联的苏联船只上。

佐祖利亚照做了，他们在离直布罗陀约 97 公里的地方遇到了一艘名为“利兹埃斯拉维号”（*Iziaslav*）的油轮，于是他们将马祖尔转移到了这艘油轮上。然而，这已经是“伊里亚・梅奇尼科夫号”启程的第 5 天，这意味着马祖尔还要再熬 5 天才能到达敖德萨，他很有可能在回程途中死亡。“利兹埃斯拉维号”的船长接到指示，在最坏的情况下，他可以让马祖尔住进西西里岛或埃及亚历山大港的医院，但必须在一名苏联官员的全程陪同下就医。这名官员要防止医生向马祖尔询问任何与他的健康状况没有直接关系的问题，而且无论如何都不能把马祖尔留在英属直布罗陀。

“阿纳德尔”行动必须在完全保密的情况下进行。一旦货物装载完毕，任何人都不能离开这艘船，尤其是在前往古巴的途中。佐祖利亚在航程结束后提交了一份关于“伊里亚・梅奇尼科夫号”航行的情况报告。后来他震惊地得知马祖尔的身体状况曾一度严重恶化，“利兹埃斯拉维号”的船长认为必须将他送到直布罗陀的一家医院。最终，马祖尔历经万难，侥幸活命。可悲又讽刺的是，当时马祖尔和佐祖利亚本人都不知道航行的目的地。关于目的地的指示被装在一个信封里，只有通过直布罗陀海峡后船长才能打开。“伊里亚・梅奇尼科夫号”原定的目的地是位于古巴中东部的努埃维塔斯（Nuevitas）港。但当这艘船到达该港口时，它又被要求停靠到位于该岛南岸的另一个港口。这么做并不是为了误导美国人，而单纯是组织混乱的结果。8 月 30 日和 31 日，这艘船运送的货物才被卸载在古巴圣地亚哥。[3]

由“伊里亚·梅奇尼科夫号”运送到古巴的通信设备属于格奥尔基·沃龙科夫（Georgii Voronkov）上校的第 27 防空导弹师。一个半月后，就是这些设备发出了击落古巴上空一架美国 U–2 侦察机的指令。

沃龙科夫的防空导弹师又被称为第 10 防空导弹师或伏尔加格勒师（以其在苏联境内的位置命名），是在苏军总参谋部意识到在古巴境内秘密部署导弹已无可能的情况下，被优先派往古巴的两个防空导弹师中的一个。另一个防空导弹师则从乌克兰来到古巴，师长是米哈伊尔·托卡连科（Mikhail Tokarenko）少将，该防空导弹师的苏联代号是第聂伯罗彼得罗夫斯克第 11 防空导弹师，而在古巴该师的代号被改为第 12 师。苏军选择优先部署两个防空导弹师是为了阻止美国军机飞越古巴领空。这两个师都装备了 S–75 德斯纳（Desna）地对空导弹（北约代号 SA–2），这款导弹射程较远，足以击落美军的 U–2 侦察机。第聂伯罗彼得罗夫斯克师于 7 月抵达古巴西部驻地，伏尔加格勒师则于 8 月抵达古巴东部驻地。[4]

S–75 德斯纳导弹要保护的对象——R–12 中程弹道导弹也陆续运抵古巴。第一批 R–12 导弹于 1962 年 9 月 9 日由“鄂木斯克号”（*Omsk*）货轮运送至古巴。一年前，苏联以 350 万美元的价格购买了这艘日本制造的货轮。“鄂木斯克号”共有 5 个货舱，并配备了 12 台中型起重机、1 台轻型起重臂和 1 台重型起重臂，因此装货速度很快。这艘货轮装载了 6 枚 22 米长的 R–12 导弹和 166 件机械装置，总重量达 2200 吨。[5]

“鄂木斯克号”送抵古巴的 R–12 导弹来自立陶宛城市普伦盖（Plungė）的第 637 导弹团。该团的指挥官是 41 岁的伊万·西多罗夫（Ivan Sidorov）上校，他是 7 月底才接替 V. V. 科列斯尼琴科（V. V. Kolesnichenko）上校担任该团团长的，因此参与到“阿纳德尔”行动中的时间也较晚。上级原本安排科列斯尼琴科上校参与此次行动，但他因家庭原因而退出。比留佐夫元帅的副手、战略火箭军第一副司令托卢布科将军负责驻古巴导弹团的选择和运送工作，他曾以参加战略导弹部队军事委员会会议的名义，派专机将科列斯尼琴科和西多罗夫从立陶宛接到了莫斯科，此时西多罗夫还是另外一个团的团长。托卢布科与他们两人分别面谈，科列斯尼琴科先被叫了进去，但几分钟后就走了出来。西多罗夫从他脸上的表情看出，他被降职了。随后，托卢布科把西多罗夫叫了进去，并问西多罗夫是否准备好接受一项特殊的任务。尽管不了解任务的具体内容，但西多罗夫表示愿意接受，但提出了一个请求，希望允许他带着自己的妻子一同前往。这个请求被批准了。[6]

西多罗夫被要求在两天内将他原来所在团的指挥权移交给另一名军官，同时接过即将被派往古巴的第 637 导弹团的指挥权。他的第一个任务是将第 637 导弹团转移到克里米亚半岛的港口城市塞瓦斯托波尔（Sevastopol）。于是，在接过指挥权的当晚，西多罗夫就指挥手下的官兵将大约 1.1 万吨重的武器和物资装上了火车。这些武器和物资通过 19 列火车运送到塞瓦斯托波尔，又通过 6 艘轮船运送到古巴，“鄂木斯克号”就是其中之一。同参与此次运输任务的所有船只一样，“鄂木斯克号”是在严格保密的情况下完成货物装载的。港口由特种部队把守，装货码头的官兵一律不准离开，也不准与外界联系。

R–12 导弹先是被装载到推车上，然后推车被固定在货舱中。这样做十分危险，但驶入大西洋后，他们很有可能会遭遇美国军机的侦察，为了防止暴露，他们只能将导弹隐藏在货舱中。另一个很大的风险是货舱中满载着过氧化氢的运输车，这些过氧化氢将为导弹燃烧室的涡轮泵提供动力。他们把运输车封存在木箱中，并把它们固定在特制的平台上，以避免过氧化氢储存罐碰撞发生意外。最后，他们把建造导弹发射平台所需的工程设备和民用卡车光明正大地放在上层甲板上。毕竟，“鄂木斯克号”此次航行对外宣称的目的就是把民用货物运到古巴。[7]

为了保密，在离开立陶宛前往塞瓦斯托波尔之前，他们还在火车上装载了一些冬衣，并宣称部队要向北行进。但当火车抵达塞瓦斯托波尔港后，官兵们却分到了夏装。令所有人惊讶的是，他们分到的都是平民衣物。一名行动参与者说：“士官们都穿着西装和各种颜色的格子衬衫，戴着羊毛软帽；军官们则以白色或浅色衬衫搭配西装，戴着带檐的帽子。甚至连普通士兵也穿着各种颜色的西装，以及当时相当流行的各种款式的中长款单排扣上衣。因为大家都穿着便服，一时间认不出彼此，我们困惑地面面相觑。”[8]

西多罗夫上校和他的一部分下属于 1962 年 8 月 4 日带着 6 枚 R–12 导弹随船离开塞瓦斯托波尔。这艘船的设计载客量不超过 61

人，其中船员 43 人，还有包括乘客、实习生和领航员在内的 18 名其他人员，然而当时它必须再多容纳 250 名官兵。由于航行过程中必须注意隐蔽，因此他们大部分时间都只能躺在甲板间舱的床铺上一动不动，忍受着烈日曝晒。西多罗夫回忆说，当一名土耳其港口领航员上船引导该船通过博斯普鲁斯海峡时，士兵们被命令待在船舱里观看于 1958 年上映的苏联史诗电影《静静的顿河》。士兵们一边静静地流汗，一边反复观看这部影片。当西多罗夫和其他留在甲板上的人打开甲板之间的舱门时，船舱中升腾出大量水汽。直到他们驶离了伊斯坦布尔，士兵们才被允许到甲板上呼吸新鲜空气。[9]

“鄂木斯克号”的这种情况并非个例，其他负责运送导弹、设备和军事人员前往古巴的船只也大抵如此。“甲板间舱的舷窗上挡着帆布窗帘，由于通风不好，船舱的温度有时会达到 50 摄氏度甚至更高。”一个导弹团的副总工程师维克托·叶辛（Viktor Yesin）写道。航程中的另一个挑战是要将过氧化氢的温度保持在 35 摄氏度以下。西多罗夫和他的官兵们设法将其温度维持在 28 摄氏度左右——在货舱温度高达 50 多摄氏度的情况下，这是相当了不起的成就。当离开地中海开始横跨大西洋的旅程时，他们又遭遇了另一个难题。导弹团中负责财务工作的军官瓦伦丁·波尔科夫尼科夫（Valentin Polkovnikov）中尉回忆说：“船只晃动得越来越厉害，但人们只能尽力忍受。”叶辛在回忆录中写道：“很多军人（几乎四分之三）都晕船了。”[10]

此时，37 岁的德米特里·亚佐夫（Dmitrii Yazov）上校也乘坐

德国制造的“胜利号”（*Victory*）远洋客轮从苏联出发前往古巴，他未来将成为米哈伊尔·戈尔巴乔夫领导下的最后一位苏联国防部部长。这里需要补充的是，这艘船建造于1928年，是德国向苏联支付的战争赔款的一部分。1962年8月23日，亚佐夫和他的手下在喀琅施塔得（Kronstadt）港登上了这艘客轮。当他上船时，一位正在清点人数的上校告诉他，他是第1230号，这个数字是这艘客轮设计载客量（330人）的近四倍。[11]

亚佐夫指挥着一个步兵团，他们作为地面部队被派往古巴负责保护导弹设施，但亚佐夫一开始并不知道自己此行的目的地。当船只离开波罗的海驶入北海后，船长、随行的克格勃官员和亚佐夫才共同打开了船长保险箱里的第一个信封。这封信指示他们前往英吉利海峡，通过海峡后再打开第二个信封。直到那时，他们才了解任务的大概内容，因为信封里除了航行指示外，还有一份长达28页的关于古巴历史的资料，这份资料很可能是被误放进去的。

对大多数步兵而言，这是他们人生中第一次远洋航行，因此他们晕船很严重。在长达16天的航程中，风暴不断袭扰着“胜利号”，几乎没人愿意登上甲板，或者说根本无法登上甲板。幸运的是，风暴也降低了“胜利号”被侦察机和其他船只发现的可能性。他们于9月10日抵达古巴北海岸的尼佩湾（Nipe Bay）。[12]

在前往古巴的漫长旅途中，亚佐夫与“胜利号”的船长伊万·皮斯缅内（Ivan Pismenny）成了朋友。两人都是二战老兵和坚定的爱国者。他们在一起谈天说地，讨论政治和社会问题，都十分关心国家的未来。随着第一代革命者慢慢老去，像亚佐夫和皮斯缅内这样在苏联红旗下成长起来的第一代年轻人也逐渐步入了中年。

老一辈人发现，在赫鲁晓夫的去斯大林化运动中成长起来的最新一代年轻人，他们的共产主义理想不够坚定。皮斯缅内也对此感到担忧。“我们就要失去年轻人的支持了，我真是这么想的，我们要失去他们了！”他苦恼地倾诉道。亚佐夫则比他乐观些。“你太夸张了，”亚佐夫对这位新朋友说，“看看这些和我们一同航行的新兵。他们虽然出身乡野，但都很有主见，不会轻易偏离正道的。”[13]

在这些开往古巴的苏联船只上都配有随行的克格勃官员，相较于亚佐夫的乐观，他们可能会站在皮斯缅内一边。每个克格勃官员通常都有 6 个线人，他们的任务就是确保这次航行绝对保密且没有叛逃者。监视军官和士兵对苏古关系的态度也是克格勃的工作任务之一，而他们的发现也让赫鲁晓夫和他的团队感到不安。这些随行的克格勃官员在航行结束后向总部提交的报告表明，与皮斯缅内乐于参与此次行动并将古巴称为“我的灵魂之岛”不同的是，多数船员及官兵都并非自愿，甚至是被迫参与此次行动的。

“不知在哪里的一场酒局，就草草决定了我们的命运，这令人难以接受，我们不得不远赴古巴，而我们要做的事对任何人来说都没有意义。”一名军官临行前在给妻子的信中这样写道。他不仅批评了政府，质疑了其制定的政策，甚至还泄露了关于任务目的地的绝密信息。这封信被克格勃截获并转给了这名军官的上级领导们，但最终上级还是决定将他派往古巴，并“希望在进行适当的解释后，他会明白帮助年轻的古巴共和国的必要性”。而这并非个例，当时正乘坐“尼古拉·布尔登科号”（*Nikolai Burdenko*）前往古巴的西佐夫（Sizov）上尉更加直言不讳。他对一名同行的军官说：“我们这是被迫去杀戮。”他不知道的是，这名军官其实是克格勃的线人。西佐夫继续说道："等回到苏联，我就要把我的党员证扔了。"西佐夫是他所在连队党小组的副书记。他还说："遭遇美国人时最好的选择就是投降，然后被俘虏。"[14]

有超过 1000 名士兵和超过 500 名军官出于种种原因被认定为无法胜任这项任务。有些士兵在得知即将赴海外（许多人怀疑目的地是古巴）执行任务时，就立刻通过擅离职守等方式得罪上级，希望借此取消自己执行任务的资格。对这项任务感到尤其不满的是那些原本将在 1962 年夏季结束 3 年义务兵役期的士兵们，因为对他们而言，被派往古巴就意味着他们的退役计划被无限期推迟了。有些指挥官还会把部队里的"麻烦制造者"送到古巴。比如，一名叫鲍里索夫（Borisov）的二等兵因为醉醺醺地骑着一辆偷来的警用自行车在塞瓦斯托波尔附近兜风而被逮捕，随后他就被送上一艘开往古巴的轮船。鲍里索夫当时拒捕，但很可能遭到了宪兵的毒打，因为据克格勃的韦尔博夫（Verbov）少校的报告，鲍里索夫在旅途中的大部分时间（10 天）都是在病床上度过的。

乘坐"奥伦堡号"（*Orenburg*）干货船前往古巴的二等兵莫伊申科（Moiseenko）告诉他的朋友，他从未宣誓效忠菲德尔·卡斯特罗，他是被迫前往古巴的。他还说像他这样的二等兵没有理由害怕古巴的"反革命分子"，据说他们只向军官开枪。从莫伊申科的姓氏判断，他应该是乌克兰人，很可能对二战后有关乌克兰民族主义者地下组织采用了狙杀军官战术的谣言还记忆犹新。一个来自格鲁吉亚的新兵安德佐·索莫诺哈里亚（Andzor Somonodzharia）告诉他的同伴们，1956 年俄罗斯人用坦克镇压了格鲁吉亚骚乱，杀死了很多老人、妇女和儿童。他憎恨俄罗斯人，要为他的人民报仇雪恨。他所指的是在格鲁吉亚首都第比利斯（Tbilisi）发生的因反对赫鲁晓夫推行去斯大林主义政策而引发的骚乱。那些抗议者也的确是被坦克驱散的。[16]

这些士兵也会讨论一些非政治性话题，这也引起了克格勃的注意，比如有人认为古巴到处都是会攻击人类的猴子。还有些人预测美国将宣布对该岛进行军事封锁。克格勃还发现，随着在海上航行的时间越来越久，部队的士气逐渐下降，越来越多的士兵变得抑郁。一些人无法接受在 3 年服役期满后没有复员回乡而是被运往古巴的事实。另一些人则因船舱内的高温而筋疲力尽，或者因为晕船而变得虚弱。这些沮丧的士兵们告诉克格勃的线人，他们准备跳海自杀，结束痛苦。[17]

对克格勃来说，跳海比自杀更让他们头疼。那些想要弃船跳海的人可能会活下来并流落到外国的海岸或船只上，也因此有可能透露有关自己所在部队以及船上货物的绝密信息，从而“背叛祖国”。“奥伦堡号”的随行克格勃军官先尼科夫（Sennikov）少尉指示他的线人盯紧那些有叛逃打算的船员和官兵。当船只通过黑海海峡时，狭窄的水道为跳海提供了便利，而先尼科夫也竭尽全力确保不会有人在此处叛逃。“在通过博斯普鲁斯海峡的过程中，包括军官在内的所有乘客都被关在了 5 号甲板间舱中，船尾还有一支由苏共党员和特工组成的警卫队把守。”[18]

克格勃不仅监视船员和官兵的政治立场，还时刻关注他们的品行。与住在甲板间舱的中士和二等兵不同，军官们都住在客舱中，而且在出发前有酒水补给，因此他们在船上喝酒已是司空见惯。从相关报告来看，莫洛佐夫（Morozov）少校是克格勃官员中最在意酗酒问题的人。他乘坐“冶金师巴尔丁号”（*Metallurg Bardin*）干货船，负责监视由M. T. 祖耶克（M. T. Zuiek）中校领导的通信部队。这支部队来自第43导弹军司令部，之前驻扎在乌克兰文尼察，第43导弹军是驻古巴集团军的主力部队。祖耶克手下有264名官兵，其中包括37名军官和合同制女兵。莫洛佐夫的报告称，祖耶克给他的下属树立了一个反面典型，他不仅参加饮酒聚会，还和他手下的一个女兵住在一起，这削弱了他维持纪律的能力。[19]

克格勃面临的另一个特殊挑战来自船上的船员。“伊里亚·梅奇尼科夫号”随行的克格勃上尉佐祖利亚报告称，船员们对这次航行需要严格保密并取消上岸休假的要求感到非常不满。当局还拒绝按照惯例给予他们“硬通货”津贴，要知道，他们通常会使用这种津贴在外国港口购买苏联紧缺的物资，并在回国后在黑市上出售。在“冶金师巴尔丁号”船上，水手长马可夫斯基（Markovsky）喝醉后就把自己和一个女人锁在自己的隔间里，即使上级出面也拒不开门。克格勃少校莫洛佐夫在报告中将这类问题主要归咎于船上的女人。他在报告中写道：“她们的行为极其消极，对长官的训示无动于衷。当夜幕降临时，她们在船上的各个角落里与官兵们厮混在一起。”[20]

当苏联船只进入大西洋并接近古巴时，克格勃官员们还有一项新的更重要的任务，那就是监视从苏联船只上空飞过的美国飞机的情况，并将相关报告提交给在莫斯科的上级。这些克格勃高级官员们发现，船只越晚接近古巴，被美国飞机飞越侦察的次数就越多。

莫洛佐夫少校报告称，“冶金师巴尔丁号”在驶向古巴的途中，仅有一架美国海军飞机在8月18日从其上空飞过。但在其返航途中，仅8月31日当天，一架美国飞机就在20分钟内5次飞越该船上空。这意味着美国对苏联船只的态度发生了一些变化。而对佐祖利亚上尉来说，“伊里亚·梅奇尼科夫号”在8月28日接近古巴水域途中，美国飞机从其上空飞越的次数就已经数不清了。佐祖利亚在报告中写道:“这些飞机的飞行高度很低，而且方向各不相同。一架飞机刚飞过，另一架就又飞过来了。每架飞机都在船的上空飞越2—3次。”8月下旬，美国人显然开始越来越关注苏联船只的动向。[21]

美国飞机频繁飞越苏联船只表明，一个月前尼基塔·赫鲁晓夫试图与约翰·肯尼迪达成协议的愿望没有实现。7月，随着苏联船只启程前往古巴，赫鲁晓夫决定争取肯尼迪总统的帮助，以防止包括U–2侦察机在内的美国侦察机妨碍苏联将导弹运往古巴。约翰·肯尼迪虽然对赫鲁晓夫的提议持开放态度，但作为回报，他要求赫鲁晓夫同意暂时搁置柏林问题。赫鲁晓夫为了拖延时间，指示他在华盛顿的秘密代表格奥尔基·博尔沙科夫上校询问肯尼迪“搁置”为何意。这是个错误。这笔交易最终没有谈成。[22]

第三部分

决定之苦

第八章 柏林囚徒

白宫通常会在星期五下午发布负面政治新闻，因为此时各大报纸的专栏已经被其他新闻占据并准备付印，这时发布负面新闻可以避免民众和媒体的过度关注，这种集中发布坏消息的现象被称作“星期五新闻倾倒”（Friday news dump）。然而，在 1962 年劳工节[①]前的最后一个工作日，也就是 8 月 31 日（星期五）的早上，一则消息被报送到了白宫。这则消息如同炸弹一般，无论何时何地投下都会产生巨大的冲击力，也因此不能采用惯用手段将其隐瞒或低调处理。中情局副局长兼代理局长马歇尔·S. 卡特（Marshall S. Carter）将军告诉约翰·肯尼迪，两天前中情局的一架 U–2 侦察机在飞越古巴时发现了苏联制造的 S–75 德斯纳地对空导弹。这款导弹曾于 1960 年 5 月在苏联上空击落了一架美国的 U–2 侦察机。[1]

中情局分析师从 8 月 29 日拍摄的照片中，辨认出典型的苏联地对空导弹布设方式，即由临时道路连接起 6 个发射台，这 6 个发

① 美国劳工节即每年 9 月的第一个星期一。

射台构成了一个类似于大卫之星的六边形，在六边形的中央有 1 个指挥舱和 1 个雷达站。他们还发现岛上共有 8 个这样的导弹基地，每个基地都准备部署 6 个导弹发射台。但由于云层遮挡，U–2 侦察机拍摄的照片没能覆盖古巴的全部领土，这意味着苏联在古巴实际部署的导弹数量可能不止于此。另外，目前发现的所有导弹基地均位于古巴西部，靠近佛罗里达州和美国本土。中情局的专家们不知道的是，这一片区域属于第聂伯罗彼得罗夫斯克第 12 防空师的防区，而该防空师早在 7 月就开始在岛上部署导弹了。[2]

肯尼迪知道他接过了一个烫手的山芋。对他而言，最先要解决的是政治问题，而非军事问题。中情局的报告正中他的共和党对手的下怀，共和党人准备在即将到来的国会中期选举中将古巴问题作为一个关键议题。媒体有关苏联与古巴间海运频次增多以及在古巴境内发现大量苏联人员的报道，给了共和党人充足的"弹药"来炮轰肯尼迪，指责他对迫在眉睫的古巴危机置若罔闻。就在肯尼迪得知苏联在古巴部署了导弹的同一天，纽约的共和党参议员肯尼斯·基廷（Kenneth Keating）向国会透露"苏联正在古巴修建导弹基地，并派遣了技术人员和专家"。"我的消息绝对可靠，我之所以说'可靠'，是因为它经过了五个不同消息来源的交叉验证。"基廷宣称。[3]

1961 年 12 月，美国关塔那摩海军基地司令 E. J. 奥唐纳（E. J. O'Donnell）上将向基廷的一名下属透露，他认为古巴境内正在兴建导弹基地。从那时起，基廷就开始指责肯尼迪政府应对导弹威胁不力，然而那时并没有直接证据支持他的说法。但如今，随着媒体从那些正在佛罗里达州寻求庇护的古巴难民口中得知古巴的确有苏联驻军后，基廷又重新站到了聚光灯下。基廷在国会演讲中称："过去几周里，有 20 多艘货船从苏联港口抵达古巴，很多货物都是在高度戒备的情况下卸船的。在过去一年中，有 3000—5000 名所谓的'技术人员'抵达古巴。"他在演讲结束时呼吁政府采取行动："时间不多了。情况越来越糟。我敦促我国政府迅速采取应对措施。"[4]

肯尼迪需要时间认真考虑。他向美国中情局副局长兼代理局长马歇尔·卡特表示，他希望把有关古巴导弹的情报先"放回盒子并钉牢盒盖"。卡特照做了，这为肯尼迪争取了一些时间。肯尼迪还要求国务卿迪安·腊斯克着手起草一份公开声明。那场噩梦般的维也纳会晤在禁止核试验谈判以及柏林问题上未取得任何进展，经过那次谈判，肯尼迪认定赫鲁晓夫不是一个诚信的谈判对象，也不指望通过外交渠道解决日益紧迫的古巴问题。肯尼迪认为目前唯一有效的方法就是公开"叫板"。他希望通过这种方式告诉赫鲁晓夫，对于苏联在古巴的所作所为，他的忍耐是有限度的。[5]

当天晚些时候，肯尼迪飞往罗得岛，与他的妻子杰奎琳、女儿卡洛琳和儿子小约翰共度长周末假期。他还去了海恩尼斯港（Hyannis Port）看望瘫痪在床的父亲约瑟夫，但古巴导弹问题一直萦绕在他的脑海里。9 月 1 日，星期六，也是这个长周末假期的第一天，在与卡特将军的电话交谈中，肯尼迪解除了有关古巴导弹情报的封锁禁令。"为下星期二上午的总统听证会做准备"，知情范围被扩大了，覆盖到部分指定官员。[6]

古巴导弹危机盖过了柏林危机，成为肯尼迪外交政策团队需要优先解决的问题。军事对抗的危险正在逼近美国本土，但团队中几乎没有人相信古巴能够取代柏林在苏联国家战略中的地位。在一段时间内，他们仍然认为柏林危机更严峻、更具威胁性。柏林局势也成为肯尼迪和他的顾问团队在分析古巴问题时首要考虑的因素。

凭借自己在哈佛大学的人脉，肯尼迪组建起一支华盛顿有史以来最强大的外交政策团队。团队成员包括曾担任哈佛大学文理学院院长的 41 岁国家安全事务助理麦克乔治·邦迪（McGeorge Bundy），以及哈佛大学工商管理硕士、曾担任福特汽车公司总裁的 44 岁国防部部长罗伯特·麦克纳马拉。担任司法部部长的罗伯特·肯尼迪同样毕业于哈佛大学，也是肯尼迪总统外交政策团队的核心成员。国务卿迪安·腊斯克曾获得有“全球青年诺贝尔奖”美誉的罗德奖学金，并在牛津大学深造。以上四人是肯尼迪外交政策团队的骨干；此外，这个团队还包括来自中情局和军队的代表，以及相关部门的高级官员。[7]

整个夏天，肯尼迪外交政策团队在处理柏林危机上投入了大量精力，并制定了代号为“贵宾犬毯”（Poodle Blanket）的应对方案。方案推测柏林问题的升级将经历四个阶段：第一阶段是苏联阻止盟军进入西柏林，第二阶段是苏联封锁西柏林，第三阶段是爆发常规战争，第四阶段是最终引发核战争。当前，柏林问题还停留在第一阶段，但情况预计将迅速恶化，因为有迹象表明，苏联正在为事态升级做准备。

1962 年 7 月 5 日，一封写给肯尼迪的信被送到白宫。这封信来自赫鲁晓夫，他在信中提出希望西方盟友逐步撤出柏林，并承诺如果肯尼迪同意他的提议，美苏关系将翻开新的篇章，但是如果肯尼迪对他的提议不予采纳，一场全球危机将有可能由此爆发。他在信中写道："如果和平解决柏林问题被进一步拖延，这将会对世界和平造成威胁，现在逆转这种趋势还为时不晚。"肯尼迪在回信中表示，尽管相关国家领导人都希望和平解决柏林问题，但他担心柏林的局势最终会走向核战争。他写道："通过阅读一本讲述战争历史的书籍，并了解所述战争的爆发过程之后，我不禁感叹，沟通失败、误解和相互挑衅在导致开战的重大事件中起到了非常重要的作用。"肯尼迪所说的书就是巴巴拉·塔奇曼近期出版的《八月炮火》。[8]

出人意料的是，赫鲁晓夫释放了让步的信号。7 月 25 日，他建议美国驻苏联大使卢埃林·汤普森"不要通过国务院，而是亲自询问肯尼迪总统，在国会中期选举之前或之后最终解决柏林问题，哪个时机对他个人更有利？"赫鲁晓夫还表示，"他不想使肯尼迪的处境更加困难，事实上，他愿意帮助肯尼迪"。赫鲁晓夫还通过苏联驻美情报官员格奥尔基·博尔沙科夫将同样的信号传递给罗伯特·肯尼迪，并提出了一个额外的要求：作为交换，他希望肯尼迪能暂停美国飞机对苏联驶往古巴船只的侦察。肯尼迪总统于 7 月 30 日在白宫会见了博尔沙科夫，并表达了对这个提议的兴趣。当时，对肯尼迪来说，古巴并不在美苏商讨议题的范围内，柏林问题才是核心议题。[9]

肯尼迪不知道的是，赫鲁晓夫在此时打出"柏林牌"是为了分散他对古巴的注意力。对赫鲁晓夫而言，柏林墙的修建已经解决了柏林危机，在短期内他并不想重新开放柏林。1961 年 9 月 28 日，在美苏坦克于查理检查站对峙的几周前，赫鲁晓夫写信给东德领导人乌布利希，信中写道：“在目前情况下，鉴于东德与西柏林边界的保卫和控制措施已成功实施，西方大国倾向于通过协商解决问题，而且苏美已在纽约进行了多次接触和商讨，应当避免采取任何令事态（特别是柏林问题）升级的举措。”[10]

这位苏联领导人竭尽全力说服乌布利希放弃与苏联单独签署和平条约的想法。“我们有什么理由一定要签署和平条约？”1962年2月，他质问心怀不满的乌布利希，然后自问自答道，“什么理由都没有。直到8月13日（柏林墙建立的那一天），我们都在绞尽脑汁思考要如何取得进展。但是现在边境已经关闭了。”1962年6月，赫鲁晓夫在对捷克斯洛伐克代表团的讲话中奚落乌布利希，并讥讽他希望签署和平条约的想法。赫鲁晓夫认为：“签署和平条约首先可能会导致西方对民主德国的经济封锁。那么乌布利希同志就会第一时间来找我们索要黄金……德国人曾与我们为敌，现在他们的生活水平比我们还高，而我们还要不断地给予、不断地给予。”[11]

尽管赫鲁晓夫并不打算使柏林危机升级，但他也不愿意将其从国际议题中移除。对他来说，柏林问题是一个勒索工具，是讨价还价的筹码，仍有利用的价值。赫鲁晓夫把柏林比作西方的“睾丸”，并调侃说：“每当我想让西方尖叫，‘捏’一下柏林就好。”他的确“捏”了一下柏林。8月22日，赫鲁晓夫做了一个动作，让许多人认为苏联在与东德单独签署和约这件事上又迈进了一步。他撤销了苏联驻柏林指挥官办公室，这迫使美、英、法三国驻柏林指挥官不得不直接与东德政府进行事务性交涉，从而为东德政权争取到了一点国际合法性。[12]

8 月 23 日，肯尼迪和他的顾问们开会讨论越发严峻的柏林危机，用国家安全事务助理麦克乔治·邦迪的话来说，柏林危机“最近几周持续升温，似乎有恶化的趋势”。肯尼迪认为，近期发生的一系列事件预示着，这年年底美苏将在柏林问题上一决胜负。[13]

对约翰·肯尼迪而言，直到 1962 年 8 月下旬，古巴问题都不在他优先考虑的事项范围内。罗伯特·肯尼迪一直密切关注着“猫鼬行动”（Operation Mongoose）的实施情况，这是一项由美国政府主导，针对古巴卡斯特罗政权展开蓄意破坏活动和心理战攻势的秘密行动。没有人预料到“阿纳德尔”行动的发生。

1962 年 8 月 1 日，中情局发布了一份情报评估报告，指出虽然苏联向古巴提供了武器装备，但古巴的军事能力“基本上还属于防御型”。报告还认为，“（苏联）阵营不太可能向古巴提供能够在海外进行重大独立军事行动的军事力量”。然而，在中情局发布评估报告后不到一周，情况急转直下。8 月 7 日，一名西班牙语播音员通过他在迈阿密的古巴电台节目告诉听众，7 月有 4000 名苏联士兵登陆古巴。第二天《纽约时报》就刊登了这条消息。中情局核实了这条来自佛罗里达古巴流亡者的消息，发现确有其事。[14]

8 月 21 日，60 岁的约翰·麦科恩（John McCone）向肯尼迪政府中的核心成员们透露了中情局最近的调查结果。麦科恩曾在艾森豪威尔政府中担任美国原子能委员会主席，于 1961 年 11 月接替艾伦·杜勒斯出任中情局局长一职。根据麦科恩的备忘录，7 月共有 21 艘苏联船只抵达古巴，8 月共有 17 艘已经进港或正在前往古巴的途中。仅在7月，就有4000—6000名苏联人抵达古巴。这些人极有可能是军事人员，但由于他们与古巴平民并无接触，其身份还无法完全确定。苏联向古巴运送的设备也是如此，由于船只在港口卸货时不允许当地人在场，当下也无法确定设备的用途。不过，板条箱上的标识表明里面是飞机零件和导弹。此外，货物中的雷达设备清晰可辨。中情局的分析师指出，苏联可能正在古巴部署地对空导弹。[15]

8月21日当天，罗伯特·肯尼迪、麦克纳马拉、腊斯克、邦迪等人聚集在一起，原本是要讨论“猫鼬行动”的进展情况，然而中情局的情报让他们改变了议题，大家集思广益，讨论应对策略。他们想到的第一个方法是对古巴进行完全或部分封锁，禁止苏联船只、苏联卫星国的船只以及卫星国租借给苏联的船只靠近古巴，以此来阻止苏联在古巴的导弹部署行动。单纯就解决古巴问题而言，这似乎是一个好主意，但是代表白宫的邦迪并不赞同，指出这一举措将可能会给美国造成不利的国际影响。他仍旧关心柏林的局势。有关这次会议的中情局备忘录中记录了他的发言内容：“人们会认为，对古巴的封锁意味着柏林也要被封锁。”

考虑到柏林问题还悬而未决，大多数人转而反对封锁方案。麦克纳马拉提议加强针对卡斯特罗政权的秘密行动。罗伯特·肯尼迪则建议进行挑衅，包括自导自演一出古巴对关塔那摩基地发动袭击的戏码，为美国干预提供借口。麦科恩对这些建议感到担忧，他指出，目前古巴不断加强安全措施，卡斯特罗政权严密提防间谍和破坏者，此时进行秘密行动是很困难的。但是，与会的其他人却对麦科恩的担忧不以为然，他们觉得是柏林的局势束缚了他们的手脚。

会议最后，大家一致同意让麦科恩自己向肯尼迪总统报告中情局的调查结果。[16]

8月22日，麦科恩向总统汇报了那些令人不快的消息。事实上，就在与麦科恩会面的几小时前，肯尼迪还在新闻发布会上否认了古巴境内有苏联军队驻扎。“军队吗？”总统在回答记者提问时说，“我们没有得到消息，但技术人员的数量的确在增加。”而现在，麦科恩却提出岛上不仅有军队，也许还有导弹。第二天，麦科恩告诉肯尼迪，中情局暂时还无法分辨苏联在古巴部署的是地对空导弹，还是能够威胁美国本土的地对地导弹。心烦意乱的肯尼迪向麦科恩提出了一连串问题：导弹是否可以通过空袭或地面入侵来摧毁？蓄意破坏如何？或者利用当地叛乱呢？[17]

对于总统提出的问题，麦科恩无法一一作答，但他准备了一套解决古巴问题的方案。在提交给肯尼迪的报告中，他设计了一个“三步走”方案：首先发动国际舆论声讨卡斯特罗政权，然后加强针对卡斯特罗政权的破坏和颠覆等秘密行动，并最终“迅速投入足够的武装力量来占领这个国家，摧毁这个政权，解放人民，将古巴建成一个和平的国家，使其成为拉丁美洲国家共同体的一员”。他希望前两步的成功执行可以让事态不至于发展到第三步，但他对此并没有十足的把握。麦科恩向罗伯特·肯尼迪吐露心声，他认为古巴的事态发展是“我们当前面临的最严峻的问题”。

但肯尼迪总统和他的顾问们却并不这么认为。中情局关于这次谈话的纪要表明，“在场的很多人都把在古巴的行动与苏联在土耳其、希腊、柏林、远东以及其他地方的行动放到一起讨论”。麦科恩就如何解决土耳其问题也提出了建议。他认为，在土耳其和意大利部署能够搭载核弹头的“木星”中程弹道导弹并没有为美国带来战略优势。麦克纳马拉同意麦科恩的观点，也认为这些导弹毫无用处，并表示会着手研究移除方案。但是柏林问题目前尚无解决方案。相关会议纪要记载，在会上，“总统提出了一个问题：如果苏联挑起了柏林危机，那么我们要如何处理古巴问题？反过来说，假如我们在古巴有所行动，苏联将会对柏林做些什么？”[18]

8 月 29 日，中情局侦察机飞越古巴上空时发现了苏联在地面部署的地对空导弹。当天，肯尼迪公开否认了古巴有苏联驻军以及美国有入侵古巴的计划。在回答记者提问时，他又一次提到了柏林问题：“美国有义务维护全世界的秩序，包括西柏林等敏感地区。因此，我认为，在考虑应采取何种适当的应对举措时，我们既要通盘筹划，也要考虑我们在全世界许多不同地区所承担的不同责任。”在肯尼迪看来，最糟糕的情况就是他在古巴的行动可能引发西柏林危机，导致苏联封锁西柏林，进而造成美苏军事对峙，并最终爆发核战争。[19]

9 月 4 日星期二上午，约翰·肯尼迪结束了他的劳工节长周末假期，返回华盛顿，并与他的外交政策团队进行磋商。商讨的核心内容是肯尼迪在假期前要求国务卿腊斯克起草的一份声明。腊斯克建议在声明中警告赫鲁晓夫不要越过部署攻击性武器这条红线。声明初稿中写道：“苏联将任何重要的攻击性武器交到古巴的激进政权手中，都会让西半球的其他国家面临直接且严峻的挑战。对此，必须立即采取适当的行动加以阻止。”

然而，腊斯克并未明确“攻击性武器”的范围，以及什么是“适当的行动”。麦克纳马拉认为只要部署了苏联米格战斗机就算是部署了“攻击性武器”。相反，邦迪则认为“地对地导弹才是转折点”。关于“适当的行动”，邦迪认为，考虑到核武交锋将对美国不利，美国最好不要直接对古巴采取任何侵略行动。但是，麦克纳马拉和腊斯克都不同意邦迪的这个观点，他们认为如果在岛上发现了核导弹，那就必须实施入侵行动。腊斯克认为，在展开入侵行动前，第一步必须先封锁该岛。

麦克纳马拉也认为封锁古巴是一项“适当的行动”，他提出：“如果我们终究要这么做，那为什么不马上动手呢？”他的话还没有说完，总统就打断了他，说道：“之所以现在不这么做，是因为我们认为苏联可能想要封锁柏林，如果他们真的这样做，我们就封锁古巴。”肯尼迪想把封锁古巴作为威胁和对抗赫鲁晓夫在柏林行动的筹码。他还认为封锁古巴“在相当长的一段时间内，不会对苏联造成多大的伤害”。肯尼迪的这段话否定了在事态明朗前就对古巴进行封锁的设想，封锁古巴的方案自然也就没机会获得与会者的支持。

肯尼迪讲完后，麦克纳马拉没有再继续讨论与封锁古巴有关的内容，转而提出了另一项举措，那就是加快动员国防后备力量，这不仅是为了封锁古巴，更是为入侵古巴做准备。他认为这项举措也能起到安抚国会的作用：“如果国会高层想要针对古巴问题采取行动，我能想到的最佳举措，这个算是一种。”动员国防后备力量一方面能够安抚国会，另一方面还可以向赫鲁晓夫传递信号，肯尼迪立刻接受了这项一举两得的提议。他还希望就古巴问题尽快发表声明。在会议开始时，他就对助手表示："我们不能让别人抢先报道此事。"[20]

9月4日晚，白宫新闻秘书皮埃尔·塞林杰终于就古巴问题向媒体发布了总统声明。声明中指出："在过去4天里，我国政府从多种渠道获得的情报证实，苏联的确向古巴政府提供了大量的防空导弹。"声明的最终版本既没有重申肯尼迪之前提出的不会入侵古巴的保证，也没有体现他曾做出的要捍卫门罗主义神圣性的承诺，尽管后者曾出现在初稿中。相反，声明提出要将"古巴问题"视为"由共产主义对和平的威胁引起的全球挑战的一部分"。肯尼迪通过声明向古巴而不是苏联发出警告。声明称："美国的政策仍然是：不允许卡斯特罗政权动武或以武力威胁实现其侵略目的。我们将采取一切必要的手段，阻止它在西半球任何地区的侵略行径。"[21]

在这份声明发布前，肯尼迪会见了国会领导人。他希望可以说服他们同意征召15万名士兵入伍，以应对古巴问题和可能由此引发的另一场国际危机，但肯尼迪也表示不会立即入侵古巴。他表示，在岛上发现的导弹对美国没有威胁，并说"我们讨论的不是核弹头的问题"。他也反对封锁古巴，因为封锁是一种"战争行为"。此外，他还提到了柏林问题。肯尼迪对国会领导人说："我认为柏林问题将在今年秋天或圣诞节前以某种形式达到高潮。"赫鲁晓夫在柏林问题上的虚张声势，深刻影响了肯尼迪对局势的判断。[22]

第九章　密报传来

当美国已发现苏联在古巴部署防空导弹的消息传来时，尼基塔·赫鲁晓夫正在度假。在伊萨·普利耶夫将军和第一批侦察小组被派往古巴之后，赫鲁晓夫于7月下旬离开莫斯科，像一位领主巡视他的土地和人民一样，由北向南开启了漫长的视察之旅，并最终到达黑海地区。他考察了俄罗斯南部省份的农业发展情况，访问了自己的家乡卡利诺夫卡村，然后前往第聂伯罗彼得罗夫斯克，参观了米哈伊尔·杨格尔的导弹工厂，将被部署到古巴的R–12和R–14就是在这里生产的。8月1日，赫鲁晓夫到达克里米亚的度假胜地雅尔塔（Yalta）。几天后，伊万·西多罗夫上校和他的R–12导弹团乘船从塞瓦斯托波尔港出发，前往古巴。[1]

赫鲁晓夫一边晒日光浴、游泳，一边工作。8月中旬，他飞到莫斯科，庆祝两名苏联航天员——帕维尔·波波维奇（Pavel Popovych）和阿德里安·尼古拉耶夫（Adrian Nikolaev）完成了人类历史上首次双人太空飞行并顺利返回地面，这是苏联在太空探索方面取得的又一项成就。几天后，他返回克里米亚，并在那里的官邸接待了络绎不绝的访客。8 月 30 日，赫鲁晓夫会见了菲德尔·卡斯特罗的特使切·格瓦拉，双方就古巴问题交换了意见。尽管古巴方面不断催促，赫鲁晓夫仍拒绝与卡斯特罗政府签署共同防御协议。国防部部长马利诺夫斯基元帅向格瓦拉承诺，如果美国人发现了这些导弹并威胁要入侵古巴，他将派遣苏联的波罗的海舰队前往古巴。但是赫鲁晓夫和马利诺夫斯基都认为美国人会接受这个既定的事实。“马利诺夫斯基对格瓦拉和我说：‘你们不必担心，美国不会做出太大的反应。如果出现问题，我们将派遣波罗的海舰队。’当时，赫鲁晓夫也在场。”会谈的参与者埃米利奥·阿拉贡内斯（Emilio Aragonés）回忆道。[2]

9 月初，赫鲁晓夫搬到了他在黑海阿布哈兹海岸皮聪大新建的别墅，准备度过他夏日假期的最后时光。9 月 4 日，就在肯尼迪和他的顾问们正忙于商讨如何应对苏联在古巴部署的地对空导弹时，赫鲁晓夫签署了一封回信，表示会积极响应肯尼迪和英国首相哈罗德·麦克米伦（Harold Macmillan）于 8 月 27 日提出的签署禁止在大气层、水下和外层空间进行核试验的倡议。此前，赫鲁晓夫坚持要签署包括禁止地下试验在内的全面禁止核试验条约，因为他认为美国在地下试验方面要领先于苏联，但在回信时他没有再提这一要求。他努力表现得通情达理，积极与美方协商，并通过在柏林问题、禁止核试验等各领域做出战术性让步，来分散他们对古巴的注意力，使肯尼迪更难以在古巴问题上采取强有力的反制措施。[3]

9 月 5 日上午，美国已发现苏联部署在古巴的防空导弹这一消息如晴天霹雳般传到皮聪大。毋庸置疑，赫鲁晓夫在古巴部署核导弹的冒险计划陷入了危机。他不得不立即采取行动。此时，赫鲁晓夫仍有机会取消部署弹道导弹的计划，运送导弹的船只虽已到达古巴港口，但尚未开始卸货。美方声明的主要目的是警告赫鲁晓夫不要越过红线。赫鲁晓夫的反应却恰恰相反，他希望尽快越过红线。肯尼迪的声明非但没有起到警示作用，反而提醒了赫鲁晓夫必须趁计划还未完全暴露前完成所有的部署行动。赫鲁晓夫没有选择退却，而是决定继续进攻。

美国记者弗雷德·科尔曼（Fred Coleman）回忆在皮聪大采访赫鲁晓夫的经历时写道："松树林和十英尺高的混凝土墙包围着这片巨大的滨海庄园。墙后有几处客房，相互间隔很远，还有树林遮挡。主楼是一栋两层的宅邸，里面铺着价值连城的东方地毯，屋顶上有一座日式花园，外墙上还有一部电梯。楼的旁边有一个被玻璃幕墙罩住的游泳池，天气好的时候，只要按下按钮，泳池的屋顶就会滑开，变成露天泳池。在尼基塔·谢尔盖耶维奇经常散步的花园里，小径两旁的树上还安装了电话。"[4]

9月6日，也就是从华盛顿传来那个令人困扰的消息的第二天，赫鲁晓夫在皮聪大会见了另一位美国客人——美国内政部部长斯图尔特·L. 尤德尔（Stewart L. Udall）。当时尤德尔刚刚结束对苏联水电站的考察。肯尼迪总统发表声明后，他突然被召唤到黑海别墅与赫鲁晓夫会面，这无疑说明此次会面一定与这份声明有关。赫鲁晓夫对美国在国际舞台上的举动极度愤慨，准备主动出击。赫鲁晓夫进攻的重点是柏林。9月7日，尤德尔从美国驻苏联大使馆发电报称："赫鲁晓夫重申了他的强硬路线，并表示将签署（苏联与东德）和平条约。他明确表示，不会允许西方军队留在柏林，虽然允许平民通行，但不允许任何人因军事目的进出柏林。”[5]

回到华盛顿后，尤德尔分享了他与赫鲁晓夫“暴风雨式”会谈的更多细节。在某种程度上，这次会谈是赫鲁晓夫对肯尼迪的维也纳“攻势”的延续，只不过这次的对象换成了肯尼迪政府的内阁成员。“我也了解尼克松和艾森豪威尔，我必须说肯尼迪在这方面做得更好。作为总统，他的理解力不错，但勇气差了点，缺乏解决柏林问题的勇气。如果解决了这个问题，那他就能再上一个台阶。”赫鲁晓夫自以为是地说。然后，他继续威胁要发动核战争：“我们将把他置于一个必须解决这个问题的境地。我们会给他一个选择，是发动战争还是签署和平条约。”赫鲁晓夫清楚，虽然他的弹道导弹目前还无法打到美国，但是打击西欧却不在话下，他相信欧洲人会阻止美国人发动战争。赫鲁晓夫宣称：“在当今这个时代，战争意味着在一小时之内巴黎和法国都将不复存在。你们像教训小孩一样打我们的屁股已经是很久以前的事情了，现在该换我们打你们的屁股了。”[6]

赫鲁晓夫试图利用肯尼迪对核战争的关切，不仅要求“解决”柏林问题，还说服他拿出“勇气”，即使得知岛上有核导弹也不要攻击古巴。赫鲁晓夫说：“古巴的事态发展可能真的会导致一些意想不到的后果。”他承认苏联向卡斯特罗提供了现代化武器，但强调“卡斯特罗需要这些武器来进行防御”。“然而，”赫鲁晓夫继续说，“如果你们攻击古巴，就会造成完全不同的局面。”一分钟后，他进一步解释：“你们用军事基地包围了我们。如果你们攻击古巴，那么我们就会从那些建有美国军事基地的苏联邻国中挑出一个实施报复。”赫鲁晓夫是在威胁袭击美国在土耳其、意大利等国部署的军事设施。会后，苏方告知古巴领导人，在与尤德尔的会面中，赫鲁晓夫“毫不掩饰地就美方对古巴采取危险行径将导致的一切后果”向美方发出警告。[7]

会谈结束后，苏方官员共进晚餐，古巴问题权威专家阿纳斯塔斯·米高扬也在其中。几个星期后，他将苏联的谈判策略做了如下总结：“我们让美国人相信，我们希望尽快解决柏林问题。这样做是为了分散他们对古巴的注意力。这是一个声东击西的策略。实际上，当时我们根本无意解决柏林问题。”具有讽刺意味的是，米高扬认为美国人也将柏林当作美苏古巴博弈中的诱饵。米高扬表示：“当美国人得知我们在向古巴运送战略武器时，他们也开始拿柏林问题说事。尽管美苏都在讨论柏林危机，但双方心里都清楚，在那个特定的时刻，所有的策略最终都指向古巴。”[8]

米高扬的想法不是个例。苏联人自己也掉进了他们为肯尼迪设下的陷阱：如果肯尼迪认为苏联在柏林问题上是认真的，那么苏联人则认为肯尼迪只是在玩弄他们。“我们和美国人都在讨论柏林问题，双方的目的只有一个，那就是把注意力从古巴问题上转移开。美国人这样做是为了入侵古巴，我们这样做是为了让美国感到不安，推迟其对古巴的进攻。”10 月 30 日，赫鲁晓夫对来访的捷克斯洛伐克代表团如是说。

赫鲁晓夫希望利用柏林问题来争取更多时间，以便将导弹和核弹头送到古巴，为可能发生的美国入侵古巴行动做准备。在他看来，

当前，美国入侵古巴的可能性比以往任何时候都要大。即便如此，他非但没有退缩，反而加快了运送导弹的速度，甚至在运送清单上增加了新型核武器。

赫鲁晓夫在皮聪大会见尤德尔的那天，留守在莫斯科的马利诺夫斯基元帅准备了一份绝密文件，这份文件由他身边的一名高级军官手写而成。在文件中，马利诺夫斯基提议为苏联驻古巴集团军增配 10—12 架能够携带核武器的伊尔–28 轰炸机和 6 枚原子弹，每枚原子弹的爆炸威力为 8000—1.2 万吨当量，超过广岛原子弹爆炸当量的一半。这些都是适用于实战的战术核武器，但还不是全部。马利诺夫斯基还提议向古巴运送 18 枚装载核弹头的“土地”（Zemlia）巡航导弹以及两三个配备“月神”战术核导弹的师。这相当于又为苏联驻古巴集团军增配了 8—12 枚“月神”核导弹。这些战术核武器能够在遭遇袭击或地面入侵时有效保护那些“大块头”的战略核武器，从而增强集团军的整体战斗力。

鉴于美国已发现苏联在古巴部署了地对空导弹，现在对苏联来说，时间就是一切。通过空运，可以在最短时间内将这些核武器运抵古巴，但马利诺夫斯基向赫鲁晓夫汇报时表示，虽然苏联飞机可以转移导弹和核弹头，却无法运送体积更大的发射台，没有发射台，导弹和核弹头将毫无用处。因此，马利诺夫斯基提议通过海路运送轰炸机、导弹、核弹头和炸弹，其中，炸弹和用于中程和中远程弹道导弹的核弹头由“因迪吉尔卡号”（*Indigirka*）干货船运送，计划于 9 月 15 日出发，战术导弹则将在 10 月初运出。9 月 7 日，赫鲁晓夫批准通过海路向古巴运送 6 架装载原子弹的伊尔–28 轰炸机和 3 个配备“月神”战术核导弹的师。[10]

赫鲁晓夫做出向古巴运送战术核武器的决定，这表明肯尼迪的声明的确对赫鲁晓夫的决策产生了影响。虽然这份声明并没让赫鲁晓夫惊慌失措，但也让他变得急不可耐。赫鲁晓夫的这项决策标志着他对古巴局势的看法发生了戏剧性转变，也就是从将部署核武器作为威慑美国入侵古巴的筹码和平衡全球核力量的手段，变为准备与美国发生冲突时在实战中使用核武器。虽然在赫鲁晓夫本人签署的文件、发出的声明或回应中并未找到任何证据能够证明，他试图发动一场针对美国的局部性或全球性核战争（如果他真有这种想法，那一定是更偏向局部性核战争，或者说他认为仅通过局部性核战争就能够达到目的），但他向古巴运送战术核武器的决定，客观上令这一设想在理论上和实践上都成了可能。[11]

9 月 8 日，也就是赫鲁晓夫批准向古巴运送战术核武器的第二天，马利诺夫斯基和苏军总参谋部总参谋长马特维·扎哈罗夫（Matvei Zakharov）元帅共同下令，将为伊尔–28 轰炸机配备的 6 枚核弹和为“月神”战术导弹配备的 12 枚核弹头装运至古巴。马利诺夫斯基和扎哈罗夫还共同签署了一项新指令，授权苏联驻古巴集团军司令伊萨·普利耶夫将军使用核武器来反击敌人对古巴的入侵。“苏联驻古巴集团军的任务是不允许敌人登陆古巴领土。”这项指令中如此写道。该指令指出，导弹部队是“保卫苏联和古巴的中坚力量”，并命令他们“做好准备，一旦莫斯科发出信号，就对美利坚合众国最重要的目标进行核导弹打击”。作为苏联海军的一部分，被派往古巴的核潜艇也收到了将美军基地列为可攻击目标的命令。[12]

给普利耶夫的指令中明确指出，核武器，无论是战术型还是战略型，都只能在收到莫斯科的命令，也就是赫鲁晓夫本人的命令后才能使用。但总参谋部也在考虑是否给予普利耶夫在古巴遭受入侵时使用这类武器的自主裁量权。9 月 8 日，就在马利诺夫斯基和扎哈罗夫共同签署新指令的当天，总参谋部还起草了一份附加指令，该指令将在哈瓦那与莫斯科失联的情况下适用。

这项新指令的内容如下："当敌人开始登陆古巴，或当载有两栖作战部队的敌方舰队进入古巴领海并逼近古巴海岸时，如果出现因无法收到苏联国防部的指令而有可能贻误战机的情况，允许你方自行决定是否使用"月神"战术导弹、伊尔–28 轰炸机和 FKR–1（短程巡航导弹）进行局部作战，以彻底消灭古巴沿海地区的登陆敌军，捍卫古巴共和国。"[13]

马利诺夫斯基没有签署这项授权普利耶夫在没有莫斯科命令的情况下自行决定是否使用核武器的指令。赫鲁晓夫并不准备让渡他个人对核武器的绝对控制权，即便是战术核武器。所以，尽管这项附加指令已经拟好，但并没有正式签署生效。

9 月 8 日，白宫宣布，肯尼迪正在请求国会授权，如有必要，可征召 15 万名预备役军人。对于一直坚信美国会入侵古巴的赫鲁晓夫来说，肯尼迪的这一举动刚好印证了他的猜想。此时，赫鲁晓夫已经将苏联几乎所有类型的核武器都运送到古巴，可以说把苏联核武器的"家底"都掏空了。他现在能做的就是继续运用他最擅长的恐吓术，他在这方面有无穷的能量。

9 月 11 日，赫鲁晓夫发表声明，以此回应肯尼迪于 9 月 4 日发表的简短声明。赫鲁晓夫的声明共 4600 字，比肯尼迪声明字数

（377 字）的十倍还多。针对肯尼迪向国会申请动员预备役部队的举措，赫鲁晓夫在声明中表示苏联部队将进入高度戒备状态。

赫鲁晓夫声称，尽管古巴境内确有苏联军事人员，但人数比苏联驻古巴的非军事人员要少得多。这显然是在撒谎。他还虚张声势道："我们的核武器爆炸威力巨大，而且苏联搭载核弹头的导弹也很强大，因此我们没有必要在苏联国境以外寻找发射核武器的场所。"这句话像是对全世界做出了保证：他并没有向古巴运送核武器。与此同时，他还警告美国不要入侵古巴："任何人都不要抱有侥幸心理，以为此时即使入侵古巴也能免受惩罚。如果古巴真的受到攻击，那么战争必然会爆发。"他认为这将是"一场使用热核武器的世界大战"。[14]

对于赫鲁晓夫的这份声明，肯尼迪未做回应。9 月 28 日，赫鲁晓夫给肯尼迪写了一封长信。这封信近 4500 字，几乎与塔斯社①在 9 月 11 日发布的赫鲁晓夫关于古巴问题的声明一样长。他写这封信的直接原因是美国国会在 9 月 20 日通过了动员预备役部队的决议，相当于给了肯尼迪在必要时入侵古巴的授权。赫鲁晓夫想通过这封信再次以发动核战争威胁。他对美国军舰跟踪和骚扰苏联驶往古巴的船只表示强烈不满，并在信中说道："当时我就说过，现在我再重复一遍：如果美方阻拦并击沉了我们的船只，那就是战争的开始，因为我们将以同样的方式反击。"他还在信中抗议美国军机不断飞越侦察苏联船只的行为："我可以告诉你，整个 8 月，我

① 即苏维埃社会主义共和国联盟电讯社，现俄罗斯新闻通讯社的前身之一，负责在全苏联和国外收集和发布新闻。

们的船只被飞越侦察了 140 次。”

赫鲁晓夫想要转移肯尼迪对古巴的注意力，并阻止他入侵古巴。他故技重施，试图用“胡萝卜加大棒”的手段来达到目的。“胡萝卜”就是禁止核试验条约。赫鲁晓夫在信中对肯尼迪提出的“年底前就签署该条约取得重大进展”的建议做出了回应：“我可以明确地说，我们不会让你们多等。”而“大棒”自然就是柏林问题。赫鲁晓夫在这封长信的结尾承诺，在美国国会中期选举之前，他不会对柏林采取任何行动，但同时威胁会在选举结束后采取“极端”行动。他写道：“在选举之后，大约就在 11 月下旬，我认为我们有必要继续就此展开对话。”比起对话邀约，这更像是一种胁迫。[15]

第二天，肯尼迪召见了两名在处理苏联问题上具有丰富经验的顾问：前任驻苏大使查尔斯·博伦（Charles Bohlen）和时任驻苏大使卢埃林·汤普森。当被问及为什么他们认为赫鲁晓夫已经下令在古巴部署军队时，这两人都提到了意识形态的因素：“对共产主义阵营内部来说，这是一步好棋。”博伦希望肯尼迪发表声明强烈谴责赫鲁晓夫，以此抨击他关于美国过于散漫和软弱，无法在眼前问题上做斗争的言论。“但他真正感兴趣的，也是你唯一需要担心的事情，就是核战争。”博伦对肯尼迪说。博伦还表示，赫鲁晓夫之所以总以柏林问题威胁，就是在利用肯尼迪总统对引发核对抗的担忧。他补充道：“我认为这很荒唐。”

博伦试图说服肯尼迪将古巴危机从柏林问题中剥离出来看待。当肯尼迪提出入侵古巴可能导致苏联占领柏林时，博伦承认了这种可能性，但同时补充说：“在很多地方或者很多情况下，如果我们采取某种强有力的行动，苏联人都可能会报复我们。我认为我们太过于……让柏林的局势主导我们的行动。”然而，肯尼迪并没有听从博伦的建议，还是决定不要激化柏林问题。因此，肯尼迪在10月8日致赫鲁晓夫的回信中对古巴问题避而不谈，反而将重点放在禁止核试验条约上。在他看来，赫鲁晓夫似乎愿意在这方面展开合作，甚至可能会妥协。肯尼迪在回信中写道：“我认为，我们应该努力争取在1963年1月1日之前达成这个协议。”[16]

面对赫鲁晓夫“胡萝卜加大棒”的策略，肯尼迪选择了“胡萝卜”，但在接下来的几个星期里，他始终对“大棒”忧虑不已。这次，赫鲁晓夫没有再回信。这也是他们两人在美国发现地对地导弹之前最后一次意见交换。肯尼迪曾在9月4日的声明中将地对地导弹称为攻击性武器，但他不知道的是，苏联早已在古巴部署了这种导弹。[17]

第十章　蜜月囚笼

1962 年 8 月，满头银发、戴着眼镜的 60 岁美国中情局局长约翰·麦科恩——第一个提醒肯尼迪总统苏联有可能在古巴部署了地对空导弹的人，正在法国里维埃拉（Riviera）度假。他错过了 9 月 4 日那次极为重要的外交政策会议，未能跟总统及其顾问们一起商议应对苏联的办法。麦科恩在此时离开华盛顿是有充分理由的：他刚刚与太平洋汽车和铸造公司总裁保罗·皮戈特（Paul Pigott）的遗孀——50 岁的泰琳·皮戈特（Theiline Pigott）完婚，当下正在度蜜月。[1]

这对新婚夫妇恩爱缱绻，里维埃拉的蜜月之旅成了他们近 30 年美满婚姻的开端。然而，尽管里维埃拉的天气极佳，非常适合游泳和日光浴，但对麦科恩来说，这段时光也让他十分煎熬，因为他无法参与那些与他密切相关的重大事件的决策。他每天都会收到下属从华盛顿发来的电报，经过分析，麦科恩越来越确信，苏联在古巴部署地对空导弹是为了给运送更危险的核导弹打掩护。他向当时暂代他职务的中情局副局长马歇尔·卡特将军表达了对此事的担忧。9 月 10 日，在法国度假的麦科恩给卡特发电报称，苏联在古巴部署地对空导弹的目的是“确保下一阶段秘密部署中程弹道导弹这类攻击性武器，且不被飞越侦察所干扰”。[2]

53 岁的卡特将军曾是历任美国陆军参谋长、国务卿和国防部部长的乔治·C. 马歇尔（George C. Marshall）将军的助手。卡特并不反对麦科恩的想法，但从未将麦科恩的电报内容上报白宫。因此，他无法说服内阁其他成员，让他们意识到目前的情势确如麦科恩所说的那样危急，更无法让他们同意定期派遣侦察机对古巴进行持续监测。

这段时间中情局的 U–2 侦察计划执行得也很不好。自从 8 月 29 日 U–2 侦察机发现苏联在古巴部署了地对空导弹之后，世界各地出现了很多有关中情局侦察机的负面报道。8 月 30 日，苏联在其远东地区库页岛附近领空发现了一架 U–2 侦察机。美国政府随后就此事道歉，赫鲁晓夫在 9 月 7 日会见斯图尔特·尤德尔时，对肯尼迪政府的处理方式表示满意。然而，U–2 侦察计划并未停止，9 月 8 日，一架 U–2 侦察机飞入中国领空，被中方击落，美苏关系又一次蒙上了阴影。这两起 U–2 侦察机事件将肯尼迪政府置于风口浪尖，美国政府不得不面对国际声讨和公众质疑，这也对美国在其他地区的间谍活动造成了不利影响。美国国务院是美国政府的“代言人”，面对这种不利情况，国务院必须出面向国际社会做出解释。经过此事，国务院也开始更为关注对古巴的飞越侦察。[3]

国务卿迪安·腊斯克要求肯尼迪的国家安全事务助理麦克乔治·邦迪与中情局负责人会面，邦迪答应了。在会面中，邦迪转达了腊斯克提出的有关 U–2 侦察计划的问题，以及腊斯克“希望”

本周内不会再发生 U–2 侦察机相关事件的要求。腊斯克提出的问题包括：飞越侦察对情报收集有多重要？是否有可能将飞行侦察活动限制在古巴外围的公海上空？U–2 侦察任务的策划者中是否有人想借此挑起事端？很明显，国务卿并不信任他的中情局同僚！[4]

9 月 10 日，在邦迪召集的会议上，腊斯克第一个发言。“卡特，你就不能让我省省心吗？”他对卡特将军说，“发生了这么多事，你还能指望我推进柏林问题的谈判吗？”卡特还没来得及说话，赞成继续实施飞越侦察的罗伯特·肯尼迪就开玩笑般回应了腊斯克的问题：“怎么了，迪安，害怕了？”但是对于腊斯克的主要观点——柏林问题比古巴更严重、更紧迫，罗伯特未予置评。腊斯克还要求停止对古巴的飞越侦察，但同意在公海上空进行飞行侦察。[5]

邦迪提出了一个折中的建议，即 U–2 侦察机可以继续执行针对古巴的飞越侦察任务，但侦察方式需要改变，不能绕古巴岛飞行，而应横穿而过，以避免被地对空导弹跟踪和击落。此外，如果古巴岛上空超过 25% 的面积都有云层覆盖，就不宜进行飞越侦察，否则，侦察机拍摄的照片质量与其所冒风险之间不成正比。卡特很不开心，认为这只是一个权宜之计。他在会上说：“我想提醒大家，我们仍然打算派出侦察机对这些可能部署了地对空导弹的区域进行飞越侦察。”休会后，他抱怨道：“他们又是这样，到最后也没有任何定论。”[6]

麦科恩也深感不安，原本应该像天堂一样的法国蜜月之地，如今却变成了困住他的政治牢笼。苏联很可能在古巴部署了弹道导弹这件事一直困扰着他。9 月 16 日，他发电报提醒卡特：“我们必须认真调查是否有苏联中程弹道导弹被秘密运送并部署到古巴，如果飞越侦察受阻，我们就无法发现这些导弹。”然而，麦科恩的这番警告根本无济于事。由于国务院的禁令和恶劣天气，直到 10 月 14 日，飞越侦察才重新启动。这对苏联来说是一个千载难逢的机会，他们利用这 5 周的时间，在没有美国飞机监视的情况下在古巴部署了核导弹。赫鲁晓夫似乎赌赢了这一轮。[7]

麦科恩还在法国“努力”地享受他的蜜月，他几乎得不到什么有价值的情报，就连他在中情局的“自己人”也对苏联在古巴的活动不太在意。1962 年 9 月 19 日，美国《国家情报专项评估报告》(*The Special National Intelligence Estimate*) 发布，报告中写道：“我们认为，苏联重视其在古巴的地位，主要是为了从中获得政治优势。苏联目前在古巴进行军事建设的主要目的是巩固古巴共产主义政权。”评估报告的作者还分析了未来苏联在古巴部署核导弹的可能性，但认为这在当前不大可能发生。报告指出：“这表明，苏联对美苏关系恶化的接受度远比现在表现出来的要高得多，这将会对苏联在其他领域的决策产生重要影响。”这绝不是危言耸听。[8]

中情局的分析师们估计，苏联驻古巴的军事人员不超过 4000 人。他们经分析后做出判断，自 7 月中旬以来，共有 70 艘苏联船只在古巴港口停泊，向古巴运送了约 12 架米格-21 喷气式拦截机和 6 艘导弹巡逻艇。他们还在古巴岛上发现了 12 处地对空导弹基地以及部分导弹和相关装备。事实证明，中情局擅长计算船只数量，却不擅长计算武器装备的数量，更不擅长计算人数。1962 年 7 月中旬至 10 月中旬，超过 4 万名苏联军人被运送到古巴，其中大部分是在 9 月中旬之前——中情局准备评估报告的那段时间——抵达的。在前往古巴的海上航行中，武器装备都被隐藏在船舱中，随行的军人大部分时间也都躲在甲板间舱里，所以美国侦察机根本发现不了。[9]

在古巴境内，苏联导弹和装备的转移也做了严密稳妥的安全保障，以防泄露由苏军指挥官和古巴顾问们商议选定的部署地点。苏联船只停靠卸货的港口由古巴军队和警察把守，采取各种措施严防消息泄露，其中 S–75 德斯纳导弹就是在夜间被运往预定地点的。这些导弹和人员隶属于 2 个防空导弹师。他们的总指挥由莫斯科地区防空部队指挥官斯捷潘·格列奇科（Stepan Grechko）中将担任。格列奇科手下的 2 个防空导弹师分别下设 3 个团，每个团又由 4 个中队组成。每个中队拥有 1 个发射场和 6 个发射装置。因此，2 个师加起来，共计划建造 24 个发射场，配备 144 个发射装置。此外，苏军还计划为每个发射装置提供 4 枚 S–75 德斯纳导弹，总计 576 枚导弹。根据中情局后来的分析，从 8 月的第一个星期开始，苏军就在马坦萨斯（Matanzas）、哈瓦那、马里埃尔（Mariel）、翁达湾（Bahía Honda）、圣卢西亚（Santa Lucia）、圣朱利安（San Julián）和拉科洛马（La Coloma）等城市的附近区域启动了地对空导弹发射场的建造工作。[10]

8 月 29 日，一架 U–2 侦察机拍摄到部分导弹发射场的照片。这些照片中的发射场属于第 12 防空导弹师，该师在乌克兰第聂伯罗彼得罗夫斯克组建，由米哈伊尔·托卡连科少将指挥。这个师下属某团的副团长 E. N. 叶夫多基莫夫（E. N. Evdokimov）上尉后来回忆说：“我团所有中队在 8 月就已经就位了。”他们“自北向南建立了一个覆盖古巴西部的防御区；这支部队在战斗中的职责是保护两个配备了 R–12 导弹的导弹师的发射场和装载核弹的伊尔–28 轰炸机使用的（圣朱利安）机场”。[11]

43 岁的托卡连科曾是一名飞行员，在二战期间完成了 465 次飞行任务，参加了 50 次空中作战，并击落敌机 20 架。1945 年 4 月，他被授予“苏联英雄”称号和金星勋章，这是苏联军人的最高荣誉。1961 年，托卡连科被任命为第聂伯罗彼得罗夫斯克防空导弹师师长，他急于证明自己能够胜任这个职位。然而事与愿违，他的好大喜功和自以为是害了他。保密工作上的疏忽大意让他在几周后就失去了这个职位。

1962 年 7 月 24 日，托卡连科访问古巴西端的比那尔得里奥（Pinar del Río）地区，想在那里找几处适合修建发射场的区域。在访问期间，他向那里的古巴官员保证，苏联不会抛弃他们的国家。“伙计们，别担心，苏联人民是不会在古巴命运受到威胁时抛弃古巴的。”托卡连科宣称，“现在，就在我与你们谈话的时候，我们的军队已经乘船渡海，我们将帮助你们捍卫古巴的独立。”他的这些话给古巴人留下了深刻的印象，这些古巴官员们很高兴听到这个消息，还对此进行了讨论，但托卡连科却因此给苏联驻古巴集团军司令普利耶夫将军留下了非常不好的印象。第二天，托卡连科就因泄露国家机密而被解除了师长职务，这也宣告了他军旅生涯的终结。为了防止有关苏军即将在古巴集结的消息继续扩散，那些听到了这番话的古巴官员也被扣押起来了。[12]

8 月中下旬，托卡连科在讲话中暗示的载有 R–12 中程弹道导弹的苏联货船陆续抵达古巴港口，也正是这些货船让约翰·麦科恩在法国度假期间一直忧心忡忡。首先抵达的是“鄂木斯克号”货轮，它于8月4日从塞瓦斯托波尔港出发，8月19日抵达古巴中部特立尼达岛附近的海滨村庄卡西尔达（Casilda）。船上载有6枚R–12导弹，随行官兵来自伊万·西多罗夫上校领导的第637导弹团。由于卡西尔达港的码头一次只能容纳一艘船，且没有能够存放导弹和装备的空间，当“鄂木斯克号”货轮停泊在卡西尔达港时，西多罗夫和官兵们以及他们的货物都不得不留在船上。根据斯塔岑科后来的报告，这批R–12导弹直到9月9日才从“鄂木斯克号”卸下。直到这一天，第一枚中程弹道导弹才在古巴的领土上落地。[13]

第一个迎接他们的是师长伊戈尔·斯塔岑科将军。斯塔岑科是在7月的第三个星期乘飞机到达古巴的。当西多罗夫抵达时，斯塔岑科已经被晒黑了，还留起了胡子，在许多人看来，他就像个古巴人。在斯塔岑科远赴古巴之前，“阿纳德尔”行动的策划者之一阿纳托利·格里布科夫将军就曾见过他，当10月行动开始时，格里布科夫在古巴再次见到了斯塔岑科。这次见面，斯塔岑科出众的气质给他留下了深刻的印象：“年轻，帅气，虽然同其他官兵一样穿着平民的衣服——深灰色的裤子和短袖格子衬衫，但他那完美的军人气质令人赏心悦目。”西多罗夫也立刻就喜欢上了他的这位新师长。西多罗夫回忆说：“他是一位热爱生活、精力充沛、意志坚强的将军，有着良好的组织能力和在导弹部队服役的丰富经验。”[14]

斯塔岑科的第一个任务是组织导弹和装备的卸载工作。与地对空导弹相比，卸载中程弹道导弹时要更加重视保密性。斯塔岑科后来写道：“只有当夜幕降临，货船和港口一片漆黑时，我们才开始卸载导弹。从船上卸下导弹的同时，通往港口的外部通道由从古巴马埃斯特腊山区特派过来的一个 300 人的山地步枪营把守。”这还不是全部，斯塔岑科继续写道：“在港口的警戒区域内，还有刚刚抵达的由总参谋部指派的战略行动军官小组的成员。在海上，海军巡逻艇与经过特别审查和挑选的古巴当地渔民共同守卫苏联货船。每隔两小时，就会有专门的潜水员进行水下船底检查，并潜入码头附近的水域检查海床。”[15]

导弹被卸到岸上后，斯塔岑科要完成的下一个任务就是将这些导弹运送到部署地点。留给他的时间不多了。由于 U–2 侦察机已经发现了地对空导弹，赫鲁晓夫和总参谋部不得不临时修改导弹部署的时间表，压缩了运输和安装导弹所需的时间。根据新的时间表，装备 R–12 中程弹道导弹的兵团应在 11 月 1 日之前进入战备状态，而装备 R–14 中远程弹道导弹的兵团应在 1962 年 11 月 1 日至 1963 年 1 月 1 日期间进入战备状态。可问题是，导弹和随行装备直到 9 月 9 日才开始在古巴落地。西多罗夫兵团率先抵达古巴，但是直到 10 月的第一个星期，该兵团的人员、导弹和设备才全部到位。其他兵团的情况更糟。[16]

这些导弹需要被运送到距离卸货港 200 公里的指定地点，这对转运工作提出了更高的保密要求。运输队只能在午夜至凌晨 5 点之间行动。斯塔岑科的报告称，为了不泄露运输路线和目的地，“当遇到需要封闭道路的情况时，一场‘车祸’就会上演，在转移‘伤员’的同时，一直待命的古巴军队就会借机出动”。但这似乎还不够保险，“在导弹运输队出发前的一个小时至一个半小时里，还会派出一支为此次任务专门成立的由古巴当地的拖车或重型卡车组成的运输队，按照错误的路线行进”。苏联的运输队由几十辆车组成。在前面开路的是“携带无线电设备的摩托车队，一辆载有一名作战军官、一名翻译和几名警卫的古巴汽车，两辆载有指挥官的轻型车，以及一辆安全车”，斯塔岑科写道。在这些车辆通过后，“导弹、牵引车、起重机和备用牵引车”才出现。在车队中殿后的是一辆“安全车，上面坐着古巴警卫和携带无线电设备的摩托车手”。苏联官兵们都穿着古巴军装，他们不能讲俄语，只能借助背下来的几个西班牙语单词和短语互相交流。[17]

此外，转运过程也困难重重。这些导弹的长度超过 22 米，需要用更长的拖车运输。斯塔岑科亲自坐镇指导转运工作。他给西多罗夫上校一周的时间规划从卡西尔达到卡拉巴沙（Calabazar de Sagua）附近区域的转运路线，这两地之间的直线距离约为 100 公里，但如果沿着古巴境内狭窄崎岖的道路前进，实际运输距离将是直线距离的两倍。西多罗夫和他的官兵们加固了途经区域的部分桥梁，甚至修建了一些新路。难度最大的是他们还要在古巴市镇的狭窄街道上穿行。“在考瑙（Caunao），”西多罗夫回忆说，“有一个 30 度的右急转弯。为了获得必要的转弯半径，我们似乎只能拆除挡在那里的三层高的市政楼以及首位进入太空的宇航员尤里·加加林的雕像。没有别的办法。”但最终他找到了解决方案：运输队直行通过小镇，然后选择另外一条道路，再次穿过小镇到达目的地，这样做不仅不需要经过那个急转弯，还可以省去拆除小镇地标的麻烦。[18]

9 月底，斯塔岑科和西多罗夫完成了将导弹和装备运送到该团指定驻地的任务。接下来他们必须从头开始建造发射台，这是一项比卸载和运输导弹更困难的任务。苏联士兵们已经习惯了东欧地区冬季的严寒天气，古巴的热带气候让他们猝不及防，而飓风季的到来令情况更加艰难。斯塔岑科后来抱怨莫斯科选定的导弹部署时机太糟糕，因为9月和10月正是热带风暴和飓风频发的时期。作为“阿纳德尔”行动的策划者之一，格里布科夫将军在10月到达古巴时也意识到了情况有多糟。“由于高温（温度高达35—40摄氏度甚至更高）高湿，导弹团团长决定每过一小时就轮换一组施工人员。”格里布科夫回忆他考察斯塔岑科手下的一个团的情形时说，“地面有很多岩石，在这种条件下，工程设备的施工效率不是很高，所以大部分工作都是靠人力完成的。”[19]

尽管酷热潮湿、阴雨连绵、疾病横行，斯塔岑科将军还是命令西多罗夫必须在10月22日之前让他的兵团进入战备状态，这比集团军司令普利耶夫规定的最后期限提前了一个多星期。西多罗夫尽力不让他的指挥官失望。“在极短的时间内，”西多罗夫回忆说，“在筋疲力尽的情况下，大家……完成了一项又一项艰巨的任务：在发射台下方浇筑了1米深的混凝土，并安装了锚固螺栓；用预制部件建造核弹头仓库；就地修建了长达12公里的碎石路；实施了1500余次岩层爆破；搭建了仓库、食堂和休息用的帐篷，并配备了服务设施。”[20]

10月8日，西多罗夫导弹团的第一个R–12发射台进入战备状态。10月12日，第二个发射台也做好了战斗准备。10月18日，也就是距离斯塔岑科提出的最后期限还有4天时，整个导弹团都进入了战备状态。他们能够在接到发射通知的10个小时内（这是将核弹头运到发射场所需的时间）发射导弹。10月4日，60枚用于R–12导弹和R–14导弹的核弹头由“因迪吉尔卡号”干货船运抵哈瓦那以西 40 公里的马里埃尔港。这是第一批被运送到古巴的核弹头。[21]

美国中情局局长约翰·麦科恩仍在法国里维埃拉的“蜜月囚笼”中。由于无法得到有关苏联在古巴集结的最新情报，麦科恩越来越恼火。他对副局长卡特将军非常不满，甚至考虑要将他免职。麦科恩认为卡特在自己休假期间对古巴问题处理不当：第一，他没有主动将麦科恩的电报内容上报白宫（麦科恩本人并未要求他上报）；第二，他没能与反对 U–2 飞越侦察的腊斯克抗衡，导致侦察计划暂停；第三，也是最严重的一点，他批准发布了 9 月 19 日的《国家情报专项评估报告》，该报告声称苏联目前不会在古巴部署导弹。[22]

9 月 26 日，回到华盛顿的麦科恩得知，一名中情局的线人于 9 月 12 日在古巴境内的公路上发现了一枚正在被转运的苏联 R–12 弹道导弹。这更加重了他的忧虑。他的下属正从古巴难民那里收集情报，这些难民表示古巴警察和军队采取了特别的预防和保密措施，用以掩盖苏联军队的抵达和导弹部署工作。中情局官员立刻将这个消息上报，但是没有 U–2 侦察机的环岛侦察飞行，就没有办法验证情报的真伪，更无法判断苏军集结的范围和性质。

10 月 9 日，麦科恩与约翰·肯尼迪会面。罗伯特·肯尼迪、麦克乔治·邦迪和其他总统顾问也都在场。麦科恩与国防部副部长罗斯威尔·吉尔帕特里奇（Roswell Gilpatric）共同提交了一份建议重新启动针对古巴的飞越侦察计划的报告。由于在古巴外围海域实施飞越侦察根本无法证明中情局已获情报的真伪，麦科恩要求恢复在古巴岛上空的侦察飞行，并提出要特别关注古巴西部地区的情况。因为他们发现的第一批地对空导弹就被部署在那里，而外围海域的飞越侦察无法拍摄到这个地区。此次 U–2 侦察机的主要任务是确认苏联是否真的在古巴部署了 R–12 中程弹道导弹，以及那些在 8 月底至 9 月初的飞越侦察中被发现正在建设的地对空导弹基地是否已经准备就绪。[23]

距离 9 月 5 日 U–2 侦察机最后一次飞越古巴已经过去了一个多月，要在此时批准新的 U–2 侦察任务，肯尼迪面临着很大压力。肯尼迪和他的顾问团队都知道，这将是一项极度危险的任务。经评估，U–2 侦察机在执行任务时被击落的可能性约为 16.7%。如果侦察机被击落，中情局飞行员也很可能被俘虏，美国政府不愿冒这个风险。因此，国防部部长罗伯特 · 麦克纳马拉建议让美国空军飞行员代替中情局飞行员来执行这次任务。这样一来，即使 U–2 侦察机被击落，飞行员被俘后也可以解释称他正在公海上空执行飞行任务（这一飞行任务的确由美国空军负责），因“迷航”而不小心驶入古巴领空。[24]

10 月 10 日，肯尼迪做出决定，同意重新启动针对古巴的飞越侦察计划。在随后的 3 天时间里，中情局一边训练一名空军飞行员学会驾驶 U–2C 型侦察机，一边等待天气转晴，以便执行飞越地对空导弹部署地点上空的任务。这次任务代号为“3101”，负责任务执行的是 35 岁的查德 · 海泽（Richard Heyser）少校，他将驾驶侦察机飞越圣克里斯托瓦尔（San Cristóba）山区上空。海泽少校是美国空军第 4080 战略侦察联队第 4028 中队的成员，曾参加过朝鲜战争。10 月 13 日晚 11 时 30 分，海泽驾驶飞机从美国加利福尼亚州爱德华兹空军基地起飞，计划在飞越古巴西部地区后返航，并最终降落在佛罗里达州中部的麦考伊空军基地。整个飞行任务预计耗时 7 个小时，而其中飞越古巴领空只占 7 分钟。

10 月 14 日上午 7 时，海泽驾驶飞机进入古巴领空。在超过 2.2 万米的高空，他打开了机载相机。这个相机可以拍摄到飞机下方 100 海里宽的区域。一切都按计划进行。地对空导弹的部署区域是否已做好作战准备，我们不得而知，至少在海泽飞越期间它们没有任何动静，更别说发射导弹。海泽于美国东部时间 10 月 14 日星期天上午 9 时 20 分降落在麦考伊空军基地。他飞机上的胶卷被立即空运到华盛顿特区附近的安德鲁斯空军基地。随后，胶卷在海军摄影情报中心被冲洗出来。10 月 15 日星期一，在位于马里兰州的美国国家图像解译中心（the National Photographic Interpretation Center）工作的中情局专家们就收到了这批照片。他们有了一个惊人的发现：约翰 · 麦科恩的判断是正确的，苏联的确在岛上部署了中程弹道导弹。[25]

第十一章　“消灭他们”

10 月 16 日星期二，约翰·肯尼迪和往常一样，一早就开始阅读报纸。他习惯在床上看报纸，这是他每天早上要做的第一件事。这天早上，他迫不及待地翻看《纽约时报》，其中的社论是关于他为欢迎阿尔及利亚总理艾哈迈德·本·贝拉（Ahmed Ben Bella）而举行招待会的新闻。这篇文章的附图是肯尼迪的妻子杰奎琳和他们 22 个月大的儿子小约翰在白宫玫瑰园的灌木丛后观看鸣 21 响礼炮欢迎仪式的照片。7 个月前，本·贝拉才从法国监狱获释，他此次访美是为了同肯尼迪商讨两国关系发展事宜，并当面感谢肯尼迪总统对阿尔及利亚反殖民斗争的支持。这次接待的阵势不小，媒体报道方面也对肯尼迪有利。[1]

《华盛顿邮报》对此事的报道相当友好，记者写道：“总统打消了本·贝拉在美国和古巴之间充当调解人的念头。”然而事实上，由于本·贝拉访问的下一站就是哈瓦那，肯尼迪想通过他向卡斯特罗传递信号。肯尼迪告诉这位阿尔及利亚领导人，只要卡斯特罗不试图改变拉丁美洲的现状，他就准备与古巴的“国家共产主义”政权和平相处。当本·贝拉问肯尼迪是不是希望古巴成为像南斯拉夫或波兰那样的政权时，肯尼迪给出了肯定的回答。他还告诉本·贝拉，古巴做了两件让美国政府无法接受的事情：第一，让古巴变成了一个装备有攻击性武器的苏联军事基地；第二，古巴试图在拉丁美洲其他地区传播共产主义革命。肯尼迪其实是隐晦地向卡斯特罗表示他们之间可以做笔交易。[2]

但是当天上午《纽约时报》的头版文章却从侧面反映出，肯尼迪在古巴问题上的回旋余地其实十分有限。文章的题目是《艾森豪威尔称总统在外交政策上软弱无力》，内容是关于艾森豪威尔在一场共和党晚宴上发表的演讲，晚宴的举办地正是肯尼迪的大本营波士顿。此前，这位美国前总统从未指摘过肯尼迪及其领导的政府，但在这次演讲中，他一反常态，驳斥了肯尼迪早些时候发表的关于艾森豪威尔政府忽视拉丁美洲长达 8 年之久的言论。《纽约时报》引用了艾森豪威尔的原话："在我执政的那 8 年里，面对暴政，我们没有失去一寸土地。"他还说："我们从没有推卸国际责任。我们决不接受言而无信或背弃原则的妥协。当时既没有修建围墙，也没有外国军事基地的威胁。"[3] 要求肯尼迪对卡斯特罗政权采取反制措施的呼声越来越高，肯尼迪面临的压力也越来越大。

艾森豪威尔在讲话中提到"围墙"是在嘲讽肯尼迪默许柏林墙的存在，而他所说的"军事基地"就是指苏联在古巴的军事部署。一直关注古巴问题媒体报道的人都知道，纽约州共和党参议员肯尼斯·基廷一直对外宣称古巴拥有核导弹，并指责肯尼迪政府没有采取任何措施应对这种威胁。这对肯尼迪来说肯定不是好事。1962 年的国会中期选举正如火如荼地进行着，共和党人已经动用了他们

“军火库”中最有力的武器——前总统艾森豪威尔。他在全国各地发表演说，支持共和党候选人，攻击民主党候选人，被攻击的对象就包括肯尼迪总统最小的弟弟爱德华——他当时正在竞选参议员。在波士顿举行的这场晚宴共有 6000 人参加，电视台对宴会上艾森豪威尔抨击肯尼迪的演说进行了直播，当时各路媒体都在争相报道此事。[4]

10 月 16 日上午 8 时左右，国家安全事务助理麦克乔治 · 邦迪来到肯尼迪的卧室，发现总统正在为艾森豪威尔的演说而苦恼。雪上加霜的是，邦迪也没带来什么好消息。他告诉肯尼迪：“总统先生，现在有确凿的照片证据表明，苏联在古巴部署了攻击性导弹。”几天前，肯尼迪总统授权 U-2 侦察机飞越古巴上空，在这次侦察飞行中，中情局发现古巴部署有打击半径覆盖美国东部大部分地区的地对地弹道导弹。邦迪在前一天晚上就收到了这个消息，但是为了让忙碌了一整天的肯尼迪能够睡个好觉，邦迪并没有马上将消息上报给总统。对肯尼迪来说，10 月 15 日是漫长疲惫的一天，他不仅接待了本 · 贝拉，还参加了竞选活动。[5]

听了邦迪的汇报，肯尼迪顿时有种遭人背叛的感觉。“他不能这样对我。”总统对邦迪说。这里的“他”指的是赫鲁晓夫。这位苏联领导人曾公开表示不会在古巴部署攻击性武器，也曾私下保证在 11 月美国国会中期选举之前不会有任何破坏美苏关系的举动，但他却食言了。16 日当天晚些时候，肯尼迪在与弟弟罗伯特会面时，称赫鲁晓夫是一个“该死的骗子”和“不道德的匪徒”。9 月，苏联驻美大使阿纳托利·多勃雷宁（Anatoly Dobrynin）按照赫鲁晓夫的指示，曾向白宫保证苏联不会单方面升级柏林问题。10 月 4 日和 6 日，就在肯尼迪总统得知苏联在古巴部署了中程弹道导弹的一周多之前，罗伯特·肯尼迪还会见了他的苏联联络人——苏联军方情报官格奥尔基·博尔沙科夫。9 月中旬，赫鲁晓夫在皮聪大曾召见博尔沙科夫。在与罗伯特会面时，博尔沙科夫按照赫鲁晓夫的授意，向罗伯特传递消息：11 月选举前不会恶化美苏关系。[6]

肯尼迪要求邦迪在接近午餐时间时召集外交政策顾问团队到白宫开会，这个时间段是肯尼迪当天密集工作日程中的第一个空档。肯尼迪每天都要以总统的身份参加一系列会议和仪式，对他而言，在参加完这些很久之前就安排好的活动之后，他一整天的工作才真正开启。目前看来，以艾森豪威尔和肯尼斯·基廷为代表的共和党人一直以来的判断都是正确的。“你还是觉得古巴的事不重要吗？”在早间会议的间隙，肯尼迪询问他的密友——白宫特别助理肯尼斯·奥唐纳（Kenneth O’Donnell）。“当然，”奥唐纳答道，“选民们根本不关心古巴。”当肯尼迪告诉奥唐纳有关古巴导弹的消息后，奥唐纳难以置信地对总统说：“我不相信。”“你最好相信，”肯尼迪回应道，“基廷怕是要当下一任总统了。”[7]

外交政策和安全事务顾问团队会议于上午 11 时 50 分在白宫西翼内阁厅举行，议题包括评估关于古巴的新情报，并就下一步行动方案提出建议。除总统本人外，参加会议的还有罗伯特·肯尼迪、麦克乔治·邦迪、罗伯特·麦克纳马拉、迪安·腊斯克，以及来自国务院和国防部的高级官员。错过了 9 月有关古巴问题重要会议的中情局局长约翰·麦科恩再次缺席，缺席的原因再次与他的新家庭有关。他妻子与前夫的儿子，也就是他的继子在一场赛车事故中丧生，他不得不回家参加葬礼。麦科恩将在第二天返回华盛顿，代表他参加此次会议的是中情局副局长马歇尔·卡特将军。[8]

“那里部署了一个中程弹道导弹发射场。”卡特说。他首先展示了一张 U-2 侦察机拍摄的照片。他的发言都被肯尼迪安装在内阁会议室里的秘密录音器记录了下来，现如今，这些录音都已解密。肯尼迪是从 1961 年夏末开始在他与顾问团队开会时录音的。他这样做的目的应该是通过这种方式记录自己的决策和别人给出的建议，并为他的下一本自传做准备。“你们怎么知道这是一枚中程弹道导弹？”肯尼迪问道。“是根据长度判断的，总统先生。”阿瑟·伦达尔（Arthur Lundahl）回答道，他是美国国家图像解译中心的创始者和负责人，当时正帮着卡特展示照片。他手下的摄影测量师在前一天用特殊设备测量了这些照片，得出的结论是：这些导弹长约 65 英尺（约 19.8 米）。[9]

伦达尔的助手悉尼·格雷比尔（Sidney Graybeal）又向总统展示了在莫斯科阅兵式上拍到的苏联弹道导弹的照片。格雷比尔曾是一名飞行员，在第二次世界大战期间执行过 32 次作战飞行任务，战后加入了中情局，成为一名制导导弹情报分析师。他比会议室里的其他人都更了解苏联导弹。他向总统解释说，射程达到 630 英里（约 1014 公里）的苏联中程弹道导弹的长度可达 67 英尺（约 20.4 米），而射程达到 1100 英里（约 1770 公里）的中远程弹道导弹则有 73 英尺（约 22.3 米）长。U-2 侦察机发现的导弹长度接近 67 英尺，这说明这些导弹很有可能是中程弹道导弹。但是，格雷比尔解释说，如果他们拍摄到的是移除了鼻锥体［长度为 4—5 英尺（约 1.2—1.5

米）］的导弹本体，那么这些就很有可能是中远程弹道导弹。与会者们一边做着计算，一边看向地图，大家开始担心起来。要知道，中远程弹道导弹不仅能够打击华盛顿和纽约，甚至可以打击波士顿、芝加哥和丹佛。

“已经能够发射了吗？”肯尼迪又问了第二个问题。他指的是照片中的导弹。格雷比尔告诉总统，照片中的导弹还没有做好战斗准备。照片表明，此发射场中只有一枚导弹，而在发射场附近区域并未找到围栏，这表明核弹头还未运抵。在与会者的追问下，格雷比尔承认，如果一切准备就绪，苏联“2—3个小时便能将一枚导弹发射升空”。肯尼迪想了解更多有关这些导弹及其准备情况的信息。他批准了额外的U–2侦察任务，但这还远远不够。他和会议室里的其他人都认为，在这种情况下，他们不能再坐以待毙，必须先制订一个行动计划。[10]

肯尼迪让迪恩·腊斯克说说自己的想法。腊斯克曾在9月初负责起草了肯尼迪发表的就“在古巴发现地对空导弹一事”的公开声明。其实，他前一晚就得知了U–2侦察机的侦察结果，在来开会前，他认真分析了局势，并准备了两套应对方案。“我认为我们必须采取一系列行动来摧毁这个基地，”腊斯克说，“那么接下来的问题是，我们是不宣而战搞突然的军事袭击，还是将危机激化到苏联不得不认真考虑让步，甚至连古巴人都必须采取一些行动的地步。”腊斯克的这番话为接下来持续数小时乃至数天的讨论确定了方向。与会者们默契地达成了一致，那就是，不论如何都必须清除这些导弹。当下的难题是美国政府应该优先采取外交行动，还是军事行动。

腊斯克认为，当局势发展迅速而来不及实施外交策略时，实施军事打击将是最佳的选择。对古巴导弹基地的军事打击既可以作为一次独立的军事行动，也可以作为入侵古巴整体军事行动的一部分。但如果时间允许，腊斯克还是更倾向于采取外交手段，比如将此事告知美国在欧洲的盟友以及在拉丁美洲的合作伙伴，并与他们商议对策。他还支持与卡斯特罗接洽，他们要让卡斯特罗明白，是赫鲁晓夫在古巴部署弹道导弹的行为让美国有了干预古巴事务的理由，而这将使古巴成为最大的受害者。他还建议让赫鲁晓夫知道“一场极其严重的危机正在逼近”。腊斯克补充说：“赫鲁晓夫本人可能并不真正理解或相信这一点。”[11]

随着讨论的深入，与会者开始比较腊斯克提出的两套方案。肯尼迪清楚，他必须在有关苏联在古巴部署导弹的消息被泄露给媒体或他在国会的竞争对手之前做出选择，他想知道留给自己的时间还有多少。国防部部长罗伯特·麦克纳马拉告诉总统，他只有一周的时间来做决策：“我们应该假定，这件事将很快被外界知晓，即使没有出现在报纸上，两党的政治代表也会得到消息。”腊斯克对此表示赞同，因为基廷参议员在 10 月 10 日就已经提到了苏联在古巴建设中远程弹道导弹发射场的问题。据推测，基廷是从古巴难民那里获得的情报。[12] 可见，肯尼迪做出决定的时间期限并不取决于这些导弹将在何时进入战备状态，而是取决于这个消息能保密多久——这个事实令人震惊。

无论是一周还是两周，留给肯尼迪的时间都不多了，他必须迅速做出决策并采取行动。但到底应该采取何种应对策略呢？讨论还在进行，腊斯克提出的“军事打击”和“外交手段”两套方案，在肯尼迪看来可以细化为四种具体的应对策略：第一，对弹道导弹进行“外科手术式”的精准空袭；第二，对岛上所有类型的导弹和苏联空军力量进行全面空袭；第三，在对该岛进行海上封锁的同时进行全面空袭；第四，开展外交交涉。罗伯特·肯尼迪立即提醒他的哥哥，还有第五个选择，那就是入侵古巴。当下总共有五种策略，其中只有一种是非武力的外交手段。

约翰·肯尼迪显然不太重视外交。理查德·尼克松之前就曾表示肯尼迪没有能力对抗赫鲁晓夫。1961年6月的维也纳会晤后，肯尼迪认为赫鲁晓夫对他也有同样的看法，认为他愚蠢、懦弱。“如果他认为我缺乏经验，没有胆量，那么除非我们能让他摒弃对我的错误看法，不然，我们之间的关系不会取得任何进展。”肯尼迪在会晤结束后接受一位支持他的记者采访时如是说。现如今，面对苏联在古巴部署中程弹道导弹的事实，肯尼迪必须采取一些激进措施，改变人们认为他是一位软弱总统的看法。[13]

肯尼迪认为，直接与赫鲁晓夫交涉很可能会促使苏联加快核打击的准备工作，而如果美国选择攻击苏联在古巴部署的导弹设施，北约盟国可能不仅不会提供帮助，反而还会提出反对意见，因为多年来，欧洲人民一直身处苏联导弹的威胁下，他们很可能认为美国的攻击会使他们受到苏联的报复。在谈到英国时，肯尼迪对与会者说：“我想他们肯定会反对的。只要我们下定决心就行了。或许在行动前一天夜里通知他们就行。”[14]

在会议接近尾声时，肯尼迪再次梳理总结了目前所有的可选方案，但他认为其中较为可行的只有两个：针对弹道导弹进行“外科手术式”打击或发动全面攻击。他对顾问们说：“我们没有时间了，不能再花两周时间进行准备。”两周是美军做好全面入侵古巴准备所需的时间。肯尼迪倾向于采用对弹道导弹进行“外科手术式”打击的方案。“如果我们决定展开军事行动，也许我们可以在做准备工作的同时先打掉导弹基地。”肯尼迪建议。他后来更坚定地补充道：“我们肯定会选择第一个方案。”他心里已经默认“外科手术式”打击是最佳方案。在国会得知古巴部署地对地导弹的情报之前，他必须采取强硬措施并对赫鲁晓夫做出回应。他不希望看到肯尼斯·基廷成为下一任美国总统。[15]

会议结束后，肯尼迪匆忙赶往下一站，与利比亚王储哈桑·里达·赛努西（Hasan ar-Rida as-Sansusi）共进午餐。他告诉顾问们下午6点回来继续讨论。从肯尼迪的秘密录音带中，我们可以听到，在会议即将结束时他说：“我真是不想浪费这6个小时。”[16]

经过上午的讨论，肯尼迪已经确信他必须使用武力。这天接下来的时间里，他也是这么认为的。在与里达·赛努西共进午餐时，肯尼迪告诉美国常驻联合国代表阿德莱·史蒂文森：“我认为替代方案是利用空袭清除导弹，或者采取其他措施让这些武器无法使用。”史蒂文森建议总统在决定展开空袭前“先探讨和平解决的可能性”，但肯尼迪没有回应。比任何人都更能读懂总统心思的罗伯特认为，约翰·肯尼迪倾向于用军事手段解决危机。当天下午，罗伯特与正在古巴展开秘密行动的中情局官员会面，并表达了类似的想法。[17]

整整一天，肯尼迪都在努力搞清楚赫鲁晓夫为什么要这么做，却找不到答案。在围绕古巴危机展开讨论的晚间会议上，肯尼迪对他的顾问们说："我们一定是对他在古巴的真正企图有所误解。"60岁的美国参谋长联席会议主席麦克斯韦·D. 泰勒（Maxwell D. Taylor）将军强调，苏联在古巴部署导弹会对美国民众的心理造成不利影响。猪湾事件发生后，肯尼迪第一时间指定泰勒负责展开相关调查工作，并随后任命他接替莱曼·莱姆尼策将军，担任参谋长联席会议主席。参谋长联席会议的成员们认为，苏联在古巴部署导弹将打破现有的战略平衡。但国防部部长麦克纳马拉却对此表示怀疑，他个人认为战略平衡状态不会被改变。"我同意，会有多大影响呢？"肯尼迪回应麦克纳马拉说，"反正他们有足够的东西能把我们炸飞。"[18]

随着讨论的推进，肯尼迪又开始纠结于赫鲁晓夫为何要这么做。几分钟后，他再次问道："如果不能提高他们的战略实力，那他们为什么要这么做？有没有苏联专家能告诉我？"肯尼迪刚抛出问题，紧接着又说："就跟我们突然要开始在土耳其部署大量中程弹道导弹一样。我觉得这么做太他妈危险了。"这时，副国务卿亚历克西斯·约翰逊（Alexis Johnson）插了一句发人深省的话："我们确实部署了。"肯尼迪不为所动地继续说道："是呀，但那是5年前的事了。"约翰逊没有放弃，对肯尼迪说："那个时候我们正缺少洲际弹道导弹。"他在无意间指出了问题的关键：赫鲁晓夫在古巴部署导弹的主要原因就是苏联缺少洲际导弹。但是没有人沿着这个思路继续讨论，也没有人意识到当下的苏联和几年前的美国有何相似之处，尤其是肯尼迪。相反，他对与会者说："但当时的情况和现在不一样。"[19]

不管赫鲁晓夫的动机是什么，肯尼迪已经下定决心要清除这个对国家安全造成威胁的障碍，并以此向美国公众和世界表明，他不是艾森豪威尔所说的“软弱”总统。肯尼迪倾向于选择突袭方案，对苏联在古巴部署的导弹进行“外科手术式”打击。出人意料的是，当晚，肯尼迪的这项提议遭到了来自国务院、国防部和参谋长联席会议代表们的共同反对，要知道这三大部门的意见几乎从未达成一致。在20世纪美国历史中不断上演的国防部和国务院之间的角力竟然在这一刻完全消失了。麦克纳马拉和腊斯克都不喜欢总统的提议，尽管二人的理由各不相同。在邦迪的支持下，腊斯克希望先尝试通过外交途径解决危机；麦克纳马拉则担心突袭起不到什么作用；而参谋长联席会议的代表认为，突袭可能会使苏联部队进入戒备状态，让后续入侵古巴的计划变得难以实施。

在当天上午举行的第一次会议上，麦克纳马拉就反对采取突袭行动。他认为只有在苏联导弹尚未就位的情况下才适宜实施空袭。麦克纳马拉在会上争论道：“考虑到他们有可能在我们实施空袭前就已进入战备状态，我不认为我们有把握在他们发射导弹之前就彻底将其导弹消灭。如果他们发射导弹，必然会在我国东海岸部分地区或距离古巴600—1000英里的地区造成混乱。”军方代表也对麦克纳马拉的观点表示赞同。晚间会议上，麦克纳马拉又对总统说：“参谋长联席会议也强烈反对这一方案，他们认为这样做不但不能斩草除根，反而会贻害无穷。”泰勒将军补充说，参谋长们认为“选择这个非常局限且小范围的目标是错误的，因为这类行动将招致报复性攻击，从而导致战局对我方不利”。这天下午，在单独召开的参谋长联席会议上，参谋长们表示，无论苏联在古巴部署的核导弹是否已进入战备状态，都要推动实施入侵古巴的行动。[20]

麦克纳马拉既不喜欢肯尼迪提议的“外科手术式”打击方案，也反对腊斯克提出的通过外交途径解决危机，因为外交途径将让苏联有时间扩充部署在古巴的核力量，并为可能发生的美国入侵行动做好反制准备，他担心这会最终导致核战争的爆发。他提出了一个新的方案：对古巴岛实施海上封锁。在上午的会议中，实施封锁只是腊斯克提出的全面空袭方案中的一步，但当下，麦克纳马拉提议将全面空袭和海上封锁分开实行。他希望能够对外发布一份声明，内容如下：“我们将立即对古巴岛实施封锁以防止攻击性武器运入，我们计划对古巴展开无限期的公开监视侦察，一旦古巴采取针对美国的进攻行动，我们将立即准备攻击苏联。”[21]

麦克纳马拉的提议让许多人大吃一惊。在大家看来，这个提议非但不能阻止核战争，反而加大了核战争爆发的可能性。“攻击谁？”邦迪问道。麦克纳马拉回答说：“苏联。”他还补充说，他的这项提议“不是对古巴采取军事行动”。肯尼迪对此表示怀疑，认为这份声明虽然有可能“赢得大量的政治支持”，并“把责任推给苏联”，但会加大实施后续军事行动的难度。“我们会失去军事进攻的先机。”肯尼迪说。他决意要采取军事行动，因此对通过任何途径（不论是公开还是私下）向赫鲁晓夫发出警告的提议都持保留意见。肯尼迪认为，他已经警告过赫鲁晓夫一次，再这样做毫无意义。[22]

海上封锁的提议被否决了。不仅是罗伯特·肯尼迪，就连一向支持麦克纳马拉的邦迪也对封锁方案能否具体落实心怀疑虑。邦迪提出当一艘苏联船只的船长拒绝接受美方检查时是否要开火拦截，麦克纳马拉认为应当开火。这个回答让海上封锁看起来更像是一场延迟了的军事行动，其目标不仅是导弹，还包括在国际水域航行的苏联船只。麦克纳马拉继续为他的方案辩护，解释说这个方案的意图是通过监视古巴和对其实施海上封锁，来防止一切攻击性武器被运送至古巴，同时也是在震慑苏联，如果他们准备发射导弹，美国将直接对苏联而不是古巴发动攻击。

麦克纳马拉没争取到支持者。他说：“我不认为这是一个军事层面的问题。”邦迪表示同意这一说法，麦克纳马拉接着说：“这其实是一个国内政治问题。在那份声明中，我们没有说我们会打击古巴，也没有说我们会动手杀人。我们只是说要采取行动。”他指的是肯尼迪总统在 9 月 4 日发表的声明，并表示实施海上封锁正是该声明所承诺采取的行动。中情局的卡特将军对此持怀疑态度，并表示：“不过，对美国人民而言，行动就意味着采取军事手段，就是这样。”“但是，我们只是封锁，”麦克纳马拉回应道，“我们只是搜查和清除准备进入古巴的攻击性武器。”卡特不为所动。他告诉麦克纳马拉，他认为把海上封锁与军事行动分开“只是一个替代方案”，但他表示会予以考虑。“我认为，从很多方面来讲，这个方案都是一个完美的解决办法。”固执的麦克纳马拉回答道。[23]

肯尼迪还是坚持他最初的想法，即直接袭击古巴的导弹基地，但在做出最终决定前，他仍有时间考虑。实施“外科手术式”打击是在利用军事手段解决他面临的政治问题。那天晚上，他对顾问团队说：“这既是一场军事斗争，也是一场政治斗争。”他认同麦克纳马拉提出的古巴导弹不会改变美苏军事平衡的观点，但从政治立场出发，他感到进退两难。“上个月，我说过我们‘不会允许’这样的事情发生。上个月，我就该说‘我们不在乎’。在说了我们‘不会允许’之后，他们真这么干了，而我们却什么都没做，这让我们面临的风险和压力更大了。”肯尼迪觉得这回必须果断采取行动。[24]

在过去，一旦肯尼迪在同赫鲁晓夫的私人会晤中被威胁、被智取或被击溃（比如 1961 年 6 月的维也纳会晤），他的反击方式就都是回国后要求国会增加国防预算或者征召预备役人员，有时两者兼而有之。他这样做既是为了警告赫鲁晓夫，也是为了降低自己在国外遭遇外交失败的影响，并维护自己在国内的政治威信。肯尼迪通过扩充军力向他的宿敌发出威胁信号。但这一次情况有所不同，肯尼迪认为必须动用武力。他的弟弟罗伯特则更加激进。他提议自导自演一场针对关塔那摩湾美军基地的袭击或击沉一艘美军船只，以获得入侵古巴的正当性，并力劝其他与会者同意入侵古巴的方案，即便此举将可能引发全面战争。罗伯特催促与会者们“赶快行动起来，赶快了结这件事，并承担相应的后果”。[25]

会议接近尾声，既没有提出新的方案，也未能就现有方案达成一致意见。与会者对候选方案进行表决，罗伯特・肯尼迪数了一下，支持海上封锁的有 11 人，支持军事打击的有 7 人。如果算上肯尼迪总统和罗伯特・肯尼迪本人，支持军事打击的实际上有 9 人。直到会议结束，总统也没有做出决定。腊斯克返回国务院，与那里的工作人员继续就此事召开会议。麦克纳马拉回到五角大楼，在那里度过了这场危机爆发后的第一晚。约翰・肯尼迪则去参加了为即将赴巴黎担任驻法大使的苏联问题专家查尔斯・博伦举行的欢送宴会。肯尼迪试图说服博伦放弃赴任，因为博伦在处理苏联问题上积累的经验和能力正是他目前急需的。但博伦认为，改变任职计划会引起不必要的质疑和猜测。两人都希望尽可能低调行事，以防止媒体察觉到正在酝酿的美苏危机。[26]

然而，肯尼迪和他的顾问团队不知道或者说无法预料到的是，苏联部署在古巴的弹道导弹已经做好了战斗准备。就在 10 天前，核弹头已经运抵西多罗夫导弹团的两个发射场。如果此时对苏联部署在古巴的弹道导弹基地进行军事打击，苏联将很可能会使用核武器回击。由于苏联的战术核武器已运抵古巴，苏军总参谋部早已准备好了一份关于允许驻古巴苏联指挥官在受到攻击时自行决定是否使用战术核武器的指令，只待签字生效。这意味着，一旦肯尼迪青睐的军事打击计划得以实施，他曾极力避免的核战争将会立刻爆发。幸运的是，他决定按下暂停键。

第十二章　海上隔离

1962年10月20日，星期六，某种未知的“病毒”袭击了整个美国领导层。因为“感冒”，肯尼迪总统中断了他在美国中西部地区为期3天、行程覆盖5个州的竞选之旅，决定返回华盛顿。他原本计划在旅途中发表演讲，支持民主党的国会议员候选人。副总统林登·约翰逊也以感冒为由缩短了在檀香山逗留的时间，返回了华盛顿。

白宫新闻秘书皮埃尔·塞林杰向记者们透露，肯尼迪总统是在乘坐大巴从芝加哥喜来登－黑石酒店出发前往下一站密尔沃基时决定改变竞选计划的。他告诉记者们，总统出现了“轻微的上呼吸道感染”，正在服用“普通的感冒药、阿司匹林和抗组胺药”。据称，肯尼迪的体温比正常体温高出1摄氏度。记者们对此并不买账，他们觉得肯尼迪看起来很正常。塞林杰也有同样的疑问，于是决定不乘记者专机，而是乘“空军一号”同肯尼迪一起返回华盛顿。当他们单独在一起时，他对肯尼迪说：“总统先生，您没有感冒。是有什么事情发生吗？”肯尼迪回答道：“等回到华盛顿你就知道了。

等知道了实情，你可别吓尿了。”[1]

罗伯特·肯尼迪后来回忆说，是他在这天上午 10 点前打电话给哥哥，请他立刻返回华盛顿。他认为，肯尼迪的顾问团队在 10 月 16 日召开的一系列会议（包括总统亲自参加的两次）对古巴导弹问题的讨论已经很充分，当下总统本人必须做出最后的决定。“现在只能指望他了，”罗伯特在回忆录中写道，“没有哪个委员会能做出这个决定。”接到弟弟的电话后，约翰·肯尼迪立即赶回了华盛顿。他不知道的是，返程时他已经飞入了苏联导弹的射程范围内。当他的飞机在空中飞行时，苏联部署在古巴西部大萨瓜（Sagua la Grande）附近的 R–12 中程弹道导弹正在进入全面战备状态。[2]

伊万·西多罗夫上校和他领导的导弹团官兵们举行了一场小型集会来庆祝他们的首次胜利。为庆祝活动临时搭建的主席台上悬挂着一条标语，上面写着“我们要像保卫祖国一样保卫古巴”。主席台是用士兵们长途跋涉从苏联运来的几袋土搭建而成的。旁边还放置了一根红白条纹的柱子，象征着苏联的边防哨所。官兵们在台上的演讲伴随着掌声和枪声，大家用俄语和西班牙语高喊着：无祖国，毋宁死。这些苏联战略火箭军的官兵们有了一个新的“祖国”。为了保卫它的安全，他们甚至愿意牺牲自己的生命。由于 R–12 导弹的射程为 2080 公里，西多罗夫的导弹虽然无法打到芝加哥（2233 公里以外），但可以轻松击中位于 1812 公里外的华盛顿地区，也就是总统专机降落的地方。[3]

肯尼迪先前离开华盛顿是在 10 月 19 日星期五上午。前一天，

因为得到了一些令人不安的新情报，他和他的顾问团队反复开会，绞尽脑汁地讨论古巴问题。这些情报的来源就是曾在 16 日将 U–2 侦察机拍摄的照片展示给肯尼迪的中情局影像分析专家阿瑟·伦达尔。

10 月 18 日上午 11 时刚过，伦达尔向总统和他的顾问团队汇报：一台 U–2 侦察机上的相机在哈瓦那西南约 32 公里处拍摄到一个导弹发射基地。这表明苏联在古巴部署了中远程弹道导弹，其射程大约是之前发现的中程弹道导弹的两倍。伦达尔称："我们未能明确辨认出苏联中远程弹道导弹的特征，这种导弹射程大约有 3200 公里。但是在分析了照片中发射台的面积和每对发射台之间控制室的位置后，我们的直觉是（尽管无法得到验证）这很有可能是中远程弹道导弹。"不管当时在场的人脑子里想的是什么，伦达尔的消息都严峻到让他们心头一紧。伦达尔告诉肯尼迪："发射台的轴向方位是 315 度……正对美国的中心地带。"[4]

苏联已在古巴部署了射程覆盖美国大部分地区的中远程弹道导弹，这个情报让肯尼迪更加坚持之前提出的对苏联导弹设施进行突袭的主张。危机发生的第一天，他就力主实施这个方案。麦科恩在当天与肯尼迪的会面记录中写道："总统似乎倾向于在不做任何警告的情况下立即采取行动，攻击中程弹道导弹和可能存在的飞机场。国会通过的决议授予了他所需要的一切权限，邦迪也证实了这一点，因此他有意采取行动。"[5]

伦达尔的汇报改变了外交政策顾问团队成员的想法。早先反对"外科手术式"打击方案的迪安·腊斯克准备站在总统这边。"我对这个问题的看法有所变化。"腊斯克在宣布自己支持该打击方案之前说，但他也提出希望在行动前先向对方示警。“我们应该都记得《八月炮火》，一系列事件造成了当时相关国家都不希望看到的局面。”腊斯克说道。他指的是巴巴拉·塔奇曼那本有关第一次世界大战历史的著作，这本书检视了欧洲国家梦游般卷入战争的过程。他知道肯尼迪对这本书十分痴迷，他这样说就是想让总统赞成他的提议。“有一种可能性，只是一种可能性，”腊斯克继续说，“赫鲁晓夫可能会意识到，他必须在这件事上让步。”[6]

然而，即使提及塔奇曼的书，腊斯克也没能打动肯尼迪。肯尼迪的想法还和此前会见麦科恩时一样，坚持要实施突然袭击。对于邦迪提出的直接警告赫鲁晓夫的建议，肯尼迪也不太感兴趣，认为如果他们直接警告赫鲁晓夫，赫鲁晓夫会以牙还牙地反过来警告他们：“如果你们摧毁我们的导弹，我们将攻打柏林”或者“我们将采取其他反制措施”。肯尼迪相信，先打击后谈判是更好的选择。但他还是担心柏林局势和赫鲁晓夫的反制措施将对美国的欧洲盟友造成影响。“如果他占领了柏林，”肯尼迪说，“其他国家一定都会觉得是我们的责任，而这些导弹，我觉得并不是他们关心的问题。”“如果赫鲁晓夫拿柏林开刀，我们该怎么办？”罗伯特·肯尼迪问道。邦迪在过去几个月里一直深陷柏林问题的泥潭，此时他轻笑着建议说，最好通过交换条件的方式解决柏林问题，“而不要让它成为我们的过错”。

这显然是不可能的。“那里有我们的部队。他们是干什么吃的？”麦克纳马拉反问道。“他们负责战斗。”泰勒将军回答说。“如果他们被打败了……”约翰·肯尼迪也加入讨论。一位与会者接话说：“那么一场全面战争将会打响。”“你是说核战争？”肯尼迪问道。腊斯克这一次没有再强调外交途径的重要性。他告诉总统："您至少要先使用战术核武器。"肯尼迪说："真正的问题是，我们采取的行动要控制在什么范围内，才可以尽可能减少发生核冲突的可能性，发生核战争显然是最糟的结局。与此同时，我们还要与盟友保持某种程度的团结。"说完这段话，这次会议也告一段落。[7]

会议结束后，约翰·肯尼迪用完午餐，尽管局势依然很严峻，他还是要按部就班地完成预先安排好的日程。无巧不成书，当天下午，肯尼迪的日程中安排了一次会面，这次会面有可能戏剧性地改变正迅速激化的古巴导弹危机的进程。来访者正是苏联外交部部长安德烈·葛罗米柯。

葛罗米柯当时正在联合国访问，中途在华盛顿稍作停留。苏联计划在美国国会中期选举结束后就发表声明，对外宣布苏联在古巴部署了导弹。赫鲁晓夫和苏共中央主席团的其他成员想让葛罗米柯去试探一下肯尼迪，借此预测肯尼迪对此会有什么反应。约翰·麦科恩则另有一番想法。在前一天提交给总统的备忘录中，他警告总统："美国不应该在没有示警的情况下贸然采取行动，否则未来美国将有可能像'珍珠港事件'后的日本一样遭到谴责。"他希望肯尼迪"告知葛罗米柯和卡斯特罗，我们已经知道了导弹的事"并"给他们 24 小时拆除并运走中程弹道导弹、海岸防御导弹、地对空导弹、伊尔–28 轰炸机及其他所有具有防御和进攻双重能力的飞机，包括米格–21 战斗机"。[8]

肯尼迪在腊斯克的陪同下会见了葛罗米柯，但他们没有听从麦科恩的建议。肯尼迪仍想要采取突袭行动，而腊斯克认为，在内部讨论还未结束、总统也还未做出最终决定之前就向葛罗米柯提及相关情况还为时过早，因此两人在会面中完全没有提导弹的事。巧合的是，葛罗米柯在会谈中也没有谈到导弹，而是一直在谈柏林问题，并威胁说苏联将在 11 月美国国会中期选举后升级柏林局势。在古巴问题上，他抨击美国的老式帝国主义行径。他承认苏联曾向古巴输送武器，并训练古巴人使用这些武器。葛罗米柯称这些武器是"防御性"的，这与肯尼迪在之前的谈话中将其描述为"攻击性"武器的说法相矛盾。按照葛罗米柯的逻辑，如果苏联的弹道导弹被用于保卫古巴，那么它们就不是肯尼迪在 9 月 4 日的声明中所说的"攻击性"武器。葛罗米柯试图利用这种"外交障眼法"，来确保肯尼迪政府没有正当理由对苏联在古巴部署武器提出反对意见。

罗伯特·肯尼迪后来回忆道："听了葛罗米柯的话，肯尼迪总统虽然感到震惊，但也对葛罗米柯的大胆表示钦佩。"肯尼迪避而不谈在古巴发现导弹的事情，但他对葛罗米柯说，他之前已经准备做出不入侵古巴的保证。然而，苏联从 7 月开始向古巴运送武器的行为改变了局势。肯尼迪称这是"自二战结束以来最危险的局面"。葛罗米柯在他的回忆录中写道，肯尼迪一直在提"攻击性武器"，但从未问过导弹的事情。他原本计划在肯尼迪提及导弹时回答"总统先生，苏联向古巴交付了数量有限的防御性导弹。这些导弹永远不会对任何人有威胁"。但肯尼迪一直没有问到这个令人担忧的问题。葛罗米柯回忆说："我没必要主动去说有还是没有。"[9]

葛罗米柯注意到了肯尼迪语气的变化，也发现他和腊斯克都异常紧张，但没有想到这背后的原因是他们已经发现了导弹。苏联驻美大使阿纳托利·多勃雷宁后来回忆道，葛罗米柯对这次会谈的结果深感满意。“他完全被肯尼迪的行为误导了。”这位大使在他的回忆录中写道。在葛罗米柯提交的与肯尼迪会面情况的报告中写道：“美国民众对入侵古巴的支持正在减弱，而媒体则越来越关注柏林。”葛罗米柯没有发现美国即将对古巴展开入侵行动的任何迹象。葛罗米柯还写道：“关于美国在古巴问题上的立场，综合我们了解到的所有情报，可以得出这样的结论：目前的局势总体上是完全令人满意的。”[10]

肯尼迪与葛罗米柯的会谈从下午 5 时开始，至晚上 7 时 15 分结束。除了既定日程，肯尼迪一整天都在听取顾问团队分组讨论古巴危机的结果。晚上 9 时 15 分，他把整个团队都叫到白宫，召开形势评估会议。尽管肯尼迪本人仍支持实施“外科手术式”打击，但这项针对苏联在古巴建立的中远程弹道导弹发射场的解决方案已经没什么势头了。“在这一天里，大家的关注点显然已经从分析对古巴导弹基地和古巴空军实施突袭的有利条件，转移到探讨对古巴实施封锁的优势上了。”肯尼迪在会议结束时对着装有秘密录音设备的麦克风说。在复述了顾问们的立场后，他又说：“我们达成的共识是，从星期天晚上开始实施封锁。”[11]

在麦科恩为总统准备的备忘录中，麦克纳马拉提出的“海上封锁”是备选方案之一。在这天上午总统参与的讨论会中，被肯尼迪邀请参加会议的驻苏联大使卢埃林·汤普森也提到了这个方案。汤普森不赞同腊斯克提出的提前示警的想法，他认为正如肯尼迪指出的那样，这将给赫鲁晓夫一个先发制人的机会，从而威胁美国部署在土耳其和意大利的导弹。但他也不喜欢总统提出的“无预兆军事打击”。汤普森说：“如果你发动突然袭击，很多苏联人会因此丧命。”“那你倾向于哪个方案，汤米？”邦迪困惑地问，因为汤普森除了指指点点以外，似乎并没有提出什么建设性意见。汤普森回答道：“我更青睐封锁方案。”[12]

“那我们该怎么处理已经部署在古巴的武器？”肯尼迪听到汤普森的回答后问道。汤普森回答说：“要求他们拆除这些武器，并表示我们将持续监视，一旦发现这些武器被装备到部队，我们就会摧毁它们。”但肯尼迪仍有疑虑，他看到了封锁的好处，却又担心赫鲁晓夫会借此在柏林生事。会议接近尾声时，随着形势对他越来越不利，肯尼迪开始变得摇摆不定。根据他对秘密录音器口述的晚间讨论会的内容总结可以得知，他正在考虑实施“为有限目的而进行的有限封锁”。但他并不急于做最终决定。肯尼迪对着麦克风说：“我应该继续我的演讲之行，这样我们就不会露出马脚，星期天晚上再返回华盛顿。”[13]

肯尼迪提到的“演讲之行”指的是在中西部地区助力民主党国会候选人的竞选之旅，这是一项既定行程。他要继续按照原定的日程表行事，只有这样才能让一切看起来都很正常，以免人们发现危机的端倪。

10 月 19 日星期五上午，在飞往伊利诺伊州之前，约翰·肯尼迪会见了参谋长联席会议的成员。除了会议主席泰勒将军以外，联席会议的成员都不在肯尼迪的古巴危机顾问团队中，因此他们之前都是单独召开相关会议。自猪湾事件发生以来，参谋长联席会议就一直主张对古巴实施全面作战。在古巴陆续发现苏联部署的地对空导弹、中程弹道导弹和中远程弹道导弹发射场的消息，对这些部队首长来说简直是天赐良机：在他们看来，苏联在古巴部署导弹使得入侵古巴势在必行。然而，他们从参加了相关会议的泰勒和麦克纳马拉那里得到的信号却并不乐观。二人表示入侵古巴并不在总统的优先考虑之列。因此，这次与总统的直接会谈是他们等待已久的机会，一个可以让他们说服总统同意入侵计划的机会。

会议一开始，肯尼迪就直接切入正题，讨论苏联的举动让他面临的两难抉择。肯尼迪说："如果我们什么都不做，他们就会在古巴建立导弹基地。"他很清楚，将军们不会接受这个结果。"但如果我们以任何方式攻击古巴的导弹或古巴本土，那么他们就有了攻占柏林的理由。"肯尼迪继续说。几分钟后，他开始分析柏林失守后的情况："那样我就只剩一条路可走，也就是发射核武器——后果会难以想象。"可以看出，他对封锁方案的态度更加积极，但也意识到其中存在的隐患：苏联可能会反过来对柏林实施封锁，并指责是肯尼迪制造了这场危机，以此挑拨美国与欧洲盟友的关系。"因此，我认为没有令人满意的解决方案，"肯尼迪总结道，"当我们权衡利弊时，需要考虑的不仅是古巴，还有柏林。"[14]

参谋长联席会议的成员们知道总统的顾问团队更倾向于采用封锁方案，于是决定改变策略，只字不提直接入侵古巴的想法，转而主张对苏联部署在古巴的军事设施进行全面空袭。他们希望以退为进，通过发动空袭最终引发全面战争。美国空军参谋长柯蒂斯·李梅（Curtis LeMay）将军首先站了出来，对封锁方案提出反对意见，他认为这将给苏联充足的时间隐藏导弹，保护它们免遭空袭。李梅将军是一位不苟言笑、雄心勃勃的军人，有着辉煌的战绩：1945年3月，指挥美国空军使用燃烧弹轰炸日本东京；1948—1949年，指挥美国空军驻欧洲部队组织了规模浩大的柏林空运；筹划并推动建设美国战略空军司令部的核战略力量。针对肯尼迪的主要忧虑（同时也是肯尼迪反对实施全面空袭的重要理由），李梅表示："至于柏林局势，我不同意你提出的如果我们攻击古巴，苏联就会攻击柏林的观点。"李梅接着说："如果我们不对古巴采取任何行动，他们就会继续向柏林施压，而且态度会越来越强硬，因为我们已经完全被苏联人牵着鼻子走了。"

李梅毫不掩饰自己对这位年轻、缺乏经验，而且在他看来优柔寡断的总统的鄙视。李梅在谈到封锁方案时说："这几乎和《慕尼黑协定》签订时的绥靖政策一样糟糕。"这已经不再是单纯地表达不同意见，而是上升到了人身攻击。在公众看来，绥靖政策的推行与在二战前夕出任美国驻英大使、肯尼迪总统的父亲老约瑟夫·肯尼迪（Joseph Kennedy）脱不了干系。李梅并没有就此止步。他认为，无论在国内还是国外，在实施封锁后还进行谈判都将被视为软弱之举。他对肯尼迪说："你这次可真狼狈啊！"肯尼迪受够了李梅的冷嘲热讽，打断他的话问道："你说什么？"李梅又重复了一遍："你这次可真狼狈啊！"肯尼迪挤出一丝笑意，回击道："你也比我好不了多少！"[15]

会议进展得并不顺利，这加深了肯尼迪对军方的不信任。但由于他本身也对封锁方案心存疑虑，将军们的质疑还是动摇了他的决心。肯尼迪没有急于做出最后的决定，并打算继续原定的演讲行程，让他的顾问团队再花一两天的时间继续商议对策。由于顾问团队中的大多数人都倾向于实施封锁，肯尼迪要求邦迪将实施空袭作为备用方案进行讨论。他让罗伯特·肯尼迪主持接下来的讨论会。[16]

在古巴问题上，罗伯特·肯尼迪是不折不扣的鹰派人物。早在1962年8月，当约翰·麦科恩表示苏联可能在古巴部署了核导弹时，他就站在麦科恩那边。当U–2侦察机拍摄到确凿证据后，罗伯特就力主入侵古巴，尽管连泰勒将军都对此持保留意见。肯尼迪总统的录音带中记录了罗伯特提出的“不管是否会引发核战争，都要入侵古巴”的主张，他还提议通过击沉美国军舰或攻击关塔那摩美军基地这类“苦肉计”来赋予入侵行动正当性。他也是封锁方案最坚定的反对者之一。[17]

然而，当罗伯特代替他哥哥主持在华盛顿召开的关于古巴导弹危机的讨论会时，做好总统的“代言人”就成了他的首要任务。有了肩上的这份责任，他当下主张的是在警告赫鲁晓夫之前率先对古巴发动空袭。同时，他还转达了总统的担忧：美国民众可能无法接受他们的国家发动类似珍珠港事件那样的突然袭击。随着讨论进行，支持封锁方案的一方明显处于上风，罗伯特的立场也再次发生转变，他加入了多数派，尽管他仍觉得这样做会错失一举除掉卡斯特罗政权的机会。10月20日星期六上午，罗伯特审阅了总统助手泰德·索伦森（Ted Sorensen）起草的一份关于实施封锁方案的演讲稿。他认为是时候把他的哥哥叫回华盛顿了。[18]

“先生们，今天我们该有个定论了，”肯尼迪在返回华盛顿后对古巴危机顾问团队的成员们说，“你们都应该希望自己提出的计

划不会成为最终方案。”第一个汇报的是中情局负责情报工作的副局长雷·克莱恩（Ray Cline）。克莱恩说：“我们认为，现有证据表明，今天古巴将有可能发射8枚中程弹道导弹。”在过去的一周内，中情局先是发现苏联在古巴部署了中程弹道导弹，随后又了解到苏联正准备部署中远程弹道导弹，而最新的发现是，其中部分导弹已经进入战备状态，随时可能会发射。[19]

听了克莱恩的汇报后，肯尼迪让大家交换意见。虽然大多数人都赞成实施海上封锁，但对于封锁的目的和效果却有各自不同的理解。腊斯克认为，实施海上封锁将为下一步行动方案的选择保留余地、赢得时间。麦克纳马拉则希望借此机会开启美苏间的谈判，以撤出美国部署在意大利和土耳其的导弹为交换条件，要求苏联也撤出在古巴部署的导弹。麦科恩、卢埃林·汤普森和罗伯特·肯尼迪则希望通过封锁行动向赫鲁晓夫发出最后通牒，迫使他撤出在古巴部署的导弹。他们认为实施海上封锁后，可以适时采取军事打击。与会者中只有泰勒将军仍坚持直接进行空袭，支持他的是参谋长联席会议和邦迪。邦迪之所以站在这边是因为奉总统之命将实施空袭作为备用方案保留下来。[20]

随着会议的进行，麦克纳马拉又提出了一个支持封锁方案的理由。对他来说，进入战备状态的导弹是一条红线，他不准备越过这条红线对古巴实行军事打击。他赞成先实行封锁，必要时再采取军事行动。但实际上，他更倾向于开展外交谈判，并准备在土耳其和意大利问题上做出让步，如有必要，甚至还打算在关塔那摩美军基地问题上做出让步。邦迪则依然支持实施突然袭击方案。他提交的一份总统演讲草稿上写着：“我的美国同胞们，我怀着沉重的心情宣布，为了恪守职责，我已下令美国空军展开军事行动，使用常规武器清除苏联部署在古巴的重要核武器设施。”罗伯特虽然表面上是“封锁”阵营的一员，但他在会上的发言表明，他的内心仍然属于“空袭”阵营。和泰勒将军一样，他认为现在是发动进攻的最佳时机，也是最后的时机。罗伯特还提议用美国将向西德转移核武器来威胁赫鲁晓夫。[21]

约翰·肯尼迪必须做出抉择。中情局关于在古巴发现 8 枚已进入战备状态导弹的汇报，似乎成了影响总统决策的关键砝码。此时，实施空袭后导致核打击并最终引发核战争的可能性大大增加。肯尼迪不情愿地放弃了他领导了整整一周的“空袭”阵营，加入了多数派的“封锁”阵营。会议纪要中写道：“总统表示，他已经准备好实施海上封锁，并将采取必要措施，在下星期一或下星期二之前对导弹和导弹基地实施空袭。”这种“封锁”和“空袭”兼而有之的表述是两阵营间妥协让步的结果。有空袭方案为后盾，美方除了向赫鲁晓夫提出移除导弹的严正要求外，不会再同苏方展开任何形式的谈判。空袭将采用肯尼迪从一开始就支持的“外科手术式”精准打击的方式，而不是参谋长联席会议的将军们主张的覆盖所有飞行器和相关设施的大规模打击。[22]

10 月 22 日星期一上午，肯尼迪与他的顾问们再次梳理了最终方案后，便与前任总统艾森豪威尔通电话交换意见。艾森豪威尔表示支持封锁方案，但显然将封锁方案看作入侵古巴的前奏。肯尼迪则表示，如果美国入侵古巴，赫鲁晓夫为了反击，将可能会攻击西柏林或使用核武器，但在艾森豪威尔看来，肯尼迪的这些担忧是杞人忧天。在谈到苏联的核武器时，艾森豪威尔说：“在某些情况下，那些人会动用核武器，但是这次还不至于。”“是啊，没错。”肯尼迪笑着回答，尽管他心里并不认同。[23]

当天下午肯尼迪总统向参众两院领导层通报了古巴事态的发展和封锁古巴的计划，晚 7 时，他就在摄像机前通过电视直播向美国公众发表讲话。“晚上好，我的同胞们，”他低沉的语气传达出一种紧迫感，也展示了决心与自信，“在过去一周内，确凿的证据表明，在那个封闭的岛屿上，有多个攻击性导弹基地正在建设。这些基地的目的无非是提供针对西半球的核打击能力。”他警告赫鲁晓夫，如果有任何一枚核导弹从古巴升空，美国就将“对苏联展开全面报复行动”。

肯尼迪宣布他将采取七项措施，以保护美国免受这些导弹带来的迫在眉睫的威胁。第一项就是宣布对运往古巴的“所有攻击性军事装备实施严格封锁”。肯尼迪比以往任何时候都更加担心苏联会对柏林采取报复行动，因此他特意指出了这次封锁的局限性：“但是，我们目前不会像苏联在 1948 年封锁柏林时那样阻止生活必需品的运入。”第七项，即最后一项措施是对赫鲁晓夫的“喊话”。“我呼吁赫鲁晓夫主席，”肯尼迪说，“停止这种危害世界和平并破坏两国稳定关系的秘密、鲁莽且极具挑衅性的危险举动。”

肯尼迪做出最终决定前，耗费了大量时间在不同方案间左右摇摆，这使得苏联能够继续建造导弹基地并源源不断地向古巴运送导弹和核弹头。肯尼迪也不清楚克里姆林宫会如何回应他的这番表态，木已成舟，当下能做的只有静观其变。[24]

第四部分

真相时刻

第十三章　莫斯科的夜晚

1962 年 10 月 22 日，星期一，美国媒体的报道传到了莫斯科，毫无疑问，美国政府正在酝酿一件大事，而且所有迹象都表明此事与古巴有关。

在过去的一周，虽然肯尼迪与其顾问团队的会议一直在完全保密的状态下进行，但媒体记者们还是发现了蛛丝马迹：虽然是周末，但政府高官仍纷纷来到办公室并一直待到深夜，他们办公室窗户透出的灯光表明一定有大事发生。肯尼迪要求《纽约时报》和《华盛顿邮报》不要就此事发表任何文章。这些报纸也的确没有刊登记者们从政府内部渠道那里获得的任何机密情报，但是根据公开信息或非机密情报撰写的文章却层出不穷。记者们已经了解到，这场危机与古巴有关，而且总统即将宣布一项重大举措，这项举措很可能是封锁古巴。[1]

10 月 22 日的《纽约时报》头版刊登了这样的大标题："首都危机气氛疑与古巴局势有关，肯尼迪或将发表电视讲话"。就在前一天，《纽约时报》上还刊登了一篇未署名的文章《总统高级顾问会议召开，美国军队在波多黎各演习——政府表示演习与古巴无关》。文章开头写道："今晚的华盛顿到处弥漫着危机的气息。"此文还表示，虽然肯尼迪以身体抱恙为由中断行程返回白宫，但他回来后，华盛顿却处处都是紧张、匆忙的景象。"据推测，古巴局势可能出现了新的动向，而且暂时不方便对外透露。"这位匿名作者继续写道。文章作者预计肯尼迪将在"未来一两天内"发表广播和电视讲话。果然，就在 10 月 22 日上午，广播就发布了当晚 7 点总统将发表电视讲话的消息。此时，无论对记者还是公众而言，除了等待，别无他法。[2]

华盛顿和纽约的当日新闻在第二天就成了莫斯科关注的焦点。10 月 23 日上午，苏共中央机关报《真理报》刊登了一篇有关 10 月 22 日晚肯尼迪发表电视讲话的文章，标题是"美国的统治集团正在玩火"。苏联记者转述了 22 日《纽约先驱论坛报》（*New York Herald Tribune*）上的一篇文章。这篇文章汇集了当天其他美国报纸上类似报道的所有内容要点：肯尼迪中断了他的竞选行程，星期天深夜华盛顿办公室的灯还一直亮着，加勒比地区正在进行海军演习。《真理报》还刊登了美国合众国际社的一篇文章，文章作者写道，海军演习的指挥官会议已被取消，记者们也被要求不得登上开往古巴的船只。[3]

美国和苏联的新闻报道中都没有提及核导弹，但克里姆林宫的知情人士认为，这场危机一定与核导弹有关。莫斯科时间 10 月 22 日晚，赫鲁晓夫在他位于列宁山（现为沃罗别夫山）的家中得知了肯尼迪即将发表电视讲话的消息，心烦意乱的他对儿子谢尔盖说："他们可能已经发现了我们的导弹。"他立即召集苏共中央主席团的成员到克里姆林宫开会。曾直言不讳地反对在古巴部署核武器的阿纳斯塔斯·米高扬也收到了消息，此时的他正在莫斯科附近的乡间别墅。他打电话给苏共中央书记弗罗尔·科兹洛夫，科兹洛夫向他解释了召开紧急会议的原因。科兹洛夫说："肯尼迪总统预计将会宣布重要外交政策。"[4]

这次克里姆林宫会议的纪要表明，赫鲁晓夫确定的会议主题是"在古巴和柏林问题上的下一步举措"。具有讽刺意味的是，这个主题与沃伦·罗杰斯（Warren Rogers）当天发表在《纽约先驱论坛报》上的《华盛顿的绝密行动：古巴－柏林战略的一项举措？》的主题不谋而合。事实上，古巴才是当晚会议讨论的唯一主题。根据会议纪要和米高扬的回忆录，会上完全没有提及柏林。米高扬回忆说，当苏联领导人聚在一起时，他们就意识到要讨论的是什么了，"我们明白这一定与古巴有关"。[5]

莫斯科时间 22 日晚上 10 点左右，苏联领导人们已经知道肯尼迪的电视讲话时间定在了美国东部时间晚上 7 点，也就是莫斯科时间 10 月 23 日的凌晨。在肯尼迪宣布他的决定之前，他们有几个小时的时间来分析形势。"我们还不知道演讲的内容，只能从美国政府的立场出发，讨论并推测美方会采取什么措施，以及我们要采取什么反制措施。"米高扬回忆说。他在描述会议室中紧张的气氛时写道："大家绞尽脑汁去琢磨所有的可能性。"[6]

赫鲁晓夫宣布会议开始，并让国防部部长罗季翁·马利诺夫斯基元帅首先发言。在执行赫鲁晓夫的古巴政策方面，马利诺夫斯基

是不折不扣的鹰派人物，但是这次他却一反常态，不断安抚他的上司和同僚们。马利诺夫斯基劝大家一定不要仓促行动。“我认为美国现在不会搞突袭。这不是他们的风格。”马利诺夫斯基说。相反，他认为肯尼迪总统的演讲可能只是口头威胁，是“选举前的噱头”。考虑到最坏的情况，马利诺夫斯基继续说：“如果肯尼迪宣布入侵古巴，那他还需要 24 个小时做战前准备。我认为，不会出现需要我们的导弹进入高度戒备状态的局面。”

在马利诺夫斯基之后发言的是国防委员会秘书伊万诺夫将军，他汇报了苏联在古巴部署武装力量的情况：岛上已经有 4 万多名官兵，3 个 R–12 导弹团以及配备了“月神”核导弹的部队，连同他们所需的导弹、核弹头和各类装备均已就位。R–14 导弹团和他们的装备仍在途中。[7]

赫鲁晓夫也同意马利诺夫斯基的看法，认为目前还没有理由让战略导弹进入高度戒备状态。他对与会者们说：“关键是我们不想发动战争。我们是想通过古巴震慑和制衡美国。”赫鲁晓夫之前就跟米高扬他们讲过这些话，但今时不同往日——美国人很可能已经发现了导弹，主动权已经不在赫鲁晓夫手中了。赫鲁晓夫承认，肯尼迪发表电视讲话一事让他大吃一惊。他继续说：“问题是，我们在古巴的导弹部署工作还没有完成，我们也没有公布与古巴达成的协议。”接着，他又提及冲突升级的风险，这可能是在场每个人都在担忧的问题。根据会议纪要，赫鲁晓夫在会上表示：“可悲的是，如果他们进攻，我们就要反击。冲突将可能会升级为一场大规模战争。”

赫鲁晓夫确信美国正在准备入侵古巴。“（初步）结论是：

他们正在组织一场针对古巴的攻击。”会议纪要中这样写道。问题是肯尼迪的下一步行动是什么。“他们可能会宣布封锁古巴，也可能不采取任何行动。”这是赫鲁晓夫或其中一位与会者的猜测。没有行动就不用反击，但万一发生袭击事件，他们想出了两种应对方案。会议纪要写道：“一种是通过电台发表声明，宣告苏联已经同古巴达成了协议。”这份声明是在警告美方，冲突升级将导致美苏间的直接对抗。赫鲁晓夫的另一种选择——会议纪要称其为“另一种方案”——则是宣布这是一场美国和古巴之间的冲突，无论是从法律还是从军事角度来说，苏联都没有参与其中。“万一发生袭击，所有武器装备都归古巴所有，古巴将宣布进行反击。”会议纪要中这样写道。[8]

据米高扬回忆，第二种方案的提出者正是马利诺夫斯基元帅。“赫鲁晓夫对这个方案很感兴趣。”米高扬回忆道。他还解释了原因：“（这个方案会使）肯尼迪要求苏联（撤回武器）的喊话变得毫无意义……美方应与古巴进行谈判，而苏联与此事无关。与此同时，苏联遭受核打击的风险也降低了。”米高扬认为这个方案肤浅且幼稚。用他自己的话来说，他“发言表示坚决反对”。在他看来，美国人对苏联拥有核武器这件事已经习以为常，但如果菲德尔·卡斯特罗手中掌握了能够打击美国的核武器则完全是另一回事。他推测，美国人会“惊慌失措并立即使出浑身解数攻击古巴。古巴人民、古巴甚至我们的军队都可能遭受毁灭性打击并化为乌有。我们之前的努力将不过是一个残酷的笑话”。[9]

米高扬说服了赫鲁晓夫和苏共中央主席团的其他成员。最后，公开古巴和苏联之间已签署军事互助协定的方案也被否决。苏共中央主席团达成的共识是要让苏联驻古巴集团军进入全面戒备状态。米高扬回忆："首先，为防备美国入侵古巴，我们决定让马利诺夫斯基命令苏联驻古巴集团军司令普利耶夫将军，提前做好采取军事行动保卫古巴的准备。如果保卫古巴的行动失败，那就使用中程弹道导弹。"这意味着，他们已经准备使用战略核武器。马利诺夫斯基起草了一份发给普利耶夫的电报，电报内容是："在你指挥下的所有人员和装备都应进入战备状态。"赫鲁晓夫突然意识到，这是在授权普利耶夫使用弹道导弹。赫鲁晓夫说："'所有'意味着毫无保留，也就是说核导弹也包含其中，那就是一场热核战争了。"马利诺夫斯基有些失态，反问道："这怎么可能？"米高扬在回忆录中记录了马利诺夫斯基这个"极端鲁莽"的行为。由于赫鲁晓夫的反对，马利诺夫斯基修改了电报内容。[10]

米高扬的回忆录和会议纪要都表明，并不是所有的核武器都不能使用。会议纪要中写道："一开始尽量不使用核武器。如果发生登陆突袭，就使用战术核武器，但战略核武器要等到（莫斯科方面）下达命令才能使用。"赫鲁晓夫和与会者们所说的战术核武器是指已经被运送到古巴的"月神"核导弹。至于战略力量，则指"斯塔岑科领导的部队"，即由伊戈尔·斯塔岑科将军指挥的部署在古巴的 R–12 导弹团。马利诺夫斯基提议，在肯尼迪发表声明之前，不要急于下达命令。他说："要等到凌晨，否则将给他们使用核武器的理由。"[11]

赫鲁晓夫和他的同僚们正在等待肯尼迪的演讲。他们做了最坏的打算，一方面保留着对战略核武器的指挥权，另一方面也准备授权苏联驻古巴集团军的指挥官使用战术核武器。一股近乎恐慌的情绪正在克里姆林宫中蔓延。时任克格勃主席的弗拉基米尔·谢米恰斯内（Vladimir Semichastny）后来回忆这段经历时表示，当赫鲁晓夫得知美国已经发现苏联部署在古巴的导弹时，他的第一反应是“完了，列宁的心血就这样毁于一旦了”。[12]

10 月 22 日下午，苏联驻美大使阿纳托利·多勃雷宁收到了美国国务卿迪安·腊斯克发来的消息，要求他在当天下午 6 点到腊斯克的办公室会面。此时的多勃雷宁正在纽约为即将回国的苏联外交部部长安德烈·葛罗米柯送行。葛罗米柯正准备带着“美国在古巴问题上的立场令人满意”的好消息返回莫斯科。多勃雷宁想把与腊斯克会面的时间推迟到第二天，但腊斯克却坚持要在当天下午会见他。多勃雷宁怀疑是有什么重要的事情要发生，但并不清楚是什么。

下午 6 点，就在肯尼迪电视讲话开始前一个小时，多勃雷宁来到了腊斯克的办公室。多勃雷宁后来回忆说：“腊斯克看上去异常严肃。”他递给多勃雷宁一份肯尼迪即将发表的演讲稿，演讲稿后还附有一封肯尼迪写给赫鲁晓夫的私人信件。肯尼迪在信中表示，他希望避免两国政府之间产生误解，还向赫鲁晓夫发出警告：“我必须告诉你，美国决心消除这个对西半球的安全威胁。”在信的结尾，肯尼迪表达了想要与赫鲁晓夫展开对话的愿望：“我希望你的政府不要采取任何会扩大或加深这一严重危机的行动，我们同意回到和平谈判的轨道上来。”[13]

腊斯克也警告多勃雷宁不要低估美国人的意志和决心——这也是肯尼迪这封信要表达的核心内容之一。多勃雷宁对苏联在古巴部署导弹一事一无所知，对他来说，肯尼迪总统的这份声明完全出乎意料。腊斯克说，多勃雷宁的脸色瞬间变得苍白。“他在我眼前变老了十岁。”腊斯克回忆道。然而，多勃雷宁事后向莫斯科提交的报告却十分鼓舞人心。多勃雷宁在报告中写道，腊斯克“显得尤其焦躁和紧张，尽管他努力掩饰这一点”。由于莫斯科方面从未向多勃雷宁通报过有关古巴导弹的情况，因此他继续在腊斯克面前否认苏联在古巴部署了导弹。他在给莫斯科的信中写道：“我告诉腊斯克，美国政府做出这样的行为是基于一些难以令人信服的理由，这些理由缺乏事实依据……美国政府必须承担由上述行为造成的一切严重后果。”[14]

在克里姆林宫，赫鲁晓夫和苏共中央主席团其他成员也收到了肯尼迪的演讲稿，不过并非来自多勃雷宁，而是来自外交部。就在肯尼迪电视讲话开始的一个小时前，也就是腊斯克将演讲稿交给多勃雷宁之时，一位美国外交官将演讲稿递交给苏联外交部。主席团成员们从演讲稿中得知，肯尼迪即将宣布对古巴实施海上封锁，而不是他们之前担心的入侵古巴，这个消息让大家都松了一口气。赫鲁晓夫宣布：“这不是对古巴宣战，而是某种通牒……我们拯救了古巴！”对他而言，封锁是可以接受的。米高扬回忆说：“甚至在更早的时候，也就是决定向古巴运送导弹时，我们就预料到美国不可能对古巴采取军事行动，但有可能对其实行封锁。经过这件事，我们意识到，今后万一事态再次恶化，我们可以通过联合国来解决这个问题，而不是诉诸军事行动。”[15]

问题是下一步该怎么办。据米高扬回忆，赫鲁晓夫立即口授了苏联对封锁的回应声明的内容要点。“苏维埃社会主义共和国联盟政府呼吁并告知全体苏联人民，”会议纪要中这样写道，“（继续）工作。（我们正在采取）措施，以免毫无防备。”当赫鲁晓夫完成口述时，时间早就过了 23 日凌晨 3 点。主席团成员们决定休息一下，睡一会儿，早上再继续开会讨论下一步的行动。对他们来说，“睡一会儿”就是在办公室的沙发上打个盹儿。赫鲁晓夫连衣服都没脱，以防克里姆林宫突然收到什么意外消息。他后来回忆说：“我已经做好了准备，能随时处理令人震惊的消息，而且能够立刻做出反应。”赫鲁晓夫不希望自己像苏伊士危机中的法国外交部部长那样在面对重大危机时掉链子。[16]

米高扬称，他们原计划在 23 日上午 8 点继续召开会议，但后来会议被推迟到上午 10 点。他们集中讨论了需要对外发布的声明、信函和通讯稿的内容。苏共中央主席团放弃了原本打算授权普利耶夫将军使用战术核武器的想法。马利诺夫斯基元帅在前一天晚上 11 点 30 分向苏联驻古巴集团军发出的命令仍然有效。这项命令的内容是：鉴于正在加勒比海域演习的美军有可能登陆古巴，集团军应采取紧急措施，提高战备水平，统筹集团军和古巴军队的力量，协同作战以击退敌军，但不可使用斯塔岑科的武器以及别洛博罗多夫的所有货物。[17]

“别洛博罗多夫的货物”是指战略导弹和战术导弹的核弹头，这些弹头均由“因迪吉尔卡号”运送至古巴，并由尼古拉·别洛博罗多夫（Nikolai Beloborodov）上校负责保管。换言之，这项命令禁止普利耶夫使用任何核武器。而至于另一项授权普利耶夫使用核武器的命令，马利诺夫斯基建议将其推迟到肯尼迪发表演讲后再发出，但实际上这项命令从未向苏联驻古巴集团军传达。不仅如此，担心失去地面局势控制权的马利诺夫斯基还命令普利耶夫与莫斯科建立可靠的无线电联系。

23日上午，主席团会议做出了一项重要决定，这项决定与正在驶向古巴并很有可能落入美国海军包围网的苏联船只有关。“我们决定让所有正向古巴运送武器装备的船只返回苏联港口，同时让携带技术设备的民用船只继续航行，直至有关封锁的情况和细节变得明朗。但不要立刻向美国宣布这项决定。”米高扬后来回忆当天上午的会议时写道。会议纪要也表明，与会者一致通过了这项决定。然而，并不是所有运送武器的船只都被召回。载着第二批核弹头的“亚力山德罗夫斯克号”（*Aleksandrovsk*）干货船当时正在驶近古巴，它接到的命令是保持航向不变。还有4艘装备核导弹的苏联潜艇也接到了同样的命令。[18]

主席团会议的会议纪要记录了敲定让苏联船只返航这一决策的过程。首先，大家同意停运武器，并要求那些正在地中海上航行且未经过直布罗陀海峡的船只返回黑海。随后，他们又决定让那些正在大西洋上航行且在封锁前无法抵达古巴的船只返航，但“亚历山德罗夫斯克号”除外。有关核潜艇的决策过程同样复杂。起初，他们同意不再让核潜艇继续靠近古巴，并让他们留在通向该岛的路线上。但后来他们修改了这一决定，命令核潜艇继续按原定路线驶向古巴。米高扬解释说，一开始让核潜艇不要靠近古巴的建议是他提出的。他担心如果这些核潜艇被发现，将会像部署在古巴的导弹被发现时一样在美国掀起轩然大波。[19]

会议纪要中记录了米高扬的这一立场，赫鲁晓夫也对米高扬的想法表示赞同。但随后马利诺夫斯基开始发言，坚持要让核潜艇继续保持原定航线，这一想法得到了两三名主席团成员的支持。尽管赫鲁晓夫最初支持的是米高扬的想法，但主席团最终决定采纳马利诺夫斯基的建议。米高扬又输了一轮。他先是在是否要在古巴部署导弹的问题上被无视，当下又在核潜艇航线的问题上被否决。这次，他退让了，但他没有放弃，而是在未来的日子里继续抗争。[20]

此外，主席团还讨论了赫鲁晓夫分别写给肯尼迪和卡斯特罗的信函的内容。在写给卡斯特罗的信函草稿中，这位苏联领导人不再宣称可以取得完全胜利。信中写道："一半是成功，一半是失败。全世界都在关注古巴，这是积极的一面……时间总会过去的，如果需要，我们会再次运送（武器）。"根据主席团的决议，赫鲁晓夫将无视肯尼迪要求苏联从古巴撤除核武器的要求。关于这一点，会议纪要中有这样两句话："无论什么级别的武器，都已交付给古巴。这些武器的作用是保卫古巴不受侵略。"肯尼迪想让赫鲁晓夫移除古巴的核武器，而赫鲁晓夫想的是让肯尼迪解除封锁，或者更确切地说，不实施封锁。"我希望，"赫鲁晓夫在给肯尼迪的信中写道，"美国政府应谨慎而为，放弃你们准备采取的行动，这些行动可能会给世界和平带来灾难性的后果。"[21]

10 月 23 日中午，这场开了超过 12 小时的马拉松式会议终于结束了，其间主席团成员们只短暂休息了一次。会后，赫鲁晓夫和主席团成员们共进了午餐。局势似乎已重新得到控制。前一天晚上，赫鲁晓夫就像刚刚发现苏联在古巴部署了导弹的肯尼迪一样，想要采取军事行动。不同的是，肯尼迪坚持要实施空袭，而赫鲁晓夫则准备使用战术核武器，并在必要时使用战略核武器。十分庆幸的是，由于肯尼迪最后选择了温和路线，决定实施封锁而不是空袭或入侵，赫鲁晓夫也没有批准战术核武器的使用。尽管两人之间存在着种种分歧，在寻求正确决策的过程中也出现了很多误判和误解，但他们有一个共同点，那就是非常害怕核战争。

第十四章　黑暗中闪烁

10 月 23 日深夜，罗伯特・肯尼迪来到苏联大使馆，与苏联大使阿纳托利・多勃雷宁会面，他并未掩饰自己对这位苏联大使的不满。“如果正如我们所知，深受贵国政府信任的大使都不知道贵国已向古巴运送了可以打击美国的弹道导弹，而不是所谓的保护古巴免受任何攻击的防御性导弹，那我们通过秘密渠道与你联系又有什么意义呢？”罗伯特对多勃雷宁说。从罗伯特关于这次会面的报告来看，他是在按照肯尼迪总统的指示行事，但他却告诉多勃雷宁，这次会面是他的个人行为。

多勃雷宁向莫斯科报告称，罗伯特・肯尼迪“情绪十分激动，言谈中有很多重复和离题的内容”。罗伯特列举了赫鲁晓夫和多勃雷宁本人公开或私下曾做出的关于交付给古巴的武器均为防御性武器的保证。罗伯特还提到，苏方曾承诺在 11 月美国国会中期选举前不做任何使美苏关系恶化的举动。他对多勃雷宁说：“总统感到自己被欺骗了，而且是被恶意欺骗。他一直对你们深信不疑。现在的情形让他失望透顶，或者说得更直接一点，对他所相信的一切以及他曾努力与苏联政府首脑维系的以互信为基础的个人关系，都是一个沉重的打击。”

在罗伯特看来，多勃雷宁看上去“极为焦虑”。他坚持自己早先的声明：据他所知，古巴没有苏联部署的导弹。他还向罗伯特保证，赫鲁晓夫很珍视与肯尼迪总统的个人关系，然后又重申了赫鲁晓夫最近发表的官方声明。此时，肯尼迪兄弟对苏联方面——约翰·肯尼迪对赫鲁晓夫以及罗伯特对多勃雷宁——的信任都已荡然无存。但在目前，他们也只能根据这位苏联驻美大使的话来推测苏联的下一步行动，尽管他们猜到了这位大使也被自己的政府蒙在鼓里。

会面快要结束时，罗伯特才表露出他深夜造访苏联大使馆的真实意图，他问多勃雷宁：“昨天肯尼迪总统发表讲话并签署了关于不允许向古巴运送攻击性武器的声明后，那些正在驶向古巴的苏联船只接到了什么命令？”而多勃雷宁对莫斯科前一天晚上向这些船只发出的指令一无所知。他对罗伯特说，据他所知，船长们应该在执行原有指令，即“在公海上不接受任何停船或搜查的非法要求，因为这违反了国际航行自由准则”。罗伯特在离开苏联大使馆前说：“我不知道这一切将如何收场，我们只是想拦住你们的船只。”“那可是战争行为。”多勃雷宁回答道。他后来回忆，罗伯特“摇摇头离开了”。[1]

双方的沟通渠道被阻断，接收到的信号都不明确，一方发出的信号经常被另一方误解。他们在黑暗中前行，尽管不希望发生碰撞，但不知不觉地加速相向而行。

10 月 23 日，也就是肯尼迪发表电视讲话的第二天，如何在不

引发美苏战争的情况下对古巴实施海上封锁，成了总统关注的首要问题。这天上午，他将原来的古巴危机顾问团队改组为国家安全委员会执行委员会，简称“执委会”。

执委会的首次会议于23日上午10时召开。罗伯特·肯尼迪后来回忆起当时白宫内阁会议室内的气氛时写道：“那里洋溢着轻松的氛围——当然要说欢乐还不至于，可能算是一种让人放松的感觉吧。我们已经迈出了第一步，事情并没有那么糟，至少我们都还活着。”当天上午，塔斯社发布了苏联的官方声明，宣告苏联军队暂停原定的士兵复员计划，但未提及是否要展开军事行动。麦克乔治·邦迪称苏联的声明是“新瓶装旧酒的老生常谈”。国务卿腊斯克则松了一口气：“我们不用担心会发生立刻的、突然的、非理性的军事进攻。”这一次苏联似乎处于守势。此时的华盛顿对正在逼近古巴的核潜艇一无所知。[2]

在这次会议上首先汇报工作的是中情局局长约翰·麦科恩。他手下的摄影专家无法从U-2侦察机飞行员拍摄的最新一批照片中重新找到他们之前发现的苏联导弹。遗憾的是，这并不代表赫鲁晓夫听从了肯尼迪的建议并从岛上撤走了导弹。麦科恩表示他们发现了“大范围伪装”的证据。苏联人并没有撤走他们的导弹，而是把导弹藏了起来。罗伯特·肯尼迪回忆起当众人得知这个消息时的反应：“大家不明白他们为什么要等到这么晚才这样做。”国务院负责政治事务的副国务卿亚历克西斯·约翰逊回应说：“我们在他们制订应变（计划）之前发现了他们的秘密。”[3]

执委会开始讨论如果苏联在古巴采取军事行动，或者像约翰·肯尼迪所担心的那样对西柏林施压，美国应该如何应对。据罗伯特·肯尼迪回忆，此时“房间里那种轻松的气氛已经完全消失了”。麦克纳马拉汇报了如果 U–2 侦察机被苏联导弹击落，美军将可能采取的反制措施。大家一致认为，反制措施必须在特定区域内实施，范围不能扩大到苏联部署在古巴的所有设施。至于德国，他们决定不中断西德和柏林之间的正常交通。在上午的会议结束后，肯尼迪总统打电话给卢修斯·克莱将军，他是一位经验丰富的难题解决者，同时也是西柏林的麻烦制造者。在可能再次成为世界上最危险地区的西柏林，克莱将军似乎已经做好为国家效力的准备。他告诉总统：“我随时待命，赴汤蹈火，在所不辞。”[4]

当天，在执委会的会议议程中，最紧迫的议题是对古巴实施海上封锁。下午 6 时，当执委会召开晚间会议时，美洲国家组织传来了好消息：封锁方案得到一致通过。这是一个意想不到的结果，美方曾担心只能获得三分之一的赞成票。当下可以正式宣布对古巴实施封锁，但他们必须先决定如何处理大西洋上的苏联船只。执委会一致认为，应当拦截那些正在前往古巴的船只，但该怎么处理那些从古巴返航的苏联船只呢？放行还是拦截？约翰·肯尼迪认为不应该拦截这些船只，但他发现似乎很难说服自己的弟弟。

罗伯特·肯尼迪刚转到“封锁派”不久，一直将封锁看作对古巴进行军事打击的前奏。当下，他更是把封锁视为一个可以拦截和搜查所有苏联船只的机会，并希望借此发现苏联向古巴运送攻击性武器的证据。“要是能够进入船舱并拍摄到导弹的照片，那将是一个巨大的优势。”他对与会者说，“同时，我想指出的是，如果能够检查船内的货物，我们也能获得情报上的优势。”他希望能够划定一个区域，在这个区域内的所有船只都将被拦截和搜查，无论他们往哪个方向航行。为了说服大家接受这个方案，他还准备了一个颇具说服力的解释："如果他们调转船头，你就无法知道他们是不是会换一条航线继续驶向古巴。"[5]

约翰·肯尼迪不为所动。他认为苏联一定会让运送武器的船只返航，在这种情况下展开大规模搜查只会引发一场国际丑闻。另外，他也不确定在什么距离内开始拦截比较合适，比如当在距离古巴 3000 公里的地方发现了一艘船时，他们是否应该拦截？对处在这个距离的船只进行拦截是否具有合法性？总统显然有所顾虑，但他的弟弟完全不在意，认为"这不算太远。如果它们一直在向古巴靠近……"麦克纳马拉也反对在如此远的距离进行拦截，并建议可以先观察一下船只的动向。为了防止草率定论，他表示："我建议我们今晚不要在是否拦截 3000 公里外船只的问题上继续纠结。"罗伯特·肯尼迪显然非常失望。"我看不出这有什么问题，"罗伯特说，"我认为，如果能从那些船里获得证据，将会对我们十分有利。"[6]

在这场辩论中，迪安·腊斯克站在总统这边。他在会上说："如果他们想要调转船头，就给他们这个机会赶快离开。"之后，罗伯特·肯尼迪又就如何应对拦截行动可能引发的"骚动"开始了新一轮讨论。他提出，扣押武器并给它们拍照能让苏联的控诉毫无根据。"嗯，好的，我明白你的意思，鲍勃。"对罗伯特的提议明显感到担忧的腊斯克回应道，"问题是，从苏联的角度来看，这些船只就像他们身上的疖子一样敏感。"他提醒罗伯特和其他与会人员，在他看来，封锁方案的目的是让苏联人远离古巴。此时，约翰·肯尼迪插话并充当和事佬，建议等第二天再做决定。

大家接受了总统的建议。这也许正是腊斯克此时最想听到的。这次延期给了他一个通过外交途径解决问题的机会。他和卢埃林·汤普森一起以肯尼迪的名义草拟了一份写给赫鲁晓夫的公函，公函中敦促苏联船只远离美方封锁线。汤普森在解释写这封公函的目的时说："他们（赫鲁晓夫和苏联领导层）今晚就会决定向那些舰船发出什么指令。"公函的内容如下："我希望您立即向贵方船只发出指令，要求它们遵守封锁要求……我们无意扣押贵方的船只或向其开火。"肯尼迪同意发出这封公函，但坚持删掉最后一句话。[7]

肯尼迪之所以同意腊斯克进行外交上的努力，是因为他对封锁方案的具体实施愈发没有把握，特别是对苏联船只的扣押问题。"以下就是可能发生的事情，"肯尼迪开始猜想宣布封锁古巴后可能出现的难题，"它们可能会继续前进，而我们要尝试破坏船舵或者锅炉。之后，我们还要登船，对方便开始开火，然后动用机枪。登船并取得控制权将十分艰难，因为对方会非常强硬，我猜他们的船上可能会有武装士兵或海军陆战队员。""或者他们事先已接到遇到上述情况就炸沉船只之类的命令。"罗伯特·肯尼迪沿着他哥哥的思路继续说。最终，他不再坚持要拦截苏联船只，还是选择支持他的哥哥。在罗伯特的回忆录中，他没有讲自己的鹰派立场，只是赞扬了他的哥哥能够谨慎从事。[8]

23 日晚 7 时以后，除了约翰和罗伯特两兄弟，其他人都离开了会议室。两人在一起复盘当前的局面——这个由赫鲁晓夫的欺骗和宣布实施封锁造成的困局。"真的像地狱一样可怕。不是吗？"总统对他的弟弟说。紧接着，他又说："但换个角度看，我们没有其他选择。他们如果在这个问题上得逞，那就会得寸进尺，又在别的问题上造次。没有选择。我觉得我们别无选择。”约翰·肯尼迪考虑的是与赫鲁晓夫的博弈，而罗伯特关心的则是国内形势，他对总统说：“嗯，没有别的选择。我的意思是不这样做，你就会遭到弹劾。”总统没有表示反对：“我也是这么想的。我会被弹劾的。”

罗伯特·肯尼迪曾经想通过帮助他哥哥建立一条与苏联方面相互联系的秘密渠道来更好地发挥自己的作用。苏联情报官员格奥尔基·博尔沙科夫就是罗伯特的重要秘密联系人。此前，博尔沙科夫曾代表赫鲁晓夫通过罗伯特向肯尼迪总统传递消息，表示苏联方面不会在美国国会中期选举结束之前制造麻烦。肯尼迪总统至今还对此感到不快，并把此事称为赫鲁晓夫“关于选举的屁话”。而此时，约翰·肯尼迪却主动提到博尔沙科夫，并想知道他有没有透露苏联方面给船长们发出了什么指令。“他说他们会突破封锁的。”罗伯特·肯尼迪说这话时不再像是一个想找机会打架的鲁莽少年。相反，他建议成立由美洲国家组织代表和美方代表共同构成的登船小组，来负责检查苏联船只。这样一来，即使因登船引发冲突，这些冲突也将是国际问题，而不是美苏两国间的问题，如果被定义为美苏冲突，可能会直接导致战争爆发。[9]

在执委会会议结束后，兄弟俩离开了那间装有秘密录音器的内阁会议室，来到了椭圆形办公室。在那里，约翰·肯尼迪向罗伯特·肯尼迪、泰德·索伦森以及白宫特别助理肯尼斯·奥唐纳坦诚了他自己对出现误判的忧虑。根据罗伯特在回忆录中的描述，约翰再次提起巴巴拉·塔奇曼的《八月炮火》。他说：“由于愚蠢、误解、个人喜好，以及自卑和自负的个人情结，他们似乎不知不觉间就被卷入了战争。”但是，在一份罗伯特·肯尼迪之前撰写的关于这次讨论的总结文稿中，《八月炮火》并没有被提及，取而代之的是一段关于第二次世界大战的论述：总统认为 1939 年英国对波兰做出保证是一个错误。就像他的父亲在 1939 年主张的那样，约翰·肯尼迪也认为英国不应该参战。在当前的危机中，他不希望美国制定或参与任何有可能导致战争爆发的国际协议或约定。[10]

为确保之后美苏双方不会再产生误解，会议结束后，罗伯特·肯尼迪就与多勃雷宁会面去了。

在莫斯科，尼基塔·赫鲁晓夫正在两难困境中挣扎：他既不允许美国人在公海或古巴海域搜查苏联船只，也承受不起在加勒比地区挑起军事对抗的后果。他清楚，允许美国搜查苏联船只，会让人觉得他软弱可欺，而挑起军事对抗则会导致美国入侵古巴，到那时，核武器的使用将不可避免。他的解决方案非常简单：让那些能够在封锁开始前抵达古巴的船只加快前进速度，同时让那些无法抵达的船只返航。

莫斯科时间 10 月 23 日上午，这项指令正式发出，正在地中海航行的苏联船只很快就收到了指令。10 时 15 分，“梅德诺戈尔斯克号”（*Mednogorsk*）干货船船长接到了返航指令。这一指令是由掌管苏联商船队的海运部部长维克托·巴卡耶夫（Viktor Bakaev）以密码电报的形式发出的。“梅德诺戈尔斯克号”当时正在地中海中航行，距离阿尔及利亚海岸不远。船上载有 2400 吨军事装备和

274 名官兵。尽管船员们都希望能够完成航行，但船长不顾他们的抗议，按照指令返航，在越过达达尼尔海峡后进入黑海，向母港尼古拉耶夫（Mykolaiv）驶去。[11]

已接近古巴海岸的 5 艘船只收到的指令是继续向目的地进发。其中一艘是“季夫诺戈斯克号”（*Divnogorsk*）货船，10 月 22 日晚，美国飞机在接近古巴时就发现了这艘船。船上一名克格勃官员后来报告称，一架美国飞机打着探照灯从该船上空飞过，且不止一两次，而是一共 7 次。但是，除了这些近乎骚扰的监视行动之外，这艘船的航行并未受阻，也没有收到任何要求它停船的信号或命令。“季夫诺戈斯克号”于 10 月 23 日凌晨 2 时安全抵达马里埃尔港。直到那时，船长才得知美国已对古巴实行封锁。“为了扣押苏联运输船，美国的海军舰艇和飞机正在加勒比海、附近海峡和古巴港口进行搜寻。”大家都松了一口气。[12]

在被明确要求保持航向不变的船只中，包括“亚历山德罗夫斯克号”干货船。它装载着最危险的货物，包括 24 枚为还在运往古巴途中的 R–14 中远程弹道导弹配备的核弹头，以及 44 枚用于已部署在岛上的巡航导弹的弹头。赫鲁晓夫和他的顾问们决定让“亚历山德罗夫斯克号”尽快抵达最近的古巴港口。它原计划停靠在马里埃尔港，但苏联截获的美国通信情报表明，他们正在寻找一艘适于携带核弹头的苏联船只，而且 10 月 23 日下午有两架美国飞机从马里埃尔港上空飞过。由于“亚历山德罗夫斯克号”的抵达时间将晚于预期，因此它得到了立刻改变航线的命令，只得向拉伊莎贝拉港（La Isabela）驶去。莫斯科焦急地等待着，想知道它是否成功突破了封锁。10 月 24 日凌晨，赫鲁晓夫收到了肯尼迪的信，信中给出了对古巴实施封锁的确切时间："格林尼治时间 10 月 24 日下午 2 时"。[13]

24 日，在华盛顿举行的执委会会议正好在正式实施封锁的时刻召开，即美国东部时间上午10时，也就是格林尼治时间下午2时。和往常一样，会议以中情局局长约翰·麦科恩的报告开始。他告诉大家，共有 22 艘苏联船只正在驶向古巴，其中 7 艘在莫斯科时间 10 月 23 日凌晨 1 时收到了紧急指令，所有船只都在美国东部时间 10 月 24 日凌晨 2 时 30 分收到了附加指令。麦科恩并不知道这些指令的具体内容，但他知道这些船只的控制权已经从位于敖德萨的黑海货运船队总部转移到了位于莫斯科的苏联商船队总部。

执委会准备讨论是否拦截那些没有改变航向的船只。前一晚，约翰·肯尼迪在与他的老朋友——英国大使大卫·奥姆斯比－戈尔（David Ormsby-Gore）谈话后，决定将封锁线设在离古巴海岸 500 海里（约 926 公里）处。他立刻将这个决定告知了麦克纳马拉，现在执委会成员们默认隔离区将从离岛 500 海里的地方开始圈定。迪安·腊斯克前一天提出先拦截一艘没有携带武器的苏联船只，但这个建议没有得到太多与会人员的支持：如果美国海军拦截了一艘船，却发现船上载的只是婴儿食品，美国政府会颜面尽失。他们要寻找载有武器的船只。

麦克纳马拉把"加加林号"（*Gagarin*）和另一艘苏联干货船"基莫夫斯克号"（*Kimovsk*）作为主要目标。他们前一天重点讨论了"基莫夫斯克号"，当时这艘船距离古巴约 3000 公里，他们决定再等一天，看看它的航向是否会出现变化。他们并不清楚"基莫夫斯克号”和“加加林号”的具体位置，但认为这两艘船正在接近封锁线。众人还推测这两艘船都有苏联潜艇护送，这更加增大了它们载有导弹的嫌疑。麦克纳马拉报告说，“加加林号”宣称船上的货物是技术设备，目的港为科纳克里——在他看来，这是“苏联船只运载攻击性武器的典型声明”。他继续说：“我们查过记录，这似乎是他们欺骗我们的典型手法。”[14]

麦克纳马拉是对的，“加加林号”确实携带了导弹。这艘船于10月10日深夜离开尼古拉耶夫港，为原驻扎在乌克兰考特瑞卡市的R–14导弹团的两个支队运送武器装备。在穿过博斯普鲁斯海峡时，该船报称其目的港是科纳克里，但一名土耳其领航员却表示这艘船实际是开往古巴的，其真正的目的地似乎是一个公开的秘密。10月22日凌晨，也就是肯尼迪发表电视讲话的那天，“加加林号”正在接近巴哈马群岛，在那里它遇到了一艘美国军舰，美国军舰命令它停下来，但船长并未理会。在多次向“加加林号”发出停船信号后，美国军舰最终选择离开。整个过程持续了不到50分钟。[15]

“基莫夫斯克号”也受到了怀疑。8月，这艘由芬兰建造、母港为列宁格勒（今圣彼得堡）的货轮向古巴运送了31辆苏联坦克和基辅军区第6坦克军的150名官兵。9月22日，它又来到古巴，运送了2200吨货物，包括8枚R–12中程弹道导弹和伊万·西多罗夫上校领导的导弹团官兵。西多罗夫兵团的导弹将在10月10日进入战备状态。现在，“基莫夫斯克号”又来了，这次它运送的是R–14中远程弹道导弹以及维护和操作这些导弹的人员。[16]

“这两艘船，”麦克纳马拉告诉执委会成员，“都是我们首次拦截的绝佳目标。”他接着说：“安德森上将的计划是今天就尝试拦截这两艘船或至少拦截其中一艘。”他指的是海军作战部部长小乔治·惠兰·安德森（George Whelan Anderson, Jr）上将。约翰·肯尼迪对这次行动的细节十分关心。“他们的目标是哪一艘？”总统问麦克纳马拉。“两艘都是吧。”麦克纳马拉回答道，尽管他个人认为“基莫夫斯克号”应该是主要目标。“我们将派出什么舰艇实施拦截？一艘驱逐舰？”肯尼迪继续询问。随后他得知，载有反潜直升机的“埃塞克斯号”（*Essex*）航空母舰已做好准备，协助拦截苏联船只，届时，航母会把护送这些船只的苏联潜艇从拦截点引开。

突然，麦科恩打断了肯尼迪和麦克纳马拉之间的对话，并说道：“总统先生，我刚刚收到消息……目前在古巴水域发现的6艘苏联船只，要么停止前进，要么掉头航行，我不知道这意味着什么。”如果有人质疑这位中情局局长打断国防部部长发言的正当性，那么在他宣布了这一消息后，所有的质疑都立刻消失了。腊斯克问“古巴水域”是什么意思。麦克纳马拉表示，这几艘船应该是从古巴驶离的船只，但肯尼迪要求提供确切信息：“为什么我们不弄清楚这些到底是驶离古巴的船只还是准备驶入古巴的船只？”当腊斯克补充说“来点实实在在的情报”时，会场里发出笑声。[17]

麦科恩立刻离开会议室，准备进一步分析收到的情报。肯尼迪和他的顾问们则继续讨论如何让为“基莫夫斯克号”和“加加林号”护航的潜艇浮出水面。麦克纳马拉建议投掷深水炸弹。罗伯特·肯尼迪在当天的会议记录中记录了麦克纳马拉的原话：“如果声呐信号无法到达，将使用深水炸弹进行警告。”罗伯特接着记下了总统对此提议的反应：“我认为，如果我们击沉了一艘苏联船，他们就会封锁柏林。”约翰·肯尼迪变得越来越焦虑。在他的想象中，核战争的幽灵正从几百公里外的海底升起。

肯尼迪对与会者们说："我不希望打击的第一个目标是一艘苏联潜艇。我宁愿拦截一艘商船。"但是麦克纳马拉不肯让步。他坚持认为，在对"基莫夫斯克号"或"加加林号"采取任何行动之前，必须先迫使苏联潜艇浮出水面。他对肯尼迪说："总统先生，我认为在目前的情况下，试图推迟对这艘潜艇的打击是极其危险的。如果对其置之不理，我们很有可能会葬送一艘美国军船。"最终，总统放弃了自己的看法。内阁会议室的秘密录音器记录了这次无奈的让步，录音中，肯尼迪说："行吧，就这么执行吧。"罗伯特·肯尼迪后来写道："肯尼迪总统是事件的发起者，却无法控制事件的走向。"会议迎来了关键时刻：肯尼迪批准了拦截苏联船只的命令。[18]

坐在约翰·肯尼迪对面的罗伯特·肯尼迪觉察到了哥哥情绪的变化。"他抬起手捂住了自己的嘴。"罗伯特后来写道，"他松开了拳头又握紧。他的面色看起来十分憔悴，眼神中流露出痛苦。"当兄弟俩眼神交会时，"在那短暂的几秒钟里，房间里似乎只有我们两个人，他也不再是总统。"罗伯特回忆道。他想起了他哥哥一生中所经历的几次重要考验：得了一场差点要了他命的大病；得知他们的大哥约瑟夫去世的消息；失去了尚在襁褓中的儿子帕特里克。"我想，签署命令的这几分钟，对总统来说是一次最严峻的考验。"罗伯特后来写道。[19]

肯尼迪已经做好了最坏的打算——美军可能会击沉一艘苏联商船，苏联将对柏林实施封锁，美国将为拯救柏林而空运物资，然后苏联击落美国的飞机。"那时我们该怎么办？"他向参会人员发问。麦克纳马拉的副手保罗·尼采（Paul Nitze）开始列举可能的反制措施："我们派出战斗机进入空中走廊，并尝试击落他们的飞机……"尼采还在继续阐述各种可能的方案，这时麦科恩又走进了内阁会议室。"你有什么新消息，约翰？"麦科恩回答说："这些船原本都是要向西航行，开往古巴的。"他不知道这些船此刻在哪里，但他知道"苏联方面要么已经下令让它们停止前进，要么就是让它们掉头返航"，因此这些船正在驶离古巴。在麦科恩列出的6艘船中，就有"基莫夫斯克号"或"加加林号"。

当迪安·腊斯克听到苏联船只已经开始驶离古巴时，他对邦迪耳语道："我们一直在眼对眼（eyeball to eyeball），现在我想是对方先眨眼了。""好吧，这么说吧，如果消息属实，那么我们就不需要对这些靠近古巴的船只采取任何行动。"肯尼迪建议。"我们不会扣押任何并非驶往古巴的船只。"麦克纳马拉回应道。罗伯特·肯尼迪也放弃了他之前一直坚持的无论苏联船只驶向哪里都必须拦截的立场。"那么，现在要通知海军吗？"罗伯特问麦克纳马拉。这一次，腊斯克与他统一了战线。腊斯克也附和道："是的，我们最好确保海军收到不允许追击这些船只的命令。""冗长而乏味的会议继续进行，"罗伯特·肯尼迪后来回忆道，"但每个人看起来都跟之前不一样了。曾有一刻，仿佛整个世界都停止了，现在似乎一切又重新开始运转了。"攻击苏联船只的命令被撤回了。[20]

"眼对眼"的比喻成了撰写古巴导弹危机历史中绕不过去的提法。1962年10月24日，肯尼迪在执委会的晨会上下令追击拦截苏联船只。罗伯特·肯尼迪后来在自己的回忆录中对这一紧张的时刻做了细致而充分的回顾，而这个时刻也确实像书中描述的那样充满戏剧性和潜在的危险性。这个时刻也浓缩了肯尼迪所恐惧的一切，当他不断地翻看巴巴拉·塔奇曼的书时，他也在思索着误报和误解可能带来的危险。由于受到过时和不完整情报的误导，他曾下令攻击这些苏联船只，然而他不知道的是早在 24 小时之前这些船只就改变了航向，驶离了古巴。

肯尼迪和执委会的成员们都没有收到海军侦察机提供的最新情报。几个小时后，这些情报才传到白宫。情报的滞后迫使总统和他的顾问团队如盲人摸象般贸然做出决定。麦克纳马拉在 10 月 23 日执委会会议中首次提到"基莫夫斯克号"干货船时，该船已经在返回苏联的途中了。10 月 23 日凌晨 3 时，他们在距古巴东端 500 海里的隔离线以东 300 海里（约 555 公里）的地方发现了"基莫夫斯克号"。到 10 月 24 日上午 10 时，这艘船又向东航行了数百海里。结合"基莫夫斯克号"的位置和美方截获的通信信息看，它正驶向波罗的海，这表明它的确是在返航的路上，而并不是在用迂回前进的障眼法欺骗美国人。[21]

"加加林号"也返航了，但目的地不是敖德萨，也不是黑海，而是位于波罗的海的波罗的斯克（Baltiysk）。37 岁的船长基姆·戈卢边科（Kim Holubenko）在23日上午8时30分接到了返航的指令。戈卢边科立即执行了这项指令。10 月 23 日下午 6 时刚过，"加加林号"已经在向东行驶的返航途中，一架四引擎的美国飞机打开探照灯，在"加加林号"上空飞越了 3 次后，在它的前方投下了两枚炸弹。不久之后，在晚上 7 时 01 分，另一架美国飞机出现了。它开着探照灯，6 次飞过"加加林号"上空。晚上 7 时 40 分，第三架飞机从离桅杆仅 70 米的地方飞过。在晚上 8 时 43 分到 9 时 10 分期间，第四架飞机飞过了这艘船。晚上 11 时 34 分，第五架飞机来了，飞越过程中不断开关探照灯。直到 24 日凌晨 1 时 40 分，美国海军的飞机才结束了对“加加林号”的骚扰。[22]

后来，戈卢边科直接向尼基塔·赫鲁晓夫汇报了这次惊险的古巴之行，并从他手中接过了苏联最高荣誉奖章——社会主义劳动英雄金星勋章。他还见到了宇航员尤里·加加林，并与他合影留念。他的船就是以加加林的名字命名的。戈卢边科还因一些故事被人们铭记，据说他曾下令用消防水管向空中喷水，迫使一艘美国军船远离“加加林号”。根据戈卢边科的说法，美国人认为他的船上载有某种秘密武器。苏联人正在书写他们与美军在大西洋上“眼对眼”对峙的神话。[23]

这两个对手确实在加勒比海上正面相遇，并且表面上看，其中一方先“眨眼”了。然而事实上，他们压根看不到对方的眼睛，更不用说“眼对眼”了。由于缺乏及时、可靠的情报，这个充满欺骗和相互猜疑的“暗室”变得更加黑暗，当一方“眨眼”时，另一方要花费超过一天的时间才能意识到发生了什么。核时代比信息时代至少早了几十年。然而，就在 1962 年 10 月，这个时间差几乎导致人类重回石器时代。

第十五章　一把木刀

1962年10月23日，罗马尼亚工人党领导人格奥尔基·乔治乌－德治（Gheorghe Gheorghiu-Dej）结束了对印度尼西亚的国事访问，启程回国，并在莫斯科稍作停留。他发现赫鲁晓夫虽然没有惊慌失措，但也十分烦躁。当苏联国防部部长马利诺夫斯基元帅报告说美国海军处于高度戒备状态，正在为封锁古巴做准备时，赫鲁晓夫非常不安。马利诺夫斯基汇报这一消息时，乔治乌－德治也在场，后来罗马尼亚情报部门的一位负责人扬·米哈伊·帕切帕（Ion Mihai Pacepa）转述了乔治乌－德治对此事的回忆。他说："赫鲁晓夫勃然大怒，大喊大叫，咒骂着，发布了一大堆自相矛盾的命令。"

罗马尼亚代表团的成员们怀疑赫鲁晓夫那天早上喝了酒，但他们错了。这位苏联领导人是因为睡眠不足而疲惫不堪：乔治乌－德治到来之前，他们刚刚结束了马拉松般的通宵会议，会上赫鲁晓夫先是做好了美国入侵古巴后打响核战争的准备，然后确定了应对美方封锁的方案。赫鲁晓夫此时异常愤怒。帕切帕回忆，在克里姆林宫为罗马尼亚领导人举办的招待会上，"赫鲁晓夫咒骂华盛顿，威胁要‘用核武器’轰炸白宫，每当有人说出‘美国’或‘美国人’这两个词时，他都会大声咒骂”。随后赫鲁晓夫出人意料地邀请乔治乌－德治和苏联领导层的其他人一起去莫斯科大剧院。[1]

赫鲁晓夫后来回忆说，他把这次访问设计成了一次公关行动。他对副手们说：“同志们，我们去莫斯科大剧院吧。现在整个世界的气氛都很紧张，但我们要在剧院里亮相。苏联人民和外国民众将看到我们出现在剧院，这将安抚他们的情绪。如果赫鲁晓夫和其他国家领导人在这个时间点还能坐在剧院里，那么每个人都可以安稳地睡个好觉。”他接着写道：“但我们自己在当时是非常焦虑的。”苏联外交部部长安德烈·葛罗米柯是那晚受邀观看演出的人之一，他后来回忆说：“我不记得剧院里演的是什么，可能没有一个政治局委员对台上发生的事情感兴趣。歌剧、芭蕾或戏剧——对他们来说都是一样的。每个人都在想西半球正在发生什么。但他们都平静地端坐在那里，像热爱艺术的观众一样时不时鼓掌。”[2]

舞台上演的是穆捷斯特·穆索尔斯基（Modest Mussorgsky）创作的经典歌剧《鲍里斯·戈都诺夫》，由纽约大都会歌剧院明星杰罗姆·海因斯（Jerome Hines）主演。第二天，《真理报》报道了海因斯这次非常成功的演出。报纸上写道，演出结束后观众起立鼓掌，海因斯共谢幕了 6 次。据罗马尼亚领导人回忆，赫鲁晓夫“特意亲自向”海因斯表示祝贺。在乔治乌－德治和苏联领导层其他人的陪同下，赫鲁晓夫走到后台，称赞海因斯的俄语很好，并向他敬酒，祝酒词是“敬我们两国之间的和平和友谊”。[3]

曾目睹赫鲁晓夫听到“美国”这个词后便破口大骂的罗马尼亚

人，这时有点摸不着头脑。赫鲁晓夫显然乱了阵脚。他向古巴运送导弹被美国人抓了个正着，当下不知要如何应对。他尝试了惯用的恐吓战术，通过隐晦提及核战争来威胁肯尼迪，并在共产主义盟友面前措辞强硬。他尤其要在罗马尼亚人面前这样做，因为 1958 年赫鲁晓夫从罗马尼亚撤军后，罗马尼亚就开始疏远莫斯科。[4]

但这种恐吓战术不再奏效。肯尼迪正着手实施封锁，面对这种局面，赫鲁晓夫不知所措。他曾用来威胁肯尼迪的核战争现在像回旋镖一样飞回来困扰着他。苏联负责美苏关系的外交部副部长瓦西里・库兹涅佐夫（Vasilii Kuznetsov）对他信任的一位同事说，肯尼迪发表电视讲话后的头几天，莫斯科领导层就因“当时的混乱局面而瘫痪，只是赫鲁晓夫虚张声势的公开声明掩盖了这一点”。实际上，库兹涅佐夫继续说：“从危机一开始，苏联领导层就因事态可能恶化而心生恐惧，而且这种恐惧与日俱增。”[5]

10 月 24 日，罗马尼亚代表团离开了莫斯科，但在此之前，乔治乌－德治目睹了赫鲁晓夫又一次大发雷霆。赫鲁晓夫在与罗马尼亚客人共进早餐时，收到了克格勃主席弗拉基米尔・谢米恰斯内的报告。根据一份解密电报，他们得知肯尼迪取消了原定的巴西之行，并下令对古巴实施海上封锁。赫鲁晓夫读了电报后脸变得通红。他一边将报告扔在地上，用脚不断踩踏，一边“像个船夫一样”咒骂起来，大喊着“我就要这样踩死那条毒蛇”。他还把肯尼迪称为“百万富翁的妓女”。乔治乌－德治回到罗马尼亚首都布加勒斯特（Bucharest）后对他的助手说：“如果肯尼迪也在那儿，那个疯子会当场把他掐死。”[6]

乔治乌－德治并不是赫鲁晓夫在10月24日会见的唯一一位外国访客。另一位是西屋电气公司（Westinghouse Electric International Company）的总裁威廉·E. 诺克斯（William E. Knox）。诺克斯是一位杰出的商人，在战争期间，他维持着他的公司与苏联外贸代理机构苏美贸易公司（Amtorg）之间的良好关系。这天，正在苏联出差的诺克斯突然收到通知：赫鲁晓夫要在一个小时后召见他。《真理报》报道称，这次会面是应诺克斯的要求举行的。会面持续了3个小时。苏联领导人不断发起攻势，表示肯尼迪10月22日的声明是因经验欠缺、选举压力和情绪失控而造成的结果。赫鲁晓夫还说，肯尼迪太年轻，比自己的儿子还小，他自己无法想象艾森豪威尔会做出这样的举动。[7]

赫鲁晓夫否认了诺克斯提出的是他先欺骗了肯尼迪总统的说法，但随后就做出了在整个会面过程中最令人震惊的发言：他承认苏联不仅在古巴部署了弹道导弹，还为导弹配备了核弹头。美国国务院的一份关于诺克斯与赫鲁晓夫对话内容的文件中写道："苏联在古巴部署了防空导弹，以及携带了核弹头和常规弹头的弹道导弹。"赫鲁晓夫继续说，这些导弹完全在苏联的控制之下，只能在保护古巴时根据他本人的命令发射。如果美国人不相信他，可以试一试进攻古巴，那么关塔那摩将在冲突发生的第一天就被夷为平地。根据另一种说法，赫鲁晓夫告诉诺克斯，他不想挑起战争，但如果美国决定发动战争，他也做好了准备。"让我们在地狱里见面吧。"他对惊恐的诺克斯说。

但此次会面所传递的不全是非难和威胁。赫鲁晓夫告诉诺克斯，他准备与肯尼迪会面，在美国、苏联、海上或其他任何地方都可以。他说，现在发生冲突是不合时宜的，因为葛罗米柯和腊斯克已经就禁止核试验和欧洲边界问题达成了共识。然后他给诺克斯讲了一个笑话：一个人不喜欢山羊的气味，但最终不得不跟一只山羊一起生活。对苏联来说，意大利和希腊就像山羊，但苏联已经学会了与它们和平相处。古巴就是美国的山羊。赫鲁晓夫向肯尼迪传达的信息很明确：我确实在古巴部署了核导弹，就像你们在苏联边境所做的那样，你要习惯它。[8]

同一天，赫鲁晓夫回复了前一天收到的肯尼迪发来的公函，肯尼迪在公函中要求赫鲁晓夫将苏联船只从封锁线附近撤回。那天清晨，赫鲁晓夫得到了好消息：载有核弹头的“亚力山德罗夫斯克号”干货船成功抵达古巴。当下他有足够的信心发动进攻。他指责肯尼迪宣布实施封锁是“出于对古巴人民及其政府的仇恨，也是为了美国的国会中期选举”。他还表示封锁是非法的。他在回函中写道：“苏联政府认为，侵犯他国使用公海和国际领空的自由是一种侵略行为，会将人类推向世界核导弹战争的深渊。”赫鲁晓夫拒绝命令苏联船长们返航，还威胁要进行抵抗和报复：“我们会……被迫采取我们认为必要和充分的措施，以保护我们的权利。我们已为此做好了准备。”[9]

苏共中央主席团批准了这封回函，他们在当天开会讨论古巴局势的发展情况。但赫鲁晓夫显然觉得这份对肯尼迪的官方回函所传达的信号还不够强烈，决定再给肯尼迪写一封私人信件，还选定格奥尔基·博尔沙科夫作为信使。他曾在 9 月通过博尔沙科夫向肯尼迪传达了一个口信：“我们再次重申，苏联向古巴运送的仅有防御性武器。”他还承诺在11月的国会中期选举结束前不会做任何给肯尼迪总统造成混乱的事情。但最终赫鲁晓夫违背了自己的诺言，也打乱了肯尼迪的计划。当下，赫鲁晓夫想让博尔沙科夫再次给肯尼迪传递消息。由于这次消息的内容比较多，不容易被记住，所以他直接写了一封信。[10]

赫鲁晓夫在口述他给肯尼迪回信的内容时，显然处于一种好斗的情绪之中。赫鲁晓夫语气坚决地说："你不要忘记，希特勒和拿破仑在他们的时代，在与小国交谈时才使用你这样的语言。""直到现在，你还真的认为美国是铁板一块，可以随意威胁他国吗？"赫鲁晓夫反问道，继续着他的攻势。为了混淆视听，赫鲁晓夫充分利用了肯尼迪在信件和声明中用"攻击性武器"代替核武器的提法。赫鲁晓夫一方面以苏联部署在古巴的武器装备不具有攻击性为由，否认古巴存在美国所说的那种武器；另一方面又暗示古巴有核武器，并声称这些武器都处于苏联的控制之下。

赫鲁晓夫其实和肯尼迪一样，从未将部署在古巴的武器称为核武器。在这封信中，他表示苏联可以撤走这些武器，但只能在双方签署全面核裁军协议后才能实行。"在这种情况下，"赫鲁晓夫继续说，"我想我们不会把所有的武器都从古巴撤走，而是会将它们投入附近海域销毁，我想换作你们也会这样做。"把加勒比海变成世界核废料倾倒场，在赫鲁晓夫看来是一个互利共赢的解决办法。这封信以核战争的威胁结尾："但如果任何侵略者攻击古巴，这些武器会自发展开报复行动。"[11]

赫鲁晓夫在当天晚间苏共中央主席团会议结束后，口述了他的私人信件。他在同诺克斯会面时承认了核武器的存在，当下又在这封信里暗示了同样的信息：岛上确实有核武器；这些武器都在苏联的控制之下，并处于战备状态；一旦古巴受到攻击，这些武器就会投入使用，进而导致美苏冲突和核战争的爆发。赫鲁晓夫没有立刻将这封信发出，而是计划等第二天先得到主席团的批准再做安排。10 月 24 日，他上床睡觉时下定了决心，倘若美国入侵古巴，他就用核武器来要挟肯尼迪。

10 月 25 日，从苏联各大报纸头版头条的内容可以看出赫鲁晓夫前一天的心情。由赫鲁晓夫的女婿阿列克谢·阿朱别伊担任主编的《消息报》在头版刊登了苏联著名诗人尼古拉·多里佐（Nikolai Dorizo）的诗，内容是攻击古巴的海上封锁，并表达了必将打破封锁的信念。诗中说："波浪将打破封锁，古巴 / 太阳将打破封锁，古巴 / 胜利将属于你，古巴。"[12]

尽管苏联媒体表现得很乐观，但对赫鲁晓夫来说，这一天是从坏消息开始的。针对赫鲁晓夫那封抗议封锁的官方回函，肯尼迪用一份简短的电报做了回应——整份电报只有两段话。毫无疑问，赫鲁晓夫的恐吓战术没有奏效。不管是否爆发战争，肯尼迪都要对古巴实施海上封锁。肯尼迪在电报中写道："主席先生，我希望您清楚地认识到，在这次事件中首先发起挑战的人并不是我，鉴于此，针对古巴问题，我所宣布采取的应对措施并无不当。对因此次事件导致的两国关系的恶化，我再次表示遗憾。我希望贵国政府采取必要行动，让局势可以恢复如初。"[13]

在赫鲁晓夫看来，肯尼迪简短的回答指向一个方向，而且只有一个方向：美国人正在准备军事行动。它的目标不仅是古巴，还包括苏联。全球核战争即将在几小时而不是几天内爆发。24 日上午，苏联驻华盛顿大使馆的军事情报官截获了美国战略空军司令部收到的新命令，该命令要求美国战略空军司令部将防御准备状态提高到 2 级，这是仅次于公开作战（1 级）的最高战备级别。此前，美国战略部队从未处于如此高度戒备的状态。一支拥有 1479 架轰炸机、182 枚弹道导弹以及 2962 枚核弹头的舰队正在做好打击苏联境内目标的准备。[14]

这项命令的生效时间是美国东部标准时间 10 月 24 日上午 10 时，与对古巴的海上封锁同时生效。几分钟后，言辞强硬的美国战略空军总司令托马斯·萨斯菲尔德·鲍尔（Thomas Sarsfield Power）将军走到麦克风前，通过未加密的通信线路，向美国散布在世界各地的数十个军事基地和地堡的工作人员发表讲话。“我是鲍尔将军，”他说，“我向你们讲话的目的是再次强调美国面临的严峻形势。我们已经准备好应对任何紧急情况，我觉得我们已经做好了充分的准备。”肯尼迪可以通过未加密的通信线路授权鲍尔提高警戒级别，但鲍尔无权以同样的方式向他的部队发表讲话。显而易见，鲍尔对此并不在意，但肯尼迪却正在失去与赫鲁晓夫互通信息的垄断地位。军方正在自行开通联系苏联的“热线”。[15]

无论鲍尔的讲话是否被截获并传递给了赫鲁晓夫，苏联军事情报部门在 10 月 24 日都截获了美国参谋长联席会议向美国战略空军司令部下达的将防御准备状态提高到 2 级的命令。苏联雷达发现有多架装备了核武器的美国轰炸机接近苏联边界，并在亚得里亚海上方突然掉头返航。这些轰炸机多次重复这一飞行路线。当下尚不清楚赫鲁晓夫是何时得知美国战略空军提高防御准备状态级别的（不是 10 月 25 日就是 10 月 26 日），但他一定知道这个消息。几周后，苏联外交部副部长瓦西里·库兹涅佐夫向他的一位职级不高的同事透露，赫鲁晓夫在收到情报得知美国战略空军将进入 2 级战备状态后，“吓得差点尿裤子”。[16]

肯尼迪身边的一些顾问认为，提高防御准备状态级别能够阻止苏联对位于欧洲的美方军事目标采取行动，但是这个消息却让赫鲁晓夫更加确信，美国不仅准备袭击古巴，还准备攻打莫斯科。他断定，他前一天想通过博尔沙科夫传递给肯尼迪的那封私人信件会使情况变得更糟糕。列昂尼德·勃列日涅夫记得，赫鲁晓夫在慌乱中召回了那份他已经下令发给肯尼迪的私人信件。不仅如此，他还召开了苏共中央主席团会议，并提出一项与之前论调截然相反的提议。赫鲁晓夫开始打退堂鼓了。[17]

“美国人说，苏联部署在古巴的军事设施必须拆除。”赫鲁晓夫告诉与会者们。众人预见的是一场充满咒骂的情绪爆发，但赫鲁晓夫接下来的发言令他们大吃一惊。他说：“我们也许应该这样做。这不算是投降，因为如果我们开火，他们就会还击。”在他的同僚们还没有回过神时，他宣称：“毫无疑问，美国人已经吓破胆了。”他这是将自己的恐慌投射到他的美国对手身上。他接着说：“肯尼迪现在得拿着木头刀子睡觉了。”当困惑的米高扬问他这是什么意思时，赫鲁晓夫解释说，根据民间的一个说法，那些第一次去猎熊的人会随身带一把木刀来清理裤子。

随后，他表示自己对古巴的政策是一次胜利，而不是失败。“我们现在让古巴成为世界关注的焦点；我们促成了两种制度的正面交锋。”他继续自说自话，并声称他赌赢了。然后，他又通报了他准备向美方提出的交易：“肯尼迪对我们说‘把你们的导弹从古巴撤走’，我们应该回复‘让美国坚决保证并承诺不会攻击古巴’。这么一来还算不错。我们可以撤回R–12导弹，把其他导弹留在那里。”他在这里所说的“其他导弹”指的可能是战术核武器。

“这不是懦弱，”赫鲁晓夫回到投降的话题上，“这是在保留立场。”赫鲁晓夫的同僚们还是第一次听到这种说法。他向他们保证，撤回导弹不会动摇苏联与美国平起平坐的地位。“另外，也没有必要使事态发展到一触即发的程度。我们在苏联的领土上也可以摧毁美国，”他说，“我们应该尽自己的职责，既不能临阵脱逃，也不能丧失理智。主动权在我们手中，没有什么好害怕的。”恐惧似乎是他在这次会议上的主要话题。“一开始就退缩了。”赫鲁晓夫对他的同僚们说。由于会议纪要中的文字太过简洁，无法看出他这里指的是美国人还是他自己。他接着说：“开战对我们没有好处：未来不取决于古巴，而是由我们国家决定的。这一点毋庸置疑。”

主席团的部分成员，比如米高扬，显然松了一口气，并对赫鲁晓夫的决定表示支持。“这是一个正确而合理的策略，”记录员在会议纪要中概括了他们的观点，“现在的古巴已经与这些事件发生之前不一样了。不要使局势恶化。我们将以这种方式增强古巴的力量。”他们的观点与赫鲁晓夫的主张不谋而合。赫鲁晓夫对与会者说：“古巴将和以往不同。他们（美国人）威胁要对古巴进行经济封锁，但他们不会攻击古巴。我们不应使局势恶化，而应采取理性的政策。这样，我们就能增强古巴的力量，并在未来 2—3 年的时间里保护它，这样持续几年，美国就再也不能拿古巴怎么样了。”

与会人员达成共识后，会议继续讨论如何将苏联决定撤回核武器的消息告诉卡斯特罗。“有得必有失，”赫鲁晓夫试图从哲学角度分析这件事，“我们现在面对的是一个积极的局面。何以见得呢？因为全世界都在关注古巴，这表明导弹发挥了积极作用。”为了缓和这个消息给卡斯特罗造成的冲击，赫鲁晓夫显然想告诉他撤回导弹可能只是暂时的。葛罗米柯和其他两名党内官员负责根据会议纪要起草相关文件。[18]

但在与肯尼迪展开谈判或通知卡斯特罗苏联将撤回导弹之前，忧心忡忡的赫鲁晓夫决定立即采取措施使事态降温。就在前一天，负责向古巴运送 R–14 中远程弹道导弹核弹头的“亚力山德罗夫斯克号”货船安全抵达古巴的消息还让大家备受鼓舞，如今却被视为一个必须尽快处置的潜在隐患。按照赫鲁晓夫的指示，国防部部长罗季翁·马利诺夫斯基给苏联驻古巴集团军司令伊萨·普利耶夫将军发电报，让他将核弹头运回苏联。马利诺夫斯基在电报中称：“鉴于美国海军封锁了通往古巴的海上通道，我们决定不再向你方派遣第 665 导弹团和第 668 导弹团。‘亚力山德罗夫斯克号’货船上的 R–14 弹头无须卸下。如果弹头已经被卸下，就将其秘密装回‘亚力山德罗夫斯克号’。‘亚力山德罗夫斯克号’应做好将 R–14 弹头运回苏联的准备。”船长还被要求如遇紧急情况就让这艘载有核弹头的船沉入水中。[19]

10 月 25 日，作为肯尼迪承诺不入侵古巴的交换条件，赫鲁晓

夫决定从古巴撤回弹道导弹。同一天，在联合国安全理事会会议上，苏联遭遇了一次公共关系方面的重大挫折，会上，苏联代表试图否认苏联在古巴部署了弹道导弹。

这次会议通过电视进行了转播，会议的主角是美国驻联合国代表阿德莱·史蒂文森和苏联驻联合国代表瓦莱里安·佐林（Valerian Zorin）。苏联代表声称美方只有“虚假的证据”来证明苏联在古巴部署了导弹，这给史蒂文森提供了发动攻势的机会。佐林问道，为什么10月18日肯尼迪总统会见葛罗米柯时没有提到导弹问题？“因为这是子虚乌有之事，”佐林自问自答，“除了美国情报机构提供的虚假情报，美国政府手上根本没有确凿证据，而这些虚假情报被到处散播，在联合国总部的走廊和前厅里随处可见，甚至还被提供给媒体大肆宣扬。虚假就是美国的武器，虚假的证据。”[20]

史蒂文森决定反击。“我想对你说，佐林先生，我没有你那种混淆视听、歪曲事实、含糊其词的才能，”史蒂文森回应道，“实话实说，我很庆幸我没有！”在指出佐林在苏联是否在古巴部署武器以及这些武器是攻击性还是防御性的问题上自相矛盾、出尔反尔之后，他接着说：“好吧，先生，让我问你一个简单的问题：佐林大使，你是不是否认苏联已经或正在古巴部署中程和中远程弹道导弹及其发射场？是或者不是，不要等传译，请直接回答。”佐林还是在传译结束后才做出回答：“这里不是美国法庭，因此我不会回答这样一个以检控官的姿态向我提出的问题……在适当的时候你会得到答案。”

史蒂文森继续追问：“你只需回答是或者不是。你刚刚是在否认它们的存在，我想知道我这么理解对不对。如果你不愿回答，我会一直等待你的答复，直到地狱结冰。现在，我准备在这里展示证据。”史蒂文森的助手们拿出了几张放大后的照片，正是 U-2 侦察机飞行员在圣克里斯托瓦尔山区附近拍下的建设中的苏联导弹基地。有些照片是在 8 月拍摄的，地面上还没有任何建筑痕迹，有些照片是在一周甚至几天前拍摄的，这些照片显示了地面景观的巨大变化以及帐篷和导弹设施的出现。史蒂文森的表现给肯尼迪总统留下了深刻的印象，肯尼迪在电视上观看了这次交锋，并说：“太棒了。我从来不知道阿德莱有这个本事。”[21]

第二天，《纽约时报》在头版刊登了一张史蒂文森展示证据的大幅照片，使这场在联合国的较量成为当天的头条新闻。然而，赫鲁晓夫似乎对这次惨败一无所知。无论是在公开场合还是在给克里姆林宫的报告中，佐林都强装自信，他在报告中写道：“我们嘲笑了史蒂文森在会上展示美国情报机构伪造的照片的诡计，并否认了这些所谓能够证明古巴存在核武器的‘铁证’。”就像华盛顿的多勃雷宁一样，在古巴导弹问题上，身在纽约的佐林也被他的政府蒙在鼓里。否则，前一天当他在克里姆林宫的上司决定撤走苏联在古巴部署的导弹后，他在会上的表现不会如此坚定——佐林一直认为这些导弹从未被运到古巴。[22]

第十六章　美国人要来了

赫鲁晓夫在 10 月 26 日收到的每一份重要情报都表明，美国正在准备以入侵古巴为开端的大规模军事行动。当天，苏联军事情报部门提交的报告是美国医院已经为可能的伤亡做好了准备，并附有驻华盛顿克格勃官员和外交官提供的情报作为补充，其中部分情报由大使本人提供。

前一天，阿纳托利·多勃雷宁给莫斯科发了一份紧急电报，内容是："今天晚上（华盛顿时间凌晨3时左右），我们的一名记者……来到华盛顿记者俱乐部的酒吧，记者们常在这里聚集。酒吧招待走近他……并低声说，他无意中听到两位美国著名记者（多诺万和罗杰斯）的谈话，他们说总统可能已经决定在今天或明天晚上入侵古巴。我们的记者也找到机会同罗杰斯聊了聊，他是《纽约先驱论坛报》的记者，常驻五角大楼。他证实了这个消息。"

多勃雷宁在电报中提到的那个苏联记者，实际上是一个克格勃官员，他把自己在华盛顿一家酒吧里打探到的消息报告给了他的上级——克格勃驻华盛顿情报站站长亚历山大·费克利索夫。而费克利索夫不仅向他在莫斯科的上级汇报了这些消息，也将其透露给了多勃雷宁。多勃雷宁之前通过罗伯特与肯尼迪总统建立了联系，一直以来，他都在竭力维系这条他同两位美国领导人秘密接触的唯一渠道。无论在华盛顿还是莫斯科，他总是淡化他的竞争对手（如费克利索夫和格奥尔基·博尔沙科夫这样的克格勃和军方情报官员）的重要性，但这次的情况不同。克格勃的报告称，肯尼迪将在24小时内入侵古巴。这次，多勃雷宁不再试图削弱他的竞争对手，而是加入了情报部门的行列，急于尽快把情报传递给莫斯科。[2]

赫鲁晓夫意识到他必须迅速采取行动。幸运的是，他已经准备好一个解决方案，即告知肯尼迪苏联将从古巴撤回导弹，以换取美国不入侵该岛的保证。10月25日，这个方案已经得到了苏共中央主席团的批准。剩下的工作就是让速记员把赫鲁晓夫口述的信件内容记录下来，然后由他的助手们把它改写成连贯的文本。10月26日下午，这封信已经起草完毕；莫斯科时间下午4时43分，这封信被送到了美国驻苏联大使馆。一如既往，这是一封冗长的信件，翻译成英文后，总计有2748个单词。这封信在几个小时后才被传到华盛顿，莫斯科时间晚上9时15分白宫才收到它。[3]

赫鲁晓夫在这封信中语气缓和，表现出意在和解的态度。“亲爱的总统先生，”递交给大使馆的信中写道，“我已收到您10月25日的来信。从来信中，我感到您对目前局势的发展有所了解，也感受到了您的责任感。我对此非常重视。”他指的是肯尼迪的那封简短回信，在信中肯尼迪宣称，即使苏联提出抗议，他仍打算继续实施封锁。其实，赫鲁晓夫并不愿提到这些，他现在之所以言辞委婉，是希望肯尼迪能够接受他的提议，提议内容如下：“我们将宣布，苏联开往古巴的船只将不再装载任何武器。而您可以宣布美军不会入侵古巴，也不会支持任何有意入侵古巴的军队。如此一来，我们就没有必要向古巴派驻军事专家了。”

实际上，赫鲁晓夫在这封信中向肯尼迪提议的内容要远少于主席团授权的内容。他既没有明确承认古巴岛上部署了核导弹，也没有提出要撤出这些导弹。相反，他做了一个模糊的承诺：将撤出“军事专家”。赫鲁晓夫似乎要开始讨价还价，他的直接目标是阻止冲突进一步升级。“总统先生，”他写道，“我们双方现在都不应该去拉这条您打了‘战争之结’的绳子，因为双方拉得越用力，这个结就会变得越紧。当这个结紧到一定程度，即使是一开始打结的人也没有力气解开它，到那时便只能把这个结斩断，这将意味着什么就不用我向您解释了，因为您完全明白那时我们的国家要面对多么可怕的力量。”[4]

赫鲁晓夫当下要做的就是等待。他不知道先到来的将是肯尼迪的回应，还是美国入侵古巴的消息。

10 月 26 日，赫鲁晓夫并不是唯一一个对美国入侵古巴深感忧虑的政治领袖。赫鲁晓夫的古巴盟友菲德尔·卡斯特罗更加确信这场入侵不可避免，并为接下来要发生的事忧心忡忡。

自从肯尼迪 10 月 22 日发表电视讲话以来，卡斯特罗一直竭力安抚古巴民众，并将他们团结在捍卫社会主义祖国的目标周围。在肯尼迪发表演讲的几个小时前，他预料到演讲将涉及古巴问题，便命令古巴军队进入高度戒备状态。10 月 23 日，卡斯特罗接受了一次冗长的电视采访。在采访中，作为对肯尼迪的回应，他重复了肯尼迪演讲中的几句话，并讥讽肯尼迪自诩对古巴人民的自由和福祉十分关心，但其实另有所图。卡斯特罗宣称自己愿意进行对话，但强调“任何试图到古巴探察一番的人，都必须做好开战的准备。对于那些幻想和提出要在我国领土内展开探察活动的人，这就是我们的最后答复”。对苏联在古巴领土上部署核武器这件事，他既没有承认也没有否认，而只是声称所有武器都是防御性的。[5]

卡斯特罗的坚定立场有效安抚了他的支持者。在肯尼迪总统发表讲话后，古巴政权的恐慌情绪在几天内逐渐平息。但随着10月24—25日古巴问题在联合国的持续升温，以及史蒂文森与佐林在联合国安全理事会上的唇枪舌剑，一波新的恐慌袭击了哈瓦那。卡斯特罗政府在纽约安插了一些特工，这些特工以古巴国家通讯社——拉丁美洲通讯社（Prensa Latina）的工作为掩护。他们截获了一份从美国发出的电报，暗示肯尼迪正准备向联合国秘书长吴丹（U Thant）发出最后通牒，要求苏联从古巴撤走攻击性武器。这份情报让卡斯特罗深感担忧。如果肯尼迪总统真的发出这份最后通牒，这可能意味着美国政府正在为入侵古巴做外交上的准备。随着美国飞机对古巴的飞越侦察活动越来越频繁，卡斯特罗也越来越确信这份情报的可靠性。[6]

10月26日星期五，驻哈瓦那的外交官员们察觉到局势越来越紧张。捷克斯洛伐克驻古巴大使弗拉基米尔·帕夫利切克（Vladimir Pavliček）报告称：“古巴方面已经进一步加强了战斗准备，目前进入了最高战备状态。”南斯拉夫驻古巴大使博什科·维达科维奇（Boško Vidaković）当天下午拜访了古巴总统奥斯瓦尔多·多尔蒂科斯（Osvaldo Dorticós），发现他非常焦虑。巴西驻古巴大使巴斯蒂安·平托（Bastian Pinto）根据他与维达科维奇的谈话向上级报告称："多尔蒂科斯极度不安地告诉他，美国飞机正在古巴上空低空飞行，根据最近几个小时内获得的情报，美国即将发动对古巴的攻击。如果今天晚上袭击没有发生，那就是一个'奇迹'了，重复一遍，就是今天晚上。"[7]

就在多尔蒂科斯会见多国大使，希望动员国际社会抗议随时可能发生的入侵时，卡斯特罗召集了他的军队，准备奋起反抗。他命令部队指挥官们让军队进入最高戒备状态。他还在发给吴丹的公报中向美国发出警告："古巴不接受任何一架战机如强盗般肆意侵犯我国领空。因此，任何入侵古巴领空的战机都将可能遭到我军防御火力的攻击。"卡斯特罗说到做到。他命令 50 个防空炮兵连在古巴各地就位，从第二天早上开始，向任何飞越古巴领空的美国飞机开火。[8]

当天晚些时候，卡斯特罗访问了苏联驻古巴集团军总部，向普利耶夫将军通报了他所下的命令。他们的会议持续了整个下午。卡斯特罗坚持认为，古巴不能再容忍美国的飞越侦察行为，因为这将使古巴和苏联的阵地在美国入侵时更容易受到攻击。他要求普利耶夫把导弹疏散。随后，他和多尔蒂科斯又去见了苏联驻古巴大使阿列克谢耶夫。卡斯特罗希望苏联以美国侵犯古巴领空为由，宣称古巴确实拥有肯尼迪所说的武器，但这些武器都处于苏联的控制之下。这与赫鲁晓夫在 10 月 24 日写给肯尼迪的私人信件中的内容差不多。这封信原本计划由博尔沙科夫转交给美方，但由于赫鲁晓夫改变了主意，信件最终并没有发出。[9]

从白天到傍晚，从傍晚到深夜，卡斯特罗始终觉得只与普利耶夫和阿列克谢耶夫进行口头交流是不够的。此时得到的大量情报都在印证他的预感：美国人要来了。巴西总统若昂·古拉特（João Goulart）告知他，导弹必须在 48 小时内拆除，不然古巴就会遭到攻击。卡斯特罗想让赫鲁晓夫了解目前局势的发展状况。于是，10 月 27 日凌晨，他又去见了阿列克谢耶夫。两个人一边喝着啤酒，一边吃着香肠，讨论发给莫斯科的信应该怎么写。阿列克谢耶夫认为，卡斯特罗提供的情报十万火急，以至于在信件起草完毕之前，他就急忙向莫斯科传达了消息。他在电报中说："卡斯特罗和我们一起在大使馆，正在为赫鲁晓夫准备一封私人信件，这封信完成后将立即寄给他。"他接着说："在卡斯特罗看来，军事介入几乎不可避免，将在 24—72 小时内发生。"[10]

在阿列克谢耶夫的帮助下，他们耗时近 3 个小时才写完了这封信，卡斯特罗直到凌晨 5 时才离开苏联大使馆。正如阿列克谢耶夫早些时候报告的那样，卡斯特罗预计美国将在未来 1—3 天内以空袭或登陆战的形式发动袭击。卡斯特罗承诺，古巴人将"对任何形式的侵略采取强有力的坚决抵抗"，但他警告苏联领导人，"帝国主义者们也可能对苏联发动核打击"。"面对这种情况，"卡斯特罗继续写道，"现在应该考虑通过主张合法的自卫权来消除这种危险。"事实上，他建议赫鲁晓夫率先使用核武器。这位古巴领导人写道："无论这一决定有多么困难和可怕，我仍然相信，没有其他的办法。"[11]

阿列克谢耶夫也帮助起草了这封信，后来他因这一煽动战争的行为而遭人诟病，而他也一直否认卡斯特罗希望赫鲁晓夫用核武器攻击美国的事实。阿列克谢耶夫后来在一次采访中说："我认为，他只是在提醒我们必须提防任何可能发生的事情，包括他认为的美国人可能使用核武器。"然而，赫鲁晓夫收到这封信时并不是这样想的。随着时间的推移，对于古巴方面的提议，他的反应变得越来越消极。他最初希望动用核武器对抗美国入侵古巴的决心早已消失殆尽，当下他渴望的是不惜一切代价避免军事冲突和核战争。[12]

10 月 27 日星期六，赫鲁晓夫看到的关于古巴的第一份重要情报并不是卡斯特罗这封危言耸听的信，而是苏联驻古巴集团军司令伊萨·普利耶夫将军发来的一份报告。这份报告的内容相对较为平静，但仍令人不安。

这位将军显然受到了卡斯特罗极度焦躁情绪的影响。他也得知美军提高了防御准备状态的级别，并对美国更为频繁地对古巴进行飞越侦察感到不安。他在报告中称，古巴方面预计美国将会在 10 月 26 日夜间或 10 月 27 日上午发动空袭。普利耶夫写道："为防止美方入侵古巴，菲德尔·卡斯特罗做出了用高射炮击落美国军机的决定。"他也打算这么做。"如果美国空军对我们的设施发动空袭，我们将动用所有可用的防空资源。"普里耶夫在报告中说。他相信，美国情报机构已经锁定了"斯塔岑科同志的某些设施所在的区域"。没有莫斯科的授权，普利耶夫无权使用核武器，但他可以发射地对空导弹，并且也准备这样做。[13]

当赫鲁晓夫和苏共中央主席团的成员在克里姆林宫开会讨论古

巴局势时，罗季翁·马利诺夫斯基元帅向大家呈送了普利耶夫的报告。主席团批准了普利耶夫将军的行动，但指示他不要将可能发生的常规冲突升级为核冲突。他再次被禁止在没有莫斯科明确指示的情况下使用核武器（包括战术核武器）和飞机。监督工作还不止于此，普利耶夫总共收到了三份电报。“停止所有部署 R–12 和 R–14 的工作——你们在激怒联合国。”马利诺夫斯基发给古巴的一条命令中写道。“把所有的装备都小心伪装起来，只在晚上作业。”他还提醒普利耶夫必须让“亚历山德罗夫斯克号”驶回苏联，这艘船曾负责向古巴运送中远程弹道导弹的核弹头。[14]

赫鲁晓夫那天异常平静。他不希望因为普利耶夫的报告而给他与肯尼迪以及联合国间的外交博弈增添麻烦。此外，不管那些来自古巴的报告有多么危言耸听，他都从中看到了一丝希望和新的机会。这天下午，主席团讨论了这份报告。10 月 26 日的晚上和 10 月 27 日的上午都已经过去，但没有任何关于美国袭击古巴的消息。“我们必须将美国并没有攻击古巴的事实考虑在内。”赫鲁晓夫对主席团的其他成员说。之后，在讨论另一个问题时，他又问道：“他们现在会立刻攻击我们吗？”随后，他立即给出了自己的回答：“我认为他们不会这么做。”

与卡斯特罗和普利耶夫不同，赫鲁晓夫不再相信入侵即将来临。这种视角给了他一些喘息的空间和施展手段的余地。他仍然坚持用撤回导弹换取美国的让步。为此，他准备向美方传递更加明确的信号，特别是他准备公开承认苏联确实在古巴部署了弹道导弹。此前，他一直对此含糊其词。他对同僚们说：“如果我们不让美国人满意，不告诉他们我们的 R–12 导弹在那里，那我们之间的冲突就无法消除。我认为我们不应该固执己见。”[15]

赫鲁晓夫之所以这样做只是想以此作为筹码。在他看来，肯尼迪到目前为止还没有攻击古巴是一种软弱的表现，是他可以利用的一点。“我们到底有没有犯错？”赫鲁晓夫问主席团的其他成员，并在提出他的新提议之前继续说道，“这可以稍后评估。如果我们得到的回报是关闭（美国）在土耳其和巴基斯坦的基地，那最终的胜利还是属于我们的。”赫鲁晓夫提出用古巴导弹做交易，这个想法让他的同僚们大吃一惊。后来在 1962 年 11 月初，赫鲁晓夫那位见多识广的盟友阿纳斯塔斯·米高扬告诉古巴领导人：“坦率地说，我们之前根本没有将美国在土耳其的基地考虑在内。”[16]

自从古巴导弹危机开始以来，美国部署在土耳其的导弹就一直萦绕在赫鲁晓夫的心头。1962 年 5 月，他在黑海港口城市瓦尔纳公开谴责美国将土耳其海岸变成军事基地后，就萌生了向古巴运送核武器的想法，这并非偶然。但这次赫鲁晓夫提及土耳其并不是像往常那样为了证明苏联有权将导弹部署在古巴，而是首次暗示可以就此做一笔交易。他还同时提到了巴基斯坦，这表明他的想法还没有完全成形。因为美国并没有在巴基斯坦部署核武器，而只是将其作为 U–2 侦察机对苏联进行飞越侦察时的中转基地，赫鲁晓夫只是想通过盘点美国的战略优势来增加自己的谈判筹码。但当他和他的助手们开始起草信函，准备向肯尼迪提出这笔交易时，土耳其的重要性让它不仅优先于巴基斯坦，还完全取代了巴基斯坦。

按照米高扬的说法，赫鲁晓夫将美国部署在土耳其的导弹作为谈判筹码的想法源于美国媒体。“在对当前局势的讨论过程中，我们收到了一些来自美国的情报，包括一篇沃尔特·李普曼（10 月

25 日在《华盛顿邮报》上发表）的文章，这篇文章称苏联可能向美国提出清除美国在土耳其部署的基地的要求。”米高扬几周后回忆道，“他们是在美国国内谈论苏联是否有提出这种要求的可能性。在苏联也围绕这一问题进行过讨论。土耳其基地对我们来说并不重要，一旦发生战争，我们可以将其摧毁。没错，它的存在的确有一定的政治意义，尽管我们将会想办法清除这些基地，但我们并没有特别在意。”[17]

在主席团会议上，赫鲁晓夫开始口述他给肯尼迪的信。主席团的 7 名成员共同讨论并通过了最终文本，包括米高扬、马利诺夫斯基、谨慎的葛罗米柯和经常沉默的勃列日涅夫。由于赫鲁晓夫还没有收到肯尼迪对他上一封信的回复，因此，这封信只能换一个方向，那就是讨论肯尼迪总统对吴丹所做提议的回复。此前，吴丹提出了“如果赫鲁晓夫承诺不向古巴运送武器就解除封锁”的建议。对于这项建议，赫鲁晓夫表示同意，肯尼迪却没有，但从赫鲁晓夫写给肯尼迪的这封信中无法看出这一点。

与两位领导人最近的通信风格有所不同，这封信一开始，赫鲁晓夫就表现出了积极的态度。“亲爱的总统先生，”赫鲁晓夫写道，“我仔细阅读了您给吴丹先生的回复，感到非常欣慰，其中谈到应该采取何种措施防止我们两国船只的接触，从而避免产生不可挽回的致命后果。您的这一举动让我更加相信，您希望维系和平局面，这让我感到十分欣慰。”尽管赫鲁晓夫在主席团会议上提议向美国承认古巴确实部署了弹道导弹和核弹头，但在这封信中，他还是没有明说，只是称它们为“你们认为具有攻击性的手段”。但他明确表示，这些“手段”完全在苏联的掌控之中，而他将这些“手段”与美国部署在土耳其的导弹进行了比较，这也清楚地表明了这些“手段”的性质。

“古巴让您感到不安，”赫鲁晓夫直奔主题，“您说您的担心是因为古巴距离美国海岸只有 90 英里。但是土耳其也与我国接壤，我们两国的哨兵来回巡逻，互相监视。难道您认为，你们有权以维护本国安全为由要求我们撤走您所谓的攻击性武器，却不承认我们也有这种权利吗？你们已经在与我们毗邻的土耳其部署了毁灭性的导弹系统，这无疑属于你们所谓的攻击性武器。这实际上已经导致了我们两国关系的失衡，而你们却还坚称两国军事实力相当。这是自相矛盾的。”

赫鲁晓夫的提议如下：“我们愿意将您认为具有攻击性的手段从古巴撤走。我们愿意实施这项工作并在联合国做出承诺。您的代表也发表一项声明，表示美国考虑到苏联的担忧和焦虑，将从土耳其撤回同类的手段。”赫鲁晓夫还表示，苏联可以在联合国安全理事会上做出承诺，尊重土耳其的独立和领土完整，美国也要对古巴做出类似的承诺。他还保证，只要在古巴和土耳其问题上达成协议，美苏关系就会有一个光明的未来。这一未来包括签署肯尼迪一直想要推进的禁止核试验条约。双方可以就这两项协议同时展开谈判，并同时签署两份协议。这只可能意味着一件事：赫鲁晓夫准备在禁止核试验条约上做出让步，以实现土耳其 – 古巴导弹交易。[18]

尽管赫鲁晓夫孤注一掷地认为肯尼迪并不愿意攻击古巴，但他也无法保证这样的攻击一定不会到来。因此，他必须以最快的速度将这封信送达白宫，不仅要赶在美国发动对古巴的袭击之前，而且最好要赶在肯尼迪回应赫鲁晓夫前一天的提议之前。赫鲁晓夫前一天的提议中没有提及土耳其，只是表示愿意撤走苏联的“专家”以换取美国不入侵古巴的承诺。他知道，要把这封信寄出去，翻译好，然后从美国驻苏联大使馆分段发电报到华盛顿，需要花费几个小时甚至一整天的时间。虽然这封信比前一封短了很多，但译成英文后单词量仍有 1575 个。于是，主席团决定尽快通过苏联的电台广播这封信。[19]

他们把信火速送到莫斯科广播电台。莫斯科时间当天下午5时，这封信由莫斯科广播电台对外发布，而位于北美的美国合众国际社在 10 月 27 日上午晚些时候才收到这个消息。在华盛顿，肯尼迪和他的顾问们大吃一惊：赫鲁晓夫在两天内寄出了两封信，传递出两种截然不同的信息。

第五部分

黑色星期六

第十七章　土耳其困境

约翰·肯尼迪正在与执委会讨论 U–2 侦察机在古巴上空的几次飞越侦察。这时，他的法律顾问兼演讲撰稿人泰德·索伦森默默地递上一张自动收报机的纸条。为了让在场的人都听到，肯尼迪出声读道："昨日，赫鲁晓夫告诉肯尼迪，如美方撤回土耳其的导弹，那么他也会撤回古巴的攻击性武器。"当时是 10 月 27 日星期六，上午 10 点刚过。

最先反应过来的是国家安全事务助理麦克乔治·邦迪。"嗯……他没说过啊。"他说。索伦森为自己辩解道："现在有两家新闻机构报道了此事，都是这么写的。路透社也这样讲。"邦迪重复了一句："他没说过啊！"索伦森也开始怀疑："确实没有，是吧？""没有，没有。"邦迪重复道。新闻机构提到"昨天"赫鲁晓夫的信，邦迪记得很清楚，前一天的信中没有提到土耳其。肯尼迪是第一个想明白的。"他可能又发出了一封信。"他对顾问们说。[1]

肯尼迪是对的。两家新闻机构说的是莫斯科广播电台刚刚发布的赫鲁晓夫的第二封信。肯尼迪能够第一个想明白是有原因的。如果说赫鲁晓夫是在最后一刻才突然决定把土耳其问题扯进来，那么对于肯尼迪来说，这绝不是苏方的意外之举。从危机一开始，肯尼迪就在思考土耳其问题，且不是把它当作政治宣传工具，而是解决危机的办法。肯尼迪认为，他的前任艾森豪威尔将军在土耳其部署的“木星”核导弹已经过时且无用。在很早以前，赫鲁晓夫的提议还未到来时，他就一直在考虑以此来跟苏联部署在古巴的导弹做交易。10 月 21 日下午，也就是肯尼迪对全国发表演说的前一天，他就与英国驻美大使大卫·奥姆斯比 – 戈尔讨论过这种可能性，并声称这是他更想要的结果。当时，肯尼迪不确定这一方案在政治上能否行得通。但现在看来，机会好像终于来了。[2]

“我们跟土耳其那边谈得怎么样？”肯尼迪问他的顾问们。“黑尔认为，从影响力和政治角度讲，这完全不可以接受。”国防部副部长保罗·尼采回答道。他说的是美国驻土耳其大使雷蒙德·A. 黑尔（Raymond A. Hare）的意见。尼采显然支持黑尔的意见：从土耳其撤回导弹可能招来质疑，让外界以为美国有北约无核化的打算。肯尼迪明白，如果欧洲人觉得美国不再给予他们核保护并将他们暴露给苏联，那么北约的团结就会受到影响。尼采给肯尼迪提供了一个解决办法：告诉赫鲁晓夫古巴危机解决后可以讨论土耳其问题。肯尼迪不以为然。“不，我觉得不行。”他对尼采说。

麦克乔治·邦迪建议不理睬赫鲁晓夫关于土耳其的提议，继续把重心放在前一封信上。“我们守住既有立场也没什么错。”邦迪说。肯尼迪不同意。他认为，如果不撤出美国部署在土耳其的导弹，赫鲁晓夫不会因为任何其他原因从古巴撤出苏联导弹。在肯尼迪看来，从土耳其撤出导弹是一次外交机会，也只有这样做才能抓住这次机会。因此，他希望这些电台消息是准确的，赫鲁晓夫确实想要做笔交易。“我们等等吧。暂时先假设这个消息准确地讲出了赫鲁晓夫今天上午的新提议。”他对顾问团队说。[3]

约翰·肯尼迪与他的顾问首次讨论部署在土耳其的美国导弹，是在古巴危机顾问团队的第一次会议上。10 月 16 日，也就是危机开始的那一天，迪安·腊斯克为肯尼迪复述约翰·麦科恩关于赫鲁晓夫为什么决定在古巴部署导弹的猜测时提到了土耳其。腊斯克认为，赫鲁晓夫知道美国的核力量强于苏联。“而且，我们在它附近——在土耳其等地——部署了核武器。”腊斯克补充道。[4]

“木星”是第一代可搭载核弹头的中程弹道导弹，由希特勒的重要火箭设计师、美国导弹项目创始人之一的沃纳·冯·布劳恩（Wernher von Braun）设计，可以运载 2000 磅的核弹，射程长达 2700 公里。“木星”一开始是为欧洲设计的。然而，法国拒绝部署——当时法国总统夏尔·戴高乐（Charles de Gaulle）正在研发自己的核导弹项目。意大利和土耳其倒是无意开发核武器，于是在 1959 年与美国缔结条约接受了“木星”。部署“木星”的决定是艾森豪威尔做的，但部署工作却是肯尼迪政府执行的，部署时间是 1961 年的夏天。

当时人们对于在意大利和土耳其部署导弹有一些政治上的担忧。一些民主党的参议员——比如后来任美国副总统的艾伯特·戈尔（Albert Gore）的父亲老艾伯特·戈尔（Albert Gore, Sr.）——认为这非常愚蠢，无异于挑衅。老艾伯特问腊斯克，如果赫鲁晓夫把导弹部署到古巴，美国会是什么态度。他的这些话是在 1961 年 2 月参议院的一次闭门会议上说的，当时并未受到重视，部署工作按原计划进行了。等到 1961 年年底，土耳其已经部署了 15 枚“木星”，这些导弹只有在土耳其与美国军方协同行动时才能发射，其中土方负责操作导弹，美方负责控制核弹头。[5]

约翰·肯尼迪从不认为在欧洲部署美国导弹对美国或者欧洲的安全有什么帮助——如果发生军事冲突，“木星”就是个靶子。因此，10 月 16 日讨论的那天，肯尼迪好像已经忘记了“木星”的存在。他被赫鲁晓夫突然在古巴部署导弹的举动震惊到了，已经想不起美苏在导弹方面有任何相似的做法。麦克乔治·邦迪和亚历克西斯·约翰逊提醒过他美国在土耳其部署了核导弹的事实，但肯尼迪还是不愿意将赫鲁晓夫的所作所为与美国于 1959 年在欧洲的做法相提并论。“但当时的情况和现在不一样。”那次会议上肯尼迪对顾问们这样说道。这正是约翰逊想要说的：赫鲁晓夫当下没有洲际弹道导弹，这与 5 年前艾森豪威尔的处境是一样的。对于肯尼迪来说，没有远程弹道导弹已经是过去时。但对于赫鲁晓夫来说，这正是当下的现实。[6]

那是古巴导弹危机发生的第一天，肯尼迪非常生气，坚决否认赫鲁晓夫的行动有任何合理性。仅仅过了两天，10 月 18 日，危机的第三天，肯尼迪终于承认了土耳其和古巴的情况有相似性。为了预测苏联的下一步动作，他对顾问团队提出建议：“让我们换位思考一下。假设他对这些导弹所发表的声明与我（对古巴）的声明相似，与我们对在土耳其部署导弹的声明也是相似的。而且他也说了，如果我们在土耳其部署导弹，就会有严重的后果。后来我们还是部署了。因此他就要找个时机除掉这些导弹。”当时，肯尼迪说的“除掉”，指的是袭击导弹，而不是移除。但是，他关于土耳其导弹的看法开始发生变化。[7]

10 月 22 日，也就是肯尼迪发表电视演说、准备对古巴进行海上封锁的那一天，他有了用部署在意大利和土耳其的美国导弹与苏联做交易的想法。当时，迪安·腊斯克提议迫使赫鲁晓夫将古巴导弹的控制权移交给联合国，相应地，美国也会移交部署在意大利、土耳其的“木星”导弹的控制权。“拥核国领土之外，现在只有三个地方有核导弹：古巴、土耳其、意大利。”腊斯克说道。“也就是说，把核导弹从任何不属于拥核国的地区移除出去。”肯尼迪对腊斯克说。“嗯，现在这个阶段还不必‘移除’。我们先‘压住’这些导弹。”腊斯克回答。他只想让苏联无法使用部署在古巴的导弹。

但是，肯尼迪有个更大的想法：用部署在意大利和土耳其的美国导弹跟苏联做交易。“为什么我们不做得更彻底一点呢？”肯尼迪问腊斯克。腊斯克反对在给联合国准备的声明中提到意大利和土耳其。但肯尼迪不在乎这份声明——他对自己的新想法非常执着。“这样，我们就有借口从土耳其和意大利撤出‘木星’了。既然这些导弹与它（我们给联合国的提议）无关，那我们就把它们从这两个地方撤出来。反正我们本来也想这样做的。”[8]

那天晚些时候，肯尼迪命令国防部副部长保罗·尼采研究从意大利和土耳其撤出导弹的可能性。肯尼迪觉得这些导弹毫无价值。军方明白，如果苏联率先发起攻击，需要 15—20 分钟准备时间才能发射的“木星”就是给人打的靶子——更准确地说，就是找打。

这些导弹没有威慑作用，反而很可能挑起战事。但尼采反对这个想法不是基于军事上的理由，而是政治上的考虑：欧洲可能会将此举视为美国将核武器从欧洲全面撤出的一项政策。看到尼采很焦虑，肯尼迪安慰他说这只是备选方案，首选方案还是要求苏联单方面从古巴撤出导弹。[9]

此次会议关于“古巴－土耳其导弹交易”的讨论到这里就暂时告一段落了。国务院表示反对，国防部也只有负责裁减军备的官员支持。但“交易”成为内部备忘录的一个主题。直到 10 月 25 日，媒体也开始讨论。让“冷战”（Cold War）一词广为人知的沃尔特·李普曼于他在《华盛顿邮报》的专栏“今天与明天”中提议与苏联进行这样的交易。同一天，腊斯克在记者招待会上强烈批判了这一提议。他还给土耳其发电报，表示请该国政府放心，美国会继续履行对土耳其国家安全的承诺。苏联驻美大使阿纳托利·多勃雷宁将腊斯克对这一提议的反驳写进了他提交给莫斯科的报告。米高扬说，赫鲁晓夫身边的人都知道李普曼的提议。[10]

10 月 27 日上午，赫鲁晓夫又有新的公开提议的消息传来，古巴－土耳其导弹交易的想法突然复活了。肯尼迪认为这是和平解决古巴危机的唯一希望。封锁只能传递一个信号，即肯尼迪政府态度严肃，也有能力阻止苏联继续运送导弹，但对已经部署在古巴的导弹几乎没有任何作用。而若是达成这个交易则可以让赫鲁晓夫把在封锁前就已经运到古巴的导弹撤出来。

赫鲁晓夫第二封信的内容还没有得到完全确认，但肯尼迪已经准备将其看作赫鲁晓夫的最新——也因此是真实的——立场。肯尼迪认为没有理由拒绝这样的交易，甚至哪怕这个交易只是一种可能性，他也认为没有理由拒绝。肯尼迪坚持要讨论赫鲁晓夫的新提议，即便内阁会议室还没有拿到完整的信件内容。他对持怀疑态度的顾问们说："如果这就是他的提议，那我们没有太多理由反对。第一，我们去年就有把这些导弹撤出来的想法，因为在军事上它们毫无用处。第二，在联合国看来，或者在任何理性的人看来，这都是非常公平的交易。"[11]

肯尼迪的顾问们不为所动，不同意与赫鲁晓夫讨论土耳其导弹的问题。但是，随着媒体披露了有关赫鲁晓夫提议的更多细节，原本居于弱势的肯尼迪也变得逐渐强硬起来。此前媒体的报道没有误解信的内容，这一点变得越来越明确。肯尼迪认为自己是对的。"我们就要僵持在这里了，"他对顾问们说，"这就是苏联的提议。"肯尼迪不想听到任何反对意见。"本周我们跟土耳其的谈判进行到什么程度？"肯尼迪打断了一位顾问的发言并发问。"谁在跟进？"他继续问。腊斯克回答道："我们没有跟土耳其谈，是他们找我们谈过。""那他们是在哪里跟我们谈的？"肯尼迪继续发起攻势。"在北约。"腊斯克回答。肯尼迪不想再隐藏自己的不满："是啊，但在本周接到这封信之前，我们有没有去找土耳其政府谈一谈？到现在，这件事我已经讲了一周了。我们有没有跟土耳其人在土耳其谈过？"

腊斯克试图为自己辩护。他说，国务院已经问过美国驻意大利大使和美国驻土耳其大使的意见。副国务卿乔治·鲍尔（George Ball）解释道："如果我们去跟土耳其谈，他们一定会极其不安。"

肯尼迪不想听这些。“那好啊，乔治，现在他们就安心了吗？”他反驳说，并继续补充：“赫鲁晓夫这下子算是把我们拿捏住了。”肯尼迪想到了赫鲁晓夫这封信对舆论的影响：“大多数人都会认为，这并非一个不合理的提议。”可是，反对交易的一派仍不肯让步。“但是，总统先生，哪些人是‘大多数人’呢？”邦迪突然插话进来。肯尼迪没有回答这个问题，而是继续解释他的想法：“赫鲁晓夫现在说：‘如果你们从土耳其撤出导弹，我们也会从古巴撤出导弹。’……那么，我觉得，我们再想对古巴采取军事行动，就很难找到一个合适的理由。”[12]

邦迪的方案跟之前讨论时尼采的观点很像：无视赫鲁晓夫关于土耳其的提议。“我不明白，为什么我们要选择这条路？过去 24 小时中，他给了我们另外一条路。”邦迪说。“但这条路，是他最新的提议。”肯尼迪回应道。但总统的观点又一次碰了壁，反对声一浪高过一浪。“现在我们已经有了一个私下的提议，这时候您觉得这个公开的提议是诚恳的吗？”卢埃林·汤普森问道，此时他正试探肯尼迪的决心。就连泰德·索伦森也加入了反对的一派。他对肯尼迪说：“我觉得，很明显，在座几乎所有人都更喜欢私下的提议。”他指的是赫鲁晓夫的第一封信。[13]

肯尼迪在自己的执委会中败下阵来。他的反对者们拿出的主要论点是，与赫鲁晓夫协商土耳其导弹的问题，会破坏北约盟友对美国的信任。邦迪说：“如果我们跟土耳其人谈判，那么很明显，我们就是为了自身利益而牺牲盟友。所有的北约成员国都会这么认为。”肯尼迪要求大家回答在与土耳其接触这方面有什么进展，还要求顾问们就赫鲁晓夫的第二个提议商定一个明确的立场，“因为这是摆在我们眼前的问题，也是全世界面临的问题”，但都无济于事。肯尼迪决定以退为进，用拖延来争取时间。他提议：“我们首先应该弄清楚苏联到底在说什么。”这一次，大家终于达成了共识。[14]

肯尼迪离开执委会会议时已是中午前后，他接下来要去与州长们开会。州长们被召集到华盛顿，并接到了为可能发生的核战争做好民事防御准备的要求。由于执委会反对古巴－土耳其交易，发生核战争的可能性越来越大。参谋长们正在为肯尼迪起草一份建议函，已经快完成了。他们建议总统最早在第二天，也就是 10 月 28 日星期天，或者在星期一发动大规模空袭，空袭后就入侵古巴。这是罗伯特·肯尼迪支持的方案。虽然当下明显有了一个和平解决的办法，但约翰·肯尼迪要让赫鲁晓夫给出的这个方案通过还是很困难的。[15]

当天晚些时候白宫发表了官方声明，从声明中可以看出，肯尼迪败了，顾问团队胜了。声明中提到，苏联在过去 24 小时中给出的“提议有几处自相矛盾之处”。声明强调，此次危机是由苏联对西半球国家造成威胁而引起的，只有苏联停止在古巴建造导弹基地，谈判才可以开始，才有可能开始对西半球以外的国家“在合理监督下限制军备”。声明中没有提到土耳其、意大利或英国。肯尼迪和赫鲁晓夫都失败了。赫鲁晓夫不清楚肯尼迪在这笔交易上的真实立场，也不知道公开自己的声明给肯尼迪造成了多大麻烦。[16]

古巴导弹危机以来，肯尼迪第一次觉得自己与赫鲁晓夫的距离比与顾问们更近。肯尼迪愿意接受赫鲁晓夫提出的交易，问题在于，这样做在政治上能否行得通。他是执委会中唯一赞成交易的，其他人都反对。可是，问题的关键不只在于执委会强烈反对，更在于赫鲁晓夫公开了他的提议。肯尼迪允许赫鲁晓夫突发奇想，也允许赫鲁晓夫放弃最初的立场，但无法接受一个让他看起来很软弱的公开提议。同样重要的是，他要安抚北约盟友，欧洲已经在苏联的核威胁下生活了多年，他要告诉他们，他没有为了保护自己和美国而背叛他们。

这是个陷阱。肯尼迪不能接受赫鲁晓夫的土耳其"礼物"，因为接受就意味着要"收回"前任总统给土耳其的馈赠。这在政治上不可能行得通。两位领导人都愿意，甚至都迫切想要达成交易，但其中一位提出交易的方式却让另一位无法接受。

第十八章　失控

10 月 24 日上午开始，美国战略空军司令部就一直处于 2 级防御准备状态。在任何时候空中都有多达 72 架 B–52 轰炸机执行“铬穹顶”（Chrome Drone）任务：如果美国遭受核打击，它们就会对苏联目标进行报复性袭击。飞行员和飞机每 24 小时为一班。除了 B–52 轰炸机，还有 KC–135 同温层加油机在空中待命，为 B–52 补充燃料。老式的 B–47 同温层喷气式轰炸机则分散在全美各地的机场，以防苏联首先发起袭击，让它们中的多数失去战力，甚至全部被摧毁。[1]

美国战略空军司令部做好了核战争的准备，而美国战略空军核力量的缔造者、时任美国空军参谋长的柯蒂斯·李梅也准备入侵古巴。10 月 27 日上午，在五角大楼会议室（二战以来，该会议室被称为“坦克”）召开的参谋长联席会议上，李梅抓住机会，提出要拟定一份草案，建议总统尽快入侵古巴。李梅对与会者们说：“我们应该写一份简要的计划书，把最新情报考虑进去，再次建议在全面执行第 312 号行动计划后，执行第 316 号行动计划。”当时已经过了上午 10 点。

第一项计划代号为“行动计划 312–62”（OPLAN 312–62），内容是对古巴进行空袭：首先袭击导弹、飞机、防空设施，其次是交通网络、通信网络，最后是部队集结点。一开始由 52 架飞机执行；6 小时后增加到 384 架；再过 12 小时，增加到 470 架。第二项计划代号为“行动计划 316–61”（OPLAN 316–61），该计划准备动用两个空降师和一个步兵师，再加上海军陆战队的一个陆战师、一个旅，配备一个装甲作战司令部，一同入侵古巴。按计划，两栖作战将在军队收到指令 3 天后进行，空降兵再过 2 天进入作战。[2]

在肯尼迪宣布 10 月 27 日上午的执委会会议休会后不久，罗伯特 · 麦克纳马拉在下午 1 时 30 分左右加入了参谋长联席会议。当时，这份计划书已经拟好，其中提出“及早并及时执行”第 312 号行动计划。麦克纳马拉问这到底意味着什么。李梅回答道：“星期天或星期一行动。”也就是第二天或者第三天——10 月 28 日或 29 日。麦克纳马拉支持采取军事行动，但不想这么快动手，他认为必须等到土耳其导弹问题得到解决。参谋长联席会议主席麦克斯韦 · 泰勒提出一个折中的方案：“如果（古巴的）导弹工程没有停止，参谋长们建议在一段合理的时间之后实施军事打击。”麦克纳马拉表示同意，附带意见是“我不接受‘现在’实施袭击的建议”。

麦克纳马拉正准备离开会议室，联合侦察组组长拉尔夫 · 斯蒂克利（Ralph Steakley）上校走了进来。此前，他向肯尼迪简述了 10 月 16 日在古巴发现苏联导弹基地的有关情况。斯蒂克利告诉与会人员，一架 U–2 侦察机在北极上空执行采集空气样本的例行任务时，迷航进入了苏联领土，原因尚不明确。采集空气样本是监测苏联是否进行了核试验的一道程序。据说，麦克纳马拉大喊道：“这意味着要跟苏联开战了。”当时是美国东部时间下午 2 时 03 分，这架 U–2 侦察机已经比预定返回基地的时间晚了三四十分钟。麦克纳马拉从会议室出来，给腊斯克打了个电话。通过腊斯克，消息很快就传到了肯尼迪那里。[3]

美国国务院情报研究局局长罗杰·希尔斯曼（Roger Hilsman）在白宫找到了刚刚游完泳的肯尼迪总统。为了缓解背痛，肯尼迪经常会在下午游泳。希尔斯曼告诉肯尼迪，空军有一架 U–2 侦察机在苏联上空被苏联战斗机追击，美国战斗机在空中试图予以保护。“这其中的含义既可怕又明显，”希尔斯曼在回忆自己当时对局势的判断时写道，“苏联很可能会认为，这架 U–2 侦察机是在为核战争做最后的情报侦察。”

约翰·肯尼迪听了这个消息后并没有太大反应，甚至可以说是泰然自若。“总有些狗娘养的听不懂人话。”二战时肯尼迪在海军中服过役，不太相信军队会严格按照命令行事。这件事会带来怎样的麻烦，肯尼迪心知肚明。他清楚地记得 1960 年 U–2 侦察机在苏联上空被击落所造成的危机：艾森豪威尔与赫鲁晓夫原定的会晤被取消。现在的危机则更为严重：在苏联领空葬送一架 U–2 侦察机，这极有可能引发战争。[4]

与加里·鲍尔斯（Gary Powers）上尉 1960 年 5 月 1 日那次不幸的飞行不同，这次查尔斯·莫尔茨比（Charles Maultsby）上尉在 1962 年 10 月 27 日进入苏联领空不是事先计划好的。莫尔茨比与当年的鲍尔斯一样是在收集评估苏联活动所需的证据，但他并无进入

苏联领空的想法。他本来要在苏联境外收集空气样本，只是迷航了。

作为“星尘项目”（Project Star Dust）的参与者，莫尔茨比收到命令：驾驶洛克希德 U–2 侦察机前往北极采集空气样本——其中可能含有也可能没有苏联原子弹或氢弹试验的痕迹，然后返航。任务大约能在 7 个小时以内完成。这本可以是一次常规飞行，但其中暗藏着一点危险：由于地磁北极与地理北极并不完全重合，所以无法用磁罗盘导航，飞行员必须参照星辰飞行。飞行员能携带的只有六分仪和星图。他们还被要求保持无线电静默。U–2 侦察机是 20 世纪最新技术的产物，但在这种情况下的飞行却必须依靠 18 世纪的仪器来导航。

10 月 26 日星期五，当地时间午夜前后，莫尔茨比从阿拉斯加州费尔班克斯（Fairbanks）旁边的艾尔森空军基地起飞前往北极，整段航程几乎都是在 10 月 27 日的凌晨进行的。飞行员最后一次与地面的电子联络大约发生在起飞后 1 个小时：他收到了阿拉斯加北岸附近巴特岛（Barter Island）上无线电信标的信号。而后，一直相伴的搜索救援飞机跟他分开了。

独自飞行一开始没出什么问题。莫尔茨比通过星图和六分仪检查了自己的方位和航线。但当越来越接近北极时，他被北极光晃得视线模糊，难以将六分仪对准星图上指示的主要星辰。由于无法用星图和六分仪确定方向，莫尔茨比决定根据自己判断的方向继续飞往北极，将空气样本采集到过滤装置和专用容器中，然后返航。但是，莫尔茨比判断错了方向。他没有到达北极，也找不到回程的路线。

莫尔茨比在飞行了 8 个小时、燃料几乎耗尽时，才意识到自己迷航了。他期待能收到阿拉斯加的无线电信号，但这个希望落空了。幸好莫尔茨比接到了救援飞行员的通话，他要求莫尔茨比根据星辰确定自己的位置。救援飞行员原本要在巴特岛上空与莫尔茨比碰头，却迟迟等不到他。莫尔茨比在飞机鼻端左侧 15 度的位置看到了猎户座。救援飞行员建议他向左转 10 度，但接下来又有一个声音让他向反方向转——右转 30 度。

莫尔茨比不知道的是，第二个声音来自一名苏联飞机调度员。这名调度员发现这架 U–2 侦察机带着无线电信标飞过了楚科奇半岛。当时，莫尔茨比已经偏离了预定航线，位于巴特岛以西 1600 公里处。在苏联领空被苏联雷达发现，这对莫尔茨比来说是极其危险的。不过，内布拉斯加州奥福特空军基地的美国战略空军司令部情报人员此时正在监听苏联的雷达信号，他们截获了苏联飞机调度员的信息，并确定了莫尔茨比的方位。但这并不意味着莫尔茨比能就此脱险，因为美国战略空军司令部不会轻易暴露美军已经成功监听了苏联的雷达信号。

莫尔茨比没有意识到，自打他进入苏联领空、从电台里听到那个陌生的声音后，他就一直在被苏联喷气式战斗机追踪。它们是从佩韦克（Pevek）和阿纳德尔的空军基地起飞的。颇有讽刺意味的是，苏联在古巴部署导弹的行动就是以阿纳德尔这座城市命名的。虽然美国战略空军司令部在内布拉斯加州的情报人员追踪到了莫尔茨比的航线，以及加速向他逼近的苏联战机，但在不得暴露美军对苏联的监视的情况下，他们什么也做不了。[5]

事实上，他们也不需要做什么。苏联的米格战斗机达不到 U–2 侦察机的飞行高度。苏联国土防空军第 25 战斗机师的两架米格–17P 全天候战斗机被派去跟踪莫尔茨比。它们的飞行速度能够达到 1000 公里 / 小时，可以在 15 分钟内上升到 1.56 万米的高空，但这对于飞行高度超过 2.1 万米的 U–2 侦察机来说不算什么，米格战斗机不可能追得上。但以防万一，阿拉斯加空军司令部还是派出两架康维尔 F–102“三角剑”（Delta Dagger）截击机前去保护莫尔茨比，一旦他进入美国领空，在必要情况下这两架截击机可与苏联的米格战斗机对峙。[6]

F–102 截击机的飞行高度可达 16 300 米，虽达不到 U–2 侦察机的飞行高度，但拦截苏联战斗机还是绰绰有余的。米格战斗机装备了两门备弹 80 发的 23 毫米机炮和一门备弹 40 发的 37 毫米机炮。F–102 截击机没有机炮，但装备了 24 枚非制导火箭和 9 枚“猎鹰”空对空导弹。正常情况下，这样的火力足以应付米格战斗机。美国空军处于2级防御准备状态，这意味着两架F–102截击机携带的“猎鹰”导弹搭载了核弹头。如果遭受攻击，除了使用搭载核弹头的“猎鹰”导弹之外，F–102 截击机的飞行员没有其他的自卫手段。[7]

出人意料的是，米格战斗机返航了。由于燃油不足，它们没有进入美国领空。莫尔茨比的 U–2 侦察机也面临相同的境况。飞机的燃油大概可以支撑 9.5 个小时，而此时他已经飞行了 9 个小时。为了节省燃油，莫尔茨比关掉了发动机，利用巨大的机翼滑翔。司令部的领航员指示他向东飞行，回到美国领空，但他根本接收不到这些指令。在关掉发动机、关闭灯光的同时，莫尔茨比的驾驶舱内气压不断下降，他的飞行服膨胀了起来①。滑翔过程中，飞机高度

① 当飞机的加速度超过一定限度时，飞行员的血液会聚集在下肢和足部，无法正常回流大脑，导致视力障碍、呼吸障碍甚至意识丧失等问题。所以空军飞行员会穿抗荷服，当飞机加速度超过一定数值时，抗荷服内的气囊就会充气膨胀，拉紧衣面，对腹部和下肢施加压力，保证头部的血液循环。

逐渐下降。而等待莫尔茨比的将是死亡——他要么冻死在空中，要么冻死在楚科奇半岛的雪原上，或是阿拉斯加的冰川里。

就在绝望之际，莫尔茨比突然发现旁边出现了两架 F–102 截击机。当下，他有了核武器的保护，但侦察机上所余的燃料不多，电池剩余的电量也不够与 F–102 截击机上的飞行员联络。但他还是听到了他们的祝福："欢迎回家。"他们引导莫尔茨比降落在楚科奇海科策布湾（Kotzebue Sound）雷达站的一处小型机场。他在燃料几乎耗尽的情况下成功降落。这是一个双重奇迹：不仅莫尔茨比没有牺牲，而且受命起飞的美国和苏联军机也没有为了莫尔茨比而交火。[8]

然而，这并不意味着大团圆结局。苏方很可能会假设，莫尔茨比的飞行是美国为了向苏联全面发起核战争而做的准备。肯尼迪与顾问们所面临的问题则是如何处理莫尔茨比和这次飞行。他们主要关心的不是他的安危或者他那架尚未返回基地的飞机。他们关心的是，赫鲁晓夫得知此事后会有什么样的反应。

"这件事很可能会让他们在接下来的一两天里拼命抨击我们。"迪安·腊斯克在当天下午的执委会会议上对总统和顾问们说。会议开始于下午 4 点。腊斯克不再关心可能的冲突和核战争——那是麦克纳马拉听到这个消息后的反应，而是提议发表公开声明，称飞机是在执行例行任务过程中因仪器故障而迷航。肯尼迪反对做出任何声明。"我觉得，能不泄露就不泄露，"他说，"因为我认为，问题的关键是维持赫鲁晓夫对我们的信任。"

肯尼迪正在考虑未来与赫鲁晓夫就导弹交易进行谈判。他愿意谈判，但有一个条件：赫鲁晓夫必须停止在古巴部署导弹。“我想我们应当这么说，如果他愿意停止部署导弹，那么土耳其导弹的问题，其实也包括其他所有问题，都可以讨论。”肯尼迪对他的顾问们说。“否则，他会宣布我们拒绝了他的提议，然后呢，我们该怎么办？”肯尼迪仍然没有得到太多支持，但他还在极力劝说众人。罗伯特·肯尼迪从哥哥的态度中察觉到了新的决断。在肯尼迪总统暂时离开会议室期间，罗伯特对与会者们说：“我想他差不多是在说他愿意讨论土耳其的基地，或是任何他们要讨论的事情。”罗伯特口中的“他们”，泛指苏联人，尤其是赫鲁晓夫。

执委会的多数成员依然反对从土耳其撤出导弹，并建议肯尼迪向赫鲁晓夫提出，一旦古巴危机得到解决，就可以就土耳其问题展开谈判。“呵呵，那不就是拒绝他们今天早上的提议吗？”肯尼迪问。他想要执委会讨论从土耳其移除导弹的政治和外交手段，而不是辩论这个想法的对错。“我们可以选择是通过与土耳其达成双边协议——很多时候我们就是这样做的，还是通过北约，由北约向土耳其施压，向他们解释，如果不撤出导弹，如果他们最终拖慢了进度，对他们会有什么影响。”以邦迪和狄龙①为代表的反对派改变了策略，转而提出不管是通过北约还是土耳其，都无法在星期一之前就撤出导弹达成一致意见。[9]

肯尼迪仍在坚持。他对卢埃林·汤普森说：“想想看，我们无法把那些核武器移出古巴。或许可以，但我想说的是，通过谈判是不可能的。我们必须把我们的核武器从土耳其撤出来。我觉得，既

① 即 C. 道格拉斯·狄龙（C. Douglas Dillon），时任美国财政部部长。

然他已经公开发表声明，就未必不会同意（从古巴撤回导弹）。”“总统先生，我不同意这个看法。”汤普森回答。讨论陷入了僵局，罗伯特·肯尼迪把哥哥从这个局面中救了出来。他说道：“总统先生，我们为什么要在这件事上纠结呢？为什么不让我们为您解决呢？”肯尼迪总统回答说确实该讨论其他话题了，但也必须决定如何回复赫鲁晓夫。罗伯特说：“那为什么不尝试一下，让我们在您不在场的时候帮您解决这个问题呢？”所有人都笑了。这件事尚未在原则上达成一致意见，就被移交给了一个起草委员会。[10]

这是古巴导弹危机期间肯尼迪第一次遇到顾问团队如此强烈的反对。肯尼迪的顾问团队与赫鲁晓夫的苏共中央主席团不同：按照规定，中央主席团成员与苏联领袖是平起平坐的，有相同的表决权；而对于执委会成员而言，他们的职责是为总统提供建议，为总统服务。但是，相比于赫鲁晓夫身边的那些人，执委会成员在捍卫自己的立场时享有更大的自由度。但让肯尼迪头疼的不止他的顾问，参谋长们也反对他，而且古巴也已经开始向美国飞机开火了，肯尼迪只能任由司令官们摆布，军事状况的发展也超出了他的控制。

肯尼迪与其顾问团队在下午的执委会会议中收到的信息是很令人震惊的：古巴防空炮开始对低空飞行的美国侦察机开火，其中一些侦察机被迫返航。麦克纳马拉相信，如果第二天炮火继续，“不管面对的是地对空导弹和（或）米格战斗机，还是地面火力”，美国空军都“必须还击”。他的另一个选择是在第二天对古巴的所有军事目标进行全面打击。

防空炮开火这一消息传来的时候，邦迪提醒所有人，古巴曾警告要对美国飞机开炮。但麦克纳马拉现在提议打击的不是古巴防空炮，而是苏联的地对空导弹，甚至还可能包括苏联的其他设施，比如搭载核弹头的弹道导弹。“我非常倾向于做出更为全面的回应。”肯尼迪对顾问们说。他不再相信针对特定防空炮或导弹基地的袭击能有什么效果，但希望有更多时间考虑后再做决定。肯尼迪说：“明天再进行侦察。如果他们对我们开火，我们就来这里开会，决定是否采取更全面的（空袭）。”肯尼迪在争取时间，这样他才能尝试通过外交途径来解决问题。[11]

但肯尼迪很快就发现他根本没有时间考虑。“U–2 侦察机被击落了。”麦克纳马拉打断了内阁会议室的讨论。而肯尼迪刚刚向他的顾问们强调尽早获得北约对古巴 – 土耳其交易的支持。麦克纳马拉说的不是莫尔茨比的飞机，而是另一架飞越古巴的 U–2 侦察机。国防部在当天早些时候得知了这架飞机的情况。“一架 U–2 侦察机被击落了？”肯尼迪吃惊地问。“飞行员牺牲了吗？”罗伯特 · 肯尼迪问道。“尸体在飞机里。”泰勒将军回答。他还补充说，飞机是被一枚地对空导弹击中的，这说明开火的不是古巴，而是苏联。[12]

这架 U–2 侦察机的飞行员是一名 35 岁的老兵——鲁道夫 · 安德森（Rudolf Anderson）少校。他参加过朝鲜战争，隶属于第 4080 战略侦察联队第 4028 战略侦察气象中队，常驻得克萨斯州劳克林空军基地。随着古巴导弹危机全面加剧，中情局增加了飞越侦察的频次，安德森随即被调往美国东海岸。10 月 27 日上午，他从佛罗里达州奥兰多市麦考伊空军基地起飞，前往古巴。在离开美国领空、进入古巴领空时，安德森发出了一条加密信息。当时是美国东部时间上午 10 时 12 分。[13]

下午 2 时 03 分，参谋长联席会议收到了安德森驾驶的 U–2 侦察机超时未归的消息。44 分钟后，也就是下午 2 时 47 分，美国海军作战部部长办公室记录了古巴国防部部长宣布古巴部队“向一架敌机开火”的消息。到这时，安德森的 U–2 侦察机已经超时 1 个小时未归，但尚无迹象表明飞机已被击落。下午 4 时 50 分，海军作战部副部长查尔斯·格里芬（Charles Griffin）接到报告，报告称这架飞机已被击落。他立即下令修改第 312 号“擦鞋匠”（Shoe Black）行动计划，其中有“在对方向侦察机开火的情况下，施以针对性报复”的内容。麦克纳马拉不久后就得知了这一消息。

“那么，现在更像是他们升级了事态，对吧？”这是肯尼迪总统听到这个消息后说出的第一句话。“是的，完全正确。”麦克纳马拉回答。肯尼迪试图从赫鲁晓夫那两封信的语境下弄清楚刚刚发生了什么。“我们怎么解释赫鲁晓夫昨晚的消息？怎么解释他们的决定（击落一架美国飞机）？”肯尼迪问。“我无法理解。”麦克纳马拉回答道。[14]

收到这条令人震惊的消息后，这间沉闷的会议室变得更加沉闷。他们努力透过两封自相矛盾的信件背后的逻辑，看清赫鲁晓夫的真实意图。执委会的成员没有想到的是，不只是他们失去了对陆上和空中人员的控制。赫鲁晓夫也面临着相同的处境，以及更加危险的后果。

第十九章　“目标被击落！”

10 月 27 日上午之前，古巴领导人和苏联驻古巴的军事指挥官中，很少有人怀疑美国很快就会入侵。得出这一结论不需要联合国纽约总部或者克格勃驻华盛顿情报站的间谍或是秘密情报，证据就在古巴上空——美国海军沃特 F–8“十字军战士”（Crusader）飞机和可用作轰炸机和侦察机的超音速飞机发出的巨大噪声。从 10 月 23 日起，它们定期在古巴上空往返，关注着苏联的弹道导弹基地和军事设施。

“蓝月”（Blue Moon）行动于 10 月 17 日启动，于 10 月 23 日首次执行，由 2 个照相中队的飞行员和飞机执行任务，再由海军陆战队的飞行员增援。他们驾驶着 RF–8A“十字军战士”飞机，每架飞机有 3 台 CAX–12 三镜头航空相机和 2 台 K–17 立式相机（均由芝加哥航空工业公司制造）。他们在目标上空 300 米的高度飞行（U–2 侦察机是 2.1 万米），可以拍到近距离的照片。相机以每秒 4 帧的速度进行拍摄，每飞行 64 米就拍摄一次。飞机成对飞行，且两架飞机均配备了照相机。它们每天两次从佛罗里达州基维斯特的海军航空站起飞，在目标上空飞过（经常是多次）后，再返回佛罗里达州（飞越古巴大约需要 4 分钟），降落在杰克逊维尔（Jacksonville）的海军航空站。拍下的胶片会被送到安德鲁斯空军基地冲洗，再送到中情局的国家图像解译中心。[1]

10 月 27 日，卡斯特罗下令向低空飞行的飞机开火。此前，“十字军战士”飞机的行动从未受阻。10 月 25 日阿德莱·史蒂文森在联合国出示的照片就是它们拍摄的。VFP–62 轻型照相中队的指挥官威廉·埃克尔（William Ecker）多年后回忆在防空炮火中飞越古巴的经历时说道:“从后视镜里是可以看到‘爆米花’的。”“爆米花”是指防空弹在高速飞行的“十字军战士”后面爆炸形成的白烟。“但我们从未被击中过。”埃克尔强调。

据苏联驻古巴空军某支队的年轻军官列夫·叶夫谢耶夫（Lev Evseev）回忆，古巴军队用自动步枪和防空炮向“十字军战士”飞机开火。他说，有人用自动步枪向飞越机场的两架飞机射击后，“古巴防空部队立刻就像得到了信号一样开炮了”。叶夫谢耶夫找到了一个有利的观察位置。“我快速爬到我飞机的机翼上（有掩护），看到炮弹在上空的美国飞机四周爆炸。一次又一次，都没有击中目标。”他回忆道，“美国人飞来了 3 次，大口径机枪也扫射了 3 次。防空弹的弹片不断掉落下来。但是，美国人执行完任务后都安然无恙地飞走了。”[2]

“十字军战士”不断飞越的行为，刺痛了古巴岛上苏联指挥官的神经，也让他们相信卡斯特罗所说的“美国人要来了”。“每个小时，我们头顶上都有几十架飞机。发动机的轰鸣声令空气都为之颤抖。那种气氛就好像是大规模的空袭，会有炸弹接二连三地投下来。美国人打的是心理战。”列昂尼德·加尔布兹回忆道。他是普利耶夫手下负责部队作战训练的副司令。心理战并不是美国战略的一部分，但美国指挥官们希望苏联人会习惯于空中的美国飞机，这样等到空袭真的到来时，苏联人会措手不及，分不清轰炸机和侦察机。[3]

10 月 26 日晚，加尔布兹被叫到普利耶夫将军的办公室。那时候，普利耶夫已经跟卡斯特罗和一些古巴将领、苏军指挥官一同商讨了大半天。跟加尔布兹一起被叫来的还有负责防空系统的斯捷潘·格列奇科将军、苏联驻古巴集团军参谋长帕维尔·阿金季诺夫（Pavel Akindinov）将军。据加尔布兹回忆，他们的讨论集中在“他们（美国人）发现了什么、没发现什么……因为明天可能就会向他们开火，我们必须要决定撤走什么、替换掉什么”。将军们得出结论，许多由伊戈尔·斯塔岑科将军指挥的弹道导弹基地被美国人发现了。“然后，我们向莫斯科方面报告，美方发现了一些战略区域。我快速地记下了这些要点。”加尔布兹回忆道。[4]

普利耶夫向莫斯科发了电报，内容由加尔布兹起草。电报中说：“我们决定，如果美方空袭我们的基地，我们将动用一切可行的防空手段。”当天晚些时候，赫鲁晓夫和苏联国防部部长马利诺夫斯基将批准这一决定。但是，这个决定在电报发出去的时候就即时生效了。据尼古拉·安东涅茨（Nikolai Antonets）上尉回忆：“我们收到了一份加密电报：做好采取军事行动的准备，美国有可能实施军事干预。”他是第 27 防空导弹师第 507 团导弹营的参谋长，驻扎在古巴东部的巴内斯（Banes）附近。“我们被允许使用广播、打开电台。所有人都觉得战争要来了。”关于入侵时间，那晚在第

27 师指挥部值班的尼古拉·谢罗沃伊（Nikolai Serovoi）少校记得一条更具体的指令。“收到了一份加密电报：明天破晓时分将可能爆发战争。第 27 师各单位做好战斗准备，但要秘密进行。”谢罗沃伊接到了第 27 防空导弹师指挥官格奥尔基·沃龙科夫上校的电话，收到了这一指令。[5]

普利耶夫新下达的命令与之前他从莫斯科收到的指令是一致的。10 月 22 日晚上，焦虑的苏联领导人在克里姆林宫开会，等待肯尼迪就古巴问题发表演说。当时，苏联国防部部长马利诺夫斯基命令普利耶夫“采取紧急措施，提高战备水平，统筹集团军和古巴军队的力量，协同作战以击退敌军，但不可使用斯塔岑科的武器以及别洛博罗多夫的所有货物”。这意味着普利耶夫得到了核武器以外的所有武器的使用授权，包括防空部队的地对空导弹。问题是，他只能将之用于“击退敌军”。[6]

目前，他们能做的就是等待美国的攻击。但是，虽然当下古巴上空有美国飞机，古巴人也开了火，美军即将入侵的传言如野火般扩散，但苏联指挥官发现，即将入侵和实际入侵之间的界限变得模糊了。

赫鲁晓夫接连给肯尼迪写了两封信，试图找到摆脱古巴噩梦的方式。为了避免入侵古巴，肯尼迪也就导弹交易问题与顾问团队争执不下。而古巴岛上的苏联军官和战士正做好抵御入侵的准备，他们生活在自己的世界，对最高层的外交行动一无所知。他们主要关心的是能否在最后期限内完成岛上的导弹部署工作。

第 51 导弹师的指挥官伊戈尔·斯塔岑科将军有理由为自己的成绩感到自豪，虽然他的一些设施被美国侦察机拍到，还被普利耶夫上报给了莫斯科。9 月 8 日，苏军总参谋部要求斯塔岑科在 11 月 1 日前为 2 个团装备好 R–12 中程弹道导弹。装备 R–14 中远程弹道导弹的兵团要在 11 月和 12 月之间进入战备状态。肯尼迪发表演说时，大多数兵团的导弹、士兵和设备还在运往古巴的途中，而且必须返航。但 3 个装备中程弹道导弹的兵团以及第 4 个兵团的大部分人员和装备已经运到了古巴。为了赶在 11 月 1 日的期限前完成任务，斯塔岑科竭尽了全力。[7]

忙着部署导弹的苏联军官和士兵发现古巴的地势非常恶劣，气候也并不寻常。他们之前没有做好充分准备。未来将担任国防部部长的德米特里·亚佐夫上校回忆道："兵团驻扎的地方完全没有遮挡，所有的东西都只能露天存放，军事人员只能住在帐篷里。因为这里是热带气候，空气湿热，帐篷内的环境非常适宜细菌传播。仅仅几天，罐装的食物就膨胀了，罐子像炸弹一样爆开。"亚佐夫的部下很快发现了另一个问题：在他们用以遮阳的树林里，有些树木是有毒的。"眼前的状况看上去很让人难受，"亚佐夫在回忆自己前往临时医院视察时写道，"肿胀、眼底水泡，还有的人伤口化了脓。病人要想办法驱赶蚊子。空气中有很浓的毒番石榴的味道。军营上空悄悄飘来一大片乌云，仿佛预示着什么。"普利耶夫将军视察了亚佐夫的兵营，下令让他们迁往更安全的地方。[8]

据年轻的军士亚历山大·沃罗帕耶夫（Aleksandr Voropaev）回忆，他所在的步兵团因食物变质而险些爆发一场哗变，他们驻扎在哈瓦那附近的托伦斯（Torrens），那里的温度、湿度都更高，食物很容易就会腐败。他回忆道：“通心粉和粥中很快生出了小虫子。而且时间越长，生的虫子也越来越多。”食物中的虫子让许多士兵想起“波将金号”（*Potemkin*）战舰上的起义。谢尔盖·爱森斯坦（Sergei Eisenstein）曾执导一部以这次起义为主题的经典苏联电影。电影中“波将金号”士兵起义的导火索就是水手在罗宋汤的牛肉里发现了虫子。面对如此严峻的情势，兵团的指挥官卡尔波夫（Karpov）中校把部下们叫来谈话。

“你们觉得军官们吃的就不一样吗？”沃罗帕耶夫回忆指挥官的话时写道。“大家的麻烦不同，但吃的东西是一样的，盘子里的虫子也是一样的。昨天，他们给我和克里沃（Krivoy）中校拿来……罐头肉和通心粉作为午餐。他的通心粉里有虫子，我的也有。我们互相看了看，把虫子挑出去就开始吃了。”卡尔波夫承诺，等补给船到达附近港口后情况就会好转。士兵们没有造反，但他们的肚子却吃不消了。沃罗帕耶夫又写道：“我不知道是虫子的问题还是因为我们直接喝了水管里的水——水管就放在地上——兵团里开始有人拉肚子，而且很快就扩散开来。我们总共有大约 1300 人，有 800 多人打趣说自己是‘机枪连’的——这几乎成了官方的说法。”[9]

10 月 22 日晚，肯尼迪发表演说。第二天一早，古巴时间上午 8 时，斯塔岑科就下令全师进入高度戒备状态。截至此时，他指挥着近 8000 名苏联军官和士兵，手上有 36 枚 R–12 导弹和相同数量的核弹头。伊万·西多罗夫上校的第一个中远程弹道导弹发射场在 10 月 8 日准备就绪，第二个是在 10 月 12 日。据他回忆，等到 10 月 18 日，全团已做好了战斗准备（斯塔岑科在报告中写的是 10 月 20 日）。那时，西多罗夫可以在提前两个半小时得到通知的情况下做好准备，发射核导弹，打击美国境内的目标。但有一点需要说明：他们需要把核弹头运送到发射场才能开火。不过，这只是时间问题，因为核弹头已经运到古巴了，而苏联人也有充足的时间：西多罗夫在肯尼迪发表电视演说的两天前就已经把导弹准备就绪了。

10 月 24 日，斯塔岑科命令西多罗夫上校和班迪洛夫斯基上校与索罗维耶夫（Soloviev）上校指挥的导弹兵团“共用”部分燃料和设备。二人执行了命令。因为美国的封锁，索罗维耶夫的装备未能送到古巴。等到 10 月 25 日，班迪洛夫斯基的整个兵团和索罗维耶夫的一个中队都已进入高度戒备状态。26 日晚，核弹头已被运到了西多罗夫的阵地。到 27 日，西多罗夫兵团不仅高度戒备，做好了发射导弹的准备，而且准备用核武器袭击美国。肯尼迪的噩梦突然成了现实。[10]

10 月 26 日一整晚，斯塔岑科将军和其余的苏联官兵都在为随时可能到来的袭击做准备。但一夜过去，诸事太平。“天开始亮了，一切都很安静。雷达没有发现任何空中目标。但是，所有人的神经都要绷断了。经过一个无眠之夜，大家都精疲力尽。”尼古拉·谢罗沃伊回忆道。那晚，他在古巴中部卡马圭（Camagüey）的第 27 防空导弹师指挥部值班。

10 月 27 日上午 8 时前后，雨势变大。如此恶劣的天气情况下，美军发动袭击的可能性也降低了，于是普利耶夫决定让将士们休整一下，给部队下了新的命令。谢罗沃伊少校回忆：“我们接到命令，要按更小的部队单位工作，只有在遭遇敌军直接攻击的情况下才能开火。”经过一个无眠、紧张的夜晚，谢罗沃伊所在师的指挥官格奥尔基·沃龙科夫和许多其他军官都暂时离开了指挥岗位，去吃东西，也补补觉。但是，极其疲惫的谢罗沃伊还要再连续工作24小时。他回忆道：“我们一整晚都没睡。”[11]

大约是在上午9时，卡马圭的雷达捕捉到一个目标——一架飞机正在向古巴岛东部飞行，飞行高度为2万多米。这架飞机的飞行员是鲁道夫·安德森少校，隶属于第4080战略侦察联队。他驾驶着U–2侦察机，从美国佛罗里达州奥兰多市麦考伊空军基地起飞，于上午9时12分被苏联雷达发现。9时20分，安德森已经飞过了格奥尔基·沃龙科夫防空导弹师在卡马圭的指挥部。他继续向南飞到曼萨尼约（Manzanillo），然后向东转飞到古巴圣地亚哥，经过关塔那摩海军基地，再急转弯，沿着北部海岸线向奥尔金省的巴内斯飞行。[12]

安德森少校在古巴领空飞行了一个多小时，一直保持无线电静默。苏军电台发出信号要求他亮明身份，安德森也没有回应。他的相机一直在拍照，并拍到了苏联导弹基地。苏联军官知道发生了什么：他们费尽心血修建的基地已经暴露了。在卡马圭第27防空导弹师的指挥部，一众军官围着谢罗沃伊少校，请求允许他们击落来犯的敌机。等了这么久，他们迫切想要行动。他们的S–75德斯纳地对空导弹已经做好了开火准备。1960年击落加里·鲍尔斯的正是这种导弹。

谢罗沃伊在回忆时写道：“防空团的军官不断请求我允许他们开火。他们认为这就是对我方的直接攻击。也有人认为，不能让侦察机就这样带着侦察数据飞走，要让美国人付出点代价——在它之后，我们的阵地还会遭到猛烈的空袭。我向他们重申，此刻我们只是想应对这次来袭，我们要‘冷静’。”[13]

谢罗沃伊少校致电普利耶夫的指挥部。指挥部位于哈瓦那附近埃尔奇克庄园的地下掩体中，值班的军官是斯捷潘·格列奇科将军。他是莫斯科地区防空部队的指挥官，52岁，被派到古巴担任普利耶夫的副手，负责防空系统。格列奇科手上有两个师装备了S–75德斯纳地对空导弹。这两个师比斯塔岑科的导弹师先到古巴，以保护他们不被美国的U–2侦察机发现。但现在，美国人在斯塔岑科的阵地上毫无顾忌地飞来飞去，格列奇科的防卫任务变得毫无意义。空袭或者入侵随时可能发生，而格列奇科要保护的核导弹基地已经成了美国轰炸机的靶子。

谢罗沃伊告诉格列奇科："各小队的指挥官坚持要击落这架侦察机。"格列奇科不知道该怎么办。普利耶夫也不在场，这位患有肾病的司令一夜没睡，此时正在休息。加尔布兹到达指挥部时差不多是上午10时。据他回忆，格列奇科称普利耶夫病了，当时联系不上。据谢罗沃伊回忆，格列奇科在指挥部和兵团军官们就要不要击落这架美国飞机争论了至少半小时。谢罗沃伊写道："格列奇科将军建议不要急，等一等。他说：'我还没有找到司令。'"[14]

加尔布兹到达指挥部的时候，格列奇科告诉他："有一位'客人'在我们上空盘旋了一个多小时。我认为应该下令击落这架美国飞机，因为它可以全面侦察我们的基地，而几个小时后华盛顿就会得到侦察数据。"两位将军都知道，普利耶夫禁止在没有他直接命令的情况下向美国飞机开火。但这时他不在指挥部，也无法联系上。格列奇科与其他几位副手进行了商议。他们中多数人是战略火箭军的军官，觉得普利耶夫是骑兵出身，完全不懂导弹，无法胜任这方面的工作。他们也支持击落这架飞机。加尔布兹对格列奇科说：“所有导弹的开关都‘点亮了’。我们不能让机密信息传到五角大楼。”

考虑到空防是自己的职责，格列奇科可能认为当下应该由他来拍板。他是二战老兵，在德国前线参加过多次战斗。格列奇科明白，敌军侦察飞行后就可能有轰炸行动。1943 年，德军袭击他所在的集团军总部，格列奇科在那次战役中负了伤。他是与尼基塔·赫鲁晓夫私交甚密的精英指挥官团体中的一员。这个团体中还有苏联战略火箭军前指挥官基里尔·莫斯卡连科元帅、格列奇科在莫斯科地区防空部队中的顶头上司帕维尔·巴季茨基（Pavel Batitsky）。巴季茨基曾在 1953 年 12 月亲手处决了赫鲁晓夫的主要政敌拉夫连季·贝利亚。格列奇科是莫斯科方面直接指派到古巴的，而其他苏军指挥官都来自地方各省。相比起普利耶夫的其他副手，格列奇科有更大的话语权。[15]

据加尔布兹回忆，“雷达兵报告，这架飞机 5 分钟后将返回关塔那摩”，然后“格列奇科说他决定把它打下来”。他对加尔布兹说：“我觉得我们俩都要对此负责。”加尔布兹表示同意。他在几十年后承认道：“我们俩都负有责任。”在卡马圭，谢罗沃伊少校从第 27 防空导弹师指挥官沃龙科夫上校处得到了命令，但沃龙科夫没有告诉他命令出自何人。谢罗沃伊以为是沃龙科夫本人的命令。他将命令传达到第 27 防空导弹师的各单位，又立即上报普利耶夫总部。格列奇科将军没有确认，也没有取消命令。不论真实命令是出自加尔布兹（他声称如此）还是沃龙科夫（谢罗沃伊这样认为），作为此时负责全军的高级将领，格列奇科要为这样一个明显违背普利耶夫指示的命令负责。[16]

不过，有一段时间，这条命令仿佛没有任何效果。在格列奇科犹豫要不要击落这架 U–2 侦察机的时候，它从雷达屏幕上消失了。但是，命令仍旧有效，几分钟后，雷达再次发现了这架 U–2 侦察机。此前，它在古巴岛东端转弯，然后继续向西朝哈瓦那方向飞行。沃龙科夫的部下已经做好了准备。在巴内斯附近的地对空导弹发射基地，导弹营的指挥官伊万·格尔切诺夫（Ivan Gerchenov）少校、参谋长尼古拉·安东涅茨上尉、阿列克谢·里亚彭科（Aleksei Riapenko）中尉挤在 R–12 发射井的控制室里，并注视着雷达屏幕中的目标。安东涅茨与团总部保持着联络。他问格尔切诺夫："我们该怎么办？发射吗？"为了确认命令，安东涅茨问了一次，接着又问了第二次。"等等。命令随时可能到来。"格尔切诺夫回答道。[17]

"三枚导弹齐发，消灭目标！"发射手里亚彭科中尉从格尔切诺夫少校口中听到了这句话。他终于得到了命令。他在回忆时写道："我将三个发射通道全部调至 BR 模式，然后按下第一个通道的'发射'按钮，导弹从发射台起飞。接着，我报告说：'目标锁定！'等到指挥官下令'第二枚发射！'时，第一枚已经飞行了 9—10 秒。我按下第二通道的'发射'按钮。第一枚导弹爆炸时，屏幕上出现一朵云。我报告：'第一枚，爆炸。目标命中。目标受损！'第二枚导弹爆炸后，目标突然开始掉落。我报告：'第二枚，爆炸。目标被击落！'"

在命令下达后，导弹是接连发射的，而不是自动连发。但这已

经不重要了，目标已被摧毁。格尔切诺夫称赞里亚彭科在巨大压力下仍能保持沉着冷静。里亚彭科走出控制室时，受到了更加热情的夸赞。“他们把我抬起来抛到空中。这并不难，因为我只有 56 千克。”里亚彭科回忆道。这个险些触发核战争的男人当时只有 22 岁。激动是短暂的。据里亚彭科回忆，他们认为，刚刚发生的事情正是军事冲突的开始，接下来美军会有报复行动。[18]

谢罗沃伊少校向格列奇科所在的总部报告，称 33 号目标已被击落。格列奇科又一次沉默了，既没有祝贺谢罗沃伊，也没有责备他违反了普利耶夫的命令。几小时后，几名苏联军官来到 U–2 侦察机坠毁的地方，在座舱里找到了安德森少校的证件和个人物品。他们有没有看到尸体现在仍没有定论。据兵团密码员根纳季 · 托尔钦（Gennadii Tolshin）回忆，他后来代表沃龙科夫上校给普利耶夫将军发了一封电报：“致普利耶夫将军：1962 年 10 月 27 日上午 10 时 21 分，33 号目标，一架来犯的美军 U–2 侦察机被击落。飞行员为美国空军鲁道夫 · 安德森，出生于纽约市，与妻子育有三个女儿。沃龙科夫。”[19]

哈瓦那广播电台最先报道了此事。这不仅大幅提振了古巴人的士气，还说明卡斯特罗的战略取得了成功——不管他自己有没有意识到这一点。卡斯特罗对即将到来的袭击感到恐慌，这种情绪影响了普利耶夫，以致他失去了对自己军队的控制。长时间的提心吊胆让普利耶夫身心俱疲。当击落美军飞机的消息传来，他跟格列奇科之前的态度一样含糊不清。加尔布兹回忆道：“司令没有批评我们。”至少此刻，普利耶夫没有怪罪副手们违反他和莫斯科的指示。不管是有意还是无意，他已经失去了对部下们的控制。与里亚彭科等人一样，普利耶夫和他的指挥官们当下要做的就是等待接下来发生的事情。在他们看来，美国人很快就会发起报复行动。[20]

第二十章　秘密会晤

安德森少校驾驶的 U–2 侦察机被击落，成为肯尼迪与其顾问团队当天讨论的转折点。罗伯特・肯尼迪后来提到，这件事改变了白宫内阁会议室内的气氛。“我们同情安德森少校和他的家人。我们知道，必须采取军事行动保护我们的飞行员。我们意识到苏联和古巴显然已经准备好开战了。套在我们身上的绞索都越来越紧，逃离的桥就要塌了。”罗伯特在回忆录中写道。[1]

这种情况下会发生什么呢？“他们首先开火了。”国防部副部长保罗・尼采说道。参谋长联席会议主席麦克斯韦・泰勒将军提议摧毁击落这架飞机的导弹基地，如果对方继续对其他美国飞机开火，就实施全面空袭。“这是我们两天前就达成的共识。”泰勒将军说道。“当时听起来不错，现在我也觉得很好。”一位执委会成员说道。此话出自谁口目前尚未有定论，但他似乎表达了当时大多数在场人员的意见。

在这场会议的早些时候，肯尼迪对泰勒的观点表达了支持。但是，立即对导弹基地进行报复性打击是不可能的——当时已经是古巴的晚上了。“当时太晚了，所以要等到第二天。”麦克纳马拉解释说。总统和顾问们都无法理解所发生的事情，他们似乎只能肯定一件事：击落美国飞机是克里姆林宫和它的主人尼基塔·赫鲁晓夫在这场危险游戏中故意为之的一步。[2]

执委会上午和下午的会议都讨论了部署在土耳其的美国导弹，这在当下仍是会议的议题。而且，U–2 侦察机在古巴上空被击落令这一问题更加紧迫。肯尼迪想要从土耳其撤出导弹，但他只有一个坚定的支持者——罗伯特·麦克纳马拉，而麦克纳马拉的理由与肯尼迪的完全不同。总统想要撤出导弹以避免入侵和战争，而这位国防部部长想撤出导弹是因为当下他倾向于发动入侵，参谋长们也是这个态度。如果美国入侵古巴，苏联有可能在其他地方对美国进行军事打击，而这些导弹似乎很可能成为目标，是等待“被击中的靶子”。麦克纳马拉对执委会成员说：“为了最大限度地减轻美国袭击古巴后苏联对北约的压力，我建议在袭击古巴前将‘木星’撤出土耳其。”但执委会的大多数人并不赞同。[3]

下午 5 点前后，肯尼迪离开了内阁会议室。按照日程安排，他要出席一些活动。参会人员对于赫鲁晓夫提出的导弹交易还没有达成一致意见。肯尼迪离开后，顾问们继续讨论，并起草了几个版本的回信。罗伯特·肯尼迪与索伦森为草稿做了最后的润色，其中没有提到美国部署在土耳其的导弹。麦克纳马拉主张单方面从土耳其撤出导弹，把陆上的“木星”导弹换成水下的“北极星”导弹。而中情局局长麦科恩起草的回信，既向苏方下达了停止向美国飞机开火的最后通牒，同时也表示接受赫鲁晓夫提出的交易。乔治·鲍尔也支持这一做法。

所有人努力的方向都不同。大家都很累，都很生气，也基本都茫然且不知所措。美国空军参谋长柯蒂斯·李梅和其他参谋长反对报复性袭击苏联地对空导弹的想法，因为他们相信，一些部署在古巴的核导弹已经进入战备状态（后来证明他们的判断是对的）。针对单个地对空导弹基地实施空袭，可能会激怒苏方而促使他们使用核导弹反击。因此，参谋长们不主张进行针对性空袭，而是希望尽早对古巴发动全面进攻。肯尼迪与赫鲁晓夫达成协议的机会窗口很快就要关闭了。在 10 月 27 日下午，他们能否在最后期限内达成协议完全是未知数。[4]

两个小时后，罗伯特·肯尼迪私下向总统汇报了执委会持续的争论。“他提到了安德森少校，还说为什么牺牲的总是勇敢又优秀的人。”罗伯特在回忆 10 月 27 日与哥哥的谈话时写道。他接着讲述了他哥哥的想法:“那些政客、官员坐在家里高谈阔论，讲大原则，谈大问题，做大决策，还能与家人一起吃饭。而那些英勇的年轻人却要赴汤蹈火。”约翰·肯尼迪接下来说到他最关注的话题：误判的危险。但据罗伯特所说，这段对话的主题是确保“苏方有充分的机会和平解决问题，既不会威胁到我们的国家安全，也不会让我们公开蒙羞”。[5]

无论罗伯特的回忆是否准确，有一点可以肯定：U–2 侦察机被击落，飞行员牺牲，这坚定了肯尼迪总统尽最大可能避免核战争的决心。这意味着要答应苏方的要求。他已经花了一整天的时间劝说顾问团队，让他们相信解决古巴导弹危机的唯一方式就是用部署在土耳其的导弹来交换。泰勒将军在那天下午执委会会议的报告中告诉参谋长们，总统“非常倾向于用土耳其的导弹来跟古巴导弹做交换”。[6]

没有迹象表明经过一整天后肯尼迪对这一方案的支持有所减弱。但在与罗伯特的讨论中，肯尼迪同意采用他和索伦森起草的回信——其中完全没有提到土耳其。回信初稿中有这样一句话：“您应该清楚，土耳其的基地是在北约的管辖之下。”但最终版完全无视了赫鲁晓夫提出的导弹交易。这封信承诺美苏双方可以谈判，前提是赫鲁晓夫停止在古巴修建导弹基地。谈判的基础是在联合国的监督下撤走苏联导弹。此后，美国将解除封锁，美国及其拉丁美洲盟国也将保证不会入侵古巴。[7]

约翰·肯尼迪选择由罗伯特和索伦森起草的回信，是因为他已经另有一个计划：派弟弟与苏联驻美大使阿纳托利·多勃雷宁秘密谈判，讨论导弹交易。在与罗伯特私下碰头后，约翰·肯尼迪回到了会议室。执委会仍在开会。经过短暂讨论，肯尼迪让几位执委会成员到他的椭圆形办公室来，其中没有副总统林登·约翰逊，但肯尼迪叫上了国家安全事务助理麦克乔治·邦迪。关于椭圆形办公室中的讨论，邦迪为我们留下了唯一一份详细的回忆录。讨论的主要议题是罗伯特要向多勃雷宁口头传达的消息，还有罗伯特与索伦森起草的回信。

美国部署在土耳其的导弹就像房间里的大象。所有人都知道肯尼迪想要拿它们做交易，但是在递交给多勃雷宁的回信中却没有提到它们。很明显，肯尼迪希望弟弟与这位苏联驻美大使谈判。但怎么谈呢？迪安·腊斯克提出了一个办法：由罗伯特告诉多勃雷宁，尽管美方不会公开宣布古巴－土耳其导弹交易，但是，一旦古巴导弹危机在肯尼迪回信的基础上得到解决，肯尼迪总统将从土耳其撤出美国导弹。[8]

这个办法就是秘密协议——一个自外交诞生以来就一直存在的手段。腊斯克的方案是基于美国驻土耳其大使雷蒙德·黑尔的意见形成的。当天早些时候，华盛顿方面收到了黑尔的电报，其中有一条建议，即"以一种明显与古巴危机有关的方式撤走'木星'"或者"在与苏联严格保密的基础上"撤走。他还说："既然事关苏联的诚信，保密方面也不能太当真。他们永远可以选择通过泄露真相来破坏美国和土耳其的关系。"没有人比肯尼迪更了解赫鲁晓夫。仅仅几周前，他还在古巴部署导弹的问题上撒了谎。赫鲁晓夫不可信，但肯尼迪别无选择，只能再次相信他。[9]

邦迪回忆时写道："迪安·腊斯克的建议刚一提出，我们所有人都觉得应该同意。"但是，保密条款不只针对赫鲁晓夫，美方做出这一决定的人也要保密。"如果在压力下公开达成的交易，且这一交易明显牺牲了土耳其的利益，那么接下来的代价我们都无法承受。而且，这一整天的讨论让我们意识到，对于一些人来说——哪怕是我们最紧密的顾问团队——即使是这种单方面的私下保证，都可能像是在背叛盟友。所以，我们毫不犹豫地决定，不能把另外的这条消息告诉这间办公室以外的任何人。"[10]

实际上，邦迪提到的"另外的这条消息"才是罗伯特·肯尼迪真正要传达的。而且，这条消息要对执委会的其余成员保密，包括副总统约翰逊、参谋长联席会议主席泰勒将军和中情局局长麦科恩。一般认为是腊斯克提出了秘密协议的方案，再由当时在场的其他人一致通过。但腊斯克本人后来却一直弱化自己在这一秘密策划活动中的作用。他强调，自己曾固执地要求在古巴问题的谈判中不包含从土耳其撤出导弹的问题。

腊斯克后来写道："我建议，既然土耳其的'木星'导弹无论如何都要撤出，那么我们应该将此事告知苏方。这样，这个不相干的问题就不会给古巴导弹基地问题的解决增加难度。我们一致同意鲍比①应将此事口头告知苏联驻美大使多勃雷宁。我们回到办公室后不久，我给鲍比打了一通电话。电话中，我强调他应该仅仅将此事作为信息传递给多勃雷宁，而不是作为公开的承诺。鲍比告诉我，他正在与多勃雷宁会面，且已经跟他说了。后来，鲍比告诉我，多勃雷宁认为这是'非常重要的信息'。"腊斯克的这段叙述带出了这样一种可能性：跨越互惠交易与从土耳其撤回导弹之间难以察觉的界线的人，不是他，而是罗伯特·肯尼迪。事实上，参与此事的人都一定知道他们在做什么——暗中交易，一次不予公开承认甚至私下里也不会承认的交易。[11]

密谋此事的这几人应该是在约一个小时内回去继续参加执委会会议，讨论解决危机的方案，同时严格保守罗伯特·肯尼迪的秘密任务。总统已经决定了要与苏联做交易。当然，在那个时候，很少有人相信这个任务能够成功。毕竟，外交中的秘密协议通常是在盟友或准盟友之间达成的，而不是处于重大军事冲突边缘的两方。新式核武器使得美苏两国都面临核毁灭的危险，双方需要找到某种互信的方式。一年前，他们在柏林成功做到了这一点，也许这回他们

① 鲍比在英语中是罗伯特的昵称。

也能有好运气。

◇ ◇ ◇

罗伯特·肯尼迪在总统秘密会议后不久，就与多勃雷宁在自己的司法部办公室会面了。罗伯特在《十三天：古巴导弹危机回忆录》中回忆了他给多勃雷宁带去的消息："我首先告诉他，我们知道古巴的导弹基地仍在修建，而且在过去几天里还加快了进度。我说，就在几个小时前，我们得知美国的侦察机在飞越古巴时遭到攻击，而且其中一架 U–2 侦察机已被击落，飞行员也牺牲了。对于我们来说，事态变化十分严峻，肯尼迪总统不希望看到军事冲突，已经尽其所能地避免与古巴和苏联交战。但现在，他们逼得我们必须动手。"[12]

多勃雷宁在回忆录中说，罗伯特·肯尼迪在提到事态的紧迫性时非常直白。"美国军方要求总统允许他们采取报复行动。"据说罗伯特是这样告诉多勃雷宁的。多勃雷宁关于这次会面的报告更详细地阐述了罗伯特对当时危机状况的理解。"美国政府决心要除掉这些基地。在极端情况下，甚至会炸毁这些基地，这是因为，我再重复一遍，它们对美国的安全构成了巨大威胁。"多勃雷宁发给莫斯科的电报中如此概括罗伯特·肯尼迪的话。"但是，美国炸毁基地的过程中，苏联专家可能会遇难。苏联政府也无疑会在欧洲的某个地方以相同的方式报复我们。这样一来，一场真正的战争就会爆发。数以百万计的美国人和苏联人都会因此丧命。"[13]

多勃雷宁在报告中说，罗伯特解释了肯尼迪总统在公开信函中的提议：如果苏联拆除导弹基地、撤出部署在古巴的核武器，美方则将承诺不会入侵古巴。之后，多勃雷宁提到了美国部署在土耳其的导弹。据多勃雷宁几十年后的回忆，就如何处理美国的问题，他还没有收到莫斯科方面的指示，甚至没有拿到赫鲁晓夫提出古巴－土耳其导弹交易的信件全文，只能依赖美国的广播。但当时他清楚莫斯科方面明显支持这样的交易，便决定谈一谈这个问题。[14]

据多勃雷宁所说，对于土耳其问题，“罗伯特·肯尼迪已经准备好了一个答复”。罗伯特实际上正等着一个谈论土耳其问题的机会。他告诉多勃雷宁：“如果说这是实现我之前提到的提议的唯一障碍，那么肯尼迪总统并不认为这是什么无法克服的困难。”“对于总统来说，最大的困难是公开讨论土耳其问题。”罗伯特继续说道，向多勃雷宁解释肯尼迪总统的提议，“从形式上来说，在土耳其部署导弹基地是北约理事会的一项特别决议。美国总统现在单方面宣布从土耳其撤出导弹基地，便会破坏北约的团结，影响美国作为北约领导者的地位。苏联政府想必也很清楚北约内部向来争议不断。简言之，现在公开宣布这个决定会造成北约内部的严重分歧。但是，肯尼迪总统愿意就这个问题与赫鲁晓夫主席达成一致意见。我觉得要从土耳其把这些基地撤除，需要四五个月的时间。”

罗伯特·肯尼迪成功地将“另外的这条消息”传达给了多勃雷宁。但肯尼迪总统交办给他的任务还没完成：还有一个必不可少的条件，就是确保这项交易保密。罗伯特对多勃雷宁说：“土耳其一事，肯尼迪总统不能公开表态。”据多勃雷宁所说，罗伯特强调，约翰·肯尼迪总统“对土耳其的看法非常机密，除他们兄弟二人外，华盛顿方面的知情者不超过三个人”。肯尼迪不可能确保多勃雷宁和赫鲁晓夫会守口如瓶，但他明确指出，美国只会在保密的前提下兑现这笔交易。罗伯特要求赫鲁晓夫第二天回复他。他说：“一个明确的回复，不要漫天讨论，否则会把事情拖得太久。现在形势严峻，没有时间来面面俱到地解决问题。”

与多勃雷宁告别前，罗伯特给他留了一个可以直达白宫的电话号码，请他在收到赫鲁晓夫的回复后第一时间将消息传达到白宫。罗伯特还告诉他，自己现在就要去面见肯尼迪总统，他们“现在几乎整天”在一起。多勃雷宁完全理解事态的严重性，这不仅可以从罗伯特传递的消息中看出，还可以从他的神态和举止看出。在多勃雷宁给莫斯科的报告中，最后一段是这样写的：“应该说，我们这次会面期间，罗伯特·肯尼迪非常沮丧，我从未见过他这个样子。他确实有两次试图重提‘欺骗’的话题（在与他的前一次会晤中，他一直在说这个），但只是一带而过，言辞也并不激烈。他甚至在很多问题上都没有像以往那样试图争论，而只是不断回到同一话题：时间是最重要的，我们不要错过这个机会。”[15]

我们今天只能通过多勃雷宁当晚发给莫斯科的报告和他几十年后的回忆录来了解谈话的最后一部分。罗伯特·肯尼迪的回忆录没有太大的参考价值。3 天后，也就是 10 月 30 日，他给腊斯克提交了一份报告。当时，古巴导弹危机最危险的阶段已经过去。在这份报告和《十三天：古巴导弹危机回忆录》中，他都没有提到土耳其交易的问题。那次会面的备忘录有三页半，只有一句话谈到了他与多勃雷宁商谈的秘密内容。这句话与导弹撤出的时间期限有关。罗伯特对腊斯克说：“过一段时间——我按照你的指示提到了四五个月——我确信这些问题会得到圆满解决。”而在我们今天看到的这个版本的备忘录中，就连这句话也被删掉了。[16]

◇◇◇

10月27日大约晚上8时40分，罗伯特·肯尼迪回到白宫。他看到哥哥正在与4岁的女儿卡洛琳通电话。她现在跟弟弟约翰和妈妈杰奎琳一起住在弗吉尼亚州的格伦奥拉家族庄园。华盛顿可能遭到核武器袭击，白宫是明显的目标。约翰·肯尼迪希望自己的家人可以待在安全的地方。遭遇核武器袭击的时候，政府成员会被带到安全地带，但他们的妻子和孩子却必须自行撤离华盛顿。尽管可以带上家人，但肯尼迪并不想让他们冒这个风险。杰奎琳则表示希望肯尼迪同意让他们本周末留在华盛顿。他没有同意。[17]

罗伯特与哥哥以及哥哥的好友兼特别助理大卫·鲍尔斯（David Powers）共进晚餐，席间他向总统汇报了与苏联驻美大使的会晤情况。鲍尔斯参加过几次执委会会议，但一直保持沉默。因为肯尼迪安排他在现场观察，并汇报他对于总统的表现、会议气氛的看法。当下，罗伯特与总统在交谈，而鲍尔斯吃着厨房员工为总统留的、重新加热的鸡肉，喝着红酒。“上帝啊，大卫！”总统半开玩笑似的说，“鸡肉都要让你吃光了，我的酒也快让你喝完了。按你这种吃法，谁都会觉得这是你人生中的最后一顿饭。”鲍尔斯反应很快，说：“看鲍比讲话的神态，我觉得这就是我的最后一顿饭了。”[18]

考虑到形势严峻，这样的对话还是有一定可信度的。“总统并不乐观，我也是。”罗伯特在回忆录中这样写道。经过了一天两场执委会会议，约翰·肯尼迪已经准备好在晚上9时继续开会。当下，军事对抗和可能的全面战争比以往任何时候都更近在眼前。讨论按照计划继续进行，但没有得出新的结论。肯尼迪在争取时间，腊斯克、邦迪等知道罗伯特秘密会晤多勃雷宁的执委会成员也有意拖延。总统在等待赫鲁晓夫对他公开信函的回复，也在等待赫鲁晓夫对秘密交易的看法。肯尼迪还准备了一个备选计划。在他的指示下，腊斯克联系了联合国代理秘书长吴丹的特别代表安德鲁·科迪埃（Andrew Cordier）。肯尼迪想请他劝说吴丹，由吴丹提出古巴–土耳其交易。但他必须先等到莫斯科方面传来消息。[19]

上床睡觉之前，肯尼迪与鲍尔斯看了会《罗马假日》。在隔壁房间，马萨诸塞州惠顿学院的19岁女学生米米·阿尔福德（Mimi Alford）正在安睡（如果她的回忆可信的话）。她是肯尼迪的情人。据说，鲍尔斯知道阿尔福德与肯尼迪的亲密关系，便趁着肯尼迪夫人不在的时机，在当天早些时候将她带到了白宫。据阿尔福德回忆，那晚他们过得并不浪漫——肯尼迪十分担心会发生战争。“他脑子里都在想别的，表情很严肃。通常，他会把总统的工作放在身后，喝杯酒，尽量活跃气氛，让所有人都放松下来。但那晚他没有。就连讲笑话都心不在焉，有种身在葬礼的感觉。”[20]

那晚，肯尼迪心事重重。他至少要隐瞒两个秘密：一个是他的婚外情，另一个是弟弟会见多勃雷宁。这次他孤注一掷，还瞒着执委会的大多数成员。如果赫鲁晓夫拒绝并将此事公之于众，那么他的提议不仅会威胁到和平，还会让自己陷入政治的泥沼。这份秘密协议的命运，也将决定他的未来。

肯尼迪准备睡觉的时候，美国陆军、海军、空军都在备战状态。晚上10时10分，美国空军参谋长柯蒂斯·李梅将军找到海军作战部部长乔治·安德森上将，他们要讨论总统召集24个空军预备役中队，合计1.4万名空军预备役人员的命令。晚上11时03分，美国大陆防空司令部总司令为自己的部队明确了交战规则。新指令是这样的："仅与古巴交战时，只能使用非核武器。"后面还有一句："如果遭遇苏军袭击，可使用核武器。"但指令没有解释如何区分古巴部队和苏军。[21]

第二十一章　百慕大三角

10 月 27 日晚上，阿纳托利·多勃雷宁在大使馆忙着就罗伯特·肯尼迪提出的秘密交易向莫斯科打报告。与此同时，美国“科尼号”（*Cony*）军舰上一名 23 岁的海军少尉加里·斯劳特（Gary Slaughter）发现了过去几天一直在追踪的猎物——出现在马尾藻海域的一艘苏联潜艇。全世界的水手都知道这片海，它被称为“百慕大三角”，也有人称之为“魔鬼三角”或“飓风巷”。

潜艇长近 90 米，吃水线以上为黑色，以下为红色，美国人称之为“狐步”。这是苏联最新研发的祖鲁级攻击型潜艇之一。它有 3 台柴油发动机和 3 台电动机；有 10 座鱼雷发射管，其中 6 座在艇首，4 座在艇尾，备弹 22 枚；常规编制多达 80 人，包括艇长、准尉和艇员；潜航深度超过 200 米，可以连续几天潜在水下。由于电动机的蓄电池电量不足，为了启动柴油发动机并给蓄电池充电，这艘潜艇不得不浮上水面。[1]

据斯劳特几十年后回忆，潜艇“冒出水面时，我们用蓝白光笼罩住它”。斯劳特看到，“艇员们钻出潜艇，纷纷脱下了浸满汗水的制服”，他们呼吸着夜晚的新鲜空气，脸上“满是解脱后的喜悦”。潜艇内外的温差至少有 30 摄氏度。浮出水面之前，潜艇内部温度较高，而且氧气供给不足，艇员们都汗流浃背。

几名苏联海军军官出现在舰桥上，随后一面红旗升起。“主通信员和我通过信号灯询问该潜艇。我们用到了西里尔字母音译表、国际信号规则、摩尔斯电码。”斯劳特回忆道，他在舰上负责通讯工作。“我让潜艇亮明身份。”潜艇的艇长“使用信号灯回复说，这是苏联潜艇”。斯劳特还问道：“需要帮助吗？”艇长回复：“不。”

与此同时，潜艇的柴油发动机运转了起来，蓄电池也开始充电，明显是要争分夺秒潜入水中，以摆脱美国人的追踪。但是，潜艇充满电需要几个小时的时间，而追在后面的除了“科尼号”，还有以“伦道夫号”（*Randolph*）航空母舰为首的一众军舰。此时，追捕者和猎物展开了一场“眼瞪眼”的比赛：一艘苏联潜艇被一群美国海军驱逐舰和保障船包围着，大家一起在温暖的海水中缓慢移动。

“突然，一名海军飞行员打破了我们之间的寂静。”斯劳特在回忆时写道。这大概发生在潜艇浮出水面一个半小时后。“他驾驶着巨大的‘海王星’（Neptune）P2V 巡逻机咆哮而来并投下了几颗照明弹，以便激活他的航拍机镜头。嘣！嘣！嘣！一阵阵闪光耀眼夺目。”斯劳特看到舰桥上的军官纷纷返回潜艇。几分钟后，潜艇调转了方向。斯劳特写道，艇长“以为潜艇受到了攻击，将艇首的鱼雷发射管对准了‘科尼号’”。

驱逐舰上的气氛顿时紧张起来，但“科尼号”的舰长保持了冷静。斯劳特回忆：“‘科尼号’的舰长威廉·摩根（William

Morgan）命我为 P2V 巡逻机的挑衅行为道歉。”斯劳特继续打着信号灯传递消息，好在这条消息很短。斯劳特当时不知道的是，他不仅澄清了一场小误会，而且避免了一场核战争。瞄准“科尼号”和其余美国海军的鱼雷，是搭载了核弹头的。[2]

加里·斯劳特于 10 月 27 日在舰桥上看到的苏联军官，是瓦连京·萨维茨基（Valentin Savitsky）和瓦西里·阿尔希波夫（Vasilii Arkhipov）。萨维茨基是这艘潜艇的艇长，阿尔希波夫则是 4 艘“狐步”潜艇组成的特遣编队的指挥官。这 4 艘“狐步”潜艇此刻都在大西洋温暖的海水中悄悄向古巴行进。二人军阶相同，军服上的肩章显示他们都是二级上校，相当于陆军中校。萨维茨基负责指挥这艘潜艇，阿尔希波夫是他的上司。将两名中校安排在一艘船上，如果他们关系不和谐，就可能带来问题。

阿尔希波夫是一名经验丰富的军官，他在指挥“狐步”潜艇之前，曾在苏联最早装备核武器的核动力潜艇上服役，如果按照美国潜艇级别分类，那是一艘“旅馆级”潜艇。1961 年 7 月，阿尔希波夫所在的 K–19 潜艇在格陵兰岛附近海域进行军事训练。返程途中，一个核反应堆的冷却系统出现严重泄漏。该潜艇由于其建造过程比较仓促，所以未配备备用系统，而且经常出现技术故障。

艇员被派到核反应堆舱重新组装一个冷却系统，以避免核反应堆熔毁。服从命令可能就意味着丢掉性命。为了避免艇员哗变，艇长收缴了艇员的武器，把它们都扔到了海里。阿尔希波夫也支持艇长的行动，当时他是这艘潜艇的预备指挥官。事故发生后的 3 周内，共有 8 名艇员死于辐射，后来又不断有人身亡。这次事故后来被改编成 2002 年的好莱坞电影《K–19：寡妇制造者》，主演之一是哈里森·福特（Harrison Ford）。[3]

阿尔希波夫中校幸免于难，被任命为第 69 潜艇旅参谋长。1962 年秋，他奉命指挥被派往古巴的 4 艘“狐步”潜艇，潜艇代号分别为 B–4、B–10、B–36、B–59。原本这 4 艘潜艇只是苏联海军计划派往古巴建设海军基地的众多军舰和潜艇的一部分。原计划的舰队包括 2 艘巡洋舰、2 艘导弹艇、2 艘驱逐舰、2 艘潜艇母舰。除 4 艘“狐步”潜艇外，还应该有 7 艘 629 型潜艇（北约代号“高尔夫级”）。这种潜艇由柴油发动机提供动力，装备了导弹发射装置，可以使用核武器。

但是在 1962 年 9 月 25 日，苏联海军改变了计划，并在报告中称，派遣如此大规模的苏联海军到古巴港口“会吸引全世界的注意，对苏联无益”。苏联决定只派遣装备鱼雷的“狐步”潜艇到古巴，装备导弹的“高尔夫级”潜艇则被留在国内。苏联不打算在古巴建设海军基地，也不准备用潜艇上的核导弹威胁美国，所派遣鱼雷潜艇的射程为 19 公里，可能是用来保护送往古巴的货物的。[4]

阿尔希波夫非常清楚，“狐步”既有优势，也有劣势。它由列宁格勒的海军部造船厂制造，属于 641 型潜艇。首艇于 1958 年服役，是苏联海军较新型的装备。但是，“狐步”的设计更适合在北海较冷的水域航行，而不是跨大西洋的长途航行。苏联潜艇也从未有过这种长途航行。“狐步”在水上可以航行 2 万公里，使用通气管则可以潜航 1.1 万公里，但速度较慢。“狐步”无法在水下保持快速行进。在水上，其航速最高可达 16 节（约 30 公里 / 小时）；在水下，航速可达 15 节（约 28 公里 / 小时）；而在使用通气管的情况下只有 9 节（约 16 公里 / 小时）。

理论上，“狐步”潜艇可以在水下潜行的时间长达 10 天，但速度会下降到不到 2 节（约 4 公里 / 小时），原因在于蓄电池容量不足，而要给蓄电池充电，潜艇就必须浮出水面。设计者尽力解决这一问题，以致让蓄电池的储存空间占据了两层甲板，这使得即使按照当时的标准来看，“狐步”潜艇对船员来说也是十分拥挤的。对于跨大西洋航行，核动力的“旅馆级”潜艇则更加合适，因为它的航速更高，更重要的是它不需要浮出水面就可以充电。但阿尔希波夫自身的经历证明，“旅馆级”潜艇的核反应堆存在很多问题，它也不适合长途航行。[5]

10 月 1 日，大约在当地时间下午 4 点，“狐步”潜艇离开了位于摩尔曼斯克（Murmansk）附近赛达湾的绝密前方基地，由 B–59 作为主潜艇。在出发前一天，苏联海军指挥官撤掉了 B–59 潜艇的艇长，取而代之的是瓦连京・萨维茨基。作为编队指挥官，阿尔希波夫也在艇上。

与那些前往古巴的苏联货船上的人员一样，潜艇的艇长和艇员也不知道最终目的地。具体指示被装在一个特别信封里，只有到达巴伦支海后才能打开，而且只有在潜艇通过 GIUK 缺口（格陵兰、冰岛和英国之间的水道，北约国家反潜艇防御的咽喉要道之一）后才能将指示的内容告知艇员。阿尔希波夫编队中的一位艇长阿列克谢・杜比夫科（Aleksei Dubivko）曾这样回忆一次苏联北方舰队的高级指挥官会议："我们没有收到如下问题的答案：我们的潜艇要去哪？我们的航行区域在哪？那里大致情况如何？"

阿尔希波夫自己也有疑问。他手下的潜艇配备了一种不同寻常的武器：每艘潜艇的22枚鱼雷中有一枚是核鱼雷，其威力相当于1万吨TNT，相当于广岛核弹威力的三分之二。据阿尔希波夫指挥的其中一艘潜艇的艇长留里克·克托夫（Riurik Ketov）所说，阿尔希波夫在北方舰队的会议上问一位高级指挥官："我们还不清楚为什么要带上核武器。""这是命令，"指挥官回答说，"你应该熟悉熟悉它。"但阿尔希波夫对这个回答并不满意。"好吧，"他继续说道，"那我们应该在什么情况下使用它？如何使用它？"接下来，会场一片寂静。这些高级指挥官们也没有明确的答案。阿尔希波夫的艇长们感到很困惑，至少在他们的回忆中，收到有关核武器的消息时他们是很困惑的。

克托夫艇长后来回忆起北方舰队参谋长阿纳托利·拉索科（Anatoly Rassokho）将军的一条口头命令："在以下情况下可使用这一特殊武器：第一，你们遭到炸弹袭击，且潜艇耐压壳出现破裂；第二，你们浮出水面并遭到攻击，且潜艇耐压壳出现破裂；第三，接到莫斯科方面的命令。"杜比夫科艇长回忆起一条书面命令："接到苏联海军总司令命令或受到袭击时，使用标准武器。只有接到苏联国防部或苏联海军总司令的特别命令时，才可使用装备核弹头的鱼雷。"应该如何使用手中的核弹头，似乎每一位艇长都有自己的理解。[6]

尽管阿尔希波夫对这次任务有许多疑问，但他也得到了一些答案。有少数几个人当即就得知了潜艇的最终目的地——古巴西北海岸的马里埃尔港，阿尔希波夫就是其中一人。他将带领潜艇编队从巴伦支海进入挪威海，从北大西洋经由亚速尔群岛前往巴哈马群岛。

这几艘潜艇必须秘密抵达古巴，但莫斯科方面并不清楚如何做到这一点。一些人认为，莫斯科并没有完全意识到派往古巴的是柴电动力潜艇，而不是核动力潜艇。要按照莫斯科要求的速度前进就不可能不浮出水面，这就可能会暴露潜艇的存在和位置。阿尔希波夫与萨维茨基别无选择，只能冒险。据主潜艇的领航员维克托·米哈伊洛夫（Viktor Mikhailov）回忆，他们“决定白天使用 RDP（轮缘驱动推进）模式，或者用电动机以 6—8 节（约 11—15 公里 / 小时）的速度航行；夜晚则由 3 个柴油发动机驱动，以 14—15 节（约 26—28 公里 / 小时）的速度航行，同时给蓄电池充电”。[7]

浮出水面时，潜艇还可以与司令部保持无线电联络。但是，随着潜艇逐渐远离巴伦支海，他们发现要求他们联络莫斯科的时间是莫斯科的晚上，而在大西洋却是白天。他们只有浮出水面才能与莫斯科取得联络，这样就会把潜艇完全暴露给任何碰巧经过这片区域的船只和飞机。苏联海军的潜艇从未试过跨大西洋航行，阿尔希波夫的队伍在这方面是先行者。

向马尾藻海靠近时，潜艇遭遇了一场大风暴，这既让潜艇浮出水面更加困难，也拖慢了它们向古巴行进的速度。但是，风暴也让他们更容易躲避侦察，因为巡逻机不会在这种情况下出动，而且，风暴令海水分成冷、热两层，反潜舰艇的声呐系统不可能穿透。直到 10 月 13 日，4 艘潜艇才在马尾藻海域被发现。当时，风暴已经停歇，水温也稳定了。那天，美国海军“育空号”（*Yukon*）补给舰在加拉加斯（Caracas）北部 209 公里处发现一艘浮出水面的潜艇，此时是美国发现古巴部署有苏联中程弹道导弹的前一天。两天后，这些潜艇将改变航向。[8]

10 月 15 日，潜艇艇长们收到了莫斯科方面的指令，要求取消前往马里埃尔港的行动，并在马尾藻海中寻找合适位置，进入 4 小时战备状态。这一决定是在莫斯科方面鸽派人物阿纳斯塔斯·米高扬的坚持下做出的。他说服了赫鲁晓夫让潜艇停止开往古巴。当时，肯尼迪甚至还没有宣布发现了苏联部署在古巴的导弹。

“考虑到当下所有情况，我便从这一前提出发，即部署在古巴的导弹已经严重加剧了情势，而且可能会令局面更加复杂。”米高扬在回忆时这样写道。他所指的是地对空导弹，当时这些弹道导弹还没有被美国发现。“我们不想就这个问题惹来麻烦，”米高扬继续表述他的观点，“我们的潜艇保持在（距古巴）3 天的航行距离之外，这不会影响它们的战备状态。而且它们不在古巴水域，理论上可以与古巴撇开关系，美国人在这样的距离上也做不了什么。”他还讲到如果不这样做会有哪些严重后果：“但是，如果它们在水下继续前往古巴，就有可能被美国潜艇发现，我们的海军就可能与美国海军发生冲突。考虑到当下的局势，这将令情况进一步恶化，引发严重的冲突。”

赫鲁晓夫准备继续听下去，但马利诺夫斯基元帅想让潜艇维持既定航向。苏共中央主席团有两三名成员支持马利诺夫斯基，米高扬的提议被否决了。他说服赫鲁晓夫再次讨论这一议题，然而又遭遇了失败。“我向他们强调，古巴的海滨都很浅，而且弯弯曲曲。要通过这片海域且不被发现是相当困难的。”米高扬这样写道，强调他如何在讨论中利用自己掌握的有关古巴地理条件的第一手情报。“马利诺夫斯基坚持他的立场，但很明显他并不擅长这方面的问题。”直到苏联海军总司令谢尔盖·戈尔什科夫（Sergei Gorshkov）上将加入会议，米高扬才占了上风。

米高扬回忆时写道：“我问戈尔什科夫：‘能否说一说，我们的潜艇现在在哪里？它们还能继续前进吗？’戈尔什科夫在地图上清楚地指出了潜艇的位置和它们前进的方向。他强调，有一个地方，潜艇将不得不取道狭窄的海峡，而那附近有一座小岛，岛上有美军的基地，配备了探测器等设备，要想通过海峡而不被发现是不可能的。因此，他认为，权宜之计就是命令潜艇队保持在两三天的航行距离之外。马利诺夫斯基无力反驳。这项决议被一致通过。”[9]

苏共中央主席团决定让潜艇隐蔽起来，以免被美军发现。事实证明，这一决定并无用处。10 月 14 日，在发现苏联潜艇的第二天，一架 U–2 侦察机又发现了古巴岛上的弹道导弹。10 月 22 日，苏联潜艇的艇长们从美国的无线电广播中得知，美国总统肯尼迪已经下令对古巴实行海上封锁。此时，美国海军已经知道了苏联潜艇的数量和它们的大致位置。美国中情局局长约翰·麦科恩已经向肯尼迪及其顾问团队说明了苏联潜艇对执行封锁的美国军舰构成的威胁。第二天，美国海军作战部部长乔治·安德森上将向麦克纳马拉报告，将组建猎杀大队来定位苏联潜艇的位置，队伍中包括军舰和飞机。[10]

10 月 24 日上午，执委会成员讨论了苏联潜艇。他们主要关心的是潜艇是否会影响美国海军检查越过封锁线的苏联船只。“如果潜艇击沉我们的驱逐舰，我们要如何应对？”肯尼迪问他的顾问们。泰勒将军向肯尼迪保证，“我们的反潜军事巡逻队”会搞定这些潜艇。他还将示意潜艇浮出水面的程序告知了总统。副国务卿亚历克西斯·约翰逊补充说，前一天晚上，他已经通过电报将这些程序告知了苏方。麦克纳马拉介绍了前一天制定的这个新程序，其中包括投下演习用的深水炸弹——与声呐信标配合使用。

肯尼迪继续顺着自己的思路提问：“如果潜艇不上浮或者采取了某些行动呢？在什么情况下我们会攻击潜艇？”他还补充说，不希望潜艇成为美国海军最早攻击的苏联船只，他宁愿是商船。“除非在拦截的过程中潜艇对我们的船只发动袭击，否则我们也不会发起攻击。”泰勒将军回答道。麦克纳马拉提议派遣“反潜直升机扰乱潜艇”。他这样总结他的提议：“（因此，计划就是）通过威慑手段向潜艇施压，逼迫它们离开那片区域。然后我们再进行拦截。”“好，就这么办。”肯尼迪回答道。[11]

他们确实这么办了。在10月22—26日期间，美国海军巡逻机和水声监测系统（SOSUS）成功确定了潜艇的位置，并多次建立了与水下潜艇的声呐接触。“伦道夫号”与“苏塞克斯号”航母率领了两个猎杀大队，其中的驱逐舰和巡逻机记录了苏联潜艇在靠近封锁线途中多次浮出水面的情况。但直到10月27日才有潜艇在美国海军逼迫下浮出水面。[12]

◇◇◇

10月25日晚上，美国海军在百慕大第一次发现了B–59潜艇，萨维茨基和阿尔希波夫都在潜艇上。该潜艇被美国编号为C–19。

第二天晚上，一架巡逻机再次发现了它。当时，追踪 B–59 潜艇的行动已经开始。领航员维克托·米哈伊洛夫几十年后回忆道：“反潜军舰用水声定位系统发现了我们，并开始‘敲打’艇身。在一号舱里，可以非常清晰地听到响亮的声呐脉冲，我们都紧张得不敢大声喘气。B–59 的艇员被召集到战斗岗位。为了躲避探测，潜艇开始调整航行深度、路径、速度，还使用了干扰设备。这种状态持续了两天。”[13]

但美国海军对萨维茨基和阿尔希波夫的潜艇进行真正的追踪开始于 10 月 27 日星期六午夜，由“伦道夫号”航母的 3 艘驱逐舰“科尼号”、“贝尔号”（*Beale*）、“梅利号”（*Murray*）执行这一任务。接近当地时间下午 5 点时，“贝尔号”与这艘潜艇建立了接触，先是使用声呐信号，接着用了演习用的深水炸弹，潜艇没有反应。半小时后，“科尼号”又投下了 5 枚手榴弹，潜艇还是没有反应。美方开始怀疑苏联潜艇的指挥官没有收到 10 月 23 日晚发到莫斯科的亮明身份和上浮的程序。事实上，萨维茨基和阿尔希波夫收到了程序，但难以分清演习用的深水炸弹和真正的炸弹。在他们看来，当下他们很可能遭到了攻击。[14]

潜艇上的情报分队队长瓦季姆·奥尔洛夫（Vadim Orlov）上尉后来回忆起演习炸弹和手榴弹对艇员的影响时写道：“炸弹紧贴着舱身爆炸。我们感觉就像坐在一个铁桶里，外面有人拿着大锤猛砸。”潜艇里的军官和艇员已经被美国海军追踪了两天，当时感到更加绝望。“蓄电池放电成了‘水’（电解液中的水和硫酸已经分离），艇内只有应急灯亮着。舱室内的温度有 45—50 摄氏度，而发动机舱的温度更是超过了 60 摄氏度。空气闷得让人无法忍受。二氧化碳浓度达到了危险值，几乎能够致人死亡。”奥尔洛夫在回忆潜艇内部过热的环境时这样写道。这艘潜艇是为北海设计的，当时却在温度接近 30 摄氏度的海水中航行。“一名负责警戒的士兵晕倒了，接下来就是第二个、第三个……像多米诺骨牌一样倒下。但是，我们还在坚持，在想办法逃脱。”[15]

萨维茨基艇长坚持了近 4 个小时，想尽办法甩掉美军，但最终还是不行。接下来，据奥尔洛夫回忆，又发生了一次大爆炸，整个潜艇都在颤动，“美国人用比手榴弹威力更强的武器袭击我们——显然就是深水炸弹……我们想，完了，这下全完了！这一波攻击过后，萨维茨基已经精疲力尽了，还联系不上总参谋部。这下他彻底暴怒了。他叫来负责核鱼雷的军官，命他将核鱼雷调整到战备状态”。奥尔洛夫回忆艇长当时说的话：“搞不好上面已经开战了。我们在水下要被搞疯了……现在，我们要把家伙都拿出来，炸死他们！我们就算是死，就算都溺死在这儿，也绝不会给苏联海军丢脸！”[16]

据奥尔洛夫回忆，萨维茨基后来冷静了下来，与阿尔希波夫和政委马斯连尼科夫（Maslennikov）讨论了当下的情况，准备核鱼雷的命令被撤销了。他们三人决定让潜艇浮上水面。奥尔洛夫关于萨维茨基命令将核鱼雷调整至战备状态的回忆，广泛见于 21 世纪初有关古巴导弹危机的文献，成为很多学术著作和大众流行作品描述 B–59 潜艇面临严峻考验的来源。瓦西里·阿尔希波夫说服萨维茨基不使用核武器、保护世界免于核灾难的形象也因这些作品而广为人知。但这只是众多回忆中的一个版本。关于 10 月 27 日决定性的那几个小时，马尾藻海面下究竟发生了什么，B–59 潜艇上其他军官的回忆描绘了一幅不太一样的画面，而且也都极具戏剧性。

B–59 潜艇的领航员维克托·米哈伊洛夫和负责发射鱼雷的军官阿纳托利·列昂年科（Anatoly Leonenko）都认为，艇长做出潜艇上浮的决定不是因为美国的演习炸弹和手榴弹（潜艇承受得住这些冲击），而是因为电池耗尽，无法继续潜在水下。但据他们描述，萨维茨基确实下令准备使用核鱼雷，但紧接着就同意上浮。列昂年科回忆，萨维茨基命令他将潜艇尾舱的鱼雷调整至战备状态。

列昂年科刚到尾舱就下令："调整装备，准备开火！"但听到他的命令，下属们都很困惑。"鱼雷大队的指挥官利亚舍茨基（Liashetsky）上尉一动不动地站在那，眼里满是惊愕。"列昂年科回忆道，"停顿了一会儿之后，鱼雷班的班长卡利塔（Kalita）中士对我说，战争爆发了，我们应该回家，未婚妻在等着我们呢。"这近乎抗命的局面让列昂年科破口大骂，他用上了自己能想到的所有脏话，二人才听从指挥。列昂年科向萨维茨基报告，命令已经执行。随后潜艇开始上浮。[17]

接下来就是"科尼号"通信官加里·斯劳特几十年后仍能清晰回忆的时刻。出现在舰桥上的苏联海军军官是萨维茨基和阿尔希波夫。萨维茨基下令升起红色的苏联国旗，而非苏联海军军旗，以此表明这艘潜艇属于苏联。苏联人对此的回忆与斯劳特大体相同。"等到潜艇浮出水面，潜艇特遣编队指挥官（阿尔希波夫）、艇长（萨维茨基）与通信官走上了舰桥。通信官手里拿着信号灯。"米哈伊洛夫在几十年后这样回忆道。"尽管天很黑，但是反潜飞机的探照灯把舰桥照得明亮如昼。"列昂年科写道，这与米哈伊洛夫的叙述一致。[18]

但是苏联人的回忆还提到了一些斯劳特没有记下的内容：美国飞机还威胁并干扰了慢速航行的苏联潜艇。“他们沿着潜艇的方向飞行，飞得很低，还用探照灯照着我们，并向潜艇前方发射曳光弹。”米哈伊洛夫这样写道。“美国的反潜飞机不断盘旋，并从右侧呼啸而来，采用掠地飞行的姿态接近潜艇舱面。他们开着探照灯，向我们猛烈开火。炮火的轰鸣声大到盖过了中央控制舱的语音通信。”列昂年科这样写道。[19]

在斯劳特描述的那一幕后，也就是在美国海军飞机为了更好地拍到潜艇而投下照明弹后，舰桥上的萨维茨基等人非常惊慌，他们判定已经受到攻击。据列昂年科回忆，萨维茨基一从舰桥下来就下令：“紧急下潜！ 1 号和 2 号鱼雷发射管准备！”这一次，萨维茨基准备使用核鱼雷。“这条命令是下给第一舱的，而 1 号发射管里装着的是核鱼雷。”列昂年科在回忆时写道。按照斯劳特的回忆，对准“科尼号”的是艇首鱼雷发射管，其中就包括 1 号发射管。

约翰 · 肯尼迪和顾问团队当时都没有想到，投下烟火照明装置会跟投放深水炸弹一样危险。但是，10 月 27 日下午的执委会会议上，烟火装置正是副总统林登 · 约翰逊的主要顾虑，当时对 B–59 的追踪正在加勒比海上展开。“从他们提起那些见鬼的照明弹开始，我就很担心。”约翰逊对执委会成员们说。当时，他们正在讨论夜间在古巴上空侦察的可能性。“想象一下，有一个疯狂的苏联艇长，这种鬼东西在他头顶上‘爆了’，然后天光大亮。他可能就因此开火了！看起来我们像是要在那儿庆祝独立日什么的啊。”约翰逊还用到了他的政治经验。他说："你们从心理上震慑他们。这就好像有个人在国会里告诉我：'继续吧，给他找点麻烦。'每一次我想要给人找点麻烦的时候，最后总是搬起石头砸自己的脚。如果你们想用照明弹玩心理战，怕是自己的屁股也会挨上两枪吧。"[20]

约翰逊的观点占了上风，原本讨论的夜间在古巴上空侦察飞行的提议没有被批准。他并不知道，在他与执委会成员辩论的时候，有人给萨维茨基艇长找了麻烦，而且险些让他对着美国的"屁股"发射了一枚核鱼雷。夜间在加勒比海上拍摄潜艇造成了意外后果，进而形成了这次海上追踪中最危险的局面。但这段故事刚刚开始就走向了结束，危机没有进一步升级。阻止这一切的，是卡在苏联潜艇瞭望塔上的一只信号灯。

斯劳特的信号灯和他传递的消息挽救了局面。除此之外，运气也是必不可少的。美国海军飞机投下照明弹后，萨维茨基就从舰桥上下来，并下令准备核鱼雷。阿尔希波夫和带着信号灯上来的负责通信的军官也开始退回艇里。但是据列昂年科回忆，"通信官在下来的时候把信号灯卡在了瞭望塔的竖井里，所以拖慢了指挥官的行动"。阿尔希波夫还在舰桥上，并且看到了斯劳特的信号灯，读出了信号。这是美军的致歉。据列昂年科回忆，阿尔希波夫意识到"美国驱逐舰开始用信号灯示意我们回应，于是下令停止攻击准备"。尽管核鱼雷已经就位，但当时还留在发射管中。[21]

很久之后，斯劳特得知了这位苏联指挥官的名字："萨维茨基接受了我的道歉，关闭了鱼雷发射管的舱门。潜艇左转，准备向东航行。不用盯着 B–59 的鱼雷管，让我顿觉轻松。""情势缓和之后，摩根舰长用水手式语言给我下达了一条指令：'不要惹火那些苏联人。’”斯劳特回忆，“我心领神会，向萨维茨基的耐心表达了感谢，苏联人甚至也回谢了。双方的关系看起来稍微友好了一些。”[22]

核爆炸掀起的巨浪，会令“科尼号”和“伦道夫号”航母统领的其他船只上的海员丧命，至少会让他们遭遇船难。美国人当时并不知道他们离这种境地只有一步之遥。B–59 所携带的核鱼雷能产生 1 万吨爆炸当量的威力，如果投到一座城市，足以杀死方圆 800 米以内的所有人。此外，鱼雷的核弹头可以产生振波，能够掀翻船只或者令其瘫痪。美国海军于 1946 年进行的贝克水下测试使用了爆炸当量为 20 万吨的核弹，掀起的海浪有将近 30 米高。1957 年，苏联在北极地区的新地岛附近测试了 T–5 鱼雷，但没有公布结果。任何被核鱼雷击中的船只必然会被炸毁，而“伦道夫号”航母率领的其他舰艇也会严重受损。[23]

在马尾藻海发生核打击所产生的政治影响将更为严重。肯尼迪在 10 月 22 日的电视演讲中表示：“我们国家的政策将是：任何从古巴发射的核导弹，无论针对哪个西半球国家，都将被视为对美国的袭击，也必然会导致我们对苏联发起全面的报复性回击。”如果美国海军遭到核武器攻击，肯尼迪总统几乎没有其他选择，只能下令对苏联目标实施空袭。苏联也只能选择报复，无论他们想不想这样做。[24]

第六部分

浴火重生

第二十二章　恐怖星期天

1962 年 10 月 28 日碰巧是星期天，俄语中这一天被称为“voskresenie”，意思是“复活”。布尔什维克于 1917 年掌权，出于建设共产主义、扫除宗教影响的目标，他们不愿用一个基督教的词语来指代休息日。因此，在 1929 年的一次反宗教运动中，他们将一周改为 5 天，也就取消了“复活日”这一天。新历法增加了一些假日，但是人们不喜欢这种改变，仍然习惯使用旧历。1940 年，斯大林正在加紧备战，开始关注苏联人民的忠诚，于是历法又被改回到一周 7 天，也重新确立了星期天。[1]

没有几所教堂开门，人们自然也就不去做礼拜。在星期天这个一周里唯一的休息日，他们会睡懒觉——直到 20 世纪 60 年代末，星期六才成为休息日。如果一个人关心迅速恶化的国际局势，那么星期天上午是个看新闻的好机会。多数苏联报纸都没有星期天版，但有一个明显的例外——苏联共产党最重要的日报《真理报》。10 月 28 日早上，《真理报》的头版是赫鲁晓夫写给肯尼迪的信，信中提议了古巴 - 土耳其导弹交易。《真理报》还引用了伯特兰 · 罗素（Bertrand Russell）最近的一次呼吁。这位著名的哲学家写道，如果肯尼迪不愿意与苏联达成协议，那么人类将面临一场前所未有的灾难。[2]

从《真理报》来看，苏联人民完全支持他们睿智的领导人和他的政策。据称，在列宁格勒有一名青年突击队队长维特琴科（Vitchenko）对《真理报》的记者说："在这样一个严峻、焦虑的时刻，赫鲁晓夫呼吁美国总统谨慎行事，和平谈判。他是正确的，一千个正确。我们不应被核战争的恐惧支配，要有解决问题的智慧。"他继续说道："总统先生，您觉得古巴是对您的威胁！但部署在土耳其的核设施就不是恶意针对我们国家的吗？所以，请您不要再耀武扬威，请坐到谈判桌前，不要把全人类都推向军事灾难的边缘！"这就是赫鲁晓夫的宣传机器在国内外传递的关键信息。[3]

跟往常一样，苏联报纸报道的是前一天的新闻。莫斯科时间凌晨 1 时，从华盛顿和哈瓦那传来的消息表明事态正在失控。不仅卡斯特罗没有征求苏联的意见就命令古巴军队向美国飞机开炮，与美方直接对抗，而且苏联的指挥官们也参与其中，并击落了一架美国飞机。加勒比地区的热战已经爆发，赫鲁晓夫不能迟疑，必须马上行动。但那天是星期天，他要在上午比较晚的时候才能见到国防部部长。[4]

国防部部长罗季翁·马利诺夫斯基向赫鲁晓夫报告古巴的最新进展是在上午 10 时 45 分之后。这一时间也记录在他就击落 U–2

侦察机一事向赫鲁晓夫提交的备忘录中。他很清楚自己把事情办砸了：尽管有非受到攻击不得开火的明确命令，他的军队还是击落了美国飞机。马利诺夫斯基做了一份简短的报告，陈述了一些事实。他从 U–2 侦察机的飞越侦察讲起：这架飞机花了 1 小时 21 分钟拍摄了“军队的作战部署”。他继续说道：“为了不让照片落入美方手中，第 507 防空导弹团发射了两枚防空导弹，于莫斯科时间下午 6 时 20 分击落了这架飞机。当时，它的飞行高度为 2.1 万米，随后坠落在安蒂亚（Antilla）附近，现已展开搜索行动。”[5]

马利诺夫斯基明确说明是他的军队击落了这架飞机，但没有评价他们的行动，也没有提到任何人的名字。他没有对击落飞机给出解释或理由，而是补充道：“同一天，美国飞机 8 次进入古巴领空。”这次报告没有解释为什么击落飞机是在莫斯科时间下午 6 时 20 分，但第二天此事才被报告给最高军事长官。我们不知道马利诺夫斯基私下是如何向赫鲁晓夫汇报的，但是苏联确实没有追究军方在此事上的责任。普利耶夫将军失去了对副官们的控制，从而导致这次事件的发生。虽然事态严重，但马利诺夫斯基在给他的回复中也只是略微批评了一下。这位国防部部长保持了镇定，保护了部下。关于击落美国飞机，普利耶夫得到的批评是行动“过于草率”。[6]

赫鲁晓夫的助手奥列格·特罗扬诺夫斯基回忆道：“听到一名中级指挥官下令发射防空导弹并击落美国飞机的消息，赫鲁晓夫非常震惊。”他继续写道：“他跟我们一样，非常清楚在当时的情况下，各方的神经已经紧绷到了极点，有一点点火星就会爆炸。”赫鲁晓夫意识到了危险：他正在渐渐丧失对下属的控制。但他没有责怪苏联军方，而是决定谴责卡斯特罗。在古巴导弹危机刚开始的时候，他已经考虑过对外宣称苏联导弹是在古巴的控制之下，这样就可以将冲突定性为美古冲突，而非美苏冲突。当下，他可能已经决定故技重施。在当天晚些时候，赫鲁晓夫给卡斯特罗发去信息，其中提及："昨天，你击落了一架这样的飞机。"[7]

赫鲁晓夫知道这不是事实，后来他也在回忆录中承认了。"美国飞机不断飞越古巴，"数年后，他回忆道，"这把卡斯特罗逼疯了。他下令开火，然后我们的士兵发射导弹，击落了美国的U–2侦察机。"与从政时的表现截然不同，赫鲁晓夫在回忆录中的记述大多数都是准确的。卡斯特罗担心古巴很快会遭到入侵，以及他向美国飞机开火的决定——这两个因素让苏联军方相信，即使当下还未遭受攻击，美国的入侵也随时可能到来。因此，他们认为使用防空导弹是合理的。[8]

很明显，赫鲁晓夫已经失去了对古巴局势的控制。但在那个星期天的上午他听到的也不都是坏事。如果说从军方和古巴传来的都是坏消息，那么白宫方面则送来了好消息。他已经看到了前一天晚上约翰·肯尼迪的来信。避免核战争还是有希望的。

肯尼迪提出的第一个条件是："您将同意在联合国的合理监督和观察下从古巴撤出这些武器，并同意在适当安保措施下，停止继续向古巴运送武器的行为。"然后则是："美方将同意，在通过联合国做出充分安排之后，确保兑现以下承诺：（1）立即取消现在实行的封锁；（2）保证不会入侵古巴。我相信西半球的其他国家也会这样做。"[9]

诚然，这封信没有提及赫鲁晓夫的最新提议——古巴 – 土耳其导弹交易。但是，对于这项提议，赫鲁晓夫几乎算是临时起意，这自然也不会是他接受协议的主要条件。认为美国要放弃部署在土耳其的导弹才可能和平解决危机的人是肯尼迪，而不是赫鲁晓夫。是美国媒体——更准确地讲是沃尔特·李普曼——首先讨论了这一提议，而不是苏联媒体。撇开这一点，肯尼迪此时算是接受了赫鲁晓夫 10 月 26 日的提议。肯尼迪写的是“武器”，而非维护武器的“苏联专家”。但是不管怎样，赫鲁晓夫所想的就是这些。

可是，有一个条款是赫鲁晓夫的提议中没有的——由联合国监督导弹撤出。赫鲁晓夫已经从克格勃驻华盛顿情报站站长亚历山大·费克利索夫那里了解了这部分要求。据说，费克利索夫是从美国广播公司的一名记者约翰·A. 斯卡利（John A. Scali）那里得知这个条款的，斯卡利与美国国务院和白宫有着直接联系。但赫鲁晓夫不知道的是，费克利索夫未经任何苏联领导层成员授权，便向斯卡利提出了一份协议，其中就包括苏联同意在联合国的监督下撤出导弹。这显然是为了跟多勃雷宁争风头，以显示自己掌握着通往白宫的秘密渠道。肯尼迪以为这就是赫鲁晓夫的提议，而赫鲁晓夫当下也别无选择，只能相信这是肯尼迪的立场。[10]

赫鲁晓夫准备行动了。在 U–2 侦察机被击落后，他觉得自己已经不可能拒绝联合国的监督了。哈瓦那传来的报告表明，古巴乃至全世界都在走向战争的深渊，而肯尼迪的这封信提出了解决办法。他准备接受肯尼迪的公开提议。赫鲁晓夫似乎与美国总统一样害怕战争。他们都迫切地想接受一切自认为是对方提出的最新条件。现在，该轮到赫鲁晓夫了。

◇◇◇

中午，他在位于莫斯科城外的新奥加廖沃（Novo-Ogarevo）庄园召开了苏共中央主席团会议。据多勃雷宁后来回忆，赫鲁晓夫在得知西方记者会报道克里姆林宫的灯亮到多晚后，就立即将会议地点搬到了新奥加廖沃。米高扬告诉多勃雷宁，10 月 27 日晚上，主席团开始开会，“一直开到了星期天”。

新奥加廖沃本为谢尔盖·罗曼诺夫大公（Grand Prince Sergei Romanov）所有，他是俄国沙皇亚历山大二世的儿子。格奥尔基·马林科夫（Georgy Malenkov）将之改造为政府官邸。马林科夫是赫鲁晓夫的盟友，后期又成为他的宿敌。未来，这里将举世瞩目。1991 年，老布什与戈尔巴乔夫在这里会面。苏联解体前的一段日子里，戈尔巴乔夫也在这里举行过许多会议。1962 年秋，新奥加廖沃还算是一个僻静的地方，赫鲁晓夫可以与副手们在这里见面而不为公众所知。[11]

像往常一样，赫鲁晓夫首先发起了讨论。那天下午出席会议的都是苏联统治阶层中的精英人物，包括苏联的二号人物苏共中央书记弗罗尔·科兹洛夫、最高苏维埃主席团主席列昂尼德·勃列日涅夫、国防部部长罗季翁·马利诺夫斯基（国防委员会秘书伊万诺夫将军陪同）、外交部部长安德列·葛罗米柯、克格勃主席亚历山大·谢列平（Aleksandr Shelepin）、苏联最重要的古巴专家阿纳斯塔斯·米高扬。“从一开始，会议的气氛就异常紧张。”赫鲁晓夫的助手奥列格·特罗扬诺夫斯基在几十年后回忆道，“基本上，就赫鲁晓夫一个人在讲话，米高扬和葛罗米柯再分别回应。其他人则保持沉默，好像是想要告诉赫鲁晓夫：是你把大家拖到这般境地的，现在也该由你自己想办法。”[12]

赫鲁晓夫的主席团会议与肯尼迪的执委会会议完全不同。除了林登·约翰逊，肯尼迪的所有顾问都是他自己任命的，某种程度上说，他们的工作就是为总统服务。赫鲁晓夫的副手们则由党代会或者中央委员会全体会议选举产生，不仅有权不同意第一书记的意见，还有权向中央委员会建议解除其职务——1964 年 10 月，也就是两年后，主席团就行使了这项权力，解除了赫鲁晓夫的职务，迫使他退休。后来勃列日涅夫嘲笑赫鲁晓夫在主席团会议上声称“我们可以用导弹打中华盛顿的一只苍蝇”，但当下他一直保持沉默。赫鲁晓夫的副手们要么是同意并通过他的决定，要么就闷不吭声。米高扬可能是唯一的例外。赫鲁晓夫把副手们叫来，也不是为了征求他们的意见或是让他们集体做出决策的，而是要他们通过自己的决定，合理化自己的行动，以免事情出现差错。而在此时，他们确实出错了。

他们从赫鲁晓夫的同僚变成了“顾客”。赫鲁晓夫的目标是要“推销”他又一个 180 度大转弯的想法。前一天，他说服主席团在给肯尼迪的信中加入有关土耳其导弹的内容，而现在却又要他们同意删除这一条款。一开始，他讲到了苏联共产党的历史，回顾了列宁在革命时期和内战时期的策略：“有一段时间我们积极进取，比如 1917 年 10 月。但是，1918 年 3 月，我们又不得不让步，为了保卫俄罗斯苏维埃联邦社会主义共和国，与德国签订了《布列斯特－立托夫斯克和约》。这项决定是符合我们利益的。现在，战争与核灾难的威胁近在眼前，甚至人类文明都可能因此毁灭。为了拯救全人类，我们应该让步。”听听赫鲁晓夫说的，他现在不仅要捍卫苏联的统治，还要拯救全人类。[13]

赫鲁晓夫对这番开场白做了总结。他说道：“我请你们大家过来交换一下意见，考虑是否同意这样的决定。”“决定”已经摆在那里了，他只需要主席团批准。他做了两手准备，“如果美国发动袭击，我们便下令展开报复性打击行动”，接下来就是他的“和平”提议。他说：“我们同意拆除导弹设施。”根据会议记录，没有人表示反对。而据特罗扬诺夫斯基回忆，葛罗米柯和米高扬表达了意见，且二人都不是鹰派，很可能同意赫鲁晓夫的决定。其余人都保持沉默，采取“随你怎么说”的态度。赫鲁晓夫的决定顺利通过。[14]

在讨论赫鲁晓夫提议的过程中，特罗扬诺夫斯基打断了会议：他有一条紧急消息要告诉主席团。“会议期间，我被叫去接了一个电话。外交部部长高级助理弗拉基米尔·苏斯洛夫（Vladimir Suslov）来电。他告诉我，多勃雷宁发来了一条加密电报，事关他与罗伯特·肯尼迪的一次新会谈。”特罗扬诺夫斯基这样写道。几十年后，他还记得肯尼迪这条近乎一份最后通牒的消息：美国决意要清除苏联的导弹基地，军方在向总统施压，时间紧迫，期望在一天之内得到苏联的明确回复。特罗扬诺夫斯基回到会议室，按照自己的笔记宣读了消息的内容。罗伯特·肯尼迪表示总统愿意撤出美国部署在土耳其的导弹。[15]

据赫鲁晓夫的回忆录，多勃雷宁的电报是这次危机的高潮。如果说特罗扬诺夫斯基认为罗伯特·肯尼迪的消息是最后通牒，那么在赫鲁晓夫的回忆中，罗伯特则是在求饶。在赫鲁晓夫的复述中，罗伯特恳请多勃雷宁理解美国政治体制的特殊性，帮助美国总统找到解决危机的办法。赫鲁晓夫在多年后回忆这段消息的要点时写道："美国总统本人不知道如何摆脱这种局面。军方在向他强势施压，坚决要求对古巴采取军事行动。他的处境变得极其复杂。"赫鲁晓夫试图证明，苏联的让步实际上是在回应肯尼迪兄弟的请求，但这是一种事后的解读。而在 10 月 28 日下午，赫鲁晓夫急于尽快达成新的协议。[16]

据特罗扬诺夫斯基回忆，在讨论过程中，国防委员会秘书伊万诺夫将军去接了一通电话。回来后，他报告主席团：根据军方掌握的情报，肯尼迪总统将在莫斯科时间下午5点发表全国演说。"当时，与会人员都觉得最坏的情况就要发生了。他们判断肯尼迪将宣布入侵古巴，或者更有可能的——轰炸导弹设施。"他们不得不快速行动。给肯尼迪的回信还没有准备好，但赫鲁晓夫命令安德烈·葛罗米柯立即给多勃雷宁发电报，让他转告罗伯特·肯尼迪，莫斯科方面准备接受肯尼迪总统开出的条件。赫鲁晓夫对这位外交部部长说："葛罗米柯同志，我们无权冒险。美国总统一旦宣布入侵，就无法撤回命令。我们必须让肯尼迪总统知道，我们想要帮助他。"[17]

葛罗米柯立即命令多勃雷宁联系罗伯特·肯尼迪。他要传递给华盛顿的消息如下："莫斯科方面已了解罗伯特·肯尼迪应总统之命传达的观点。我方对总统的回复将于今天在电台广播，而且会是非常肯定的回答。针对总统关心的主要问题，也就是在联合国监督下拆除古巴导弹基地一事，我方没有异议。赫鲁晓夫将在稍后的回信中详细阐述。"[18]

赫鲁晓夫口授了给肯尼迪的官方回信草稿，他的副手们将在此基础上尽快编辑、润色。（特罗扬诺夫斯基后来写道，是他来自外交部的同事具体负责此事。）“您于 1962 年 10 月 27 日来信声明不会入侵古巴，不仅美国不会，西半球的其他国家也不会。我尊重也相信您的声明。”信中这样写道。“既然如此，我们向古巴提供援助的动机就不复存在。因此，我们已下令要求军官采取合理措施，停止建造前述设施，将其拆除并送回苏联。（古巴岛上的苏联军事设施如我之前所述，系由苏联军官控制。）如我在 10 月 27 日的信中所说，我们同意由联合国代表核查这些设施的撤除情况。”[19]

好了！赫鲁晓夫接受了肯尼迪的所有条件，包括立即停止建造新的导弹基地、移除导弹、接受联合国的监督。罗伯特·肯尼迪要求多勃雷宁给一个简短、不啰唆的回答。但赫鲁晓夫怎么可能写一封简短扼要的信呢？这封信超过了 1500 个单词。在信中，他花了很大篇幅讲述苏联人民热爱和平的意愿，同时也没有忘记借机抨击美国不友好的行动：不明船只炮击了哈瓦那，U–2 侦察机在前一天飞越苏联领土。“在这样一个我们彼此都非常紧张、冲突一触即发的时刻，贵国的飞机却侵犯了我们的边境。”赫鲁晓夫这样写道。“说到底，越境的美国飞机很可能会被误认为是装备有核武器的轰炸机。那样，我们就会迈出决定命运的那一步。”

这完全是胡说，把 U–2 侦察机误认为轰炸机实际上是不可能的。但是，莫尔茨比的飞行确实让肯尼迪和麦克纳马拉产生了忧虑，担心苏联会将这次不小心的越境飞行视为空袭前的最后一次侦察。赫鲁晓夫没有提及苏军在古巴上空击落安德森驾驶的 U–2 侦察机的事情，但在讲完莫尔茨比一事后，他又明显想要为苏联的行动辩护。“总统先生，我希望您能明白，美国飞机侵犯古巴领空可能会造成严重的后果。如果您不想见到这样的局面，那么，最好避免这些会加剧紧张局势的情况。”赫鲁晓夫写道。[20]

除了给肯尼迪的回信，赫鲁晓夫还另外加了两条消息。第一条是前文提到的由葛罗米柯发给多勃雷宁的电报，要求多勃雷宁告知肯尼迪兄弟苏联方面很快会有肯定的答复。第二条可能是和回信同时准备的，也可能是在之后不久起草的。这条消息准备由多勃雷宁秘密转交给罗伯特·肯尼迪，事关古巴－土耳其导弹交易。赫鲁晓夫写道：“我同意通过罗伯特·肯尼迪和苏联驻美大使秘密商议此事。您可能已经注意到，我在 10 月 28 日送去的信中没有提到这一问题。这正是因为我考虑到您希望通过罗伯特·肯尼迪传递消息。但是，我在那封信中的全部提议都基于您已经同意撤除部署在土耳其的美国导弹基地这一前提，且处理方式与我在 10 月 27 日的信件中提到的方式相同，与您通过罗伯特·肯尼迪在他与苏联驻美大使多勃雷宁的会谈中提到的方式也相同。”[21]

赫鲁晓夫暗中和肯尼迪达成了秘密协议。接下来要做的是给卡斯特罗去信、给普利耶夫下令、给联合国秘书长吴丹去信。距离他公开提议导弹交易还不到 24 小时，赫鲁晓夫既然决定让步就必须对此做出解释，还要安抚对他不满意的盟友。他还须给苏联驻古巴的指挥官下令，确保他们配合联合国的工作——这项要求也包括在他与肯尼迪达成的协议中。

赫鲁晓夫在回忆当天发给肯尼迪的一封信时写道：“我刚刚口授了电报内容，就收到了一份我方大使发来的电报。他带来的是卡斯特罗的消息。菲德尔告诉我们，根据他收到的可靠情报，美国将在几个小时后入侵古巴。”按照赫鲁晓夫的说法，这是他第一次看到这个信息，或者说第一次理解它的含义。他回忆道：“菲德尔消息中最重要的不是他收到的情报，而是他的结论：他认为，如果入侵古巴不可避免，那么我们就必须采取反制措施。他提议我们先使用核导弹袭击美国，这样我方的导弹就不至于派不上用场。”据赫鲁晓夫回忆，听到这一提议时，不仅他自己非常震惊，会场上的其他人也大受震撼。“听完卡斯特罗的消息，我们都沉默了，面面相觑了好一会儿。”他在回忆录中这样写道。[22]

经过一番讨论，赫鲁晓夫开始口授给卡斯特罗的回信。这封信比给肯尼迪的官方信件要更简明一些。在信中，赫鲁晓夫对这位难以管束的援助对象说：“我们向您提出如下友好建议：耐心，克制，再克制。当然，如果美国入侵古巴，您完全有必要使用您所能支配的武力予以反击。但不要在盛怒下丧失理智，因为现在有望以对您有利的方式解决冲突，包括美国做出不入侵古巴的保证。而现在五角大楼那帮疯狂的军事指挥官们有可能想要阻碍这份协议达成。他们要激怒你们，再利用你们的行动回过头来对付你们。”[23]

会议接下来决定立即告知吴丹苏联同意拆除古巴导弹基地。事实上，苏联几乎是在邀请吴丹按原定计划访问古巴时也顺带访问苏联的导弹基地；同时也欢迎红十字国际委员会的代表登上前往古巴的苏联船只，以证明船上没有运载武器。“你务必告诉吴丹，现在前往古巴的苏联船只都完全没有携带武器。”葛罗米柯在发给苏联驻联合国代表瓦莱里安·佐林的电报中这样写道。虽然给佐林的指令中没有提到吴丹访问古巴导弹基地的事情，但主席团决定，命令普利耶夫“允许吴丹及其陪同人员进入基地”。为了让自己跟肯尼迪的交易顺利实现，赫鲁晓夫一定要让吴丹站在自己这一边。[24]

赫鲁晓夫给肯尼迪的回信很冗长，给卡斯特罗的回信虽然短些，但篇幅也不小。普利耶夫将军通过马利诺夫斯基得到的指令则不同，非常简明、精准。他当天收到了两份电报，至少其中一条是由赫鲁晓夫口授的。“我们认为，你在击落美国 U–2 侦察机一事上行事过于草率；当时美苏双方正在形成一份决议，有望以和平的方式避免美国入侵古巴。”指令这样说道，从中可以看出，赫鲁晓夫对普利耶夫无法控制古巴情势非常不满，于是命令他进入防御状态。接下来就是命令：“我们决定拆除 R–12 导弹，并将之撤出古巴。现在就开始执行。收到请确认。”这份电报是在莫斯科时间下午 4 时发出的。下午 6 时 30 分，马利诺夫斯基又发去一份指令：“除了不得使用 S–75，我还命令你不得派遣战斗机，以免与美国侦察机相撞。”这样，美国人将可以在古巴领空自由飞行而不受阻拦。赫鲁晓夫在想尽办法，不给五角大楼的“战争贩子”任何理由来影响他与肯尼迪之间的交易。[25]

给肯尼迪的信不能通过外交渠道发出，因为赫鲁晓夫担心动作太慢就无法阻止战争。他通过电台广播了这封信，就跟他前一天的做法一样。私下发出当然更好，这样就可以避免暴露他在土耳其导弹问题上的立场转变，但赫鲁晓夫似乎已经不在乎这些了。他命令苏联共产党中央委员会主管意识形态的书记列昂尼德·伊利切夫（Leonid Ilichev）亲手将这封信送到国家广播委员会（the Soviet

Radio Committee）。据伊利切夫回忆，从新奥加廖沃到莫斯科市中心送信的过程中，自己的司机一路超速、违章。最终他及时赶到。莫斯科时间下午 5 点，一位播音员宣读了赫鲁晓夫给肯尼迪的信。

华盛顿当时是上午 9 点，肯尼迪没有打算在星期天的早晨再次发表全国演说。令赫鲁晓夫及其同事心生恐惧，以致加快给肯尼迪回信的那个“演讲”并不在肯尼迪的计划之中。苏联军方特工获得的情报实际上是肯尼迪 10 月 22 日演说的一次重播。与古巴导弹危机中的很多小插曲一样，这是一个错误——一方无法完全理解另一方。苏联人不仅没有听懂在电视和广播中听到的内容（可能是因为英语不好），而且几乎不了解美国的政治与文化。如果肯尼迪想在星期天（10 月 28 日）发表电视演讲，他也不会定在上午 9 点，因为那是美国人去教堂做礼拜的时间。苏联的特工不会想到这一点，他们生在一个无神论国家。现在，不仅战争不会发生，而且广播中还在播报一个解决危机的方案。[26]

第二十三章　赢家与输家

在华盛顿，10月28日要比在莫斯科晚8小时到来。10月28日晚，美国东部夏令时会切换到东部标准时间。美国上午9点时，莫斯科时间是下午5点。此时，大部分美国人要么在教堂，要么是在去教堂的路上。

正当美国的电视和广播报道赫鲁晓夫发表演说的时候，中情局局长约翰·麦科恩正在做上午9点的弥撒。麦科恩并不清楚这次演说会包含什么内容。他的爱尔兰裔天主教教友约翰·肯尼迪有可能知道。上午10点，肯尼迪在大卫·鲍尔斯的陪同下，在宾夕法尼亚大道的圣史蒂芬天主教堂做弥撒。正当他准备回去工作时，麦克乔治·邦迪打来电话，简要总结了赫鲁晓夫的讲话：他接受了肯尼迪的提议，将拆除导弹基地。“我现在感觉焕然一新。”肯尼迪对鲍尔斯说。“要知道，我们已经安排好星期二的空袭。感谢上帝，这一切都结束了。”[1]

我们完全可以猜到肯尼迪在圣史蒂芬教堂祈祷了什么。前一天下午，他致电约翰·斯卡利，感谢他为腊斯克和政府所做的工作，也就是与克格勃驻华盛顿情报站站长亚历山大·费克利索夫进行非官方的协商。“约翰，你去教堂吗？”肯尼迪问。“总统先生，我去的。”他回答道。“今天下午或者晚上，我们都该去教堂祈祷，”肯尼迪接着说，“祈祷我们没有误判苏联人准备要做的事，也正确理解了苏联人的意图。明天可能会非常漫长。”[2]

但是，那天上午并不是所有人都在教堂。罗伯特·麦克纳马拉当天上午一直都在五角大楼，努力安抚柯蒂斯·李梅和参谋长联席会议的成员。他们对赫鲁晓夫最近写给肯尼迪的信有不同解读。他们在五角大楼会议室“坦克”召开的会议于上午 9 点开始。会上，李梅要求第二天就发动对古巴的进攻。“我想在今天晚些时候去见总统，希望你们也跟我一起去。”他对参谋长们说。“这些导弹很快就会全面投入使用了，星期一是我们能够对它们实施打击的最后一天。”李梅继续说道。大约在上午 9 点 30 分，关于赫鲁晓夫演讲的自动收报机纸条被送到会上，李梅却一点也不开心。“苏联可能会佯装撤军，但在古巴保留一些武器。”他对与会者们说。麦克纳马拉和保罗·尼采也出席了会议，他们努力让李梅等人冷静下来。他们认为，这项协议可以让美国在加勒比地区相比苏联占据更大的优势。将军们不得不退让，但他们不理解为什么赫鲁晓夫突然就同意了肯尼迪的提议。[3]

做完弥撒后，肯尼迪摇身一变，成了一个赢家。上午 11 点刚过，他回到了白宫的内阁会议室。一进会议室，他就感受到了喜悦的气氛。他的顾问们刚刚读完赫鲁晓夫信件的译文。迪安·腊斯克认为，不管大家此前在讨论中持有什么样的立场，这个消息对所有人来说都是胜利。“我认为，这封信在某种程度上满足了我们每个人的想法。”腊斯克这样对大家说。邦迪对他的这段“感到满意”的讲话并不买账。他说这是“鸽派的一天”。毫无疑问，这一天属于肯尼迪。危机一开始，他是不情愿的鹰派，后来又变成坚定的鸽派。

肯尼迪一开始先打开了录音系统。听了几分钟顾问团队沾沾自喜的发言之后，他就关掉了录音。肯尼迪对顾问们的恭维不屑一顾。他与泰德·索伦森在内阁会议室外面说话的时候，顾问团队中的一人表示，肯尼迪现在几乎已经无所不能，包括调停中印边境的冲突。肯尼迪认为这不可能。这位顾问对他说：“但是，总统先生，您今天可有十英尺高呢！”肯尼迪笑着回答：“也就能持续几个礼拜吧。”[4]

这位和平的缔造者还没有向将军们和大多数顾问解释这次意料之外的惊人成功。但就在几个小时甚至几分钟内，他在国内外的地位都发生了巨大变化。之前，前总统指责他软弱，后来又指责他在与赫鲁晓夫一轮又一轮的对决中一败涂地。现在，他突然成了英雄，能够直面问题，并迫使强大的敌人撤退。如果说，在这之前都是赫鲁晓夫占据主动，肯尼迪只能见机行事，那么，从现在开始，他将一直处于优势地位。但是，肯尼迪的桂冠上面布满了刺，因为他还有一个不可告人的秘密——古巴－土耳其导弹交易。

接下来的执委会会议是自其成立以来这么多次会议中时长最短的一次，从上午 11 点 10 分开到 12 点 15 分。他们取消了当天的侦

察飞行以避免发生意外事故，还商定了联合国监督苏联撤出导弹的具体事宜。美国将为联合国提供基地位置和状况的情报信息，并代表联合国或者通过联合国监督导弹的拆除和撤出。

肯尼迪还希望苏联把伊尔–28 轰炸机也撤出古巴。这虽是一种老式飞机，但仍有能力向美国领土投下核弹。因此，伊尔–28 轰炸机也有一定威胁性，可以算作肯尼迪在 9 月初发现苏联地对空导弹时所发表声明中提到的“攻击性武器”。在 10 月 20 日的顾问团队会议中，肯尼迪声称他并不在意古巴岛上的苏联飞机，大家“必须做好准备与苏联轰炸机带来的威胁共存”。但如今情况不同了：肯尼迪不再是赫鲁晓夫的猎物；相反，他变成了猎人，要逃命的是赫鲁晓夫。轰炸机再次成为被讨论的内容，但肯尼迪决定暂时不提出这一问题，以免破坏与赫鲁晓夫达成的导弹协议。所有人的意见都达成了一致。肯尼迪要求执委会成员避免发表过多的公开评论——危机还没有结束。[5]

当天晚些时候，肯尼迪签署了给赫鲁晓夫的信。但这一封信与此前发给莫斯科的那些信完全不同。之前的信，他都与顾问团队进行了长时间的讨论，苦苦思索要说些什么、该回应赫鲁晓夫的哪个观点。这封信同样没有提到苏联之前的欺骗或不当行为，反而表达了歉意：为莫尔茨比不小心进入苏联领空而道歉。“我认为，您与我都肩负着维护和平的重担，而事态的发展一度近乎失控。”肯尼迪这样写道。

接下来，肯尼迪表达了他对于协议内容的理解，并做出了承诺：“我认为，我在 10 月 27 日给您的信和您今日的回复是两国政府的坚实承诺，所涉及的事项应立即得到执行。”最后，对于赫鲁晓夫提出的继续就核裁军展开洽谈一事，他做出了积极的回应。“我认为，我们应该重视核武器在地球和外太空扩散的相关问题，着力禁止核试验。”肯尼迪这样写道。他愿意讨论古巴导弹危机以外的事情，回到危机发生前与赫鲁晓夫讨论过的禁止核试验问题上。[6]

肯尼迪的回信所针对的是协议中能公开的那部分。如果可以的话，他可能更想忘记前一天晚上通过罗伯特传递给多勃雷宁的提议，但是赫鲁晓夫会提醒他的。28 日上午，多勃雷宁曾致电罗伯特，要求与他会面。据罗伯特回忆，那天上午他没有去教堂，而是带三个女儿去华盛顿国民警卫队军械库看了国际马术展。大约是在上午 10 点，他接到了迪安・腊斯克的电话，得知赫鲁晓夫接受了总统的提议。罗伯特匆忙赶回白宫，并在白宫接到了多勃雷宁的电话。他们决定于上午 11 点在司法部见面，具体地点是罗伯特的办公室。[7]

像往常一样，这位苏联驻美大使是最后一个知道莫斯科发生了什么的人。他向他的上司们抱怨说，美国电台报道赫鲁晓夫回信的主要内容过去大约一个半小时后，他才收到莫斯科发来的指令。多勃雷宁还没有拿到信件的文本，也没有收到赫鲁晓夫关于古巴 - 土耳其导弹交易的回复。能指导他下一步行动的是葛罗米柯大约于莫斯科时间下午 4 点发来的指示，要求他立即与罗伯特・肯尼迪联系，并告诉罗伯特：莫斯科方面对他前一天晚上对多勃雷宁说的话表示感谢，而且莫斯科方面将会针对他哥哥的提议给出一个肯定的答复。因此，这位大使带到司法部的还是早些时候的新闻——告诉罗伯特，给他哥哥的回信还在起草过程中。而当时，这封信的内容已经被广播出来了。

他们见面时，多勃雷宁解释说电报站有点故障，所以自己收到的消息有些滞后。但能够确认自己在白宫听到的消息，罗伯特还是感觉很开心。这是几周以来多勃雷宁第一次看到他笑。“那我就放心了。”罗伯特对这位大使说。多勃雷宁后来在给莫斯科的报告中写道：“很明显，某种程度上他是不由自主地说出了这句话。”葛罗米柯的消息暗示，赫鲁晓夫之所以对肯尼迪总统的官方提议给予肯定的答复，很大程度上就是因为前一天晚上通过罗伯特传递给多勃雷宁的提议。这也是罗伯特·肯尼迪与多勃雷宁会面的目的。

与苏联驻美大使告别前，罗伯特请他务必对协议中有关土耳其的部分保密。根据多勃雷宁给莫斯科的报告，罗伯特对他说：“尤其不能让记者们知道。在我们这边，目前就连白宫新闻秘书皮埃尔·塞林杰都不知道。”多勃雷宁向他保证，自己是整个大使馆中唯一知道这一信息的人。罗伯特离开前对多勃雷宁说，他自己最近“完全不着家”，这时终于可以去看看孩子了。[8]

罗伯特在回忆录中写道：“这一次会面与昨天晚上那次很不一样。”他又回到白宫，向总统汇报了与多勃雷宁的会面情况。[9]

罗伯特到达椭圆形办公室时，约翰·肯尼迪正在给三位前任总统打电话——胡佛、杜鲁门和艾森豪威尔。他要向三人通报这次胜利，但不能如实讲述取得胜利的方式。他所能依赖的只有多勃雷宁的保证：苏联会对土耳其导弹一事保持沉默。

约翰·肯尼迪的第一通电话打给了对他来说最为重要的前任——艾森豪威尔将军。“将军，您最近如何？”肯尼迪先寒暄了一句，然后开始说与赫鲁晓夫商谈的细节。他提醒艾森豪威尔，赫鲁晓夫已经公开发表言论，表示“如果我们从土耳其撤出导弹”，那么苏联也同意撤出部署在古巴的导弹。肯尼迪继续说：“那么，您也知道，我们先前发表了声明，因此无法达成那样的协议。于是，今天上午，我们就收到了这条消息。”“但是，总统先生，他提出什么条件了吗？”艾森豪威尔问道。肯尼迪谎称：“没有，除了我们不要入侵古巴。”艾森豪威尔回答“好的”。对此，肯尼迪又用相似的话重复了一遍：“目前为止，我们只收到这一个条件。”[10]

第二通电话是打给杜鲁门的。肯尼迪继续采用欺骗的策略，尽管杜鲁门并没有明确问到土耳其的问题。“接下来，在星期六的上午，也就是收到另一封信的 12 小时后，我们又收到了一封与之截然不同的信，里面提到了土耳其的导弹基地。”肯尼迪在回忆那两封信引发的闹剧时说道。“他们做事总是这样。”杜鲁门说道。“然后，我们就拒绝了，”肯尼迪继续说，“于是，他们又绕回来……接受了我们之前的提议。”杜鲁门肯定了肯尼迪的做法。接下来，肯尼迪打给了胡佛，胡佛也表达了与杜鲁门同样的看法。他告诉肯尼迪：“在我看来，最近这些事情好像都相当不同寻常。”“确实非同寻常。”肯尼迪答道。“对你来说，这可以说是相当不错的胜利了。”胡佛说道。[11]

从此刻起，肯尼迪再也没有退路了，他必须隐瞒与赫鲁晓夫的秘密协议，而且他决定不将秘密协议付诸纸面。但与此同时，赫鲁晓夫又希望肯尼迪做出书面承诺。10 月 29 日，多勃雷宁再次与罗伯特联系。这一次，他送来一封赫鲁晓夫给肯尼迪的秘密信件。“亲爱的总统先生，”这是信的开头，“多勃雷宁大使已向我汇报了他与罗伯特·肯尼迪在10月27日的会面。”赫鲁晓夫感谢肯尼迪派弟弟传达愿意撤出美国部署在土耳其的导弹的态度，并解释说，他同意肯尼迪的公开提议便是考虑到了这条非公开的提议。赫鲁晓夫对秘密协商没有异议，也愿意保持这条渠道的畅通。“我认为必须向您声明，我完全理解公开讨论撤除土耳其的导弹基地会将您置于何种微妙的境地。”赫鲁晓夫这样写道，“我会考虑到这一问题的复杂性。我也相信，您不愿公开讨论这一问题的想法是完全正确的。”[12]

第二天，罗伯特·肯尼迪向多勃雷宁表示总统会遵守承诺，但不能签署任何信件，再机密的信件也不行。“对于如此微妙的一件事，我们……不愿意用信件的形式表达总统与苏联领导人之间的这一共识。坦白说，我个人也不想冒险参与这类信件的传递，因为没人知道这些信会在什么时候、什么地方冒出来，或者以某种形式发表——就算现在不发生，将来也很难说。而且，事情发展过程中，发生任何变化都是有可能的。出现这样一份文件，会对我的政治生涯造成无可挽回的后果。因此我们请求您收回这封信。”

多勃雷宁不得不收回这封信，他将罗伯特的这番话报告给莫斯科。11月1日，这位苏联驻美大使又带来了一条消息，这次是赫鲁晓夫给罗伯特的。这位苏联领导人相信了总统的口头承诺，从而避免了发生土耳其导弹丑闻的可能。[13]

赫鲁晓夫自己也有很多事情要解释。如果肯尼迪必须隐瞒自己的政治让步，赫鲁晓夫就无法向苏联人民和全世界解释为什么不再要求美国从土耳其撤出导弹。为了达成交易，他不得不说谎。赫鲁晓夫可能很清楚，消息一旦泄露，肯尼迪就无法遵守承诺。果不其然，赫鲁晓夫秉承了他一贯的风格和脾气，大肆宣扬自己是这场危机的胜利者。他声称自己实现了拯救古巴的目标，也不需要出于地缘战略的原因在古巴部署苏联导弹，因为他完全可以从苏联本土打击美国；而且卡斯特罗随时可能会挑起核战争，是他赫鲁晓夫拯救了世界。

赫鲁晓夫的第一次解释机会是在 10 月 29 日，也就是他接受肯尼迪所提条件的第二天。当时，捷克斯洛伐克共产党领袖安东宁·诺沃提尼（Antonín Novotný）率领代表团访问莫斯科。赫鲁晓夫遵守了对肯尼迪的承诺，没有提及古巴 – 土耳其导弹交易，但他向诺沃提尼和代表团做了些暗示："美国人通过一些能联络到我方的中间人的渠道明确表示，如果我们能帮助他们顺利解决这场危机，他们会非常感激。"赫鲁晓夫接受了肯尼迪无法就土耳其问题公开达成协议的说法。"我们明白，这些问题与加勒比地区和古巴的具体情况差别太大。肯尼迪无法回应我们的诉求，因为他也必须与北约其他成员国商议。而事态过于严重，我们不能再拖了。"[14]

"谁赢了呢？"赫鲁晓夫问代表团，但他随即便给出了回答。他坚信自己已经实现了主要目标："我认为我们赢了。这个问题必须从双方设定的最终目标来看。美国人有什么目标？袭击古巴，除掉古巴共和国，在古巴建立反动政权。这些目标最终都没有实现。我们的主要目标是拯救古巴，捍卫古巴的革命成果，所以才会在那里部署导弹。我们实现了目标——逼迫美国人承诺不会袭击古巴，美洲大陆上的其他国家也会克制向古巴动武的想法。"

赫鲁晓夫还借此机会批评卡斯特罗，说他不仅激化了矛盾，还建议动用核武器攻击美国。关于核战争，赫鲁晓夫还谈到一个更宏观的看法："这次冲突——我们确实处在战争的边缘——证明，如今的战争并不是注定的，而是可以避免的。正如我们看到的，帝国主义不是纸老虎，它会在你的屁股上狠狠咬上一口。"

在赫鲁晓夫的表述中，他不仅从帝国主义的虎口中救下了古巴，还让全世界避免了核战争；他不仅是一名成熟、通达的政治家，知道在何时以何种方式退让，更是世界舆论场的赢家，甚至胜过了资本主义者。在共产主义同志诺沃提尼面前，赫鲁晓夫可谓不加掩饰，甚至是无所顾忌。"对于这次冲突和我们的行动来说，最重要的结果之一就是全世界都认为是我们维护了和平。"他这样强调，"现在，我呈现给全世界的形象像是一只羔羊，但这也不是坏事。和平主义者伯特兰·罗素就给我写了感谢信。我当然和他没有什么共同点，除了一点：我们都热爱和平。"[15]

表面看起来，赫鲁晓夫的同僚（实际上是下属）都毫无异议地接受了他这一套虚张声势的解释。苏联媒体也是如此。《真理报》等苏联主流媒体不仅发表了罗素写给赫鲁晓夫的信，还刊登了第三世界国家的元首发来的祝贺信和电报，特别是不结盟运动的倡导者、印度总理贾瓦哈拉尔·尼赫鲁（Jawaharlal Nehru）。

这些并不完全是政治宣传。赫鲁晓夫在核战争的边缘选择让步，世界各地的很多人确实对此非常感激，也的确有一些人认为危机以这种方式结束是美国的失败。10 月 28 日，也就是世界媒体纷纷报道赫鲁晓夫接受肯尼迪所提条件的那一天，巴西驻美大使罗伯托·德·奥利维拉·坎波斯（Roberto de Oliveira Campos）曾表示，因为当时古巴被认为是需要自我保卫的国家，"美国的道德立场受到了挑战。而且尽管危机是因赫鲁晓夫而起，但在秉持中立主义的国家看来，他现在是一个和平缔造者”。[16]

但是，在苏联阵营的国家和不结盟国家以外，赫鲁晓夫更多地被看作失败者，而非赢家。在美国，人们认为肯尼迪才是胜利的一方。10 月 29 日《纽约时报》一篇文章的标题就是“苏联让步，告知总统基地工作已叫停，渴望谈判”。奥利维拉·坎波斯也感受到了美国官方的愉悦气氛。“在华盛顿，人们认为：（1）这起事件证明北美有关核武器的指控是正确的；（2）苏联承认当下北美的核力量占据优势，这证明了五角大楼的判断；（3）过去 4 个月苏联付出了极大努力，每天大约花费 100 万美元，最终却回到了原点，仅从美国那里得到了不会入侵的保证。而此前华盛顿已经单方面声明过不会入侵。”[17]

同样的情绪也在西欧广泛传播。《纽约时报》驻莫斯科的记者西摩·托平（Seymour Topping）根据驻莫斯科的西方外交官和记者的意见，评估了这次危机的结果。他们认为，“在遭到肯尼迪总统拒绝后，关于土耳其的提议被立即撤回。苏联这次颜面扫地”。托平继续写道：“这里的西方观察家认为，赫鲁晓夫的信表明苏联在古巴问题上做出了退让，影响将非常深远。这个问题的处理方式，即苏联从秘密部署导弹基地到在美国施加的压力下撤出导弹，有可能会损害苏联在海外的声誉，还可能会影响现任苏联领导人的政治地位。”美国新闻署为肯尼迪和他的顾问团队做了一份报告，汇总各国媒体对古巴导弹危机得到解决的反应：古巴媒体沉默了 3 个小时；西欧则认为力量天平正向美国倾斜。[18]

身在海外的苏联记者也陷入了被动，不得不回应赫鲁晓夫已经下台的传言。有些西方媒体认为，赫鲁晓夫在给肯尼迪的信中立场突变，说明他已经被解职，《真理报》记者尤里·茹科夫（Yurii Zhukov）在会见美国驻苏联大使卢埃林·汤普森时否认了这些报道。汤普森的报告显示，茹科夫“立即表示，他确信事实并非如此，赫鲁晓夫仍是苏联的最高领导人”。但这并不能消除所有人的疑虑。几天前，法国驻美大使埃尔维·阿尔方（Hervé Alphand）向迪安·腊斯克了解赫鲁晓夫立场突变的情况。腊斯克给他看了赫鲁晓夫 10 月 26 日给肯尼迪的信，阿尔方读后评论说：“这样看来，（赫鲁晓夫）有癔症和精神失调的症状。”[19]

约翰·肯尼迪则无心做这样廉价的精神分析或者耀武扬威一番，正如他在 10 月 28 日执委会会议结束时对顾问团队建议的那样。10 月 29 日，《纽约时报》刊登了一篇文章，作者是该报资深记者詹姆斯·赖斯顿，他与肯尼迪的关系很好。文章是这样开篇的：“肯尼迪总统不认为古巴导弹危机是一场伟大的胜利。在他眼里，这仅仅是‘冷战’格局中一个独立问题的体面和解。”文章声称，关于未来的美苏关系，肯尼迪尚未从危机中得出一般性的结论。然而，就在同一天，肯尼迪的一位顾问小阿瑟·施莱辛格写了一份备忘录，建议总统发表演讲，说一说结论。“这次演讲应该通过解读胜利的本质让国民明白，在未来我们只会为了有限的目标而使用有限的武力。同时演讲还应指出，我们在古巴问题上的成功并不能证明武力可以解决一切。”施莱辛格这样写道。[20]

肯尼迪与赫鲁晓夫都声称在此次危机中占了上风。但是，如果说肯尼迪关心的是如何确保并利用这次胜利，那么赫鲁晓夫则更关注如何解释他的立场突变和在土耳其问题上明显的让步。而且，他一方面要解释自己的立场变化，另一方面还要忙着遮掩肯尼迪送来的“大礼”——古巴－土耳其导弹交易。无论他对别人说了什么、别人对他说了什么，后续事态的发展说明，赫鲁晓夫对肯尼迪的态度有了大幅度的改变。他之前觉得这位年轻的总统缺乏经验、软弱不堪。这时，他眼中的肯尼迪已经是一个不会再任人摆布、必须予以重视的强大对手。赫鲁晓夫学会了尊重肯尼迪。

但有一位拒绝宣布胜利的领导人，他就是菲德尔·卡斯特罗。按照赫鲁晓夫的说法，在与肯尼迪达成的协议中，卡斯特罗的声望、古巴的安全是其中的核心——卡斯特罗才是受益最多的一方。古巴不仅避免了被美国入侵和占领，也摆脱了在核战争中覆灭的厄运，卡斯特罗的政权同样得到了不被美国入侵的保证。但是，卡斯特罗的感受则有所不同。他认为自己不仅失去了已经部署在岛上的导弹和核弹头，而且更重要的是，他作为一个独立国家的首脑，如今颜面扫地。他不愿牺牲自己的声望。

第二十四章　满心愤慨

几十年后，卡斯特罗回忆起自己与同志们在得知莫斯科电台播报赫鲁晓夫给肯尼迪的信时的反应，他说："当时我们全体国民都满心愤慨，而不是觉得宽慰。"他并不是从苏联驻古巴大使阿列克谢耶夫或莫斯科广播电台处得知这封信的，而是通过电传打字机发来的美国联合通讯社的新闻获知。[1]

大约在 10 月 28 日中午，古巴一家报纸的总编辑给卡斯特罗打了一个电话，问他该如何处理这条新闻。"什么新闻？"卡斯特罗惊讶地问。等到得知实情之后，他大发雷霆，还砸碎了家里的镜子。他大声地谴责那位所谓的救世主。相比于 12 天前得知赫鲁晓夫在古巴部署导弹的肯尼迪，卡斯特罗的反应更加激烈。"消息传来时，"他在 20 世纪 90 年代初回忆道，"我们觉得自己成了某种用来讨价还价的筹码。"卡斯特罗使用了不同的词汇，但回忆起这件事时还是深感刺痛。他的苏联盟友在达成协议时不仅没有征求他的意见，甚至根本没有通知他。[2]

"苏联的让步给我们带来了很强的压迫感，"卡斯特罗对几天后来访的苏联高官阿纳斯塔斯·米高扬说，“我们的人民并没有做好心理准备，我们感到深深的失望、难过、痛苦，就好像我们失去的不仅是导弹，还有一份团结的象征。拆除导弹发射装置并将设备运回苏联的消息，最初在我们人民的眼中就是无耻的谎言。”赫鲁晓夫同意联合国在古巴领土上监督导弹基地的拆除工作，这一承诺在卡斯特罗看来更加无礼，此事同样也没有征求古巴方面的意见。“苏联没有事先通知古巴领导层就同意接受联合国的监督，”他对米高扬说，“我们必须要考虑到古巴人的特殊情感，这是几个重要的历史阶段的积累所形成的，美国强加给古巴的《普拉特修正案》就在其中起到了特殊的作用。”[3]

我们并不清楚米高扬知不知道普拉特是何许人也。卡斯特罗所说的《普拉特修正案》是对美国在 1901 年签署的陆军拨款法案的补充，由参议员奥维尔·普拉特提出，于同年 3 月被美国国会通过，并以提出者的名字命名。该修正案允许美国在古巴租借和购买土地，用于建设军事基地（关塔那摩海军基地就是这样来的）；禁止古巴向外国借债；限制了古巴在外交事务中的主权。卡斯特罗暗示苏联当下也是以类似的方式来损害古巴的利益。卡斯特罗个人确实受到了侮辱，但他的不满所反映出来的不仅仅是个人尊严受损的问题，更是古巴领导层和革命支持者的感情受到了伤害——他们感觉被人出卖了。[4]

肯尼迪花了很多时间与顾问团队争论如何说服土耳其同意撤出“木星”导弹、如何说服北约盟友支持这一决定。而赫鲁晓夫几乎没有——甚至完全没有——花费时间考虑卡斯特罗和他可能做出的反应。他认为卡斯特罗会同意：他是被保护者，在共产主义事业中的资历也比较浅，应该遵从保护人和共产主义“领袖”所采取的政策。这也是赫鲁晓夫的一贯作为。而且，赫鲁晓夫真心认为他达成的这项协议最能保护卡斯特罗和古巴的利益。但他没有理解的是，卡斯特罗的革命与其说是共产主义革命，不如说是民族主义革命。革命的口号是“无祖国，毋宁死”——这是民族主义，而非共产主义。被看成或当作另一个大国的傀儡，这是卡斯特罗和他的支持者们最不愿看到的。

就在 10 月 26 日上午，肯尼迪的执委会讨论过如何给美国驻巴西大使下达指示，利用巴西的外交渠道来挑拨赫鲁晓夫和卡斯特罗之间的关系。要想达到这个目的，可以释放消息说莫斯科方面已命令未抵达封锁线的船只返航，并散布苏联要以古巴为筹码逼迫美国在柏林问题上让步的传言，以此暗示卡斯特罗不过是赫鲁晓夫手中的一枚棋子，赫鲁晓夫很快就会背弃他。不过，肯尼迪最终并没有给美国驻巴西大使下令，也没有巴西人跟卡斯特罗通气。但当下，卡斯特罗却得出了相似的结论。让美国人发现共产主义阵营中的裂痕，这在当时绝不是好事。愤慨之下，卡斯特罗转变了对莫斯科的态度。赫鲁晓夫必须想办法应对这个新的危机，而他不但没能有所预见，甚至在危机出现时也没有给予充分重视。[5]

苏联驻古巴大使阿列克谢耶夫曾被卡斯特罗视为与赫鲁晓夫沟通的直接渠道。10 月 28 日，阿列克谢耶夫发现自己陷入了苏古关系的政治风暴中。当古巴总统奥斯瓦尔多·多尔蒂科斯要求他解释那条新闻时，阿列克谢耶夫茫然不知所措——跟苏联驻美大使多勃雷宁一样。阿列克谢耶夫解释称，他所知道的就是苏联广播的声明。直到几个小时后，他才收到赫鲁晓夫写给卡斯特罗的信件。阿列克谢耶夫想要立即将信件转交，但这位古巴领导人却拒绝接见他。[6]

赫鲁晓夫在信中试图让卡斯特罗相信，他与肯尼迪达成的协议是对其有利的，因为协议“保证美国不会动用自己和盟国的武力入侵古巴”。但是，这封信的主要目的并不是通知，而是安抚，以免卡斯特罗做出什么过激举动，从而影响赫鲁晓夫和肯尼迪的协议。“在这一关键时刻，我们现在建议您不要被情绪左右，要克制。”赫鲁晓夫这样写道。“美国公然违反国际法基本原则并对古巴实施侵略，我们理解您对此的愤慨。但是，此刻美国五角大楼的某些军方高层非常鲁莽，视法律如无物。现在，协议已经快要成形了，美国军方正在寻找阻碍协议达成的机会。”赫鲁晓夫希望卡斯特罗不要受到美方的挑衅。[7]

虽然吃了卡斯特罗的闭门羹，但阿列克谢耶夫还是设法见到了总统多尔蒂科斯和当时负责农业改革的卡洛斯·拉斐尔·罗德里格斯（Carlos Rafael Rodríguez），并请二人代为转交赫鲁晓夫的来信。“但是，”多尔蒂科斯对阿列克谢耶夫说，“苏联仅凭肯尼迪的保证就决定移除特别武器，古巴人民与拉美人民会将此视为苏联政府的失败。”古巴人很失望。卡斯特罗要想办法安抚他的支持者——他们认为整个苏联驻古巴集团军都会撤出古巴。“古巴领导层深感不解和困惑。”阿列克谢耶夫向莫斯科方面汇报当日会面的结果时这样说道。[8]

10 月 28 日下午，哈瓦那电台播报了古巴接受美国不入侵承诺的五点要求，其中包括停止公开或秘密袭击古巴、停止美国对该岛实行的商业封锁，以及美军从关塔那摩军事基地撤出。此外，古巴还发表了一份声明，大意是已下令击落任何入侵古巴领空的美国飞机。肯尼迪与赫鲁晓夫所达成的协议中，关键的一点就是在古巴领土上核查苏联导弹基地的拆除工作。这一点当下成了卡斯特罗的筹码。这五点要求说明，只有两个超级大国——尤其是美国——接受卡斯特罗的要求，才可能对苏联部署在古巴的导弹基地的拆除工作进行核查。[9]

尽管这五点要求是古巴正式向美国提出的，但古巴外交部部长劳尔·罗亚对南斯拉夫驻古巴大使博什科·维达科维奇说，这些"更多是给赫鲁晓夫看的，而不是肯尼迪"。他还补充道："我们的安全受到了威胁，必须要说点什么。""古巴是绕不过去的，"维达科维奇在另一份电报中引用了罗亚的原话，"他们必须明白这一点——两方都是。"波兰驻古巴大使博莱斯瓦夫·耶伦（Bolesław Jeleñ）向华沙方面汇报说："提出这些条件可能是为了显示古巴也参与了决策。"他还指出："赫鲁晓夫的声明给卡斯特罗造成了很大麻烦。"[10]

同一天，卡斯特罗回复了赫鲁晓夫的来信。"我要告诉您，"他这样写道，"我们普遍反对在我们的领土上进行核查。"但是，这封信的大部分内容都在解释他为什么命令防空部队向美国飞机开火——在赫鲁晓夫看来，这个命令导致了 U–2 侦察机被击落。卡斯特罗建议赫鲁晓夫询问苏军的指挥官："关于这架飞机如何被击落，苏联军队的领导层可以给您提供额外的信息。"但在下令击落 U–2 侦察机一事上，卡斯特罗并没有在信中断然否认。几天后，他告诉吴丹："这架飞机是古巴防空部队击落的。"[11]

卡斯特罗当然知道实情，但他不愿意承认驻扎在古巴领土上的外国军队不受自己的管控。他曾通过抗议外国势力在拉丁美洲建立军事基地而在国际社会上崭露头角，而现在他却默许苏联在古巴建设军事基地。指责苏联击落 U–2 侦察机，就相当于承认他对古巴领土上的外国军队没有控制权。卡斯特罗不愿这样做。

10 月 29 日星期一，也就是赫鲁晓夫给肯尼迪的回信被苏联电台广播的第二天，卡斯特罗同意接见阿列克谢耶夫。这次阿列克谢耶夫给卡斯特罗带来了另一封信，但这封信并非来自赫鲁晓夫个人，而是整个苏联领导层。

苏共中央主席团希望卡斯特罗发表公开声明，支持赫鲁晓夫与肯尼迪达成的协议，“用您的语言表述已经达成的共识”。苏方声称这个想法出自美国——赫鲁晓夫希望这个细节可以转移卡斯特罗的怒火。为了证明这一想法确实是美国人提出的，主席团还给阿列克谢耶夫发来了一段谈话记录，这番谈话出自克格勃驻华盛顿情报站站长亚历山大・费克利索夫与他的熟人约翰・斯卡利，但二人的名字在记录中被隐去了。斯卡利向费克利索夫保证，如果卡斯特罗表示支持，美国也会做出积极的回应。赫鲁晓夫是在试图安抚卡斯特罗，想在协议中给他安排一个角色，来抚平其自尊受到的创伤。结果不出意料，卡斯特罗反应冷淡，答应会研究一下这个提议。[12]

“我从未见过卡斯特罗如此心不在焉，如此恼火。”阿列克谢耶夫这样向莫斯科汇报。卡斯特罗对他说：“我们不会允许任何人在我们国土上进行任何形式的核查。”他认为核查是“羞辱性的程序”。卡斯特罗还戳到了苏联的痛处，暗示苏联已经向美国认输了，“给人的印象是苏联迫于美国的压力而做出让步”。为了安抚卡斯特罗，阿列克谢耶夫提议由赫鲁晓夫写一封“暖心”的信，并发表公开声明，支持卡斯特罗的五点要求。[13]

赫鲁晓夫终于意识到自己遇到了一个麻烦，而且这个麻烦还在逐步扩大：“卡斯特罗不明白这些许诺在我们的行动中有多大的意义，他完全不懂政治策略。”赫鲁晓夫回忆道：“应该说他非常敏感，从各种角度猛烈抨击我们。卡斯特罗的‘革命主义’、极端主义愈发偏激，而我们的道德立场受到了质疑。我们在古巴的声望不升反降。”不但苏联与美国达成的协议受到了威胁，苏联在共产主义世界的领导地位也面临挑战。[14]

赫鲁晓夫没有理会阿列克谢耶夫的建议，没有写“暖心”的信，而是采取了他一贯的威吓手段。10 月 30 日，他给卡斯特罗写了一封信。在信的开头，赫鲁晓夫语气柔和地说：“我们理解您的处境，也会考虑到您的困难。”但是，接下来他便展开了攻势，批评卡斯特罗在 10 月 27 日建议使用核武器对付美国。“亲爱的菲德尔·卡斯特罗同志，”赫鲁晓夫写道，“我认为您的提议并不正确，尽管我理解您的理由。”他继续说道：“我们亲历了一个非常严峻的时刻——全球热核战争差点爆发。战争一旦爆发，美国固然会损失惨重，但苏联和整个社会主义联盟也会遭受巨大损失，甚至古巴人民会面临什么样的结局也很难说……我们与帝国主义做斗争不是为了送命，而是要发挥我们全部的潜能，尽可能少受损失，进而取得更多胜利。我们要做胜利者，让共产主义事业成功。”[15]

但是，赫鲁晓夫的威吓策略与逻辑推理都没有产生预期的效果。卡斯特罗第二天的回复跟之前一样语带挑衅。“我不明白您为什么会声称在做决定前曾征求我们的意见。”他写道。这是在回复赫鲁晓夫的信中颇为傲慢的一句：“亲爱的菲德尔·卡斯特罗同志，鉴于我们曾收到你们的电报，且一封比一封令人忧心，我们认为曾就此事与贵方进行了磋商。”卡斯特罗没有掩饰他对赫鲁晓夫与肯尼迪达成协议的不满，也不相信肯尼迪的保证。“这些帝国主义者，”他写道，“又在谈论入侵我们的国家。这就证明了他们的承诺有多么短暂、多么不可靠。”阿列克谢耶夫建议莫斯科方面不要回复卡斯特罗的信。这一次，赫鲁晓夫接受了建议。他不得不采取一个新的战术，但又不能改变大的战略：如果卡斯特罗不同意接受核查，那么他与肯尼迪达成的协议就无法得到执行。[16]

卡斯特罗坚持自己的立场。他决心执行自己的外交政策，并在国际舞台上确立自己的独立形象。10 月 30 日下午，他在哈瓦那的总统府迎接了一位从纽约来的贵宾——联合国秘书长吴丹。这一次，他要证明自己不受美国和苏联的摆布。

在苏联、古巴与美国及其盟友为了争夺政治支持而展开的斗争中，联合国是他们的重要战场。美国驻联合国代表阿德莱·史蒂文森出示 U–2 侦察机拍摄到的苏联导弹基地照片，并与苏联驻联合国代表瓦莱里安·佐林对质，是这场斗争中最引人注目的时刻，但斗争本身并不局限于这种戏剧性场面。联合国秘书长、来自缅甸的外交官吴丹，在避免危机升级为公开对抗方面发挥了重要作用。他是公开提出危机解决方案的第一人——苏联撤出导弹，美国承诺不入侵古巴。他在公开和私下场合都曾提出这一建议。[17]

在很长一段时间里，美国都一直鼓动吴丹提出由联合国检查古巴的导弹基地。但在赫鲁晓夫接受肯尼迪提出的在联合国监督下撤出苏联导弹的提议之前，赫鲁晓夫从未征求过这位联合国秘书长的意见。但在接受了肯尼迪的提议之后，赫鲁晓夫立刻指示葛罗米柯不仅要通过多勃雷宁把消息告知罗伯特，还要通过苏联驻联合国代表瓦莱里安·佐林知会吴丹。10 月 28 日，吴丹给赫鲁晓夫去信。他在信中说，“非常高兴地”看到苏联领导人决定拆除导弹基地，愿意“就联合国代表核查拆除工作的可能性达成协议”。[18]

菲德尔·卡斯特罗曾邀请吴丹于 10 月 27 日访问古巴，当时卡斯特罗与岛上的苏联将士正被战争的恐惧所吞噬。他需要这位联合国秘书长充当调解人——卡斯特罗曾表示愿意讨论自己与美国之间的分歧，也希望借助吴丹的来访避免美国的入侵。等到吴丹接受邀请并抵达哈瓦那机场时，古巴局势已经发生了巨大的变化。美国媒体认为，吴丹此行是要说服卡斯特罗接受联合国的监督。这位联合国秘书长宣布他乐于讨论很多问题，也没有否认联合国监督一事是访问的主要目的。[19]

二人第一次会面是在 10 月 30 日下午。吴丹在会面中提出了联合国监督的问题。他把这个问题作为美方的提议抛了出来，而没有直接表明自己和这个提议的关系。卡斯特罗没有表现出改变立场的意思。“我们不理解的是，到底为什么要求我们这样做。我们没有违反任何法律……相反，我们才是受害者。一开始是封锁，这就不合法。后来是另一个国家声称要决定我们在自己的领土上有权做什么、无权做什么。按照我们的理解，古巴是主权国家，与联合国任何成员国的地位都是完全一样的……在我看来，所有关于监督的讨论都是要再度羞辱我们国家。我们不接受。”

吴丹以刚果（金）政府为例，试图反驳卡斯特罗有关国家主权的观点［刚果（金）曾邀请联合国工作人员进入该国］。听到这里，卡斯特罗愤怒地回击道：“刚果（金）做出这一决定的人已经死了！被埋葬了！”他指的是刚果民主共和国前总理帕特里斯·卢蒙巴（Patrice Lumumba）。他于 1961 年 1 月被西方力量支持的反对派杀害，而当时联合国维和军队就驻扎在刚果（金）。卡斯特罗拒绝了吴丹的请求，不但不接受联合国针对导弹基地的核查，而且不同意在古巴港口核查运载武器返回苏联的船只。这次会议最终没有达成共识。卡斯特罗一直在讲国家主权和羞辱，吴丹则始终在谈对国际和平的威胁。[20]

二人第二天会面时，吴丹换了一种策略。他没有讲美国的提议，而是委婉地提出了苏联的建议。他问卡斯特罗如何看待赫鲁晓夫接受肯尼迪关于联合国在古巴领土上进行监督的提议的那封信。这个问题深深刺痛了卡斯特罗：那封信中，赫鲁晓夫所挑战的不只是卡斯特罗对苏联导弹的控制权，甚至还包括对古巴的控制权。但这位古巴领导人已经准备好了答案。“按照我们的理解，”卡斯特罗说道，“……他们指的是在古巴领土之外的某种监督。苏联领导人讲的不可能是古巴领土上的核查程序，因为只有古巴的革命政府才有权决定此事。”

卡斯特罗准备在当天晚上要发表的演讲中再次提出这一观点。吴丹请他不要这样做：“这可能会让苏联和古巴之间产生某种分歧或者误解。”讽刺的是，担心两国可能产生误解的不是卡斯特罗，而是吴丹。[21]

卡斯特罗有能力阻止联合国人员核查导弹基地，也确实没有让吴丹前去视察。但是他无法阻止联合国秘书长会见身在古巴的苏联官员。赫鲁晓夫想通过安排这样的会面，来满足美国提出的联合国监督的要求——至少是在中途开始监督。这次会面发生在10月31日下午，与会人员不仅有苏联驻古巴大使阿列克谢耶夫，还有岛上导弹师的指挥官伊戈尔·斯塔岑科将军。

在这次会议之前，吴丹曾提出视察苏联导弹设施的想法，结果遭到了卡斯特罗的抗议，最终未能成行。他第一次提出访问基地是在10月29日，也就是他动身前往古巴的前一天。当时，吴丹会见了苏联外交部副部长瓦西里·库兹涅佐夫。库兹涅佐夫是被赫鲁晓夫派到纽约的，以便在危机期间加强苏联在联合国的外交工作。吴丹问库兹涅佐夫，他可否在访问古巴期间看一看要被移除的导弹。库兹涅佐夫认为，监督者只需证实导弹已不在古巴，而非监督导弹移除的过程，于是没有同意。

同一天，库兹涅佐夫给莫斯科发电报，问可否尽快拆除导弹基地。“如果近期可以拆除，那么就不会出现在拆除过程中进行监督的问题。”他在给莫斯科的上级葛罗米柯所发的电报中这样写道。但是库兹涅佐夫也赞成通过向吴丹展示已经拆除完毕的发射装置来满足他的请求。“我们建议，”库兹涅佐夫写道，“可以在吴丹10月30日和31日访问古巴期间向其个人展示某些设施的拆除工作。

这样，他的立场会更加坚定，美国重新‘封锁’古巴的可能性也就更低。如果这一建议合理，我将紧急请求向哈瓦那方面发出相关指示。”[22]

赫鲁晓夫认为库兹涅佐夫的建议很好。10 月 31 日，吴丹已经来到了古巴，葛罗米柯给苏联驻古巴大使阿列克谢耶夫下达了紧急命令。“在莫斯科，”葛罗米柯写道，“我们认为有必要满足吴丹的请求。请向吴丹及其随行人员展示我们正在拆除的发射装置。”阿列克谢耶夫的另一项任务是将这一决定告知普利耶夫。“我们希望古巴政府和普利耶夫同志会在基地采取一切必要的措施。”电报中这样写道。[23]

向阿列克谢耶夫下达的命令后来未能实现，因为卡斯特罗和古巴政府不同意吴丹视察这些导弹基地。因此，阿列克谢耶夫决定同意尹达尔·吉·里赫耶（Indar Jit Rikhye）将军的请求，允许他们会见驻古巴的苏联指挥官。里赫耶将军是吴丹的军事顾问，并陪同他一起出访古巴。伊萨·普利耶夫将军明显不愿见到里赫耶，于是提出由导弹师的指挥官伊戈尔·斯塔岑科将军代他出席会议。

会议是在吴丹的临时住所召开的，阿列克谢耶夫没有出席。据斯塔岑科后来回忆，吴丹是与会人员中唯一提问的人，而里赫耶将军则一直在记笔记，没有说话。对于斯塔岑科来说，在这个时候接到与吴丹会面的命令完全出乎他的意料，特别是他还被要求在会上积极配合。“他们通知我们要完整陈述相关情况，包括导弹师的位置、组织架构、导弹发射装置和导弹的数量、将导弹移除和运回苏联的计划。”阿纳托利·格里布科夫回忆道。他是“阿纳德尔”行动的策划者之一，当时是苏军总参谋部驻古巴的代表。斯塔岑科服从了普利耶夫的命令，做了尽可能完整的汇报。[24]

正如美国人后来知道的，斯塔岑科告诉吴丹，拆除工作正在进行之中，而且很快就可以完成。“星期天的下午 5 点，我们就启动了拆除工作，”斯塔岑科这样告诉吴丹，“明晚就会完成，最迟也不会晚于星期五（11 月 2 日）……我们已经申请了船只，虽然不知道它们何时会到港，但设备会在星期四晚上或星期五上午运到港口。我们会在港口装箱，但由于甲板承重有限，大部分设备是无法装箱的。基地已经被拆除了，发射装置也会被拆掉。但我们没有允许古巴人察看我们拆卸的过程。”[25]

斯塔岑科讲的是事实。几个月后，他回到苏联并提交了一份报告，其中有关导弹移除的信息与告知吴丹的内容基本相同。他对上级说，导弹基地的拆除工作不到 3 天就完成了。“1962 年 10 月 28 日 15 时，苏联驻古巴集团军司令向我下达第 7665 号命令，命令内容为：基于苏联政府的决定，苏联国防部部长下令拆除发射基地，全体官兵返回苏联。”斯塔岑科这样写道，“1962 年 10 月 29—31 日期间，各单位全面完成了发射基地的拆除工作。”

据格里布科夫回忆，他在那几日看到的不是“拆除”，而是“毁掉军士们花了极大力气建造的阵地”。斯塔岑科明显不太开心，对格里布科夫抱怨道：“是你们催促我建造这些设施，现在又怪我拆得太慢。”库兹涅佐夫提出的在接受检查前拆除导弹基地的建议，应该是得到了完全的执行。看来，在吴丹 10 月 31 日晚上离开古巴之前，拆除工作就已经完成了。赫鲁晓夫不惜一切代价，急于履行交易中自己所做的承诺。但他还有一个麻烦——菲德尔·卡斯特罗。[26]

卡斯特罗在10月31日发表重要讲话，表示拒绝接受联合国的监督，并声称，美国坚持要求监督是对古巴政府的羞辱——这跟他与吴丹讨论时的说法一致。他还提到苏联与古巴政府之间出现的“某些分歧”，但表示不会进一步讨论，以免给敌人以可乘之机。卡斯特罗继续说，这些“分歧”应在党和政府的层面进行讨论，“因为我们必须首先承认，我们是马克思主义者，是列宁主义者，也是苏联的朋友”。这段话得到了热烈的掌声。但是从本质上讲，这段演讲所挑战的与其说是美国，不如说是苏联，以及尼基塔·赫鲁晓夫本人。[27]

第七部分

尘埃落定

第二十五章　不可能完成的任务

赫鲁晓夫写给卡斯特罗的信没有达到预期效果。顽固的卡斯特罗坚持立场，不接受赫鲁晓夫与肯尼迪达成的协议。到这时为止，赫鲁晓夫一直在唱白脸，他觉得需要有个人来唱红脸，于是想到了阿纳斯塔斯·米高扬。他是苏共中央主席团中唯一反对在古巴部署核武器的成员，也是唯一想要阻止苏联核潜艇前往古巴的成员。赫鲁晓夫希望米高扬去一趟古巴，以改善苏古关系。“我提出派米高扬去古巴。”他在回忆录中写道，“我和米高扬相识多年。我认为他的外交才能在这种情形下能够派上用场。他内心强大，沉着镇定，可以反复强调同一论点但一直保持平和。这非常重要，特别是要跟菲德尔这种脾气火暴的人谈判。”[1]

据米高扬回忆，赫鲁晓夫是在接到苏联驻古巴大使阿列克谢耶夫的报告之后找的他，报告内容有关 10 月 29 日阿列克谢耶夫与卡斯特罗的会谈。“你看看，他不明白我们帮他避免了战争。我们挽救了他，他却不理解我们的策略。”赫鲁晓夫说道，“他”指的是卡斯特罗。“写信是解释不清楚的，但又必须解释，否则他们什么都不会理解。必须有人去一趟，把方方面面都讲清楚。”米高扬沉默了。他的妻子——65 岁的阿什肯·米高扬（Ashkhen Mikoyan）当时正病重。赫鲁晓夫知道她的情况，但表示没有人能缓解她的病情。“我们需要你去。”他对这位与自己关系最紧密的支持者和批评者说，“阿纳斯塔斯，如果发生了最坏的情况，我们会妥善处理，你不必担心。”米高扬几个月后回忆二人的对话时说：“他开始说，那里的人认识我，我曾去过古巴，与他们有过交流，由我来解释当下的情形会更容易。”米高扬最终答应了：“我说我接受安排。”[2]

赫鲁晓夫曾这样评价米高扬的外交才能：“米高扬讲话时，不是所有人都能明白他在说什么。但他是个通达之人。”赫鲁晓夫面临着两场危机：苏美关系与苏古关系。这位“通达之人”是他一次性解决这两场危机的最佳人选。赫鲁晓夫必须把美国人挡在古巴之外，同时确保由苏联控制古巴。而实现这一目标的方法是说服卡斯特罗接受联合国在其领土上核查拆除工作。对于克里姆林宫来说，这个赌注很大。赫鲁晓夫冒了很大风险才从肯尼迪手中挽救了古巴，但很快又看着古巴从自己手中溜走。看似已经避免的战火还是可能会烧到莫斯科和华盛顿的门口。米高扬要去执行一个看似不可能完成的任务。此时，古巴又陷入一场新的国际危机之中，核战争爆发的可能性再次出现。[3]

赫鲁晓夫催促米高扬出访古巴是在 10 月 30 日晚上。第二天晚上，米高扬便与病重的妻子告别，乘坐专机飞往纽约。苏联驻古巴集团军的指挥官是秘密取道科纳克里和百慕大群岛到达古巴的，而米高扬这次是公开出访，美国也同样希望他能在外交上取得胜利。11 月 1 日，米高扬抵达纽约，会见了吴丹，并与直接参与处理古巴导弹危机的两位美国人——美国驻联合国代表阿德莱·史蒂文森，以及对外关系委员会主席、肯尼迪在古巴问题上的特派员约翰·麦克洛伊（John McCloy）共进晚餐。[4]

这两位美国人是米高扬在 1960 年出访美国时认识的。他们在餐桌上聊了 4 个小时，从晚上 7 点到 11 点。这次会面还有许多苏联官员参加，包括外交部副部长瓦西里·库兹涅佐夫、苏联驻美大使阿纳托利·多勃雷宁、苏联驻联合国代表瓦莱里安·佐林。史蒂文森报告说："开始时，米高扬态度强硬，要求立即停止封锁。"这位特使正在执行他刚刚从莫斯科得到的指示，但并没有取得多大进展，因为史蒂文森和麦克洛伊告诉他，除非红十字会对苏联船只进行检查，否则封锁是不可能停止的。"随着会议进行，气氛得以缓和，会谈完全由米高扬主导。"史蒂文森的报告中这样写道。[5]

米高扬就晚餐时的讨论提交了一份报告。他表示，史蒂文森和麦克洛伊强调的主要是确认苏联将从古巴撤回导弹。他们还明确表示，如果要通过签署协议来承诺不入侵古巴，古巴就不能是签署国之一。但如果是在一系列文件的一部分（包括美国、苏联甚至古巴的官方声明文件）中做出保证，他们愿意接受这样的处理方式。史蒂文森否认自己曾同意让古巴参与磋商，而美国人的让步恰恰是米高扬想要带到哈瓦那的成果，以此来平息卡斯特罗的怒火。他在给莫斯科的报告中写道，史蒂文森和麦克洛伊表示，"美国明确拒绝讨论撤出关塔那摩海军基地的问题"。这是卡斯特罗提出的解决危机的五点要求之一，而美国甚至不愿讨论这种可能性，这对米高扬要在古巴执行的任务来说不是好消息。

对史蒂文森和麦克洛伊来说，核查古巴导弹撤回工作非常重要。二人都充分意识到卡斯特罗强硬的态度给苏联造成了很大的麻烦。因此，他们愿意灵活处理。也许，核查工作可以通过不断在古巴上空飞越侦察，或者苏联提供从岛上撤回的武器清单等方式完成。他们希望清单也能包括曾在10月28日击落U–2侦察机的地对空导弹，米高扬则当场表示拒绝，因为赫鲁晓夫与肯尼迪达成的协议中不包括这一点。他还断然拒绝将飞越侦察作为核查的方式。米高扬在给莫斯科方面的电报中说："麦克洛伊得到了非常强硬的回复。美国无权飞越古巴领空进行侦察，没有人可以保证这种非法飞行的安全。"[6]

11月2日下午，米高扬从纽约飞到哈瓦那。在他启程去机场前的最后一刻，他看到了被史蒂文森和麦克洛伊认定为攻击性武器并希望苏联从古巴撤回的武器清单，其中没有地对空导弹，但提到了苏联的伊尔–28轰炸机。伊尔–28轰炸机能够携带核弹头，因此被认为是具有攻击性的武器。

这份清单及附带的信是写给外交部副部长瓦西里·库兹涅佐夫的。前一天晚上，他陪同米高扬出席了晚宴。后来证明，在晚宴上史蒂文森忘了将清单交给米高扬。米高扬怀疑其中有诈，担心史蒂文森会在最后一刻加入协议中本没有的要求。几天后，他会将这两个美国人称为"小毛贼"，但此时他并没有想太多。摆在他面前的艰巨任务是说服卡斯特罗遵守赫鲁晓夫达成的协议。他手中唯一的王牌就是苏联愿意支持卡斯特罗提出的五点要求。米高扬在离开纽约前也做出了类似的声明。事实证明，这是一个很高明的外交手段。[7]

菲德尔·卡斯特罗直到最后一刻都在犹豫，是去机场迎接米高扬，还是不做表示，从而表达对赫鲁晓夫行为的不满。在得知这位苏联代表在纽约公开声明支持自己的五点要求之后，卡斯特罗才最终决定亲自去机场迎接。当晚，二人进行了短暂的交流。尽管卡斯特罗尽量表现得友好，但据米高扬对莫斯科的报告称，他还是“能够感觉到卡斯特罗对我们的政策非常不满”。11 月 3 日上午，二人在卡斯特罗位于哈瓦那的住所开始会谈。一开始，卡斯特罗语气友好，还引用了赫鲁晓夫的话——赫鲁晓夫曾说过：“我们的苏联共产党中央委员会之中有一位古巴人，他就是阿纳斯塔斯·米高扬。”会上，米高扬保证，他“带着全部的诚意”来到古巴，“与古巴的同志们讨论所有尚不清晰的问题”。听到这番话之后，卡斯特罗发泄了在过去一周中积累的对苏联一系列行动的全部不满。[8]

“10 月 28 日有报道称，赫鲁晓夫已下令拆除导弹发射装置，命令已发给了苏联军官，但整个过程完全没有考虑古巴政府是否同意的问题。这令我们非常震惊。”卡斯特罗对米高扬说。“古巴人被失望、困惑和痛苦吞噬。我走在大街上、坐车去部队，都看到人们对于这一决定的不解。”卡斯特罗讲了自己的很多不满，其中再一次提到了《普拉特修正案》。1901 年，美国通过这次立法剥夺了古巴的主权，而卡斯特罗认为，苏联当下正在试图做同样的事情。[9]

米高扬想要为苏联的立场辩护，但被莫斯科传来的噩耗打断了：与他结婚 41 年的妻子去世了。会谈中断，所有人都安静地离开了会议室。米高扬回到住所独自承受这个悲痛的消息。赫鲁晓夫发来了慰问，并提出米高扬可以返回莫斯科。但这位苏联特使还是决定留在古巴。“我不能把这么重要的事情搁置一旁。”米高扬对陪同他来古巴的儿子塞尔戈（Sergo）说道。他让塞尔戈独自返回莫斯科安葬自己的母亲。他唯一的请求就是通知他葬礼的时间。

11 月 5 日，阿什肯·米高扬落葬于莫斯科的新圣女公墓，米高扬要在回国后才能看到为葬礼拍摄的影片。而将他派往古巴并承诺出席葬礼的赫鲁晓夫并没有出现在影片中。“我不喜欢葬礼，”赫鲁晓夫后来对塞尔戈说，“毕竟跟婚礼不一样，是吧？”年轻的塞尔戈听后极为震惊。赫鲁晓夫还假惺惺地称赞米高扬的外交才能:“阿纳斯塔斯真是有牛一般的韧性。只有他能承受这些，换作我，早就拍拍屁股、打道回府了。”这些貌似恭维的话在塞尔戈听来无异于一种嘲讽。阿纳斯塔斯·米高扬永远不会原谅赫鲁晓夫的出尔反尔。但是，他依然留在了哈瓦那，努力争取想要达到的结果，因为只有他有“牛一般的韧性”，只有他能够做到。[10]

11 月 4 日，米高扬已经准备好继续会谈。他的主要目标是消除苏联和古巴之间的不信任。于是，他一开始就解释了苏联在古巴部署导弹的原因。他强调，部署导弹的意义不在于建立军事基地，而是要防止美国入侵古巴。至于为什么会有在古巴部署导弹的想法，米高扬以局内人的角度对古巴人进行了一番解释。“访问保加利亚时，”他这样说道，“赫鲁晓夫与我们说了很多。他说：‘虽然我人在保加利亚，但心里想的都是古巴。我担心美国人要袭击古巴，不管是采取直接还是间接的方式。我在想，若是古巴革命失败对我们会有怎样的影响。我们不能让这件事发生。必须拯救古巴，即便这个计划对我们来说风险很大，有很大负担，还可能会爆发战争。’”米高扬还解释了为什么赫鲁晓夫在向肯尼迪提议之前没有时间征求卡斯特罗的同意：“征求同意是合理的做法，但那样的话，古巴将会遭遇灭顶之灾，全世界都会被卷入战争。”[11]

古巴人随后问到美国不入侵的保证、古巴－土耳其导弹交易、赫鲁晓夫与肯尼迪的秘密通信与协议等问题。米高扬对此早有准备，不但讲了自己的所见所闻，还给卡斯特罗看了赫鲁晓夫致肯尼迪信件的副本。古巴人仍心存疑虑，但在米高扬看来，事态正在好转。他决定在 11 月 5 日的会议上趁热打铁，说服卡斯特罗接受联合国的核查。鉴于古巴坚决反对外国人在古巴领土上进行核查，米高扬想出了一个绝佳的方案：为了取得美国不入侵的官方保证，古巴可以在联合国问题上做出让步，并允许联合国代表在古巴港口核查苏联船只。这就避免了侵犯古巴主权的问题。

不料，米高扬的策略没有奏效。很明显，卡斯特罗已经受够了米高扬在古巴一再拒绝的事情上反复纠缠。他平静地告诉米高扬，古巴不会接受任何形式的核查，这是古巴人民的意愿。“如果我们的立场让全世界的和平受到威胁，那我想苏方是没有责任的。我们会独自抵抗。不管发生什么，我们都有权捍卫自己的尊严。”这段表态的爆炸力十足。米高扬在给莫斯科的报告中说，有几分钟，在场所有人都沉默了。古巴总统多尔蒂科斯打破了寂静。他说，卡斯特罗表达的是古巴全体领导人的立场。米高扬脚下的土地仿佛都在震动。“我不明白，为什么我的提议会引起这么强烈的反应。”他对会上的人说。[12]

在给莫斯科的报告中，米高扬请赫鲁晓夫不要从这段表态中得出任何结论。他认为，卡斯特罗性情多变，这番话未必就是他的真实想法。“不要忘记卡斯特罗的性格很复杂。他极度敏感，在执政期间发表过许多轻率的声明，后来他都反悔了。”但是，米高扬还总结道，卡斯特罗已经多次声明反对联合国的核查，如果古巴最终接受了任何形式的核查，那么他在古巴和拉丁美洲的声望将大大受损，这就意味着莫斯科方面无法再考虑在古巴领土或水域上的核查方案。[13]

在赫鲁晓夫出人意料地宣布从古巴撤回苏联导弹之后，苏古联盟之间的裂痕就日益扩大。11 月 7 日，苏联迎来了一个重要节日——十月社会主义革命纪念日。这一年是十月革命 45 周年，全世界的苏联大使馆都举行了特别的接待活动，哈瓦那也不例外。菲德尔·卡斯特罗对苏联不满，没有接受阿列克谢耶夫的邀请去参加苏联大使馆的晚宴。但是，以劳尔·卡斯特罗为首的其他古巴高层官员还是出席了活动。

苏联人可以原谅这位古巴共产主义领袖的缺席，但活动中古巴官员的表现让他们极为气恼。古巴方面负责军事情报的佩德罗·路易斯·罗德里格斯（Pedro Luis Rodríguez）提议为菲德尔·卡斯特罗和约瑟夫·斯大林干杯。格里布科夫将军等苏联军官没有举杯，他们此前已经为赫鲁晓夫和卡斯特罗祝过酒了。“他的话让人觉得，如果换作斯大林，这些导弹就会留在古巴。”阿纳托利·格里布科夫在回忆时写道。他是苏军总参谋部驻古巴的代表，与罗德里格斯坐在同一桌。当天晚些时候，他向马利诺夫斯基元帅报告了当天的情况，也提到了罗德里格斯的这一举动。马利诺夫斯基又将此事汇报给赫鲁晓夫。赫鲁晓夫听后震怒，下令进行调查。在他看来，古巴人这是要造反了。[14]

1962 年秋天，斯大林在苏联已经成为被批判的对象。由未来的苏联部长会议主席阿列克谢·柯西金所做的十月革命 45 周年纪念官方报告中，没有提到斯大林的名字。报告称赞了苏联自 1953 年以来取得的经济成就，而 1953 年正是斯大林去世的那年。1961 年秋天，苏联共产党代表大会还决定将斯大林的遗体移出列宁墓，移葬在克里姆林宫附近。苏联领导人试图抹掉斯大林的存在。但事实证明，赫鲁晓夫的古巴盟友们都记得斯大林，赫鲁晓夫在世界帝国主义面前退却了，他们很失望。[15]

赫鲁晓夫对罗德里格斯当晚行为的调查，对米高扬来说又是一个坏消息。米高扬并不是斯大林的拥护者，他完全不知道格里布科夫向莫斯科做了汇报，也没有向莫斯科方面提过罗德里格斯的举动。当时看起来，要么是他不知道自己眼皮底下的苏联大使馆发生了什么，要么是一个更大的罪名——他在包庇古巴人。米高扬叫来了格里布科夫，并当着普利耶夫将军的面，怒斥他没有跟自己汇报此事。据格里布科夫后来回忆，米高扬“严肃提醒所有人——尤其是我——他代表的是苏联共产党中央委员会，任何人向莫斯科方面报告任何事，他都必须知情”。米高扬希望自己成为莫斯科与古巴之间唯一的信息渠道。[16]

不只是古巴人在十月革命纪念日的行为不妥，苏联军人也闯了祸，只不过方式不同。11 月 7 日，第 181 导弹团驻扎在洛斯帕拉西奥斯（Los Palacios，位于圣克里斯托瓦尔地区）的一名基层士兵维谢洛夫斯基（Veselovsky）向一支古巴巡逻队开火，所幸无人伤亡。这件事被压下去了。这名醉酒的士兵是预备党员，随后他失去了入党资格，但没有面临任何刑事指控，否则其指挥官也要承担相应的责任。[17]

撤退的消息令苏联士兵非常不解，士气也更加消沉。一开始，他们接到的指令是建造发射基地，后来却是拆除甚至是摧毁基地。"他们为什么派我们来古巴？为什么把设备带过来又带回去？"斯托亚诺夫（Stoianov）问他的战友。他的战友乔尔尼（Cherny）试图安抚他："如果我们不来这儿，热核战争就可能会爆发，我们现在都不会活着。"斯托亚诺夫完全没有被这番话说服。后来，他乘坐"冶金学家阿诺索夫号"（*Metallurg Anosov*）离开了古巴。

苏联人离开古巴时，没有收到预想中的当地人的感谢。战术核弹头支队的指挥官拉斐尔·扎基罗夫（Rafael Zakirov）后来回忆说："从古巴撤退的过程，让我们的战士在精神上受到了严重的创伤。"他还说道："一切都是秘密进行的。装货都在晚上，也不像通常那样有古巴的同志与我们告别：最后只是舰船驶离古巴空荡荡的码头。用这种方式离开，就好像我们犯了什么罪。但每个人都光荣无私地履行了自己的军事职责，执行了祖国给我们下达的命令。"那些有机会与古巴的朋友和伙伴告别的人也很难过。乘坐"季夫诺戈斯克号"离开的军官对克格勃官员说，一些古巴农民听说苏联人要走了都眼含热泪。据伊万·西多罗夫上校回忆，一些古巴人非常伤心地说道："我们的朋友要走了，但我们的敌人还在。"[18]

那些等在港口的部队也没碰上什么好事情。来接他们的船只还在前往古巴的路上，官兵们必须再等几天甚至几周才能登船。据第

181 导弹团的波尔科夫尼科夫中尉回忆，他抵达马里埃尔港时，情况一片混乱。“我们在港口卸载设备，那里堆满了我们的导弹设备，有 R–14 导弹的部件，也有伊尔–28 轰炸机的。”他们不得不等上整整一周才能登船，“我们就露天睡在那里，如果遇上大雨就尽可能找地方躲一躲，一边喂着蚊子，一边回忆着最紧张的那段时光，吃的都是干巴巴的口粮。”

后来他们才知道，他们要搭乘的“胜利号”正在哈瓦那等着他们。此前，未来的苏联国防部部长德米特里·亚佐夫就是乘坐这艘船来到了古巴。在哈瓦那，这些身心俱疲、脏兮兮的士兵终于得到了应有的欢送，但给他们送行的并不是古巴人，而是他们自己的指挥官。波尔科夫尼科夫所在导弹团的指挥官科瓦连科（Kovalenko）上校对他的部下们说：“我们曾行走在历史的刀刃上，光荣地完成了国家交办给我们的任务——保卫古巴的革命成果。”波尔科夫尼科夫注意到，当时没有古巴的官员和军方代表在场。[19]

10 月 28 日下午，伊戈尔·斯塔岑科将军收到指令，要拆除官兵们花了很多时间、很大精力才建成的导弹基地。第二天早上，斯塔岑科开始执行命令。3 天后，也就是 10 月 31 日，他向来访的联合国秘书长吴丹报告称拆除工作已基本完毕。的确，那天结束之前，拆除工作就已全部完成了。

11 月 1 日，斯塔岑科又收到一条命令：“先将导弹装船，其余物品和人员可以稍等。”这些导弹要在 11 月 10 日前运离古巴。于是，他们开始将导弹向海边转移。运送工作在白天进行，且没有古巴警察的护卫。把导弹运送到海边比来时运送到基地要快，等到11月2日，第一批R–12弹道导弹已经被运到了古巴港口，等待装船和固定。美国实行封锁后，有至少12艘苏联船只滞留在古巴，其中有能力运载导弹的船很少，但最终还是有8艘船被挑选出来执行这一任务。

装船工作于11月3日开始，11月8日结束。“装载导弹的工作是在极其复杂、困难的情况下完成的。古巴当时仅有一些老式船只，甲板上布满各种上层建筑。能够装卸重物的起重机也严重不足，我们装载货物的港口只配备了很少的起重机。”斯塔岑科回到苏联后这样报告。“装载工作一直在夜以继日地进行。”[20]

与此同时，士兵们还得把R–12导弹的核弹头装载到“亚历山德罗夫斯克号”上。此前运载R–14导弹核弹头来到古巴的船就是“亚历山德罗夫斯克号”。它成功在封锁实施前几个小时抵达了古巴，之后就一直停在港口，船上的核武器也没有卸下来。而如果美国实施空袭，它将是一个完美的目标。

10月27日，也就是古巴导弹危机中最危险的那天，苏联国防部部长马利诺夫斯基命令普利耶夫尽快安排“亚历山德罗夫斯克号”带着船上的货物返回苏联。但是，第二天马利诺夫斯基又下了一条命令：“我们决定拆除R–12并将之撤离古巴。开始执行这一任务。”“亚历山德罗夫斯克号”就没有按时启程。两天后，也就是10月30日，马利诺夫斯基又下了一条命令：“将R–12的核弹头装载到‘亚历山德罗夫斯克号’上，并准备好护卫船只陪同此船一同回国。”[21]

等到一切准备就绪后，“亚历山德罗夫斯克号”就要带着R–12

和 R–14 的核弹头回到苏联了。这艘世界上最危险的船很快就要变得更加危险。11 月 4 日晚，士兵们在拉伊莎贝拉港将 R–12 导弹装载并固定到船上。第二天，“亚历山德罗夫斯克号”航行到马里埃尔港，与干货船“季夫诺戈斯克号”一同返回苏联。“季夫诺戈斯克号”是第一艘运载导弹返回苏联的船只，是 1960 年在波兰建造完成的新船。10 月 23 日，它在封锁开始前几个小时抵达了马里埃尔港。斯塔岑科的部队于 11 月 2 日开始了“季夫诺戈斯克号”的装载工作，带上了 4 枚 R–12 导弹和 310 名军士。它是第一艘准备出发的船只，因此被选定护送“亚历山德罗夫斯克号”及该船上的核武器。[22]

两艘船于 11 月 6 日开始返程。“季夫诺戈斯克号”跟在“亚历山德罗夫斯克号”之后，两船相距 5—8 公里，全程保持无线电联系。出现紧急状况时，两船将使用灯光信号进行通信。被派到“季夫诺戈斯克号”的克格勃官员普罗塔索夫（Protasov）少校要求特工监视该船与“亚历山德罗夫斯克号”间的通信，还要警惕间谍和破坏者。自己人也遭到了怀疑：有人听到一名乘坐“季夫诺戈斯克号”于 10 月抵达古巴的士兵询问古巴和美国之间的交通运输情况——在普罗塔索夫少校看来这是要叛逃的迹象。没人知道从古巴返程的途中会发生什么。[23]

11 月 10 日前，两艘船始终一同航行。直到抵达东经 30 度线它们才分开：“亚历山德罗夫斯克号”前往波罗的海；“季夫诺戈斯克号”的母港在敖德萨，它将前往黑海。普罗塔索夫少校在报告中写道：两船一同航行时，美国飞机一直跟在后面；航行第一天，飞越飞行尤其频繁。这位克格勃官员认为这是美国人的心理战。普罗塔索夫这样写道："他们低空飞行，无视一切规定，也没开信号灯。即便是在恶劣天气或是有雾的情况下也会围绕船只飞行。"一些飞机在距离海面10—15米的低空飞行。普罗塔索夫认为，它们是在寻找苏联潜艇。11月6日下午6点左右，一艘美国潜艇在距离"季夫诺戈斯克号"1公里处浮出水面，并尾随它航行了差不多10分钟。

尽管美军有多次飞越飞行举动，但他们一直没有要求两艘船的船长出示货物。11月9日晚上7点，美国"布兰迪号"（*Blandy*）驱逐舰靠近了"亚历山德罗夫斯克号"，并用扩音器要求船员打开中间的甲板间舱，而苏联人并没有理会。"布兰迪号"跟着"亚历山德罗夫斯克号"航行了45分钟后，又靠近了"季夫诺戈斯克号"，要求船员出示货物并打开甲板间舱——先是用英语，后来又用了俄语。"根据美苏两国政府之间的协定，请展示导弹，打开货舱，"他们这样说道，"我们准备进行拍摄。""季夫诺戈斯克号"上的人们看到"布兰迪号"的甲板上有摄影师和摄像师。普罗塔索夫少校坚持要求把士兵调去甲板间舱——由于酷热，他们都半裸着身子，只留军官在主甲板。军队指挥官对这一要求并不满意，但还是听从了克格勃的命令。[24]

"季夫诺戈斯克号"的船长米罗什尼琴科（Myroshnichenko）并不知道两国政府间的协定，因此拒绝与美国船只通话。他通过无线电联系了掌管苏联商船队的海运部部长维克托·巴卡耶夫和黑海－亚速海轮船公司的负责人阿列克谢·丹琴科（Oleksii Danchenko）并请求指示。敖德萨和莫斯科的无线电消息很快就来了，上级命令船长展示导弹。按照命令，他应该展示甲板上的货物，但不得打开甲板间舱，也不得允许任何人登船。在苏联领导层看来，

“亚历山德罗夫斯克号”上的货物必须保密。克格勃的报告中称，这是“尤其重要的货物”。“季夫诺戈斯克号”则不同。几乎是刚刚收到上级指令，米罗什尼琴科船长就收到“布兰迪号”的无线电消息：你收到指令了，给我们看看导弹吧。美国人已经截获了“季夫诺戈斯克号”与莫斯科方面的通信。

米罗什尼琴科船长最终同意了美国的请求，但他的权限还不够，还需要船上军队指挥官的配合。指挥官巴拉诺夫（Baranov）中校和政委古列绍夫（Guleshov）少校拒绝接受这一命令，声称自己是对国防部负责而不是商船队的海运部。在船长的一再要求以及克格勃官员的支持下，他们才掀开了盖在甲板导弹上的帆布。“布兰迪号”从右侧靠近了“季夫诺戈斯克号”，并要求看到船左侧的导弹。虽然军队指挥官依然表示抗议，但船长还是满足了他们的要求。[25]

苏联外交部部长安德烈·葛罗米柯在 11 月 1 日给外交部副部长瓦西里·库兹涅佐夫的指示中，第一次提出美方可以对运载导弹返回苏联的船只进行核查。当时，库兹涅佐夫正要去参加米高扬与美国驻联合国代表阿德莱·史蒂文森和美国对外关系委员会主席约翰·麦克洛伊的晚宴。库兹涅佐夫接到指示：如有必要，导弹撤除后可以给美国人看发射基地的照片。指示中还提道：“我们也不反对近距离展示苏联船只上的导弹。”葛罗米柯所代表的无疑是赫鲁晓夫。考虑到卡斯特罗反对在古巴领土上进行核查，葛罗米柯在寻找一种办法，可以让肯尼迪与赫鲁晓夫达成的协议继续有效。[26]

美方一开始对此没什么热情。麦克洛伊表示：“苏联和古巴必须在核查形式上达成一致。”他将问题抛回给苏联。史蒂文森则更加灵活一些。“如果我们不能在陆地上核查，那么就应该找到其他确认武器已经撤出的方式，”史蒂文森在晚宴上说，“否则，有可能再次产生冲突。”米高扬在关于晚宴讨论的报告中也没有漏掉这句话。他写道：“美方不准备坚持致赫鲁晓夫信中提到的核查方式，也愿意寻找新的方法以确证我们兑现了撤出武器的承诺。”[27]

11 月 7 日，阿德莱·史蒂文森和约翰·麦克洛伊告知瓦西里·库兹涅佐夫，美方愿意接受苏方此前的提议，可以在中立水域亲自核查运送导弹返回苏联的船只。这样，核查就不再是美苏双方面临的问题，而是苏联一方的问题，从那时起赫鲁晓夫就能说了算。干货船“冶金学家阿诺索夫号”于 11 月 6 日离开古巴，船上有 8 枚导弹。11 月 7 日，该船接到命令，向联合国而非美国船只展示导弹。第二天，命令变了，要向美国直升机展示导弹。又过了一天，也就是 11 月 9 日，苏联船长接到指令：掀开遮盖导弹的帆布，向美方展示甲板上的导弹，但不得打开甲板间舱。[28]

“季夫诺戈斯克号”是第一批满足美方要求的苏联船只之一。但是，苏联还是尽其所能，通过向美方的行动提出抗议，声称其要求超出了官方协议，来给核查过程增添麻烦并拖慢进度。11 月 9 日，也就是“布兰迪号”检查“季夫诺戈斯克号”并靠近“亚历山德罗夫斯克号”的那一天，苏方抗议美国军舰强行核查苏联货物。外交照会中提到了“季夫诺戈斯克号”“亚历山德罗夫斯克号”和“佛格勒斯号”。“佛格勒斯号”运载了 7 枚导弹。11 月 8 日上午，美国“索夫利号”驱逐舰靠近“佛格勒斯号”。苏联船长承认了船上载有导弹，但拒绝向美方展示，因为当时他接到的指令是向悬挂有联合国旗帜的船只展示。11 月 9 日，他在接到新的命令后同意了美方的要求。

联合国军事参谋团美国代表团主席查尔斯·威尔伯恩（Charles Wellborn）海军中将在回应苏方抗议时指出，美方在任何情况下都没有威胁苏联船只，也不会强行核查。如果“佛格勒斯号”立即展示导弹，也就不会被再次靠近。关于“季夫诺戈斯克号”，威尔伯恩指出，核查耗时较长是因为语言障碍。“亚历山德罗夫斯克号”的情况就没那么容易解释了，因为苏联没有将这艘船列入运载导弹的船只的名单中，因此这艘船本不需要核查。但威尔伯恩表示，因为其他船只的导弹数量不确切，所以美国指挥官决定也要核查“亚历山德罗夫斯克号”。[29]

11 月上旬，斯塔岑科将军成功将 42 枚导弹、1056 件装备、3289 名军士送回了苏联。最后一艘运载 R–12 导弹的船于 11 月 9 日从卡西尔达的港口离开古巴，当天，新的核查规定也开始执行。这艘苏制的干货船是第二次来古巴，代号“列宁共青团”（*Leninskii Komsomol*），船上载有 8 枚 R–12 导弹和 320 名军士，由费利克斯·哈恰图洛夫（Feliks Khachaturov）中校指挥。他是伊万·西多罗夫导弹团的副指挥官，而该团的导弹是第一批到达古巴的。“列宁共青团号”上的导弹于驶离古巴当天接受了美国“诺福克号”的核查和拍摄。[30]

伊戈尔·斯塔岑科后来报告说，他指挥的导弹师从古巴撤离的第二阶段于 11 月 18 日开始，12 月 12 日结束，共用 12 艘船，运载了共 3716 人、985 件武器装备回到苏联。8 月就抵达古巴的由西多罗夫指挥的导弹团是最早抵达古巴的部队，也是最后一批撤离的战略火箭军。“1962 年 12 月中旬，我与最后一批海军部队离开了古巴。”西多罗夫回忆道，“我们在西恩富戈斯港登上‘阿特卡尔斯克号’（*Atkarsk*）。但我们的目的地不再是塞瓦斯托波尔，而是波罗的斯克。”来古巴的路上，士兵在甲板间舱热得苦不堪言；回程中，他们则在前往波罗的海的途中冻得瑟瑟发抖。他们之所以要返回波罗的斯克而非塞瓦斯托波尔，原因很简单：所有核弹头都是从波罗的斯克运出的，因此也都要送回那里，而“阿特卡尔斯克号”上载满了核弹头。[31]

接下来几十年，苏联都没有公开从古巴撤军的过程。这是一段秘密的历史，充满了沉默、困惑和矛盾的记忆。当然，还有耻辱。

第二十六章　回到封锁

11 月 6 日，肯尼迪十分关心的国会中期选举按期举行。他完全有理由对选举结果感到满意：民主党加强了对参议院的控制，增加了四个席位；在众议院中，民主党丢掉了一席，但仍占据多数席位，且普选票票数增加了 5%；在州长级的竞选中，两党都没有取得优势，继续保持均衡。不管怎么看，肯尼迪都是这次选举中胜利的一方。4 年前，民主党在全部三条战线上都遭遇惨败。而现在，这位年轻且缺乏经验的总统成功守住了阵地，甚至还稍微扩大了民主党的优势。[1]

肯尼迪在选举日当天给赫鲁晓夫发了一封信函，明确要求“在充分监督和不间断的合理防护下”撤出“导弹、轰炸机及其配套设施”，以此作为“结束危机所需要的第一步”。肯尼迪向赫鲁晓夫解释说，他曾在 10 月 22 日的全国讲话中提过，伊尔–28 轰炸机也是攻击性武器，因此也应包括在与赫鲁晓夫的协议中，而肯尼迪与赫鲁晓夫交换意见时针对的是所有“攻击性武器”。他向赫鲁晓夫保证不会再扩大该词的范围，轰炸机是唯一困扰他的问题。“除导弹及其相关设施外，清单上确实还有且仅有一个重要问题，就是轻型轰炸机及其装备。”肯尼迪在给赫鲁晓夫的信函中这样写道，“这一点对我们的确非常重要。”[2]

赫鲁晓夫一定觉得自己中了圈套。苏联已经拆除了弹道导弹，美国承诺的解除封锁却还没得到执行，美国不入侵古巴的承诺也还没有通过联合国安理会正式确立。他在古巴的一番冒险不仅没有取得任何成果，还搞砸了与美国、古巴两国的关系。而美方所做的另一个承诺——拆除其部署在土耳其的导弹仍要保密，当下更显得遥遥无期。

肯尼迪坚持认为在古巴问题上达成的协议应包括撤出伊尔-28轰炸机。面对肯尼迪的坚持和卡斯特罗的强硬，赫鲁晓夫仔细研究了事态发展。至少就目前而言，除了轰炸机之外，他还希望把战术核武器“月神”导弹——美国尚未发现它的部署——留在古巴。接到赫鲁晓夫的命令后，马利诺夫斯基指示普利耶夫将军：“目前‘月神’、FKR（巡航导弹）、伊尔-28 轰炸机尚未撤离。它们应留在古巴，由你指挥。”[3]

关于如何应对肯尼迪的新要求，赫鲁晓夫在 11 月 10 日星期六的苏共中央主席团会议上进行了关键性的讨论。自从肯尼迪发现古巴的弹道导弹之后，赫鲁晓夫就一直在让步。当下，他决定继续退让，以便保住 10 月 28 日达成的协议。一天后，赫鲁晓夫在给米高扬的信中写道：“全体领导层和军方一同讨论了这些问题。与会人员达成一致意见，认为应采取如下行动：同意从古巴撤出全部伊尔-28轰炸机。”对赫鲁晓夫来说，摆在面前的选择非常清楚，“要么留下轰炸机，美方以撤除导弹为条件所做的承诺也会因此受到影响……要么在撤除导弹时将伊尔-28轰炸机也一同撤回，从而在美国不入侵的问题上达成一致意见。”赫鲁晓夫选择了后者。接下来的主要问题是如何把他的又一次让步告知古巴。[4]

11月11日星期天，赫鲁晓夫口授了一封给米高扬的长信。这与其说是关于外交的指示，倒不如说是意识流的漫谈。当下，赫鲁晓夫更关心苏联的利益和声望，而不是古巴的利益、声望或是对世界革命的追求。“从古巴撤出伊尔-28，我们会失去什么，得到什么？”赫鲁晓夫在信中这样问米高扬，“没有特别的损失。只是在道义上对古巴有点亏欠。”这时，他已经清楚地把苏联的利益和古巴的利益区分开来。“我们可以想象，让我们的朋友接受这种理解会有多难。”赫鲁晓夫用同情米高扬的口吻写道，但接着又给他施压：“但是，这就是政治家的艺术——遇到困难，要展现出克服困难的能力。”[5]

在米高扬11月2日离开纽约之前，阿德莱·史蒂文森曾交给苏方一份“攻击性武器”清单，现在这张清单要让米高扬头疼了。几天后，米高扬回忆起收到这份清单时的震惊。他告诉古巴领导层：“我从纽约离开前半小时，那些小毛贼（我们现在说的是史蒂文森）给库兹涅佐夫送了一封信，并说他们在之前的商谈中遗漏了部分武器。”米高扬指示苏联外交官们不要讨论这份清单——肯尼迪与赫鲁晓夫的通信中没有提到弹道导弹以外的武器。但事实证明，这个问题并没有在米高扬离开纽约后消失，而仅仅是被传递到了更高一层。[6]

赫鲁晓夫已经不想再说服卡斯特罗接受在古巴领土上的核查。他准备用轰炸机与美方达成协议，让美国人在中立水域核查船只。但是，他还是想让米高扬说服卡斯特罗同意撤出轰炸机。赫鲁晓夫指望着米高扬在哈瓦那创造奇迹。“收讫，已读，已考虑。我认为，您建议的有关伊尔–28 的决定是完全正确的。”永远忠诚的米高扬回复道。他知道，除了表示同意以外，他别无选择。他婉转称之为“建议”的决定已经板上钉钉了。如果身在莫斯科，米高扬尚可以影响决策的过程，但当时他人在古巴，鞭长莫及。赫鲁晓夫说，所有主席团成员已经达成一致意见。如今米高扬不过是一名高级使者，肩负着一项推销员式任务。

11 月 12 日，米高扬在私人会面上将这个坏消息告诉了卡斯特罗。他能想到的办法就是声称撤出轰炸机将有利于与美方达成协议。卡斯特罗对此可能深感震惊，或者也可能是洋洋得意，因为他曾预测向美国人让步是个无底洞。他无论如何也不愿相信米高扬的观点。“不管苏联决定采取何种立场，不管你们是否撤回轰炸机，美国都会坚持要求核查。他们会以古巴不同意为借口继续实施封锁。”他对米高扬说。外交经验丰富的米高扬没有要求卡斯特罗立即给出答复。事实上，他建议卡斯特罗认真考虑，也与自己的同志商量商量。[7]

11 月 13 日，米高扬与古巴领导层在他的临时住所进行了会谈，并得到了古巴方面的回复，米高扬随后将其上报给赫鲁晓夫。会议一开始，米高扬就在闲谈中传达了自己与苏联政府关于轰炸机问题的立场。卡斯特罗打断了他：“我们基本上不同意撤出战略导弹，现在也不同意撤出伊尔–28 轰炸机。”他接下来解释了古巴不同意的理由："这些做法会给我们带来很多麻烦，会损害我们国家的主权，让我们无法决定古巴能够拥有何种武器、达成何种协议。"

卡斯特罗知道，苏联想做什么是他无力阻止的。他采取的新策略是迫使美方做出更多让步。"我们的立场如下，"卡斯特罗对米高扬说，"撤出伊尔–28 有一个条件，就是美国解除对古巴的海上封锁，停止侵犯古巴领空。"他在总结时还威胁称："如果不满足这些要求，我们是不会同意的。"[8]

苏联一开始的立场就是苏方撤出轰炸机，美方解除封锁，但要求美方停止飞越古巴领空是有些困难的。美国在这方面的要求很坚决，认为这是陆上核查的替代方案，而卡斯特罗反对陆上核查。米高扬在 11 月 1 日与史蒂文森在纽约会面时就曾抗议美方的飞越侦察。他知道，以撤出轰炸机为条件来换取美方停止飞越侦察是不可能的。此外，卡斯特罗的态度也很坚决。"美国人太傲慢了，"卡斯特罗强调，"他们在古巴领土上低空飞行，飞行高度离我们的军事基地和部队只有区区 100 米。这会影响古巴人民的士气，让他们愤愤不平。当下的情形让我们觉得，现在敌人已经把我们的情况掌握得一清二楚。"

米高扬继续强调解除海上封锁的必要性，此时卡斯特罗问了一个直接的问题："你说的立场包括要求美国停止飞越我方领空吗？"米高扬不愿将美国的飞越侦察跟苏联撤出轰炸机捆绑在一起。"我们认为这样的飞行是不合法的，"他对卡斯特罗说，"您可以计划向联合国投诉，这将是对美方的严正警告。"简言之，米高扬的答案就是不包括。[9]

卡斯特罗非常生气。11 月 14 日，他没有与米高扬会谈，11 月 15 日也没有安排会面。苏共中央主席团的这位高层官员待在哈瓦那无事可做，也无人可见，而此时美国、苏联、古巴之间的气氛已经愈发紧张。米高扬感到担心，认为必须有所行动。他命苏联驻古巴大使阿列克谢耶夫邀请古巴领导层于 11 月 16 日晚参加苏联大使馆的晚宴。卡斯特罗接受了邀请，这或许令米高扬感到意外。而更令他意外的应该是卡斯特罗的态度竟然非常友好。他热情地拥抱了米高扬。事实上，卡斯特罗还带来了一份意外的“礼物”：在来苏联大使馆之前，他刚刚视察了一个古巴防空连，并命令他们继续向低空飞行的美国飞机开火。

这份命令实际上是在 11 月 17 日签署的，也就是出席苏联大使馆晚宴的第二天。卡斯特罗指示古巴防空部队向入侵者开火，于 11 月 18 日上午 6 点开始执行。自 10 月 27 日苏军击落 U–2 侦察机以来，古巴首次下达这样的命令。卡斯特罗还给吴丹写了一封长信，表示不接受在古巴领土上进行任何形式的核查，还对美国的飞越侦察提出抗议。

听说卡斯特罗的这番举动后，米高扬表示抗议：为什么没有通知他呢？卡斯特罗的态度有些固执，甚至有点公然叫板的意味，他表示：古巴领导层已经给吴丹去信进行过讨论，他也不打算取消已经下达的命令。米高扬曾试图在晚宴上说服卡斯特罗、切·格瓦拉等古巴领导人，想让他们相信如果古巴方面向美军开火，美国就无法做出不入侵古巴的承诺。事实证明，他的努力白费了。因古巴而爆发军事冲突的可能性在表面上曾一度消失。如今，卡斯特罗下了这样一道命令，战争的乌云再次涌现。[10]

◇◇◇

11 月 12 日，阿纳托利·多勃雷宁向罗伯特·肯尼迪递交了一份来自克里姆林宫的信件。在这封特别冗长的信件中，赫鲁晓夫提议像解决土耳其导弹那样来处理轰炸机问题。他向肯尼迪总统保证，苏联会在将来撤出轰炸机。“我们不会将这些飞机长期保留在古巴，”赫鲁晓夫写道，“在这一问题上我们有我们的困难。因此，我们以君子协定的方式保证，苏联会撤出伊尔–28 及相关人员和设备，但不是现在，而是以后。”[11]

多勃雷宁将这封信交给罗伯特，并传达了赫鲁晓夫对肯尼迪在国会中期选举中取得胜利的口头祝贺。而罗伯特对赫鲁晓夫的提议持怀疑态度。他希望苏联公开宣布撤出轰炸机的日期，一旦日期宣布，美国就会解除海上封锁。多勃雷宁表示反对，认为赫鲁晓夫不会同意这个提议，因为他不想公开此事。罗伯特非常理解这种心态，并承诺他会与肯尼迪总统商议。一个半小时后，罗伯特回到了苏联大使馆。当时，多勃雷宁正在接待莫斯科大剧院的表演人员。罗伯特带来了肯尼迪给赫鲁晓夫的口信：如果赫鲁晓夫同意在 30 天内撤出轰炸机，美国就将解除封锁。此时罗伯特的心情要比之前来找多勃雷宁时好了很多。在与多勃雷宁交谈后，罗伯特也参加了招待会，还在得知他与芭蕾舞剧女演员玛娅·普丽谢斯卡娅（Maia Plisetskaia）是同一天生日后亲吻了她。[12]

赫鲁晓夫于 11 月 14 日召开苏共中央主席团会议讨论肯尼迪的新提议，并于同一天口授了回信。“您提出的在 30 天内撤回伊尔–28 的条件并不构成任何复杂的问题，”赫鲁晓夫以积极的口吻开头，但话音未落就切换到了相当消极的语气，“但是，时间上可能还不太充分。”他希望花两三个月的时间完成撤出工作。更重要的是，他不仅试图争取美方解除封锁，还想就停止对古巴的飞越侦察和不入侵承诺讨价还价。“如果以上条件您全部同意并公开确认，那么我方将具备更有利的条件去解决伊尔–28 撤出的时间问题。”赫鲁晓夫这样写道。与其说他是在为自己争取条件，不如说是为了卡斯特罗。

多勃雷宁又一次与罗伯特会面，并带来了赫鲁晓夫的信。罗伯特没有掩饰对这次回复的不满。他对多勃雷宁说：“总统收到这样的回信会感到失望的。”约翰·肯尼迪确实很失望。“伊尔–28 仍在古巴。我们整个西半球的人民对此都深感忧虑，”肯尼迪回信说，“因此，贵方承诺的三大部分——撤出伊尔–28、安排核查工作、不再继续向古巴运送武器都尚未开始执行。”肯尼迪在信的结尾用建设性的语气承诺，一旦当下的问题解决，美国就会针对不入侵承诺展开谈判：“第一步是启动伊尔–28 的撤离工作，解除封锁——二者都是局势紧张的根源。基于此，其他方面的谈判便可以继续。”这封信于同一天交给了多勃雷宁，还附带一份警告：“此事已经到了一个转折点。如不能取得进展，那我们很可能再次陷入局势愈发紧张的境地。”[13]

提出要求、语带威胁的人又一次是肯尼迪，而非赫鲁晓夫。两位领导人很早就互换了角色。如果说，双方早期的议程和节奏主要由赫鲁晓夫来掌控——即使他是在退让，那么现阶段则是肯尼迪在掌控一切。他与顾问团队有一种赢者通吃的心态。他们不再认为赫鲁晓夫会为古巴挑起核战争，因此在迫使苏联做出更多让步。

10 月 20 日肯尼迪曾对顾问团队说，他们恐怕不得不忍受苏联部署在古巴的轰炸机；而当下，他们坚信这种忍耐已经没有必要了。

来自肯尼迪的压力越来越大，赫鲁晓夫动用核武器的意愿也与日俱减。他不得不做出选择，一面是卡斯特罗和他充满活力的世界革命理想，另一面是自己国家的利益——苏联不愿与美国开战。赫鲁晓夫在 10 月 28 日接受肯尼迪的提议时认为他可以二者兼得。但当下，革命者赫鲁晓夫不得不面对国家领导人赫鲁晓夫，并在两条路中选择一条。

在 11 月 15 日给吴丹的信中，卡斯特罗威胁说要继续向古巴上空的美国飞机开火，将局势再次拉回了战争的边缘。阿德莱·史蒂文森得知后，几乎是即刻向当时苏联驻联合国最高级别的外交官瓦西里·库兹涅佐夫提出抗议。史蒂文森警告称："此事非常严重，所产生的后果都是可以预见的。"他对库兹涅佐夫说："鉴于苏联无法保证在古巴领土进行核查工作，空中侦察是唯一能让我们放心的手段。"库兹涅佐夫只能全力把自己和苏联从卡斯特罗的行动中剥离出来。他表示自己"对苏联此前关于飞越侦察的立场没有补充"。[14]

第二天，也就是 11 月 16 日，赫鲁晓夫又召开了一场苏共中央主席团会议，讨论古巴国内及其周边地区越来越紧张的局势。会议的正式议题是苏联对肯尼迪最新要求的回复，但讨论的核心是卡斯特罗，而非肯尼迪。最先发言的是赫鲁晓夫，然后是国际关系问题的主要发言人葛罗米柯。其后发言的有列昂尼德·勃列日涅夫、阿列克谢·柯西金、弗罗尔·科兹洛夫——他们都是在党内和政府中负责国内事务的官员。接下来发言的是米哈伊尔·苏斯洛夫（Mikhail Suslov）和鲍里斯·波诺马廖夫（Boris Ponomarev）。这三组高官一致认为：卡斯特罗的立场“极不合理、异常尖锐”。

“这次就当是个教训吧。”记录会议的人写道，这可能是赫鲁晓夫说的话。“我们到了关键点：要么他们配合，要么就把我们的人叫回来。”几天前，苏联从古巴撤军的想法还可以被看作对卡斯特罗拒不配合行为的表态。而当下苏联领导层则认为，如果卡斯特罗拒绝配合苏联的政策，那撤军就是合理的选择。他们不觉得此事有什么回旋的余地。会议还有一项议题是米高扬从古巴发来的提议，即允许他再会见卡斯特罗一次。主席团讨论后决定通知米高扬，无论讨论结果如何，撤出轰炸机的决定已经做出，并已通知美方。[15]

赫鲁晓夫口授了给米高扬的指示。他强调，古巴为了阻止美方的飞越侦察而开始向美国飞机开火，这可能会引发战争，“现在采取这类行动将引发军事冲突。如果继续坚持，冲突还会进一步加剧。这样的做法既不会产生什么效果，也缺乏合理依据”。赫鲁晓夫指示米高扬向古巴提供另一种形式的最后通牒。“如果古巴的同志不愿就此问题配合我们，不愿采取行动帮助我们解决问题、避免卷入战争，那么我们认为结论已经很明显了：苏联在古巴的驻军对我们的朋友没有意义，”赫鲁晓夫说道，“那就请他们发表公开声明吧，我们也不得不自行做出决定。”

这条信息很明确。如果卡斯特罗不收回命令，古巴士兵真的开始向美国飞机开火，那么苏联不仅不会同他们一起冒险——像 10

月 28 日意外击落 U–2 侦察机时那样——赫鲁晓夫还会从古巴撤回苏联部队，由卡斯特罗和他的同志独自应对肯尼迪。赫鲁晓夫解决古巴导弹危机的主要目标仍是美国承诺不入侵古巴。他为说服卡斯特罗做了最后一次努力。他指示米高扬提醒卡斯特罗，有三种可能的核查方案：通过联合国，通过拉美大使，或是通过 10 个中立国家的代表。此前，卡斯特罗拒绝了全部选项。但在主席团会议结束后，一位与会者说服赫鲁晓夫再次提出这三种方案。成功的概率很小。赫鲁晓夫建议米高扬，如果他认为没有希望与卡斯特罗达成一致意见，就离开古巴；如果有任何取得进展的可能性，就留下。[16]

赫鲁晓夫暂时没有回复肯尼迪。他在争取时间，希望米高扬能说服卡斯特罗同意撤出轰炸机以换取美国解除封锁，并且接受某种形式的联合国核查，这样美国就可以承诺不入侵古巴。古巴方面的报告表明仍需要一些时间来进行谈判。11 月 18 日，米高扬告诉赫鲁晓夫，卡斯特罗做出开火的决定是一种情绪化的反应，而且卡斯特罗也向米高扬承认，他只是想阻止低空飞行，高空飞行他已经无法顾及了。而美方从 11 月 16 日起就已经停止低空飞行了，米高扬认为暂时没有爆发冲突和战争的风险。[17]

11 月 18 日星期天，也就是卡斯特罗下令向美国飞机开火的日子，但古巴方面没有遇到低空飞行的美国飞机，因此全天没有发射防空炮；至于 U–2 侦察机持续的飞越侦察，卡斯特罗也无可奈何。他在 11 月 15 日写给吴丹的信中提到，古巴会“在我们防空武器的火力范围内”摧毁侵犯古巴领空的美国飞机。看样子，火力的极限很快就达到了。11 月 17 日，马利诺夫斯基向苏共中央委员会报告，已禁止普利耶夫“使用苏联武器向侵犯古巴领空的美国飞机开火，即便菲德尔·卡斯特罗下达了相似的命令”。一天后，葛罗米柯告诉米高扬如果古巴就苏联拒绝开火发难应如何应对。葛罗米柯说：“鉴于向美国飞机开火的决定没有征求我们的意见，我方认为不可以参与其中。基于这一理由，我们向军方下令不得向美国飞机开火。”[18]

11 月 19 日卡斯特罗带着他的手下同米高扬见面时，这位古巴领导人一如既往地对美国的飞越侦察表示愤怒。“U–2 侦察机的飞行仍在继续，”他对米高扬说，“它们想去哪儿就去哪儿。”但他不再试图用撤出轰炸机来换取美方停止飞越侦察。“如果我们成功用伊尔–28 轰炸机换得解除封锁，那将是重要的一步。”据他自己说，这是他个人的意见，不代表整个领导层。在休会的两个多小时里，他征求了自己同志们的意见。大约晚上 9 点之后，卡斯特罗去到米高扬的住所，宣布了古巴全体领导人的决定：他们同意撤出轰炸机，相关协议将在致吴丹的信函中正式确定下来。米高扬在当天深夜与他们讨论了这封信的内容，其中关键的一句是：“如果苏联政府认为撤出这些飞机对顺利谈判、解除危机有利，那么古巴革命政府不会反对这一决定。”[19]

11 月 19 日晚，卡斯特罗意识到，在轰炸机问题上的这轮较量，他已经输了。赫鲁晓夫不顾他的抗议，已经决定与美国达成协议。在宣传战方面，卡斯特罗也非常被动：拉丁美洲的领导人和全世界媒体都认为古巴是两个超级大国达成协议、防止核战争的主要障碍。他的顾虑还有另外一个原因：美国媒体宣布，肯尼迪即将召开媒体见面会。卡斯特罗担心，肯尼迪会攻击并羞辱古巴——“把我们贬得一文不值”——令古巴人的士气更加低落，甚至会鼓动古巴人抛弃他这位领导人。卡斯特罗也曾考虑发表讲话来反驳肯尼迪。但米高扬劝阻他不要发表与苏联立场相悖的内容，还给莫斯科去信，请求高层指示多勃雷宁警告罗伯特，再通过罗伯特警告肯尼迪总统不要攻击卡斯特罗，因为这会影响肯尼迪与赫鲁晓夫之间达成协议。[20]

对于肯尼迪可能在演讲中谈到的内容，卡斯特罗既担心又期待。他担心古巴蒙羞，期待苏联受辱。“我认为你们已经决定撤出伊尔–28，”卡斯特罗对米高扬说，“但是，如果肯尼迪发表具有威胁性的傲慢演说，那就会让苏联陷入难堪的境地。”他安抚米高扬说，古巴愿意承受封锁：“我们不应该害怕封锁，这不会破坏革命胜利的果实。”对于这番革命语言，米高扬依然无动于衷。他在给莫斯科方面的报告中说道：“鉴于卡斯特罗精神萎靡，我认为没有必要针对他的错误判断做出解释。”他决定暂时搁置这个问题，给卡斯特罗留下一线希望：就算赫鲁晓夫没有什么表示，肯尼迪也可能会通过讲话帮助卡斯特罗留下这批轰炸机。[21]

米高扬的报告于莫斯科时间 11 月 20 日上午 11 时 40 分发给了主席团成员。而当时，赫鲁晓夫早已下定了决心。

第二十七章　感恩节

赫鲁晓夫在争取时间，而肯尼迪和他的很多顾问已经不想再等了。白宫宣布将于 11 月 20 日举行媒体见面会，这是两个多月以来的第一场。这段时间里，美国高层们的精力都被古巴导弹危机耗尽了。所有人都期待总统接下来会发表什么样的声明：危机有没有解除？还是很快会有更严重的危机？肯尼迪迫切地想要宣布危机已经解除，但只有就轰炸机问题达成协议才能这样做，而赫鲁晓夫还没有同意在 30 天内从古巴撤出轰炸机。

一些政府成员认为，肯尼迪给赫鲁晓夫的提议是一次不必要的让步。无论赫鲁晓夫同意还是拒绝在 30 天内撤出轰炸机，中情局和军方都不会对此满意。在 11 月 16 日的执委会会议上，中情局局长麦科恩就苏联军队持续驻扎在古巴表达了担忧。“他认为这比伊尔–28 轰炸机更重要。”会议纪要这样写道。麦科恩尤其担心的是地对空导弹，这种武器可以击落 U–2 侦察机，为重新在古巴部署核导弹提供条件。

肯尼迪当天还会见了参谋长联席会议的成员，他们也有相同的看法：不仅担心留在古巴的地对空导弹，还担心苏联的米格战斗机。他们重申了军方一贯的解决方案：入侵。参谋长们告诉总统，军队“处在实施入侵的最佳状态”。他们清楚肯尼迪始终对柏林有顾虑，于是补充道：“无论您就古巴问题可能采取何种行动，我们都已做好了准备；此外，无论苏联有什么样的军事反应，我们都有充足的准备，可以在全世界范围内与苏联交战。”[1]

下一场执委会会议是在 11 月 19 日，也就是总统媒体见面会的前一天。这次会议上，对与苏联达成协议持乐观态度的人急剧减少。会议记录上记载了迪安·腊斯克的一句话：“我们还没有收到赫鲁晓夫的回复。”迪安·腊斯克还汇报了他与瓦西里·库兹涅佐夫在纽约一直进行的谈判，但库兹涅佐夫的态度并没有表现出克里姆林宫的立场有什么变化。时间愈发紧迫，这不仅是因为马上要召开媒体见面会，更是因为美国暂停了飞越侦察。卡斯特罗发出威胁后，对古巴进行飞越侦察的风险很大，但美方又不能对古巴导弹危机的最新进展完全置之不理。

肯尼迪批准了 U–2 侦察机的高空飞行，但延迟重启低空任务。“总统不愿派出飞机进行低空飞行。”罗伯特在一张白宫专用信纸上潦草地写道，“重要的是，我们能逼迫赫鲁晓夫做出怎样的让步。”当然，肯尼迪不能无限期地推迟低空飞行。他告诉军方做好准备，于 11 月 24 日恢复低空飞行。赫鲁晓夫没有给出肯定的答复，卡斯特罗仍命令向低空飞行的侦察机开火，损失飞机和飞行员似乎是可以预见的。肯尼迪要求研究“在飞机被击落后采取何种军事行动进行报复”。参谋长联席会议主席泰勒将军指出：“现在的方案是先执行一次武装空中侦察，再针对防空基地发起攻击。”“这条路走下去，我们就会面临这样的选择：要么苏联撤出伊尔–28，我们继续高空侦察；要么苏联拒绝撤出轰炸机，我们在星期四或星期五进入新一轮的较量。”肯尼迪说道。

国防部副部长保罗·尼采全力支持进攻。他认为，苏联与古巴之间已经有了隔阂，苏联也会希望美国袭击古巴的防空部队。副国务卿乔治·鲍尔提议对古巴进行更严格的封锁，并分享了他参加的一场巴黎北约理事会会议的情景。据他回忆，会上“大家一致认为，我们太轻易地放过了苏联，没有要求铲除苏联部署在古巴的军事基地”。他还补充道：“我们的欧洲盟友会支持我们完成这项工作……不会反对再次通过封锁古巴向苏联施压。”

但肯尼迪持怀疑态度。他不认为“针对击落飞机或者拒绝撤出伊尔–28轰炸机的合理反应”是更严格的封锁。“赫鲁晓夫怎么可能再屈服一次？”肯尼迪问道。保罗·尼采认为采取武力威胁可以起到预期的效果。邦迪似乎同意尼采的观点，认为有必要对苏联和古巴进行区分。一位国家安全顾问明显支持实施军事打击。他说道：“我们袭击古巴不会导致与苏联的对抗。”

一切又回到了原点，仿佛肯尼迪与赫鲁晓夫在10月27日和28日的决定性沟通从未发生。与危机发生之初的情况类似，总统更倾向于鹰派。“他要求准备一份声明，在苏联没有回应我们撤出伊尔–28的要求之后使用。”会议纪要中写道，“我们应该强调卡斯特罗反对进行陆上核查，并以此要求继续对古巴进行空中侦察。我们应该请美洲国家组织重申我们进行空中侦察的权利。”[2]

与过去一样，约翰·肯尼迪还是通过他的弟弟与赫鲁晓夫保持联系。多勃雷宁的那条渠道已经不再奏效了：尽管罗伯特曾在11

月 18 日晚提醒多勃雷宁肯尼迪总统还在等待回复，但始终没有消息传过来。11 月 18 日，罗伯特去见了他的另一名苏联联络人——军方情报人员格奥尔基·博尔沙科夫。要传递的消息简短明确：在美国东部时间 11 月 20 日下午 6 点召开媒体见面会前，肯尼迪需要收到赫鲁晓夫的回复。如果苏联不撤出轰炸机，对古巴的低空侦察飞行将会继续。如从前一样，罗伯特并不是在虚张声势。[3]

莫斯科方面，赫鲁晓夫决定不再等待米高扬创造古巴奇迹。此时他尚不知道卡斯特罗已经在轰炸机问题上做出了让步，便给肯尼迪回了一封信，表示接受他提出的条件。在召开媒体见面会前几个小时，多勃雷宁将这封信交给了罗伯特。

信中有几句非常关键的话，一如既往地冗长且不连贯："我们愿意从古巴撤出伊尔–28 轰炸机。我们准备在一个月之内撤出，甚至可能更快，因为撤出这些飞机的期限对我们来说不是原则性问题。这一点也请您知晓。"赫鲁晓夫不再要求美国停止飞越侦察，也不再要求美国保证不入侵古巴。他将这两个问题留待未来解决。关于解除封锁，他写道："请允许我表达这样的期望：在收到这封信件之后，您能下令立即解除封锁，从加勒比地区撤回海军和其他军事力量。"[4]

美国人不知道的是，这封信中有两段话不是赫鲁晓夫写的或口授的，而是多勃雷宁收到莫斯科方面的指令后，或者莫斯科方面有人在这封信已经起草完毕并通过电报发给苏联驻美大使馆后才加上去的。新增部分的关键句子是："赫鲁晓夫认为，肯尼迪总统在媒体见面会上发表的声明最好不要含有任何激化矛盾的成分，或是伤害古巴人民情感的内容。”

增加这几点的动机来自米高扬。他最终说服了卡斯特罗接受轰炸机撤出的事实，但还是晚了几个小时。11 月 19 日深夜，他成功得到了卡斯特罗的同意，当时是莫斯科一大早。等到他的报告被主席团全体成员传阅后，赫鲁晓夫的信已被送到了苏联驻美大使馆。他们只能对这封信做出修改，从而兼顾卡斯特罗对肯尼迪即将发表声明的顾虑。[5]

肯尼迪与顾问团队不知道的是，赫鲁晓夫的信中至少有一处虚假陈述："所有的核武器都已经撤出了古巴。"如果只是针对弹道导弹，那这样讲是对的。但是，伊尔–28 轰炸机所用的核炸弹和战术核武器仍在古巴。美国人对此一无所知。但赫鲁晓夫显然决定不在核武器上玩火，决心将战术核武器也撤出古巴。11 月 20 日，也就是他回复肯尼迪的那一天，马利诺夫斯基元帅命令普利耶夫将军："装有常规弹药的'月神'与 FKR（巡航导弹）应该留在古巴。将 6 枚核炸弹、12 枚'月神'核弹头、80 枚 FKR 核弹头通过'阿特卡尔斯克号'运回苏联。"[6]

赫鲁晓夫在调整自己的行动计划。一切看起来都得到了控制。但是，卡斯特罗再一次破坏了他的计划。11 月 22 日，惊慌失措的米高扬通知赫鲁晓夫，古巴领导层已经给古巴驻联合国代表卡洛斯·莱丘加（Carlos Lechuga）发去消息，声称古巴掌握有战术核武器。古巴人还告诉苏联驻古巴大使阿列克谢耶夫，他们已经指示联合国代表公开此事，以此挑战苏联撤出所有核武器的决心。米高扬敦促赫鲁晓夫阻止古巴的这番行动。他提议自己可以杜撰一条禁止将核武器转交他国的苏联法律。

赫鲁晓夫完全同意米高扬的看法。他希望古巴方面撤回相关指示。“如果美国收到与事实不符的信息，事态会进一步复杂化。”赫鲁晓夫在给米高扬的信中这样写道。赫鲁晓夫对美国总统说的谎又要被拆穿，那将是一个尴尬且极其危险的局面。他与肯尼迪的整个协议都建立在互相信任的基础之上。一旦信任崩塌，协议也会随之瓦解。战术核导弹仍在古巴领土的信息可能会彻底破坏他们之间的协议，全世界也将会面临一场更为严重的危机。[7]

同一天，米高扬与卡斯特罗见面，讨论针对肯尼迪的声明应如何采取进一步的行动。卡斯特罗并不开心，而且他又一次没有向这位苏联高官掩饰自己的情绪。“封锁被解除了，您不高兴吗？”米高扬问道。卡斯特罗反驳道：“不。解除封锁是好事，但我们失去了伊尔-28轰炸机。”他接下来要求米高扬保证苏联没有向美国承诺撤出部署在古巴的战术核武器。米高扬否认有任何形式的这种承诺。他说，美国不知道古巴部署了这种武器，也不知道这些武器由普利耶夫将军指挥。当卡斯特罗问到苏联能否将战术核武器转交他国时，米高扬虚构了一条禁止这种转交行为的法律。接着，卡斯特罗提出将战术核武器留在古巴由苏联方面指挥，米高扬也委婉拒绝了，理由是古巴不能有苏联基地——这对卡斯特罗来说具有重要的象征意义，因为他想要清除关塔那摩的美军基地。[8]

讨论转到了其他话题。卡斯特罗仍然像会议开始时那样闷闷不乐。但米高扬成功做到了他从危机一开始就认为是对的事情——不仅不能让卡斯特罗控制核武器，甚至不能让核武器出现在古巴。这一次，他得到了赫鲁晓夫的大力支持。这位苏联领导人终于决定将自己国家的利益置于世界革命之上。

◇◇◇

肯尼迪按照计划于 11 月 20 日下午 6 点出现在国务院礼堂。当时礼堂挤满了人，肯尼迪宣读了一份声明。开篇，他提到赫鲁晓夫同意在 30 天内从古巴撤出伊尔-28 轰炸机。

“我已于今天下午指示国防部部长解除我们的海上封锁。”肯尼迪宣布。“目前的证据表明，古巴所有已知的攻击性导弹基地已被拆除。”肯尼迪继续说道，“导弹与相关设备已送到苏联的船只上。我们在海上对这些离开古巴的船只进行了核查，可以证实，苏联告知我方带到古巴的导弹现在均已撤出，而且他们报告的数量与我们核查的结果非常相近。此外，苏联政府表示，所有核武器都已从古巴撤出，也不会再有攻击性武器运往古巴。”

肯尼迪没有使用此前一个版本的讲稿，其中强调在确认于古巴岛上采取的国际核查方式之前，美国无法做出不入侵古巴的承诺。肯尼迪讲话 2 天后就是感恩节，他完全有理由用胜利的口吻收尾。“感恩节就要到了。如果我们回顾 4 周前的情形，会发现有很多事情值得感激。”危机看起来要结束了。肯尼迪守住了立场，赫鲁晓夫在退让。[9]

莫斯科方面，尼基塔·赫鲁晓夫尽可能将围绕古巴所发生的事情包装成自己和苏联的胜利。“经过通信，我们迫使美国总统宣布不会入侵古巴，”赫鲁晓夫于 11 月 23 日在苏共中央委员会全体会议上说，“然后我们才可能发表声明，宣布撤出导弹和伊尔-28。这是让步吗？是的，我们让步了。美国让步了吗？他们有没有公开承诺不入侵？有的。那么，谁让步了？谁没有让步呢？”[10]

面对一群非常友善的听众，赫鲁晓夫说道：“我们的军队两次开火，还击落了一架 U–2 侦察机，这就是我们的开销，没有其他的了。这可不差啊。”这段话得到了很长时间的掌声。赫鲁晓夫继续说道：“让上帝再赐予我们一些这样的让步吧。”讲这句话时掌声仍在继续。但他认为还必须反驳共产主义阵营中的一些批评。这些从未在苏联媒体上发表过的话，针对的不仅是国内，还有国际上的听众：“一些自以为是的人说不能相信帝国主义者。好一个大发现啊！那怎么做？杀了他们吗？杀了他们！这些自以为是的人，教别人倒是很会教，但他们却在自己家里闻到了资本主义垃圾的味道！”[11]

这场会议的大部分听众都是苏共党组织的书记和企业的管理者。他们用笑声和掌声回应着赫鲁晓夫的虚张声势和粗鄙玩笑。他确实懂得怎么打动听众、引人发笑。但是，不管这些人觉得赫鲁晓夫的政策和他嘴上说的有什么不同，都不可能反对这位领导人，或者对他的行动表示怀疑。任何对领导人不忠甚至是疑似不忠的表现，放在斯大林时代都可能会让人丢掉性命，在赫鲁晓夫时代则可能会葬送一个人的前程。即便如此，赫鲁晓夫将自己的国家和世界推到了核战争的边缘，人们对他的肆意妄为和他让军队蒙受的耻辱愈发感到不满。

两年后，在 1964 年 10 月，当苏共中央主席团抨击赫鲁晓夫的自大、冒险主义和在国内外犯下的错误时，同一批中央委员会成员投票罢免了赫鲁晓夫，并报以同样热烈的掌声。被选出来指控这些斑斑劣迹的副总理德米特里·波利扬斯基（Dmitrii Poliansky），在指摘赫鲁晓夫的众多外交失败时特别强调了古巴导弹危机。

在此前关于古巴的几次漫长会议中，副总理波利扬斯基一直保持沉默，也从来不敢批评赫鲁晓夫。但在 1964 年 10 月的这一次会议中，他表达了自己和同志们对赫鲁晓夫核边缘政策的不满，“赫鲁晓夫同志在一次讲话中称，如果美国敢对古巴动武，我们就要去打它。他坚持要把导弹部署到古巴，引发了一场严重的危机，将世界推到核战争的边缘，就连他自己也被吓得胆战心惊。我们别无选择，只得被迫接受美国提出的所有要求和条件，包括承受让美方核查我方船只的耻辱。在美国的要求下，我们将导弹和大部分部队从古巴撤了回来……但是，如各位所知，赫鲁晓夫同志还把这次在加勒比海危机中的失败说成了胜利。”[12]

波利扬斯基接下来强调，这次在古巴的冒险行动破坏了党、政府、军队的国际声望，也破坏了苏联和古巴的关系。但是，如果说党和政府的国际地位受损、苏古关系的恶化是苏联最高层才知道和关心的事情，那么，让军队蒙羞则是几千名官兵在跨越大西洋回到祖国时所共同经历的。

苏联运载导弹、设备、官兵的船只被美国飞机追踪，不得不打开固定装置，展示他们这一路都小心翼翼隐藏起来的导弹。这无异于军队战败后的狼狈撤退，很多人认为这支军队的领导人背叛了他们。

赫鲁晓夫在危机时期的得力助手罗季翁·马利诺夫斯基元帅在 1964 年 10 月赫鲁晓夫下台之际对自己手下的高层指挥官们说：“不管是俄国军队还是苏联军队，都从未遭受过这种奇耻大辱，竟允许敌方核查我方的武器运输。”阿纳斯塔斯·米高扬把马利诺夫斯基视为自己的克星，是帮助赫鲁晓夫引发古巴导弹危机的鹰派人物。但是，在讲这番话时，马利诺夫斯基知道，他表达的是许多甚至绝大多数人的想法。[13]

尼基塔·赫鲁晓夫实现了自己的目标：他让古巴免于可能的入侵，维护了古巴共产主义者的统治。他没能将导弹留在古巴，以追赶美国在远程弹道导弹方面的优势，但他让肯尼迪撤出了部署在土耳其的中程弹道导弹。除了在他自己的叙述和声明中，赫鲁晓夫从来没有因其所取得的成绩而受到赞扬。各方——美国人、古巴人和苏联人——为他的冒险主义所付出的代价太大了，与这些代价相比，他所谓的成功显得无足轻重。

后 记

约翰·肯尼迪与尼基塔·赫鲁晓夫终于成功避免了核战争，他们几乎犯下了所能想到的每一个错误，几乎走错了每一步。但是，他们最终没有掉入陷阱，因为他们不认为自己可以在核战争中获胜，即便能够获胜，也不愿为这样的胜利付出代价。倘若两位领导人对核武器有一种更傲慢的态度，那么我们很难想象古巴导弹危机最终会有怎样的结果。

在此次危机之后，二人很快就退出了政治舞台。在古巴导弹危机结束一年后，1963 年 11 月 22 日，肯尼迪在出访达拉斯——而不是访问外国——之时遇刺身亡。赫鲁晓夫说，肯尼迪惨死是“对所有珍视和平、珍视苏美合作之人的沉痛打击”。而他本人也在 1964 年 10 月 14 日被赶下了台，也就是美国 U–2 侦察机在古巴发现苏联导弹的两年后。把赫鲁晓夫赶下台的不是外国军队，而是此前对他阿谀奉承的下属。[1]

无论这两位领导人在世人的眼中是赢家还是输家，他们都给全世界留下了一份永恒的遗产，而且不只是对古巴导弹危机的恐惧和从中得来的惨痛教训。1963 年 8 月，肯尼迪与赫鲁晓夫签订了《部分禁止核试验条约》（以下简称《条约》），大幅限制了威胁地球生命的放射性沉降物，再一次拯救了世界。如果人类足够幸运，能够熬过这个核时代，再活上三四千万年，未来研究冰核、珊瑚、岩石的地质学家将仍可以确定肯尼迪与赫鲁晓夫签署《条约》的时间。

我们已经可以从地球科学家的研究中知晓这一时间。含碳 –14、钚 –239、碘 –129（半衰期分别接近 6000 年、2.4 万年、1600 万年）的沉积物将指向同一时间段：20 世纪 50 年代和 60 年代，地球上曾发生过一系列核爆炸。那段时期的同位素沉积量非常高，以致今天的地质学家将其中一处有着典型地层剖面的地方视为“金钉子”——地质学标记，由全球性事件生成，标志着地球历史中新时代的开启。这一段“金钉子”时期开始于 20 世纪 50 年代早期，以 1954 年为最盛，也就是美国在马绍尔群岛进行“布拉沃城堡”氢弹试验的那一年。当时爆炸失控，产生了相当于 1500 万吨 TNT 的破坏力，是设计者预期的 2.5 倍，是在长崎和广岛所投放原子弹威力的 1000 倍。1961 年，苏联在北冰洋的新地岛试爆了 5800 万吨当量的“沙皇炸弹”，爆炸当量“仅”比预期多了 800 万吨。[2]

1963 年的《条约》为后续控制进而削减核武器的相关谈判奠定了基础。1972 年 5 月至 1993 年 1 月，美国总统理查德 · 尼克松、吉米 · 卡特、罗纳德 · 里根、乔治 · 布什与苏联和俄罗斯领导人列昂尼德 · 勃列日涅夫、米哈伊尔 · 托卡连科、鲍里斯 · 叶利钦签署了多份协定，限制并实际削减了导弹能力和核武器数量，降幅高达 80%。然而，由古巴导弹危机戏剧性开启的控核时代即将结束——我们看到，这些守护世界安全的陈旧协定正在陆续瓦解，特别是美国和俄罗斯在 2019 年退出了冷战末期里根与戈尔巴乔夫签订的《中导条约》。2019 年 8 月 2 日，这一条约全面失效。[3]

随着美俄退出《中导条约》，我们将会进入一个新阶段——核重整（nuclear rearmament）阶段：老式核弹将被新的、更精确的也更小的核弹替代。这意味着，战术核武器可能会被投入战场，全世界将会重回 20 世纪 60 年代。在那个时候，冷战两大阵营都将战术核武器作为军事方针的关键部分。尽管世界在柏林墙倒塌、冷战结束、苏联解体之后发生了巨变，但仍有两个核超级大国——美国和俄罗斯（继承了苏联的全部核武器）。两国的关系也每况愈下。

今天的美俄关系在很多方面都很像冷战巅峰时期的美苏关系。历经苏联解体，在领土和国际地位上均有损失的俄罗斯在意识形态上并没有完全摆脱核边缘政策，而美国则依然竭力标榜并推行民主模式。两个核大国之间的文化差异一直存在，双方都有误解彼此意图的无限可能。[4]

我们不仅面临着旧威胁的复苏，还面临着新威胁的出现。形势比以往更加不稳定，更加危险。核武器与导弹技术前所未有的发展，极大增加了有能力发动核打击的国家数量。印度和巴基斯坦这一对宿敌也都是拥核国。伊朗发展核技术则引起了以色列和沙特阿拉伯的严重关切。而以色列尚未宣布有核能力，沙特阿拉伯则是无核区域的霸主。网络战也让当下的情况比 20 世纪 60 年代早期更加凶险，因为一个国家可以不费一枪一弹便夺取另一个国家核武器的控制权。[5]

与从前相差不大的是，对核武器的控制权仍掌握在少数国家手中，其他国家则要依赖这些少数国家的领导能力和政治能力，依赖其领导人做出判断的可靠性和胆量。古巴导弹危机期间，美苏两位领导人都认为己方无法赢得核战争，这才拯救了世界。而这一点在今天正发生变化——从前的控核条约被废弃，核竞赛在重启，新技术的发展也让极精准打击成为可能。这些因素都降低了使用核武器的心理压力，增加了发生核对抗的可能性。

我们能做些什么呢？希望民粹主义和民族主义的政客停止不负责任的言论和行动？希望持有各种政治主张的领导人开始听从专家的意见？希望专家完全摆脱政治或文化的偏见？这些都没有意义。当今世界，在国际政治这条高速公路上，拥核“驾驶员”的数量一直在以惊人的速度持续增加。对被核打击彻底摧毁的恐惧也是如此。这种恐惧可能会引发第一次核打击，进而导致不可估量的后果。传统的“相互保证毁灭”（Mutually Assured Destruction）战略只有在恐惧占上风时才会奏效。但是，美国退出了《限制反弹道导弹系统条约》、核试验进行、冷战结束，再加上人们越来越相信可以在不引发更大规模战争的情况下使用战术核导弹，这些都使得对核战争的恐惧逐渐减退。

今天，我们仿佛回到了古巴导弹危机之前的状态，用丘吉尔在20世纪50年代的话来说，就是缺乏广泛认同的“恐怖均势”（balance of terror），而且各个国家都在争相改良、扩充核武器。现在是核武器在历史上最危险的时刻之一。

为了避免核战争，我们必须摒弃一种观念：核武器属于过去，与当今这个时代无关，甚至会自行消失在历史的长河中。这曾是冷战后学术界和政界的主流观点，直到近几年才有所变化。我们应该回到谈判桌上，重启古巴导弹危机之后的控核进程。我们不能指望再发生这样一场危机让我们的领导人回归理智，因为下一场危机可能会更加严重。

在冷战的高潮时期，公众讨论把控核提上了政治议程，政府本身是不会这样做的。因此，我们必须重温核武器的历史，重温它所带来的威胁，这样新的控核体系才可能达成。我们必须重新学习那些历史并吸取教训，让它们成为从政者行动的基础。这就是所谓的“温故而知新”。

致 谢

很高兴有这样一段愉快的写作过程，我要感谢所有在我研究和写作过程中给予我极大帮助的人。首先，感谢哈佛大学历史系允许我在 2018 年秋天休假，感谢富布莱特项目帮助我在乌克兰度过这段假期——其间一部分时间我用来写作本书。

关于本书使用的主要原始材料，我要特别感谢乌克兰国家安全局档案馆的安德里·科胡特（Andriy Kohut）和玛丽亚·帕诺娃（Maria Panova）夫人向我提供了尚未充分开发的克格勃有关古巴导弹危机历史的原始材料；特别感谢乌克兰外交部档案馆的斯维特拉娜·科夫顿（Svitlana Kovtun）启动了此前机密文件的解密工作；特别感谢约翰·肯尼迪总统图书馆和博物馆的查尔斯·波索斯（Charles Borsos）、阿尔希波夫一家和“民主面庞”（Faces of Democracy）计划的斯文·林德斯特罗姆（Sven Lilienström）给予我建议和帮助。

再说书稿。感谢我的同事米洛斯拉夫·尤尔克维奇（Myroslav Yurkevich），他曾在阿尔伯塔大学工作，我的第一版书稿经过了他的编辑；感谢哈佛大学的同事弗雷德·罗格维尔（Fred Logevall）对第一版书稿提供了宝贵意见。我还要感谢弗雷德·罗格维尔与玛丽·萨罗特（Mary Sarotte）给予我很多鼓励。与怀利版权代理公司的萨拉·查尔方特（Sarah Chalfant）及其团队的合作很愉快。他们为这本书选定了一家非常好的出版社——诺顿出版公司。关于古巴导弹危机及其所涉及的关键人物，全世界没有哪一家出版社比诺顿出版的书更多。诺顿出版公司这边，感谢约翰·葛鲁斯曼（John Glusman）、海伦·托梅兹（Helen Thomaides）和南希·格林（Nancy Green）的指导、支持和对文本非常有价值且恰到好处的编辑工作。

我还要感谢我在哈佛大学的学生，他们听了我过去几年开设的“冷战史”和“冷战峰会”课程。他们的许多疑问促使我在书中一一做了回答。我在哈佛大学供职于乌克兰研究院。我要感谢研究院的执行院长提米西·霍洛温斯基（Tymish Holowinsky）和研究院的“执委会”成员蒂姆·科尔登（Tim Colton）、乔治·格莱博威茨（George Grabowicz）、迈克尔·弗莱尔（Michael Flier）、特里·马丁（Terry Martin），感谢他们支持我的学术事业。领导我们这个小小的“执委会”，一定程度上让我理解了肯尼迪1962年的执委会是如何运作的。

与此前的著作一样，如果没有妻子奥莱纳（Olena）坚定的支持，我就不可能完成这本书的研究和写作。我对她深表感谢。

注　释

引　语

1. John F. Kennedy, Address before the General Assembly of the United Nations, September 25, 1961, John F. Kennedy Presidential Library and Museum, https://www.jf klibrary.org/archives/other-resources/john-f-kennedy-speeches/united-nations-9610925.
2. Nikita Khrushchev quoted in Norman Cousins, *Improbable Triumvirate: John F. Kennedy, Pope John, Nikita Khrushchev* (New York, 1972), 46.

序　言

1. Nicole Tam, "A moment of panic in paradise. Some university students frantically looked for shelter fearing ballistic missile attack," *Ka Leo*, January 22, 2018, http://www.manoanow.org/kaleo/news/a-moment-of-panic-in-paradise/article_ab93266c-ff27-11e7-94fa-7342ef31d879.html; "False alert of ballistic missile threat to Hawaii sent by human error," Xinhua, January 14, 2018, http://www.xinhuanet.com/english/2018-01/14/c_136894618.htm.
2. Matt Stevens, "Trump and Kim Jong-un, and the Names They've Called Each Other," *New York Times*, March 9, 2018, https://www.nytimes.com/2018/03/09/world/asia/trump-kim-jong-un.html; David E. Sanger and William J. Broad, "Iran Challenges Trump, Announcing End of Nuclear Restrictions," *New York Times*, January 14, 2020, https://www.nytimes.com/2020/01/05/world/middleeast/trump-iran-nuclear-agreement.html.
3. "John Bolton: North Korea standoff comparable to Cuban Missile Crisis," FoxNews, August 11, 2017, https://www.foxnews.com/politics/john-bolton-north-korea-standoff-comparable-to-cuban-missile-crisis; "Panetta: North Korea 'most serious crisis' involving nukes since Cuba," CNN, August 12, 2017, https://edition.cnn.com/2017/08/11/politics/leon-panetta-nuclear-war/index.html; Andrew Osborn, "Putin to U.S.: I'm ready for another Cuban Missile style crisis if you want one," Reuters, February 21, 2019, https://www.reuters.com/article/us-russia-putin/putin-to-u-s-im-ready-for-another-cuban-missile-style-crisis-if-you-want-one-idUSKCN1QA1A3; Ray Sanchez, "Putin boasts military might with animation of Florida nuke strike," CNN, March 2,2019, https://www.cnn.com/2018/03/01/europe/putin-nuclear-missile-video-florida/index.html; Fred Kaplan, "The People around Trump Are Totally Unqualified to Stop the Iran Crisis," *Slate*, January 6, 2020, https://slate.com/news-and-politics/2020/01/trump-team-iran-crisis-pompeo-esper.html; Larry Provost, "Trump Acted as Great as JFK in Missile Crisis," *Townhall*, January 9, 2020, https://townhall.com/columnists/larryprovost/2020/01/09/trump-acted-as-great-a-jfk-in-missile-crisis-n2559201.
4. Robert F. Kennedy, *Thirteen Days: A Memoir of the Cuban Missile Crisis*, with a new foreword by Arthur Schlesinger Jr. (New York, 1999); cf. Sheldon M. Stern, *The Cuban Missile Crisis in American Memory: Myths versus Reality* (Stanford, CA, 2012), 32–39, 68–98, 148–154.
5. *The Kennedy Tapes: Inside the White House during the Cuban Missile Crisis*, ed. Ernest R. May and Philip D. Zelikow, concise ed. (New York and London, 2002); Graham Allison and Philip Zelikow, *Essence of Decision: Explaining the Cuban Missile Crisis*, 2nd ed. (New York, 1999); Aleksandr Fursenko and Timothy Naftali, *"One Hell of a Gamble": Khrushchev, Castro and Kennedy, 1958–1964* (New York and London, 1997); Michael Dobbs, *One Minute to Midnight: Kennedy, Khrushchev and Castro on the Brink of Nuclear War* (New York, 2008); Tomas Diez Acosta, *October 1962: The "Missile" Crisis as Seen from Cuba* (New York, 2002).

6. Barbara Tuchman, *The Guns of August* (New York, 2012; first ed. 1962).
7. Robert Kennedy, *Thirteen Days*, 97–98; Barbara Tuchman, *The March of Folly: From Troy to Vietnam* (New York, 1984).
8. C. Todd Lopez, "U.S. Withdraws from Intermediate-Range Nuclear Forces Treaty," August 2, 2019, US Department of Defense, https://www.defense.gov/explore/story/Article/1924779/us-withdraws-from-intermediate-range-nuclear-forces-treaty/; David E. Sanger and Andrew E. Kramer, "U.S. Officials Suspect New Nuclear Missile in Explosion That Killed 7 Russians," *New York Times*, August 12, 2019, https://www.nytimes.com/2019/08/12/world/europe/russia-nuclear-accident-putin.html.
9. Simon Craine and Noel Ryan, *"Protection from the Cold": Cold War Protection in Preparedness for Nuclear War* (Sheffield, UK, 2010), 12; Joseph M. Siracusa, *Nuclear Weapons: A Very Short Introduction* (Oxford, 2015), 60–61, 107; Paul Bracken, *The Second Nuclear Age: Strategy, Danger, and the New Power Politics* (New York, 2012), 49–50.

序　幕

1. Juan O. Tamayo, "Secret Nukes: The Untold story of the Cuban Missile Crisis," *Miami Herald*, October 13, 2012, http://www.cubademocraciayvida.org/web/print.asp?artID=18987; James G. Blight, Bruce J. Allyn, and David A. Welch, with the assistance of David Lewis, foreword by Jorge I. Dominguez, *Cuba on the Brink: Castro, the Missile Crisis, and the Soviet Collapse* (New York, 1993), 40, 56–65, 258–260; Don Oberdorfer, "Cuban Missile Crisis More Volatile Than Thought," *Washington Post*, January 14, 1992, https://www.washingtonpost.com/archive/politics/1992/01/14/cuban-missile-crisis-more-volatile-than-thought/359ba0c1-1e6b-48b5-a0f2-82ceafb4262f/?utm_term=.235cb732df89.
2. Arthur Schlesinger Jr., "Four Days with Fidel: A Havana Diary," *New York Review of Books*, March 25, 1992, https://www.nybooks.com/articles/1992/03/26/four-days-with-fidel-a-havana-diary/.
3. Blight et al., *Cuba on the Brink*, 40; Martin Tolchin, "U.S. Underestimated Soviet Force in Cuba During '62 Missile Crisis," *New York Times*, January 15, 1992, https://www.nytimes.com/1992/01/15/world/us-underestimated-soviet-force-in-cuba-during-62-missile-crisis.html.

第一章　新手上任

1. "The Inauguration of John F. Kennedy, the 35th President of the United States," The Movietone Production, 1961, https://www.youtube.com/watch?v=syWo_gzGSoY.
2. Cited in John Burnside, *The Music of Time: Poetry in the Twentieth Century* (Princeton and Oxford, 2020), 251.
3. "For John F. Kennedy Inauguration" by Robert Frost, John F. Kennedy Presidential Library and Museum, https://www.jfklibrary.org/learn/about-jfk/life-of-john-f-kennedy/fast-facts-john-f-kennedy/for-john-f-kennedys-inauguration-by-robert-frost-undelivered-poem; "Poets and Power: Robert Frost's Inaugural Reading," Poets.org: From the Academy of American Poets, https://web.archive.org/web/20140112072836/; http://www.poets.org/viewmedia.php/prmMID/20540#sthash.TVpwYYIc.dpuf; Arthur M. Schlesinger Jr., *A Thousand Days: John F. Kennedy in the White House* (Boston, 1965), 1–3.
4. "Ask Not What Your Country Can Do for You..., " Elementary School Curriculum Resources, John F. Kennedy Presidential Library and Museum, https://www.jfklibrary.org/learn/education/teachers/curricular-resources/elementary-school-curricular-resources/ask-not-what-your-country-can-do-for-you.
5. "Inaugural Address of President John F. Kennedy, Washington, DC, January 20, 1961," John F. Kennedy Presidential Library and Museum, https://www.jfklibrary.org/archives/other-resources/john-f-kennedy-speeches/inaugural-address-19610120.
6. Clifford L. Staten, *The History of Cuba* (New York, 2003), 11–44; Jay Sexton, *The Monroe Doctrine: Empire and Nation in 19th-Century America* (New York, 2011), 85–122.
7. Louis Perez, *Cuba under the Platt Amendment, 1902–1934* (Pittsburgh, 1986).
8. Staten, *The History of Cuba*, 45–70.
9. Aviva Chomsky, *A History of the Cuban Revolution* (Chichester, West Sussex, UK, 2015), 28–44; Staten, *The History of Cuba*, 71–106; Schlesinger, *A Thousand Days*, 215–223.

10. Maurice Halperin, *The Rise and Decline of Fidel Castro: An Essay in Contemporary History* (Berkeley, Los Angeles, and London, 1972), 46–48; Stephen G. Rabe, *Eisenhower and Latin America: The Foreign Policy of Anticommunism* (Chapel Hill and London, 1988), 117–125.
11. Memorandum Prepared in the Central Intelligence Agency, Washington, January 26, 1961, Cuba, *Foreign Relations of the United States (FRUS)*, 1961–1963, vol. 10, *Cuba, January 1961–September 1962*, no.27, https://history.state.gov/historicaldocuments/frus1961-63v10/d27.
12. Memorandum for Discussion on Cuba, Washington, January 28, 1961, *FRUS*, 1961–1963, vol. 10, *Cuba, January 1961–September 1962*, no. 30, https://history.state.gov/historicaldocuments/frus1961-63v10/d30.
13. Memorandum of Meeting with President Kennedy, Washington, February 8, 1961, *FRUS*, 1961–1963, vol. 10, *Cuba, January 1961–September 1962*, no.40, https://history.state.gov/historicaldocuments/frus1961-63v10/d40; Paper Prepared in the Central Intelligence Agency, Washington, March 11, 1961, Proposed Operation against Cuba, *FRUS*, 1961–1963, vol.10, *Cuba, January 1961–September 1962*, no.58, https://history.state.gov/historicaldocuments/frus1961-63v10/d58.
14. Paper Prepared in the Central Intelligence Agency, Washington, March 15, 1961, Revised Cuban Operation, *FRUS*, 1961–1963, vol.10, *Cuba, January 1961–September 1962*, no. 61, https://history.state.gov/historicaldocuments/frus1961-63v10/d61; Schlesinger, *A Thousand Days*, 223–268.
15. Jim Rasenberger, *The Brilliant Disaster: JFK, Castro, and America's Doomed Invasion of Cuba's Bay of Pigs* (New York, 2011), 180–188.
16. "Bay of Pigs. Forty Years After. Chronology," National Security Archive, https://nsarchive2.gwu.edu/bayofpigs/chron.html; Rasenberger, *The Brilliant Disaster*, 189–206.
17. "The Bay of Pigs Invasion," Central Intelligence Agency, https://www.cia.gov/news-information/featured-story-archive/2016-featured-story-archive/the-bay-of-pigs-invasion.html; Rasenberger, *The Brilliant Disaster*, 207–259.
18. Richard Bissell Jr. with Jonathan E. Lewis and Frances T. Pudlo, *Reflections of a Cold Warrior: From Yalta to the Bay of Pigs* (New Haven and London, 1996), 184–204; *Operation ZAPATA: The Ultrasensitive Report and Testimony of the Board of Inquiry on the Bay of Pigs*, introduction by Luis Aguilar (Frederick, MD, 1981), 20–21.
19. Peter Wyden, *Bay of Pigs: The Untold Story* (New York, 1979), 277–278; Rasenberger, *The Brilliant Disaster*, 260–312.
20. Rasenberger, *The Brilliant Disaster*, 313–318; "The Bay of Pigs Invasion," Central Intelligence Agency; "Bay of Pigs. Forty Years After. Chronology," National Security Archive.
21. Evan Thomas, *The Very Best Men: Four Who Dared: The Early Years of the CIA* (New York, 2006), 261–272.

第二章 博弈高手

1. William Taubman, *Khrushchev: The Man and His Era* (New York, 2003).
2. Aleksandr Feklisov, *Priznanie razvedchika* (Moscow, 1999), 376.
3. Sergei Rogoza and Boris Achkasov, *Zasekrechennye voiny, 1950–2000* (Moscow, 2004), 195.
4. Fursenko and Naftali, *"One Hell of a Gamble,"* 81–82. Cf. idem, *Adskaia igra: Sekretnaia istoriia karibskogo krizisa, 1958–1964* (Moscow, 1999), 85.
5. Larry Tart and Robert Keefe, *The Price of Vigilance: Attacks on American Surveillance Flights* (New York, 2001), 100–112; Andrew Glass, "JFK Holds First Televised News Conference," January 25, 1961, *Politico*, January 25, 2018, https://www.politico.com/story/2018/01/25/jfk-holds-first-televised-news-conference-jan-25-1961-355093; Frederick Kempe, *Berlin 1961: Kennedy, Khrushchev and the Most Dangerous Place on Earth* (New York, 2011), 73–75.
6. Andrei Sakharov, *Vospominaniia* (Moscow, 1990), 288.
7. Memorandum of Conversation, Vienna, June 3, 1961, in *FRUS*, 1961–1963, vol. 5. *Soviet Union*, no. 83.
8. Telegram from the Department of State to Secretary of State Rusk at Geneva, Washington, May 16, 1961, in *FRUS*, vol. 6, *Kennedy-Khrushchev Exchanges*, no. 15.
9. David Reynolds, *Six Summits That Shaped the Twentieth Century* (New York, 2007), 185–194.
10. Roger G. Miller, *To Save a City: The Berlin Airlift, 1948–1949* (College Station, TX, 2000), 14–18, 36–86; Daniel F. Harrington, *Berlin on the Brink: The Blockade, the Airlift, and the Early Cold War* (Lexington,

KY, 2012).
11. Kempe, *Berlin 1961*, 22–24; Richard Millington, *State, Society and Memories of the Uprising of 17 June 1953 in the GDR* (New York, 2014); Christian F. Ostermann and Malcolm Byrne, eds., *Uprising in East Germany, 1953* (Budapest, 2001).
12. Vladislav Zubok and Constantine Pleshakov, *Inside the Kremlin's Cold War: From Stalin to Khrushchev* (Cambridge, MA, 1997), 194–200.
13. Kempe, *Berlin 1961*, 25–38.
14. Memorandum of Conversation, Vienna, June 3, 1961, in *FRUS*, 1961–1963, vol. 5, *Soviet Union*, no. 83, https://history.state.gov/historicaldocuments/frus1961-63v05/d83.
15. Memorandum of Conversation, Vienna, June 4, 1961, in *FRUS*, 1961–1963, vol. 5, *Soviet Union*, no. 87, https://history.state.gov/historicaldocuments/frus1961-63v05/d87; Kempe, *Berlin, 1961*, 241–245; "Research Starters: Worldwide Deaths in World War II," The National World War II Museum, New Orleans, https://www.nationalww2museum.org/students-teachers/student-resources/research-starters/research-starters-worldwide-deaths-world-war.
16. Memorandum of Conversation, Vienna, 3:15 p.m., June 4, 1961, in *FRUS*, 1961–1963, vol. 5, *Soviet Union*, no.89, https://history.state.gov/historicaldocuments/frus1961-63v05/d89; Schlesinger, *A Thousand Days*, 358–374; Reynolds, *Six Summits*, 210.
17. Becky Little, "JFK Was Completely Unprepared for His Summit with Khrushchev,"*History*, https://www.history.com/news/kennedy-krushchev-vienna-summit-meeting-1961.
18. Michael R. Beschloss, *The Crisis Years: Kennedy and Khruschev, 1960–1963*(New York, 1991), 224–228; Reynolds, *Six Summits*, 210–213; Taubman, *Khrushchev*,495–496.
19. Richard Reeves, *President Kennedy: Profile in Power* (New York, 1993), 175.
20. "Radio and Television Report to the American People on the Berlin Crisis, July 25, 1961," JFK Presidential Library and Museum, https://www.jfklibrary.org/archives/other-resources/john-f-kennedy-speeches/berlin-crisis-19610725; "Legislative Summary: Defense and Military, 1961," JFK Presidential Library and Museum, https://www.jfklibrary.org/archives/other-resources/legislative-summary/defense-military.
21. Taubman, *Khrushchev*, 501.
22. Andrei Sakharov, *Memoirs* (New York, 1992), 217.
23. Hope M. Harrison, *Driving the Soviets Up the Wall: Soviet-East German Relations,1953–1961* (Princeton, NJ, 2003), 139–223; "Berlin Wall and Migration," The Business of Migration, https://www.business-of-migration.com/migration-processes/other-regions/berlin-wall-and-migration/.
24. Taubman, *Khrushchev*, 503–506.
25. August 1961, *Chronik der Mauer*, http://www.chronik-der-mauer.de/en/chronicle/_year1961/_month8/?language=en&month=8&moc=1&year=1961&opennid=180144&filter=1&dokument=0&audio=0&video=0&foto=0.
26. Letter from Chairman Khrushchev to President Kennedy, Moscow, September 29, 1961, *FRUS*, 1961–1963, vol. 6, *Kennedy-Khrushchev Exchanges*, no. 21; letter from President Kennedy to Chairman Khrushchev, Hyannis Port, October 16, 1961, *FRUS*, 1961–1963, vol. 6, *Kennedy-Khrushchev Exchanges*, no. 22.
27. Zubok and Pleshakov, *Inside the Kremlin's Cold War*, 256–257; Kempe, *Berlin,1961*, 470–479.
28. Theodore Voorhees, *The Silent Guns of Two Octobers: Kennedy and Khrushchev Play the Double Game* (Ann Arbor, 2020), 42–45.

第三章　共产主义的胜利

1. *Materialy XXII s"ezda KPSS* (Moscow, 1961); Arkadii Minakov, *Konservatizm v Rossii i mire*, pt. 2 (Voronezh, 2004), 232.
2. "Tsar Bomba," Atomic Heritage Foundation, https://www.atomicheritage.org/history/tsar-bomba; Vitaly I. Khalturin, Tatiana G. Rautian, Paul G. Richards, and William S. Leith, "A Review of Nuclear Testing by the Soviet Union at Novaya Zemlya, 1955–1990," *Science and Global Security* 13, no.1 (2002): 18–19.
3. Aleksandr Emelianenkov, *Arkhipelag Sredmash* (Moscow, 2000), 71.
4. "Doklad tovarishcha N. S. Khrushcheva," *Izvestiia*, October 18, 1961; "Vystuplenie tovarishcha Blas

Roka," *Izvestiia*, October 23, 1961.

5. Peter Shearman, *The Soviet Union and Cuba* (London, 1987), 6; Fidel Castro, "May Day Celebration (1961): Cuba Is a Socialist Nation," Castro Internet Archive, https://www.marxists.org/history/cuba/archive/castro/1961/05/01.htm.
6. Fursenko and Naftali, *"One Hell of a Gamble,"* 139–140.
7. *Fidel Castro Speaks on Marxism-Leninism*, December 2, 1961 (New York, 1962), http://www.walterlippmann.com/fc-12-02-1961.html.
8. "Na poroge novogo goda," *Izvestiia*, December 30, 1961.
9. *Khrushchev Remembers*, with introduction, commentary, and notes by Edward Crankshaw. Trans. and ed. Strobe Talbott (Boston, 1971), 544–545.
10. Fursenko and Naftali, *"One Hell of a Gamble,"* 146.
11. Fursenko and Naftali, *"One Hell of a Gamble,"* 162.
12. Fursenko and Naftali, *"One Hell of a Gamble,"* 163–165; "Fidel Castro Denounces Bureaucracy and Sectarianism," March 26, 1962 (New York, 1962), http://www.walterlippmann.com/fc-03-26-1962.html.
13. "Fidel Castro Denounces Bureaucracy and Sectarianism," March 26, 1962, http://www.walterlippmann.com/fc-03-26-1962.html; Maurice Halperin, *The Rise and Decline of Fidel Castro: An Essay in Contemporary History* (Berkeley, Los Angeles, and London, 1972), 145–148.
14. Fursenko and Naftali, *"One Hell of a Gamble,"* 169; "Splochenie sil Kubinskoi revoliutsii," *Pravda*, April 11, 1962.
15. "Alexei Adzhubei's Account of His Visit to Washington to the Central Committee of the Communist Party of the Soviet Union," March 12, 1962, History and Public Policy Program Digital Archive, Archive of the President of the Russian Federation (APRF), Moscow, Special declassification, April 2002; translated by Adam Mayle (National Security Archive), http://digitalarchive.wilsoncenter.org/document/115124.
16. Fursenko and Naftali, *"One Hell of a Gamble,"* 170.
17. "Zapiska zamestitelia predsedatelia Goskomiteta Soveta Ministrov SSSR po vneshnim ėkonomicheskim sviaziam I. V. Arkhipova," May 7, 1962, *Khrushchev. K 120-letiiu so dnia rozhdeniia*, http://liders.rusarchives.ru/hruschev/docs/zapiska-zamestitelya-predsedatelya-goskomiteta-soveta-ministrov-sssr-po-vneshnim-ekonomicheskim; Proekt rasporiazheniia Soveta ministrov SSSR o spisanii zadolzhennosti s Kuby: May 1962, http://liders.rusarchives.ru/hruschev/docs/proekt-rasporyazheniya-soveta-ministrov-sssr-o-spisanii-sovetskim-soyuzom-zadolzhennosti-s-kuby.
18. Aleksandr Alekseev, "Kak ėto bylo," in *Nikita Sergeevich Khrushchev: Materialy k biografii* (Moscow, 1989), 67; cf. Fursenko and Naftali, *"One Hell of a Gamble,"* 172–175.
19. Fursenko and Naftali, *"One Hell of a Gamble,"* 175; "Postanovlenie Prezidiuma TsK KPSS ob utverzhdenii pis'ma N. S. Khrushcheva F. Kastro," *Khrushchev. K 120-letiiu so dnia rozhdeniia*, http://liders.rusarchives.ru/hruschev/docs/postanovlenie-prezidiuma-tsk-kpcc-ob-utverzhdenii-pisma-ns-khrushcheva-f-kastro-ob-okazanii-pom.
20. Fursenko and Naftali, *"One Hell of a Gamble,"* 170; Nikita Khrushchev, "Tovarichshu Fideliu Kastro Rus," *Izvestiia*, April 19, 1962.

第四章 火箭超人

1. Ivaila Vylkova, "Serdtse za sedtse, vernost' za vernost'," *Ogonek*, May 27, 1962.
2. "Rech' N. S. Khrushcheva na mitinge v sele Osnova," *Izvestiia*, May 20, 1962.
3. *Khrushchev Remembers*, 545–546.
4. Andrew Glass, "U.S. Resumes Testing Bombs in the Atmosphere, April 25, 1961," *Politico*, April 24, 2017, https://www.politico.com/story/2017/04/25/us-resumes-testing-bombs-in-the-atmosphere-april-25-1961-237478; "Nekotorye napravleniia v amerikanskoi propagande v sviazi s vozobnovleniem Soedinennymi Shtatami Ameriki iadernykh ispytanii v atmosfere," Archives of the Ministry of Foreign Affairs of Ukraine (Kyiv), fond 7, opys 11, no.641, ark.7.
5. "Postanovlenie TsK KPSS i Soveta ministrov SSSR 'O vazhneishikh razrabotkakh mezhkontinental'nykh ballisticheskikh i global'nykh raket i nositelei kosmicheskikh ob'ektov,' April 16, 1962, in *Sovetskaia kosmicheskaia initsiativa v gosudarstvennykh dokumentakh, 1946–1964 gg.*, ed. Iu. M. Baturin (Moscow,

2008), http://www.coldwar.ru/arms_race/iniciativa/o-vazhneyshih-razrabotkah.php.

6. "Minuteman Missile," National Historic Site, http://npshistory.com/publications/mimi/srs/history.htm; Gretchen Heefner, *The Missile Next Door: The Minuteman in the American Heartland* (Cambridge, MA, 2012).
7. Sergei Khrushchev, *Nikita Khrushchev: krizisy i rakety* (Moscow, 1994), 154; "Moskalenko, Kirill Semenovich," *Generals DK*, http://www.generals.dk/general/Moskalenko/Kirill_Semenovich/Soviet_Union.html; Taubman, *Khrushchev*,253–256, 320, 362.
8. Ekaterina Sazhneva, "Katastrofa na Baikonure: pochemu pogibli 124 cheloveka vo glave s marshalom?" *Moskovskii komsomolets,* October 29, 2015, https://www.mk.ru/incident/2015/10/29/katastrofa-na-baykonure-pochemu-pogibli-124-cheloveka-vo-glave-s-marshalom.html; Aleksandr Zhelezniakov,"Baikonurskaia tragediia," *Ėntsiklopediia Kosmonavtika,* http://www.cosmoworld.ru/spaceencyclopedia/index.shtml?bay24.html.
9. Sergei Khrushchev, *Nikita Khrushchev: krizisy i rakety*, 159; "Mezhkontinental'naia ballisticheskaia raketa R-16," https://web.archive.org/web/20020117180901/; http://rau-rostov.narod.ru/01/rvsn-mbr/r-16.htm.
10. Sergei Khrushchev, *Nikita Khrushchev: krizisy i rakety*, 159.
11. "R-7," *Encyclopedia Astronautica,* http://www.astronautix.com/r/r-7.html; Steven J. Zaloga, *The Kremlin's Nuclear Sword: The Rise and Fall of Russia's Strategic Nuclear Forces, 1945–2000* (Washington, DC, 2002), chap. 3; Sergei Khrushchev, *Nikita Khrushchev: krizisy i rakety*, 159.
12. "Postanovlenie TsK KPSS i Soveta ministrov SSSR 'O vazhneishikh razrabotkakh mezhkontinental'nykh ballisticheskikh i global'nykh raket i nositelei kosmicheskikh ob'ektov,' April 16, 1962; Zaloga, *The Kremlin's Nuclear Sword*, chap. 3; Anton Trofimov, "Kak gensek Khrushchev vybral samuiu massovuiu raketu RVSN," *Voennoe obozrenie*, March 30, 2017, https://topwar.ru/112160-ur-100-kak-gensek-hruschev-vybral-samuyu-massovuyu-raketu-rvsn.html; Fedor Novoselov, "Proton ot Chelomeia," *Nezavisimoe voennoe obozrenie*, July 9, 2004, http://nvo.ng.ru/history/2004-07-09/5_chelomey.html; V. Petrakov and I. Afanas'ev, "Strasti po Protonu," *Aviatsiia i kosmonavtika*, no. 4 (1993), http://www.astronaut.ru/bookcase/article/article42.htm?reload_coolmenus; "Moskalenko, Kirill Semenovich," *Generals DK*.
13. Taubman, *Khrushchev*, 537; Nikita Khrushchev, *Vremia, liudi, vlast'. Vospominaniia* (Moscow, 1999), 1: 651.
14. Fursenko and Naftali, *"One Hell of a Gamble,"* 176–177.
15. "Rech' tov. N. S. Khrushcheva [na mitinge v Sofii, 19 maia 1962]," *Izvestiia*, May 20, 1962, 3.
16. "Rech' tov. N. S. Khrushcheva v Varne," *Izvestiia*, May 17, 1962, 2.
17. Ed Kyle, "King of Gods: The Jupiter Missile Story," *Space Launch Report* (August 14, 2011); Nur Bilge Criss, "Strategic Nuclear Missiles in Turkey: The Jupiter Affair, 1959–1963," *Journal of Strategic Studies* 20, no.3 (1997): 97–122, https://www.tandfonline.com/doi/abs/10.1080/01402399708437689?journalCode=fjss20; "Kratkoe soderzhanie politicheskogo otcheta posol'stva SSSR v Turtsii za 1961 g.," Archives of the Ministry of Foreign Affairs of Ukraine(Kyiv), fond 7, opys 11, no.635, ark. 67, 72.
18. Sergei Khrushchev, *Nikita Khrushchev: krizisy i rakety*, 173; *Khrushchev Remembers*, 546; Taubman, *Khrushchev*, 541; Beschloss, *The Crisis Years*, 380–393.
19. Zaloga, *The Kremlin's Nuclear Sword*, chap. 3; "R-12," *Encyclopedia Astronautica*, http://www.astronautix.com/r/r-12.html; "R-14," *Encyclopedia Astronautica*, http://www.astronautix.com/r/r-14u.html.
20. Andrei Gromyko, *Pamiatnoe. Novye gorizonty* (Moscow, 2015), 523–524.

第五章 核武当道

1. *Khrushchev Remembers*, 547–548.
2. "Central Committee of the Communist Party of the Soviet Union Presidium Protocol 32," May 21, 1962, History and Public Policy Program Digital Archive, RGANI, F. 3, Op. 16, D. 947, Ll. 15–16, trans. and ed. Mark Kramer, with assistance from Timothy Naftali,http://digitalarchive.wilsoncenter.org/document/115065. Cf. *Prezidium TsK KPSS, 1954–1964*, ed. Aleksandr Fursenko (Moscow, 2003), 556; Fursenko and Naftali, *"One Hell of a Gamble,"*180; Sergo Mikoyan, *The Soviet Cuban Missile Crisis: Castro, Mikoyan, Kennedy, Khrushchev, and the Missiles of November* (Cold War International History Project) (Stanford, CA, 2014), 93.

3. Cited in Mikoyan, *The Soviet Missile Cuban Crisis*, 91–93.
4. Mikoyan, *The Soviet Cuban Missile Crisis*, 92; *Prezidium TsK KPSS, 1954–1964*, 556.
5. John Erickson, "Rodion Yakovlevich Malinovsky," in Harold Shukman, ed., *Stalin's Generals* (New York, 1993); "Malinovskii, R. Ya," in A. N. Kutsenko, *Marshaly i admiraly flota Sovetskogo Soiuza. Forma, nagrady, oruzhie* (Kyiv, 2007), 232–241; "Biriuzov, Sergei Semenovich," *Geroi strany*, http://www.warheroes.ru/hero/hero.asp?Hero_id=717.
6. Priscilla Roberts, ed., *Cuban Missile Crisis: The Essential Reference Guide* (Santa Barbara, CA, 2012), 72–74; Anatolii Gribkov, "Karibskii krizis," *Voenno-istoricheskii zhurnal*, 1992, no.10: 41.
7. R. Malinovsky and M. Zakharov, "Memorandum on Deployment of Soviet Forces to Cuba," May 24, 1962, in Raymond L. Garthoff, "New Evidence on the Cuban Missile Crisis: Khrushchev, Nuclear Weapons, and the Cuban Missile Crisis," *Cold War International History Project*, Bulletin 11 (Winter 1998), 251–262, here 254–256, https://www.wilsoncenter.org/sites/default/files/CWIHP_Bulletin_11.pdf.
8. *Prezidium TsK KPSS, 1954–1964*, 556.
9. S. P. Ivanov, "Untitled notes on the back of the May 24 Memorandum to Khrushchev," in Garthoff, "New Evidence on the Cuban Missile Crisis," 256–257; *Prezidium TsK KPSS, 1954–1964*, 556.
10. Mikoyan, *The Soviet Missile Cuban Crisis*, 96–97.
11. Gribkov, "Karibskii krizis," 45; Fursenko and Naftali, *"One Hell of a Gamble,"* 179–180.
12. Gribkov, "Karibskii krizis," 45; Mikoyan, *The Soviet Missile Cuban Crisis*, 97.
13. A. I. Alekseev, "Karibskii krizis: kak ėto bylo," in *Otkryvaia novye stranitsy... Mezhdunarodnye voprosy: sobytiia i liudi*, comp. N. V. Popov (Moscow, 1989),157–172, here 160.
14. Alekseev, "Karibskii krizis: kak ėto bylo," 160; Gribkov, "Karibskii krizis," 42.
15. Alekseev, "Karibskii krizis: kak ėto bylo," 160.
16. Fursenko and Naftali, *"One Hell of a Gamble,"* 181–182.
17. Acosta, *October 1962*, 100.
18. Fursenko and Naftali, *"One Hell of a Gamble,"* 187; Fidel Castro in Carlos Lechuga, *Cuba and the Missile Crisis*, trans. Mary Todd (Melbourne and New York, 2001), 24.
19. Castro in Lechuga, *Cuba and the Missile Crisis*, 24; Alekseev, "Karibskii krizis: kak ėto bylo," 161.
20. Alekseev, "Karibskii krizis: kak ėto bylo," 161; Castro in Lechuga, *Cuba and the Missile Crisis*, 24.
21. Alekseev, "Karibskii krizis: kak ėto bylo," 161.
22. Castro in Lechuga, *Cuba and the Missile Crisis*, 25; Acosta, *October 1962*, 101–103.
23. Acosta, *October 1962*, 103.
24. Anatolii Gribkov, "Karibskii krizis," *Voenno-istoricheskii zhurnal*, 1992, no. 11: 37.
25. "Central Committee of the Communist Party of the Soviet Union Presidium Protocol, no. 35, June 10, 1962," trans. and ed. Mark Kramer, with assistance from Timothy Naftali, *Cold War International History Project* (CWIHP), http://digitalarchive.wilsoncenter.org/document/115066; Mikoyan, *The Soviet Missile Cuban Crisis*, 97; Fursenko and Naftali, *"One Hell of a Gamble,"* 189.

第六章 "阿纳德尔"行动

1. Leonid Garbuz, "Zamestitel' komanduiushchego gruppy sovetskikh voisk na Kube vspominaet," *Strategicheskaia operatsiia "Anadyr'." Kak ėto bylo*, Memuarno-spravochnoe izdanie, ed. V. I. Esin (Moscow, 2000), 80–89, here 80–82.
2. Acosta, *October 1962*, 103–104.
3. V. I. Esin, "Uchastie raketnykh voisk strategicheskogo naznacheniia v operatsii "Anadyr'," in *Strategicheskaia operatsiia "Anadyr',"* 55–64, here 56; A. M. Burlov, "Vospominaniia glavnogo inzhenera raketnogo polka," in *Strategicheskaia operatsiia "Anadyr',"* 99–108, here 100.
4. Igor Kurennoi, cited in Igor' Prokopenko, *Iadernyi shchit Rossii: kto pobedit v Tret'ei mirovoi voine?* (Moscow, 2016), 107–108.
5. "R. Malinovsky and M. Zakharov, 'Memorandum on Deployment of Soviet Forces to Cuba,' " May 24, 1962, in Garthoff, "New Evidence on the Cuban Missile Crisis," 254.
6. Andrei Grigor'ev and Igor' Podgurskii, "Dostoinyi syn otechestva. Iz vospominanii polkovnika N. I. Antipova o general-maiore Igore Demianoviche Statsenko," *Krasnaia zvezda*, October 3, 2008, http://old.redstar.ru/2008/10/03_10/6_01.html; A. I. Gribkov, "Razrabotka zamysla i osushchestvlenie operatsii

"Anadyr'," in *Strategicheskaia operatsiia "Anadyr',"* 26–53, here 41.

7. V. Nikitchenko, Chairman, Committee of State Security attached to the Council of Ministers of the Ukrainian SSR, to N. V. Podgorny, First Secretary, Central Committee of the Communist Party of Ukraine, "Spetsial'noe soobshchenie," February 15, 1962, in the Archive of Security Service of Ukraine (henceforth: SBU Archives), fond 16, opys 11, no. 2, vol. 1, fols. 39–40; "General maior Kobzar Dmitrii Aleksandrovich," Kto est' kto v RVSN, http://rvsn.ruzhany.info/names/kobzarj_d_a.html.
8. "43-ia Krasnoznamennaia raketnaia armiia," in *Raketnye voiska strategicheskogo naznacheniia. Spravochnik*, https://rvsn.info/army/army_43.html; "43-ia gvardeiskaia raketnaia Smolenskaia ordenov Suvorova i Kutuzova diviziia," in *Raketnye voiska strategicheskogo naznacheniia.*
9. "Interview with General Leonid Garbuz by Sherry Jones," in *Mikoyan's "Mission Impossible" in Cuba: New Soviet Evidence on the Cuban Missile Crisis*, National Security Archive Electronic Briefing Book No. 400, https://nsarchive2.gwu.edu/NSAEBB/NSAEBB400/docs/Interview%20with%20 General%20Garbuz.pdf.
10. Khrushchev, *Vremia, liudi, vlast'*, 2: 510.
11. "Pliev Issa Aleksandrovich. Biografiia," *Ėntsiklopediia*, Minoborony Rossii, http://encyclopedia.mil.ru/encyclopedia/heroes/USSR/more.htm?id=11904755@morfHeroes; "Legendy armii. Issa Pliev," https://www.youtube.com/watch?v=9gGZGM2mHL8.
12. Petr Siuda, "Novocherkassk, 1–3 iiunia 1962, zabastovka i rasstrel," *Voennoe obozrenie*, June 4, 2012, https://topwar.ru/15007-novocherkassk-1962.html; V. A. Kozlov, *Neizvestnyĭ SSSR: protivostoianie naroda i vlasti, 1953–1985*(Moscow, 2005), 333–345.
13. Aleksandr Solzhenitsyn, *Sobranie sochinenii*, vol. 6: *Arkhipelag Gulag*, chaps.5–7 (Moscow, 2000), 547; Tatiana Bocharova, *Novocherkassk: krovavyi polden'* (Rostov na Donu, 2002), 73; Urusbii Batyrov, *Gordost' Osetii: Issa Pliev, Georgii Khetagurov, Khadzhi-Umar Mamsurov* (Moscow, 2005), 97–99.
14. Acosta, *October 1962*, 107–110; Khrushchev, *Vremia, liudi, vlast'*, 2: 510.
15. Gribkov, "Razrabotka zamysla i osushchestvlenie operatsii "Anadyr'," in *Strategicheskaia operatsiia "Anadyr',"* 32–33. Cf. Gribkov, ≪Karibskii krizis," *Voenno-istoricheskii zhurnal*, 1992, no.11: 35; "51-ia raketnaia diviziia," in *Raketnye voiska strategicheskogo naznacheniia*, https://rvsn.info/divisions/div_051.html; Esin, "Uchastie raketnykh voisk strategicheskogo naznacheniia v operatsii "Anadyr'," 56.
16. "Tochno po raspisaniiu," *Izvestiia*, July 11, 1962, 5; *40 let grazhdanskomu vozdushnomu flotu. Sbornik statei* (Moscow, 1963); Acosta, *October 1962*, 110.
17. Burlov, "Vospominaniia glavnogo inzhenera raketnogo polka," in *Strategicheskaia operatsiia "Anadyr',"* 99–108, here 100.
18. Burlov, "Vospominaniia glavnogo inzhenera raketnogo polka," 100; Gribkov, "Razrabotka zamysla i osushchestvlenie operatsii "Anadyr'," 41.
19. Burlov, "Vospominaniia glavnogo inzhenera raketnogo polka," 100–102.
20. "Interview with General Leonid Garbuz by Sherry Jones," 3.
21. Igor' Statsenko, "Doklad komandira 51-i raketnoi divizii o deistviiakh soediineniia v period s 12 iiulia po 1 dekabria 1962 goda na o. Kuba," in *Raketnye voiska strategicheskogo naznacheniia. Spravochnik. Dokumenty*, https://rvsn.info/library/docs/doc_1_1001.html; Gribkov, "Razrabotka zamysla I osushchestvlenie operatsii "Anadyr'," 33.
22. Esin, "Uchastie raketnykh voisk strategicheskogo naznacheniia v operatsii "Anadyr'," 58; Statsenko, "Doklad komandira 51-i raketnoi divizii o deistviiakh soediineniia v period s 12 iiulia po 1 dekabria 1962 goda nao. Kuba."
23. Khrushchev, *Vremia, liudi, vlast'*, 2: 512.
24. Gribkov, "Razrabotka zamysla i osushchestvlenie operatsii "Anadyr'," 33; Fursenko and Naftali, *"One Hell of a Gamble,"* 192; Acosta, *October 1962*, 109.

第七章　公海之上

1. Aleksandr Rogozin, "Sovetskii flot v voinakh i konfliktakh kholodnoi voiny," chap. 2: "SSSR v stroitel'stve VMS Kuby," http://alerozin.narod.ru/CubaNavy/CubaNavySoviet-2.htm; "Klass 'Sergei Borkin,' " *FleetPhoto*, https://fleetphoto.ru/projects/3306/; Robert Alden, "Israel Is Accused in U.N. of Sinking a Soviet Ship," *New York Times*, October 13, 1973; Iu. M. Vorontsov, ed., *SSSR i blizhnevostochnoe uregulirovanie, 1967–1988. Dokumenty i materialy* (Moscow, 1989), 175.

2. *Morskoi transport SSSR: k 60-letiiu otrasli* (Moscow, 1984), 209; Vladimir Alekseev, *Russkie i sovetskie moriaki na Sredizemnom more* (Moscow, 1976), 219; Rogozin, "Sovetskii flot," chap. 2, sec. 8: "Sovetskie suda, uchastvovavshie v perebroske voisk v khode operatsii 'Anadyr', " http://alerozin.narod.ru/Cuba62/Cuba1962-8.htm; "Nachal'niku upravleniia KGB pri Sovete ministrov USSR po Odesskoi oblasti general-maioru tov.Kuvarzinu. Raport.Starshii operupolnomochennyi KGB pri SM SSSR po Krasnodarskomu kraiu kapitan Zozulia," September 21, 1962, SBU Archives, fond 1, opys 1, no.1532, fols.112, 119.
3. Zozulia, "Raport," September 21, 1962, SBU Archives, fond 1, opys 1, no.1532, fols. 115, 116.
4. Aleksei Lashkov, "Sovetskie VVS i PVO na Kube v period i posle Karibskogo krizisa," *Avia Panorama,* 2012, no. 9, https://www.aviapanorama.ru/2012/09/sovetskie-vvs-i-pvo-na-kube-v-period-i-posle-karibskogo-krizisa-2/.
5. "Klass 'Omsk,' " *FleetPhoto,* http://fleetphoto.ru/projects/2374/.
6. Ivan Sidorov, "Vypolniaia internatsional'nyi dolg," in *Strategicheskaia operatsiia "Anadyr'."* 125–133, here 125.
7. Esin, "Uchastie voisk strategicheskogo naznacheniia v operatsii Anadyr'," in *Strategicheskaia operatsiia "Anadyr'," * 55–64, here 58–61; Sidorov, "Vypolniaia internatsional'nyi dolg," 126.
8. Aleksandr Voropaev, "Otshumeli pesni nashego polka, pt. 1: 1960–1963," http://cubanos.ru/texts/txt035.
9. Sidorov, "Vypolniaia internatsional'nyi dolg," 127.
10. Esin, "Uchastie voisk strategicheskogo naznacheniia v operatsii "Anadyr'," 60; Sidorov, "Vypolniaia internatsional'nyi dolg," 127; Valentin Polkovnikov, "Startovyi divizion raketnogo polka na Kube," in *Strategicheskaia operatsiia "Anadyr',"* 148–160, here 151.
11. Dmitrii Iazov, *Karibskii krizis. 50 let spustia* (Moscow, 2015), 196–197; idem, *Udary sud'by. Vospominaniia soldata i marshala* (Moscow, 2014), 118–120; "Pobeda," ShipStamps.co.uk, https://shipstamps.co.uk/forum/viewtopic.php?t=12834; Arkadii Shorokhov, "Motostrelkovye voiska na Kube," in *Strategicheskaia operatsiia "Anadyr',"* 142–147.
12. Iazov, *Karibskii krizis,* 196–197, idem; *Udary sud'by,* 129–135.
13. Iazov, *Udary sud'by,* 131–132.
14. Captain Fedorov, "Raport," September 20, 1962, SBU Archives, fond 1, opys 1, no.1532, fols. 87–96, here fol.88; Senior Lieutenant Sennikov, "Raport," September 18, 1962, SBU Archives, fond 1, opys 1, no.1532, fols.37–44, here fol. 41; Senior Lieutenant Nechitailo, "Raport, po spetsreisu parokhoda 'Nikolai Burdenko,' " September 22, 1962, SBU Archives, fond 1, opys 1, no.1532, fols. 155–164, here fol. 160.
15. Aleksei Butskii, "Rabota Glavnogo shtaba RVSN v period podgotovki i provedeniia operatsii "Anadyr'," in *Strategicheskaia operatsiia "Anadyr',"* 65–70, here 66; Major Morozov, "Raport," September 29, 1962, SBU Archives, fond 1, opys 1, no.1532, fols.121–128, here fol.124; Captain Fedorov, "Raport," September 20, 1962, SBU Archives, fond 1, opys 1, no.1532, fols.87–96, here fol. 88; Major Verbov, "Raport po reisu teplokhoda 'Admiral Nakhimov,' " September 8, 1962, SBU Archives, fond 1, opys 1, no.1532, fols. 34–35.
16. Captain Fedorov, "Raport," September 20, 1962, SBU Archives, fond 1, opys 1, no.1532, fols.87–96, here fol. 88; Senior Lieutenant Sennikov, "Raport," September 18, 1962, SBU Archives, fond 1, opys 1, no.1532, fols. 37–44, here fol. 41.
17. Senior Lieutenant Topilsky, "Raport o spetsreise teplokhoda 'Dolmatovo,' " September 25, 1962, SBU Archives, fond 1, opys 1, no.1532, fol. 98–105, here fol. 102.
18. Senior Lieutenant Sennikov, "Raport," September 18, 1962, SBU Archives, fond 1, opys 1, no.1532, fols. 1-8, 37–44, here fol. 39.
19. Major Morozov, "Raport," September 29, 1962, SBU Archives, fond 1, opys 1, no. 1532, fols. 121–128, here fols. 125, 126, 128.
20. Zozulia, "Raport," September 21, 1962, SBU Archives, fond 1, opys 1, no.1532, fol. 113; Major Morozov, "Raport," September 29, 1962, SBU Archives, fond 1, opys 1, no. 1532, fols. 125–128.
21. "Nachal'niku upravleniia KGB pri Sovete ministrov USSSR po Odesskoi oblasti general-maioru tov. Kuvarzinu. Raport. Starshii operupolnomochennyi KGB pri SM SSSR po Krasnodarskomu kraiu kapitan Zozulia," September 21, 1962, SBU Archives, fond 1, opys 1, no.1532, fols.116–117; Major Morozov, "Raport," September 29, 1962, SBU Archives, fond 1, opys 1, no.1532, fols.121; Captain Zozulia, "Raport," September 29, 1962, SBU Archives, fond 1, opys 1, no.1532, fols, 116–117.

22. Fursenko and Naftali, *"One Hell of a Gamble,"* 193–194; Fedor Ladygin and Vladimir Lota, *GRU i Karibskii krizis* (Moscow, 2012), 62–63.

第八章　柏林囚徒

1. Lyman B. Kirkpatrick, "Memorandum for the Director, 'Action Generated by DCI Cables Concerning Cuban Low-Level Photography of Offensive Weapons,'" [n/d], in *CIA Documents on the Missile Crisis, 1962*, ed. Mary McAuliffe (Washington, DC, 1992), no.12, 39–44, here 39, https://www.cia.gov/library/center-for-the-study-of-intelligence/csi-publications/books-and-monographs/Cuban%20Missile%20Crisis1962.pdf.
2. For a photo of the SAM construction site at La Coloma, taken on August 29, 1962, see The Cuban Missile Crisis 1962: The Photographs, National Security Archive, https://nsarchive2.gwu.edu/nsa/cuba_mis_cri/4.jpg; Ray S. Cline, "Memorandum for Acting Director of Central Intelligence, 'Recent Soviet Military Activities in Cuba,' " September 3, 1962, in *CIA Documents on the Missile Crisis, 1962*, no. 11, 34–37.
3. "Speech by Senator Keating, 'Soviet Activities in Cuba,' " August 31, 1962, History and Public Policy Program Digital Archive, 87th Congress, 2nd session, *Congressional Record* 108, pt.14 (August 31, 1962), 18358–18361, http://digitalarchive.wilsoncenter.org/document/134658.
4. "Speech by Senator Keating, 'Soviet Activities in Cuba,' " August 31, 1962; Thomas G. Paterson, "The Historian as Detective: Senator Kenneth Keating, the Missiles in Cuba, and His Mysterious Sources," *Diplomatic History* 11, no.1 (1987): 67–71.
5. Kirkpatrick, "Memorandum for the Director, 'Action Generated by DCI Cables Concerning Cuban Low-Level Photography of Offensive Weapons.' "
6. Barbara Leaming, *Jack Kennedy: The Education of a Statesman* (New York, 2006), 394; William A. Tidwell, "Memorandum for the Record, 'Instructions Concerning the Handling of Certain Information Concerning Cuba,' " September 1, 1962, in *CIA Documents on the Missile Crisis, 1962*, no.10, 33.
7. Robert Dallek, *Camelot's Court: Inside the Kennedy White House* (New York, 2013).
8. "Letter from President Kennedy to Chairman Khrushchev," Washington, July 17, 1962, *FRUS*, 1961–1963, vol. 6, *Kennedy-Khrushchev Exchanges*, no.51, Fursenko and Naftali, *"One Hell of a Gamble,"* 193-194.; Dobbs, *One Minute to Midnight*, 226–227.
9. "Message from Chairman Khrushchev to President Kennedy," *FRUS*, 1961–1963, vol.15, *Berlin Crisis, 1962–1963*, no. 73, https://history.state.gov/historicaldocuments/frus1961-63v15/d73; "Editorial note," FRUS, vol.15, no.63, https://history.state.gov/historicaldocuments/frus1961-63v15/d63; "Memorandum from the President's Special Assistant for National Security Affairs (Bundy) to President Kennedy," Washington, July 20, 1962, *FRUS*, vol.15, no.80, https://history.state.gov/historicaldocuments/frus1961-63v15/d80; "Telegram from the Embassy in the Soviet Union to the Department of State," Moscow, July 25, 1962, *FRUS*, vol.15, no.87, https://history.state.gov/historicaldocuments/frus1961-63v15/d87; Leaming, *Jack Kennedy*, 390–391.
10. Hope Harrison, *Ulbricht and the Concrete "Rose": New Archival Evidence in the Dynamics of Soviet-East German Relations and the Berlin Crisis, 1958–1961*, Cold War International History Project Working Papers Series, no.5 (Washington, DC, May 1993), https://www.wilsoncenter.org/sites/default/files/ACFB81.pdf; A. M. Betmakaev, "Na puti k vostochnogermanskoi identichnosti: V. Ul'brikht i otnosheniia mezhdu GDR i SSSR v 1949–1964 gg.," in *Amerikanskje issledovaniia v Sibiri*, vyp. 7 (Tomsk, 2003), http://hist.asu.ru/aes/gdr/btmkv.htm.
11. Taubman, *Khrushchev*, 540; V. M. Zubok, *Khrushchev and the Berlin Crisis (1958–1962)*, Cold War International History Project Working Papers Series, no.6 (Washington, DC, May 1993), https://www.wilsoncenter.org/sites/default/files/ACFB7D.pdf; V. V. Mar'ina, "Iz istorii kholodnoi voiny, 1954–1964 gg. Dokumenty cheshskikh arkhivov," Document no. 3: "Chast' zapisi besedy chlenov chekhoslovatskoi delegatsii s N. S. Khrushchevym, posviashchennaia situatsii v GDR," June 8, 1962, *Novaia i noveshaia istoriia*, 2003, no.1–3: 139–159, here 153, https://dlib-eastview-com.ezp-prod1.hul.harvard.edu/browse/doc/4746660.
12. Dobbs, *One Minute to Midnight*, 215; "Memorandum from Secretary of State Rusk to President Kennedy," Washington, August 2, 1962, *FRUS*, vol.15, no.91, https://history.state.gov/historicaldocuments/frus1961-63v15/d91.

13. East Germans Kill Man Trying to Cross Berlin Wall," This Day in History: August 17, 1962, *History,* https://www.history.com/this-day-in-history/east-germans-kill-man-trying-to-cross-berlin-wall; "Current Intelligence Weekly Review," Washington, August 24, 1962, *FRUS,* 1961–1963, vol. 5, *Soviet Union,* no.226, https://history.state.gov/historicaldocuments/frus1961-63v05/d226; Fursenko and Naftali, *"One Hell of a Gamble,"* 202–203.
14. National Intelligence estimate, number 85-2-65, The Situation and Prospects in Cuba, August 1, 1962, in *CIA Documents on the Missile Crisis, 1962,* no.3: 9–12, here 10–11; John McCone, Memorandum, "Soviet MRBM on Cuba," October 31, 1962, in *CIA Documents on the Missile Crisis, 1962,* no.4: 13–17, here 13; "Memorandum from the President's Military Representative (Taylor) to President Kennedy," Washington, August 17, 1962, *FRUS,* 1961–1963, vol. 10, *Cuba, January 1961–September 1962,* no.380, https://history.state.gov/historicaldocuments/frus1961-63v10/d380.
15. Leaming, *Jack Kennedy,* 391; [McCone,] Memorandum on Cuba, August 20, 1962, in *CIA Documents on the Missile Crisis, 1962,* no. 5: 19–20; John McCone, Memorandum for the File, "Discussion in Secretary Rusk's Office at 12 O'clock," August 21, 1962, in *CIA Documents on the Missile Crisis, 1962,* no.6: 21–23.
16. McCone, Memorandum for the File, "Discussion in Secretary Rusk's Office at 12 O'clock," August 21, 1962, no. 6: 22; Memorandum for the File, Washington, August 21, 1962, "Discussion in Secretary Rusk's Office at 12 O'clock, August 21, 1962," *FRUS,* 1961–1963, vol.10, *Cuba, January 1961–September 1962,* no.382, https://history.state.gov/historicaldocuments/frus1961-63v10/d382.
17. McCone, Memorandum for the File, "Discussion in Secretary Rusk's Office at 12 O'clock," August 21, 1962, no. 6: 21–23; McCone, "Memorandum on the Meeting with the President at 6:00 p.m. on August 22, 1962," in *CIA Documents on the Missile Crisis, 1962,* no. 7: 25–26; August 1962," President Kennedy's Schedule, *History Central,* https://www.historycentral.com/JFK/ Calendar/August1962.html.
18. McCone, Memorandum for the File, "Discussion in Secretary Rusk's Office at 12 O'clock," August 21, 1962, no. 6: 22; Memorandum for the File, Washington, August 21, 1962, "Discussion in Secretary Rusk's Office at 12 O'clock," August 21, 1962, *FRUS,* 1961–1963, vol.10, *Cuba, January 1961–September 1962,* no.382, https://history.state.gov/historicaldocuments/frus1961-63v10/d382; Schedules, President's daily, January 1961–August 1962, John F. Kennedy Presidential Library and Museum, Archives, https://www.jfklibrary.org/Asset-Viewer/Archives/JFKPOF-140-041.aspx; "National Security Action Memorandum," no.181, August 23, 1962, *Federation of American Scientists,* Intelligence Resource Program, National Security Action Memorandums (NSAM) (Kennedy Administration, 1961–1963), https://fas.org/irp/offdocs/nsam-jfk/nsam181.htm.
19. President's News Conference, *The American Presidency Project,* August 29, 1962, http://www.presidency.ucsb.edu/ws/index.php?pid=8839.
20. President Kennedy's Schedule, *History Central,* August 1962, https://www.historycentral.com/JFK/Calendar/August1962.html; *The Kennedy Tapes,* 5.
21. U.S., Department of State, *Bulletin,* vol. 67, no.1213 (September 24, 1962), 450. (Read to news correspondents on September 4, by Pierre Salinger, White House Press Secretary.) For earlier versions of the statement, see John F. Kennedy Presidential Library and Museum, Papers of Robert F. Kennedy, Attorney General Papers, Attorney General's Confidential File 6-4-1: Cuba: Cuban Crisis, 1962: *Kennedy–Khrushchev Letters,* 1962: September–November, 107–138.
22. *The Kennedy Tapes,* 12–17.

第九章 密报传来

1. For Nikita Khrushchev's itinerary in the summer of 1962, see the appendix to his *Vospominaniia: Vremia, liudi, vlast'* (Moscow, 2016), vol. 2, "N. S. Khruschev. Khronologiia 1953–1964. Sostavlena po ofitsial'nym publikatsiiam. 1962 god."
2. "Torzhestvennaia vstrecha v Moskve," *Pravda,* August 19, 1962, 1; "Vo imia druzhby i solidarnosti," *Izvestiia,* September 3, 1962, 1–2; "Bratskaia pomoshch' revoliutsionnoi Kube. K prebyvaniiu v SSSR delegatsii Natsional'nogo rukovodstva Ob'edinennykh revoliutsionnykh organizatsii Kuby," *Pravda,* September 3, 1962, 1; Fursenko and Naftali, *"One Hell of a Gamble,"* 196–197; Blight et al., *On the Brink,* 334.
3. "Informal Communication from Chairman Khrushchev to President Kennedy, Moscow, September 4, 1962," *FRUS,* 1961–1963, vol. 6, *Kennedy-Khrushchev Exchanges,* no.53, https://history.state.gov/

historicaldocuments/frus1961-63v06/d53; John F. Kennedy, Joint Statement with Prime Minister Macmillan on Nuclear Testing, August 27, 1962, *American Presidency Project,* http://www.presidency.ucsb.edu/ws/index.php?pid=8834.

4. Fred Coleman, *The Decline and Fall of the Soviet Empire: Forty Years That Shook the World from Stalin to Yeltsin* (New York, 1996), 6.
5. "Priem N. S. Khrushchevym Stiuarta L. Iudolla," *Pravda*, September 7, 1962, 1; "Telegram from the Embassy in the Soviet Union to the Department of State," *FRUS*, 1961–1963, vol.5, *Soviet Union*, no.236, https://history.state.gov/historicaldocuments/frus1961-63v05/d236.
6. "Memorandum of Conversation between Secretary of the Interior Udall and Chairman Khrushchev," Pitsunda, Georgia, Soviet Union, September 6, 1962, 1 p.m.," *FRUS*, 1961–1963, vol.15, *Berlin Crisis, 1962–1963*, no.112, https://history.state.gov/historicaldocuments/frus1961-63v15/d112.
7. Editorial Note, *FRUS*, 1961–1963, vol. 10, *Cuba, January 1961–September 1962*, no.416, https://history.state.gov/historicaldocuments/frus1961-63v10/d416; Fursenko and Naftali, *"One Hell of a Gamble,"* 208–209; "Telegram from Soviet Ambassador to Cuba Alekseev to the USSR MFA, September 11, 1962," in Raymond L. Garthoff, "Russian Foreign Ministry Documents on the Cuban Missile Crisis," Cold War International History Project, *Bulletin*, no.5, pt. 2: The Cuban Missile Crisis (Spring 1995), 65, https://www.wilsoncenter.org/sites/default/files/CWIHPBulletin5_p2.pdf.
8. Fursenko and Naftali, *"One Hell of a Gamble,"* 208–209; "Telegram from the Embassy in the Soviet Union to the Department of State," *FRUS*, 1961–1963, vol.5, *Soviet Union*, no.236, https://history.state.gov/historicaldocuments/frus1961-63v05/d236; "Priem N. S. Khrushchevym Stiuarta L. Iudolla," *Pravda*, September 7, 1962, 1; "Memorandum of Conversation between Castro and Mikoyan," November 4, 1962, History and Public Policy Program Digital Archive, Russian Foreign Ministry archives, obtained and translated by NHK television, copy provided by Philip Brenner, trans. Aleksandr Zaemsky, slightly revised, https://digitalarchive.wilsoncenter.org/document/110961.
9. "Minutes of Conversation between the Delegations of the CPCz and the CPSU, The Kremlin (excerpt)," October 30, 1962, History and Public Policy Program Digital Archive, National Archive, Archive of the CC CPCz (Prague); File: "Antonin Novotny, Kuba," Box 193, https://digitalarchive.wilsoncenter.org/document/115219.
10. "Memorandum from R. Malinovsky to N. S. Khrushchev on the Possibility of Reinforcing Cuba by Air, 6 September 1962," in Aleksandr Fursenko and Timothy Naftali, "The Pitsunda Decision: Khrushchev and Nuclear Weapons,"*CWIHP Bulletin* 10: 223–227, here 226, https://www.wilsoncenter.org/sites/default/files/CWIHPBulletin10_p6.pdf.
11. Fursenko and Naftali, *"One Hell of a Gamble,"* 206–213; idem, "The Pitsunda Decision," 223–227, https://www.wilsoncenter.org/sites/default/files/CWIHPBulletin10_p6.pdf.
12. "Memorandum from R. Malinovsky and M. Zakharov to the Chief of the 12th Main Directorate of the Ministry of Defense," in "New Evidence on Tactical Nuclear Weapons –59 Days in Cuba," document no.6, National Security Archive Electronic Briefing Book No. 449, ed. Svetlana Savranskaya and Thomas Blanton with Anna Melyakova, https://nsarchive2.gwu.edu/NSAEBB/NSAEBB449/; "Memorandum from R. Malinovsky and M. Zakharov to Commander of Group of Soviet Forces in Cuba, 8 September 1962," in "New Evidence on Tactical Nuclear Weapons –59 Days in Cuba," document no.6, National Security Archive Electronic Briefing Book No.449, document no.5, https://nsarchive2.gwu.edu/NSAEBB/NSAEBB449/docs/; cf. Fursenko and Naftali, "The Pitsunda Decision," 226–227, https://www.wilsoncenter.org/sites/default/files/CWIHPBulletin10_p6.pdf, 227.
13. "[Draft] Memorandum from R. Malinovsky and M. Zakharov to Commander of Group of Soviet Forces in Cuba on Pre-delegation of Launch Authority, September 8, 1962," in "New Evidence on Tactical Nuclear Weapons –59 Days in Cuba," document no.6, National Security Archive Electronic Briefing Book No.449, document no.7, https://nsarchive2.gwu.edu/NSAEBB/NSAEBB449/docs/.
14. Seymour Topping, "Kennedy Assailed. Moscow Asserts Bid to Call Reserves Aggressive Step," *New York Times,* September 12, 1962, 1, 16, https://www.mtholyoke.edu/acad/intrel/cuba.htm.
15. "Message from Chairman Khrushchev to President Kennedy," Moscow, September 28, 1962, *FRUS*, 1961–1963, vol. 6, *Kennedy-Khrushchev Exchanges*, no.56, https://history.state.gov/historicaldocuments/frus1961-63v06/d56.
16. *The Kennedy Tapes*, 20–29; "Message from President Kennedy to Chairman Khrushchev," Washington, October 8, 1962, *FRUS*, 1961–1963, vol. 6, *Kennedy-Khrushchev Exchanges*, no. 59, https://history.state.

gov/historicaldocuments/frus1961-63v06/d59.
17. "United States Reaffirms Policy on Prevention of Aggressive Actions on Cuba," Department of State Bulletin, vol.47, no.1213 (September 24, 1962), 450, https://teachingamericanhistory.org/library/document/statement-on-cuba/.

第十章 蜜月囚笼

1. "John A. McCone and Mrs. Pigott Marry in Seattle; Director of C.I.A. Weds University Regent at Sacred Heart Villa," *New York Times*, August 30, 1962; David Robarge, *John McCone as Director of Central Intelligence, 1961–1965* (Washington, DC, 2005), 106.
2. Lyman B. Kirkpatrick, Memorandum for the Director, "Action Generated by DCI Cables Concerning Cuban Low-Level Photography and Offensive Weapons," in *CIA Documents on the Cuban Missile Crisis, 1962*, ed. Mary S. McAuliffe (Washington, DC, 1992), 39–44, here 41–42; McCone to Carter and Elder, September 10, 1962, *CIA Documents*, 59; McCone to Carter, September 16, 1962, *CIA Documents*, 78–79; Editorial Note in *FRUS*, 1961–1963, vol.10, *Cuba, January 1961–September 1962*, no.420, https://history.state.gov/historicaldocuments/frus1961-63v10/d420.
3. M. Mikhailov, "Snova U-2, snova naglaia provokatsiia," *Izvestiia*, September 5, 1962, 1; "Memorandum of Conversation Between Secretary of the Interior Udall and Chairman Khrushchev," Pitsunda, Georgia, Soviet Union, September 6, 1962, 1 p.m.," *FRUS*, 1961–1963, vol.15, *Berlin Crisis, 1962–1963*, no.112, https://history.state.gov/historicaldocuments/frus1961-63v15/d112; Gregory W. Pedlow and Donald E. Welzenbach, *The CIA and the U-2 Program,1954–1974* (Washington, DC, 1998), 229.
4. Lyman B. Kirkpatrick, Memorandum for the Director, "White House Meeting on September 10, 1962, on Cuban Overflights," in *CIA Documents on the Cuban Missile Crisis, 1962*, 61–62.
5. "Memorandum Prepared in the Central Intelligence Agency for the Executive Director," Washington, September 10, 1962, *FRUS*, 1961–1963, vol.10, *Cuba, January 1961–September 1962*, no.421, https://history.state.gov/historicaldocuments/frus1961-63v10/d421.
6. "Memorandum Prepared in the Central Intelligence Agency for the Executive Director," Washington, September 10, 1962; Kirkpatrick, Memorandum for the Director, "White House Meeting on September 10, 1962, on Cuban Overflights," 62.
7. Pedlow and Welzenbach, *The CIA and the U-2 Program*, 205–206.
8. "The Special National Intelligence Estimate," Washington, September 19, 1962, *FRUS*, 1961–1963, vol.10, *Cuba, January 1961–September 1962*, no.433, https://history.state.gov/historicaldocuments/frus1961-63v10/d433.
9. "The Special National Intelligence Estimate," Washington, September 19, 1962.
10. "R. Malinovsky and M. Zakharov, 'Memorandum on Deployment of Soviet Forces to Cuba, 24 May 1962,' " in Garthoff, "New Evidence on the Cuban Missile Crisis," 254–255; "Timetable of Soviet Military Buildup in Cuba, July–October 1962," in *CIA Documents on the Cuban Missile Crisis, 1962*, 7.
11. E. N. Evdokimov, "Karibskii krizis. Operatsiia Anadyr'," Sait veteranov GSVSK, http://www.gsvsk.ru/content/0/read103.html.
12. "Tokarenko, Mikhail Kuz'mich," *Geroi strany*, http://www.warheroes.ru/hero/hero.asp?Hero_id=6786; Anatolii Dmitriev, *Voenno-strategicheskaia operatsiia Anadyr' polveka spustia v vospominaniiakh ee uchastnikov* (Bishkek, 2014), pt. 2, 47.
13. Ivan Sidorov, "Vypolniaia internatsional'nyi dolg," in *Strategicheskaia operatsiia "Anadyr'." Kak ėto bylo.* Memuarno-spravochnoe izdanie, ed. V. I. Esin (Moscow, 2000), 125–133, here 127; Statsenko, "Doklad komandira 51-i raketnoi divizii o deistviiakh soedineniia v period s 12 iiulia po 1 dekabria 1962 goda na o. Kuba."
14. Sidorov, "Vypolniaia internatsional'nyi dolg," 127; A. I. Gribkov, "Razrabotka zamysla i osushchestvlenie operatsii 'Anadyr'," in *Strategicheskaia operatsiia "Anadyr',"* 26–53, here 41.
15. Statsenko, "Doklad komandira 51-i raketnoi divizii."
16. "Memorandum from R. Malinovsky and M. Zakharov to Commander of Group of Soviet Forces in Cuba, 8 September 1962," in "New Evidence on Tactical Nuclear Weapons –59 Days in Cuba," document no. 6, National Security Archive Electronic Briefing Book No. 449, document no.5, https://nsarchive2.gwu.edu/NSAEBB/NSAEBB449/docs/; V. I. Esin, "Uchastie raketnykh voisk strategicheskogo naznacheniia v operatsii 'Anadyr'," in *Strategicheskaia operatsiia "Anadyr',"* 55–64, here 61.

17. Statsenko, "Doklad komandira 51-i raketnoi divizii."
18. Sidorov, "Vypolniaia internatsional'nyi dolg," 128.
19. Gribkov, "Razrabotka zamysla," 41.
20. Sidorov, "Vypolniaia internatsional'nyi dolg," 131.
21. Fursenko and Naftali, *"One Hell of a Gamble,"* 217.
22. Robarge, *John McCone*, 107.
23. Robarge, *John McCone*, 107; Servando Gonzalez, *The Nuclear Deception: Nikita Khrushchev and the Cuban Missile Crisis* (Oakland, CA, 2002), 139.
24. "October 1962-President Kennedy's Schedule," *History Central*, https://www.historycentral.com/JFK/Calendar/October1962.html; Pedlow and Welzenbach, *The CIA and the U-2 Program*, 205–207.
25. "14 October 1962," in *This Day in Aviation. Important Dates in Aviation History*, https://www.thisdayinaviation.com/tag/4080th-strategic-reconnaissance-wing/; *Dino Brugioni's "Eyeball to Eyeball: The Inside Story of The Cuban Missile Crisis,"* ed. Robert F. McCort (New York, 1991), 182; Fursenko and Naftali, *"One Hell of a Gamble,"* 221–222.

第十一章　"消灭他们"

1. Peter Braestrup, "Colorful Ceremony Greets Ben Bella at the White House," *New York Times*, October 15, 1962, 1, 3; "White House Residents Watch Welcome for Ben Bella," *New York Times*, October 15, 1962, 3.
2. Warren W. Unna, "Kennedy-Ben Bella Talk Is 'Fine'," *Washington Post*, October 16, 1962, A1; Jeffrey James Byrne, "Our Own Special Brand of Socialism: Algeria and the Contest of Modernities in the 1960s," *Diplomatic History* 33, no.3 (June 2009): 427–447; Fursenko and Naftali, *"One Hell of a Gamble,"*221–222.
3. Tom Wicker, "Eisenhower Calls President Weak on Foreign Policy," *New York Times*, October 16, 1962, 1, 30.
4. Wicker, "Eisenhower Calls President Weak on Foreign Policy."
5. Reeves, *President Kennedy*, 368.
6. Dobbs, *One Minute to Midnight*, 6; Taubman, *Khrushchev*, 556; "Informal Communication from Chairman Khrushchev to President Kennedy, Moscow, September 4, 1962," https://history.state.gov/historicaldocuments/frus1961-63v06/d53; "John F. Kennedy, Joint Statement with Prime Minister Macmillan on Nuclear Testing. August 27, 1962," http://www.presidency.ucsb.edu/ws/index.php?pid=8834; Ted (Theodore) Sorensen, "Memorandum for the Files, September 6, 1962," https://history.state.gov/historicaldocuments/frus1961-63v10/d415; Anatoly Dobrynin, *In Confidence. Moscow's Ambassador to America's Six Cold War Presidents (1962–1986)* (New York, 1995),67–68.
7. Kenneth P. O'Donnell and David F. Powers with Joe McCarthy, *"Johnny, We Hardly Knew Ye!" Memories of John Fitzgerald Kennedy* (New York, 1976), 359.
8. "Meeting on the Cuban Missile Crisis, 11:50 A.M.," *The Kennedy Tapes*, 32–72; Robarge, *John McCone as Director of Central Intelligence*, 110.
9. "Meeting on the Cuban Missile Crisis, 11:50 A.M.," 32–33; Bruce Lambert, "Arthur Lundahl, 77, C.I.A. Aide Who Found Missile Sites in Cuba," *New York Times*, June 26, 1992; interview with Dino Brugioni, "Oral Histories of the Cuban Missile Crisis," George Washington University National Security Archive (1998), https://web.archive.org/web/20071010134841/; http://www.gwu.edu/~nsarchiv/coldwar/interviews/episode-10/brugioni1.html.
10. "Meeting on the Cuban Missile Crisis, 11:50 A.M.," 32–35; "Hon. Sidney N. Graybeal," Smithsonian National Air and Space Museum, https://airandspace.si.edu/support/wall-of-honor/hon-sidney-n-graybeal.
11. "Meeting on the Cuban Missile Crisis, 11:50 A.M.," 36–38.
12. "Meeting on the Cuban Missile Crisis, 11:50 A.M.," 44–45.
13. Kempe, *Berlin 1961*, 256. Cf. Reeves, *President Kennedy*, 172.
14. "Meeting on the Cuban Missile Crisis, 11:50 A.M.," 47.
15. "Meeting on the Cuban Missile Crisis, 11:50 A.M.," 50; Sheldon M. Stern, *The Week the World Stood Still: Inside the Secret Cuban Missile Crisis* (Stanford, CA, 2005), 43–44.
16. "Meeting on the Cuban Missile Crisis, 11:50 A.M.," 53; "Crown Prince of Libya Starts Washington Visit," *New York Times*, October 17, 1962, 22.

17. Graham T. Allison, *Essence of Decision: Explaining the Cuban Missile Crisis* (New York, 1991), 202; Ernest R. May and Philip D. Zelikow, Commentary in *The Kennedy Tapes*, 53–54.
18. "Meeting on the Cuban Missile Crisis, 6:30 P.M.," in *The Kennedy Tapes*, 60–62; "Maxwell Davenport Taylor, 1 October 1962–1 July 1964," in *The Chairmanship of the Joint Chiefs of Staff, 1949–2012* (Washington, DC, 2012),107–112.
19. "Meeting on the Cuban Missile Crisis, 6:30 P.M.," 67.
20. "Meeting on the Cuban Missile Crisis, 11:50 A.M.," 38; "Meeting on the Cuban Missile Crisis, 6:30 P.M.," 57; Fursenko and Naftali, *"One Hell of a Gamble,"* 226.
21. "Meeting on the Cuban Missile Crisis, 6:30 P.M.," 58.
22. "Meeting on the Cuban Missile Crisis, 6:30 P.M.," 58–60.
23. "Meeting on the Cuban Missile Crisis, 6:30 P.M.," 70–71.
24. "Meeting on the Cuban Missile Crisis, 6:30 P.M.," 62.
25. "Meeting on the Cuban Missile Crisis, 6:30 P.M.," 66.
26. "RFK Notes Taken at First Meeting on Cuba, 10/16/62," 31, Papers of Robert F. Kennedy, Attorney General Papers, Attorney General's Confidential File 6-2-10: Cuba: Executive committee meetings: RFK notes and memos, 1962: October–December (2 of 2 folders). RFKAG-215-012. John F. Kennedy Presidential Library and Museum; Stern, *The Week the World Stood Still*, 53–54.

第十二章　海上隔离

1. Marjorie Hunter, "President Cuts His Trip Short, Flies to Capital," *New York Times*, October 21, 1962, 1; Pierre Salinger, *John Kennedy, Commander in Chief: A Profile in Leadership* (New York, 1997), 116.
2. Salinger, *John Kennedy, Commander in Chief*, 116; Robert Kennedy, *Thirteen Days*, 37.
3. Dobbs, *One Minute to Midnight*, 25–26.
4. "Meeting on the Cuban Missile Crisis, 11:10 A.M., Thursday, October 18, 1962," *The Kennedy Tapes*, 76–77; John A. McCone, "Memorandum for the File," October 19, 1962, *FRUS*, 1961–1963, vol.11, *Cuban Missile Crisis and Aftermath*, no.28, https://history.state.gov/historicaldocuments/frus1961-63v11/d28.
5. John A. McCone, "Memorandum for the File," October 17, 1962, *FRUS*, 1961–1963, vol.11, *Cuban Missile Crisis and Aftermath*, no.23, https://history.state.gov/historicaldocuments/frus1961-63v11/d23.
6. "Meeting on the Cuban Missile Crisis, 11:10 AM, Thursday, October 18, 1962," *The Kennedy Tapes*, 79–82.
7. "Meeting on the Cuban Missile Crisis, 11:10 A.M., Thursday, October 18, 1962," *The Kennedy Tapes*, 92.
8. Fursenko and Naftali, *"One Hell of a Gamble,"* 229; McCone, "Memorandum for Discussion," October 17, 1962, *FRUS, 1961–1963*, vol.11, *Cuban Missile Crisis and Aftermath*, no.26.
9. "Memorandum of Conversation, Subject: Cuba, October 18, 1962," *FRUS*, 1961–1963, vol.11, *Cuban Missile Crisis and Aftermath*, no.29, https://history.state.gov/historicaldocuments/frus1961-63v11/d29; Robert Kennedy, *Thirteen Days*, 32–33; Andrei Gromyko, *Memories: From Stalin to Gorbachev*, trans. Harold Shukman (London, 1989), 226–232; Gromyko, *Pamiatnoe*, 528.
10. Dobrynin, *In Confidence*, 77; Fursenko and Naftali, *"One Hell of a Gamble,"* 232.
11. "Meeting on the Cuban Missile Crisis, 11:10 A.M., Thursday, October 18, 1962," *The Kennedy Tapes*, 93; "Kennedy Summarizes a Late-Night Meeting, Thursday, October 18, 1962," *The Kennedy Tapes*, 107–108.
12. "Meeting on the Cuban Missile Crisis, 11:10 AM, Thursday, October 18, 1962," *The Kennedy Tapes*, 84, 86.
13. "Meeting on the Cuban Missile Crisis, 11:10 A.M., Thursday, October 18, 1962," *The Kennedy Tapes*, 86, 88; "Kennedy Summarizes a Late-Night Meeting," 108.
14. "Meeting with the Joint Chiefs of Staff, 9:45 A.M., Friday, October 19, 1962," *The Kennedy Tapes*, 111–112.
15. "Meeting with the Joint Chiefs of Staff," 113–117.
16. Friday, October 19, 1962, JFK Appointment Books, September–October 1962, John F. Kennedy Presidential Library and Museum, https://jfklibrary.libguides.com/ld.php?content_id=26058008; "Meeting with the Joint Chiefs of Staff," 123.
17. "Meeting on the Cuban Missile Crisis, 6:30 P.M., Tuesday, October 16, 1962," 66.
18. Dobbs, *One Minute to Midnight*, 31.

19. "National Security Council Meeting, 2:30 PM, October 20, 1962," *The Kennedy Tapes*, 126–127.
20. Stern, *The Week the World Stood Still*, 72–74.
21. "National Security Council Meeting, 2:30 PM, October 20, 1962," *The Kennedy Tapes*, 126–127; Dobbs, *One Minute to Midnight*, 31.
22. "National Security Council Meeting, 2:30 PM, October 20, 1962," *The Kennedy Tapes*, 134.
23. "Conversation with Dwight Eisenhower, 10:40 a.m., October 22, 1962," *The Kennedy Tapes*, 142–146; "October 22, 1962: President Kennedy and Former President Eisenhower Discuss the Cuban Missile Crisis," Miller Center, University of Virginia, https://vimeo.com/237227689.
24. "Tentative Agenda for off-the-record NSC meeting, October 21, 1962, 2:30 pm," in Papers of Robert F. Kennedy, Attorney General Papers, Attorney General's Confidential File. 6-2-4: Cuba: Executive committee meetings: RFK notes and memos, October 22, 1962, RFKAG-215-005, John F. Kennedy Presidential Library and Museum; John F. Kennedy, "Radio and Television Report to the American People on the Soviet Arms Buildup in Cuba," The White House, October 22, 1962, John F. Kennedy Presidential Library and Museum, https://microsites.jfklibrary.org/cmc/oct22/doc5.html.

第十三章　莫斯科的夜晚

1. Fursenko and Naftali, *"One Hell of a Gamble,"* 238–239.
2. "Top Aides Confer. U.S. Forces Maneuver off Puerto Rico—Link Is Denied," *New York Times*, October 22, 1962, 1, 16.
3. "Opasnye i bezotvetstvennye deistviia. Sekretnye soveshchaniia v Vashingtone. Kennedi otmeniaet poezdku po strane. Vblizi Kuby kontsentriruiutsia amerikanskie voiska," *Pravda*, October 23, 1962, 1; "Sosredotochenie amerikanskikh vooruzhennykh sil v Karibskom more," *Pravda*, October 23, 1962, 3.
4. Dobbs, *One Minute to Midnight*, 32; Sergo Mikoyan, *The Soviet Cuban Missile Crisis*, 156; Sergo Mikoian, *Anatomiia Karibskogo krizisa* (Moscow, 2006), 252, https://history.wikireading.ru/326580.
5. "Central Committee of the Communist Party of the Soviet Union Presidium Protocol 60," October 23, 1962, History and Public Policy Program Digital Archive, RGANI, f.3, op.16, d. 947, l. 36–41, trans. and ed. Mark Kramer, with assistance from Timothy Naftali, https://digitalarchive.wilsoncenter.org/document/115076; Anastas Mikoian, "Diktovka o poezdke na Kubu," January 19, 1963, in Aleksandr Lukashin and Mariia Aleksashina, "My voobshche ne khotim nikuda brosat' rakety, my za mir..., " *Rodina*, January 1, 2017, https://rg.ru/2017/04/24/rodina-karibskij-krizis.html.
6. Anastas Mikoian, "Diktovka o poezdke na Kubu," January 19, 1963; Sergo Mikoyan, *The Soviet Cuban Missile Crisis*, 156; cf. Sergo Mikoian, *Anatomiia Karibskogo krizisa*, 252.
7. "Central Committee of the Communist Party of the Soviet Union Presidium Protocol 60," October 23, 1962.
8. "Central Committee of the Communist Party of the Soviet Union Presidium Protocol 60," October 23, 1962; cf. *Prezidium TsK KPSS, 1954–1964*, ed. Aleksandr Fursenko (Moscow, 2003), vol. 1, protocol no.60, 617.
9. Sergo Mikoyan, *The Soviet Cuban Missile Crisis*, 148.
10. Anastas Mikoian, "Diktovka o poezdke na Kubu," January 19, 1963; Sergo Mikoyan, *The Soviet Cuban Missile Crisis*, 157; cf. Sergo Mikoian, *Anatomiia Karibskogo krizisa*, 252.
11. "Central Committee of the Communist Party of the Soviet Union Presidium Protocol 60," October 23, 1962; cf. *Prezidium TsK KPSS, 1954–1964*, ed. Aleksandr Fursenko (Moscow, 2003), vol.1, protocol no.60, 617.
12. Dobbs, *One Minute to Midnight*, 112.
13. Dobrynin, *In Confidence*, 78; "Letter from President Kennedy to Chairman Khrushchev," *FRUS*, 1961–1963, vol. 6, *Kennedy-Khrushchev Exchanges*, no.60, https://history.state.gov/historicaldocuments/frus1961-63v06/d60.
14. Dean Rusk and Richard Rusk, *As I Saw It* (New York, 1990), 235; "Telegram from Soviet Ambassador to the USA Dobrynin to the USSR MFA," October 22, 1962, History and Public Policy Program Digital Archive, AVP RF, copy courtesy of NSA, trans.Vladislav M. Zubok, https://digitalarchive.wilsoncenter.org/document/111791.
15. Dobbs, *One Minute to Midnight*, 42; Anastas Mikoian, "Diktovka o poezdke na Kubu," January 19, 1963; Sergo Mikoian, *Anatomiia Karibskogo krizisa*, 252.

16. "Central Committee of the Communist Party of the Soviet Union Presidium Protocol 60," October 23, 1962; cf. *Prezidium TsK KPSS, 1954–1964*, ed. Aleksandr Fursenko (Moscow, 2003), vol. 1, protocol no.60, 617; Anastas Mikoian, "Diktovka o poezdke na Kubu," January 19, 1963; *Khrushchev Remembers*, 497; Dobbs, *One Minute to Midnight*, 45.
17. "Telegram from TROSTNIK (Soviet Defense Minister Rodion Malinovsky) to PAVLOV (General Issa Pliev)," October 22, 1962, History and Public Policy Program Digital Archive, Archive of the President of the Russian Federation, Special Declassification, April 2002, trans. Svetlana Savranskaya, https://digitalarchive.wilsoncenter.org/document/117316; "Telegram from TROSTNIK(Soviet Defense Minister Rodion Malinovsky) to PAVLOV (General Issa Pliev)," October 23, 1962, History and Public Policy Program Digital Archive, Archive of the President of the Russian Federation, Special Declassification, April 2002, trans. Svetlana Savranskaya, https://digitalarchive.wilsoncenter.org/document/117323.
18. Anastas Mikoian, "Diktovka o poezdke na Kubu," January 19, 1963, https://rg.ru/2017/04/24/rodina-karibskij-krizis.html; "Central Committee of the Communist Party of the Soviet Union Presidium Protocol 60," October 23, 1962; cf. *Prezidium TsK KPSS, 1954–1964*, ed. Aleksandr Fursenko (Moscow, 2003), vol.1, protocol no. 60, 617.
19. "Central Committee of the Communist Party of the Soviet Union Presidium Protocol 60," October 23, 1962; cf. *Prezidium TsK KPSS, 1954–1964*, ed. Aleksandr Fursenko (Moscow, 2003), vol.1, protocol no.60, 617.
20. Anastas Mikoian, "Diktovka o poezdke na Kubu," January 19, 1963, https://rg.ru/2017/04/24/rodina-karibskij-krizis.html.
21. "Central Committee of the Communist Party of the Soviet Union Presidium Protocol 60," October 23, 1962; "Telegram from the Embassy in the Soviet Union to the Department of State Moscow," October 23, 1962, 5 p.m., *FRUS*, 1961–1963, vol. 6, *Kennedy-Khrushchev Exchanges*, no.61, https://history.state.gov/historicaldocuments/frus1961-63v06/d61.

第十四章　黑暗中闪烁

1. Robert Kennedy, "Memorandum for the President from the Attorney General," October 24, 1962, in John F. Kennedy Presidential Library and Museum, Papers of Robert F. Kennedy, Attorney General Papers, Attorney General's Confidential File 6-4-1: Cuba: Cuban Crisis, 1962: *Kennedy-Khrushchev Letters*, 1962: September–November, 34–37, 54–57; cf. Robert Kennedy, *Thirteen Days*, 50–51; "Telegram from Soviet Ambassador to the USA Dobrynin to the USSR MFA," October 24, 1962, History and Public Policy Program Digital Archive, AVP RF, copy courtesy of NSA; transl. Mark H. Doctoroff, https://digitalarchive.wilsoncenter.org/document/111625. Cf. Dobrynin, *In Confidence*,74, 81–82.
2. Robert Kennedy, *Thirteen Days*, 45–46; "Executive Committee Meeting of the National Security Council, Tuesday, October 23, 1962, 10:00 A.M.," *The Kennedy Tapes*, 195–196.
3. "Executive Committee Meeting of the National Security Council, Tuesday, October 23, 1962, 10:00 A.M.," *The Kennedy Tapes*, 194–195, 202.
4. Robert Kennedy, *Thirteen Days*, 46–47; "Executive Committee Meeting of the National Security Council, Tuesday, October 23, 1962, 10:00 A.M.," *The Kennedy Tapes*, 196–204.
5. Robert Kennedy, *Thirteen Days*, 45; "Executive Committee Meeting of the National Security Council, Tuesday, October 23, 1962, 6:00 P.M.," *The Kennedy Tapes*, 207.
6. "Executive Committee Meeting of the National Security Council, Tuesday, October 23, 1962, 6:00 P.M.," *The Kennedy Tapes*, 208–213.
7. Executive Committee Meeting of the National Security Council, Tuesday, October 23, 1962, 6:00 P.M., 208–214; "Telegram from the Department of State to the Embassy in the Soviet Union," Washington, October 23, 1962, 6:51 p.m., in *FRUS*, 1961–1963, vol. 6, *Kennedy-Khrushchev Exchanges*, no.62, https://history.state.gov/historicaldocuments/frus1961-63v06/d62.
8. "Executive Committee Meeting of the National Security Council, Tuesday, October 23, 1962, 6:00 P.M.," *The Kennedy Tapes*, 213–216; Robert Kennedy, *Thirteen Days*, 47–48.
9. "Discussion between President Kennedy and Robert Kennedy, Tuesday, October 23, 1962, 7:10 P.M.," *The Kennedy Tapes*, 219–221.
10. Robert Kennedy, *Thirteen Days*, 49. Cf. Robert Kennedy, "Draft, 10.24.62,"1962, in John F. Kennedy

Presidential Library and Museum, Papers of Robert F. Kennedy, Attorney General Papers, Attorney General's Confidential File 6-4-1: Cuba: Cuban Crisis, 1962: *Kennedy-Khrushchev Letters*, 1962: September–November, 53.

11. Raport, Starshii upolnomochennyi 20go otdela KGB pri SM Azerbaidzhanskoi SSR maior Badalov nachal'niku upravleniia KGB USSR po Odesskoi oblasti general-maioru tov. Kuvarzinu A. I., Odessa, 31 oktiabria 1962 g., 5 pp, here 1–2, in SBU Archives, fond 1, opys 1, no.1532: KGB USSR, 7-i otdel, 2-go upravleniia, Kontrol'no nabliudatel'noe delo no.702. Po Azovsko-Chernomorskomu basseinu, vol. 8, January 1, 1962–December 31, 1962, fols. 332–336.
12. Raport, Starshii upolnomochennyi apparata upolnomochennogo UKGB pri SM UkSSR po Donetskoi oblasti maior Protasov nachal'niku upravleniia KGB USSR po Odesskoi oblasti general-maioru tov. Kuvarzinu A. I., Odessa, 25 noiabria, 1962 g., 13 pp., here 4–5, in SBU Archives, fond 1, opys 1, no.1532, fols. 339–350.
13. Fursenko and Naftali, *"One Hell of a Gamble,"* 247, 254–255. On Soviet plans for the departure of the *Aleksandrovsk*, *Indigirka,* and other ships, see "Report from General Zakharov and Admiral Fokin to the Defense Council and Premier Khrushchev on Initial Plans for Soviet Navy Activities in Support of Operation Anadyr, September 18, 1962," in "The Submarines of October: U.S. and Soviet Naval Encounters During the Cuban Missile Crisis," in *National Security Archive Electronic Briefing Book* No. 75, ed. William Burr and Thomas S. Blanton, October 31, 2002, https://nsarchive2.gwu.edu/NSAEBB/NSAEBB75/asw-I-1.pdf; "Report from General Zakharov and Admiral Fokin to the Presidium, Central Committee, Communist Party of the Soviet Union, September 25, 1962," in "The Submarines of October:U.S. and Soviet Naval Encounters During the Cuban Missile Crisis," https://nsarchive2.gwu.edu/NSAEBB/NSAEBB75/asw-I-2.pdf; "Telegram from the Department of State to the Embassy in the Soviet Union," October 23, 1962.
14. "Executive Committee Meeting of the National Security Council, Wednesday, October 24, 1962, 10:00 A.M.," *The Kennedy Tapes*, 227.
15. "Raport, Starshii upolnomochennyi 2-go otdela UKGB pri SM USSR po Kirovogradskoi oblasti kapitan Gnida nachal'niku upravleniia KGB USSR po Odesskoi oblasti general-maioru tov. Kuvarzinu A. I., Odessa, 14 noiabria 1962 g.," 8 pp., here 4–5, in SBU Archives, fond 1, opys 1, no.1532, fols. 325–330.
16. Aleksandr Rogozin, "Sovetskii flot v voinakh i konfliktakh kholodnoi voiny," chap. 2: "SSSR v stroitel'stve VMS Kuby," http://alerozin.narod.ru/CubaNavy/CubaNavySoviet-2.htm.
17. "Executive Committee Meeting of the National Security Council, Wednesday, October 24, 1962, 10:00 A.M.," *The Kennedy Tapes*, 227–230.
18. Robert F. Kennedy, "Notes Taken at Meetings on the Cuban Crisis. Found at Home on October 30, 1962," Papers of Robert F. Kennedy, Attorney General Papers, Attorney General's Confidential File 6-2-10: Cuba: Executive committee meetings: RFK notes and memos, 1962: October–December (2 of 2 folders), RFKAG-215-012, John F. Kennedy Presidential Library and Museum; "Executive Committee Meeting of the National Security Council, Wednesday, October 24, 1962, 10:00 A.M.," *The Kennedy Tapes*, 230–231; Robert Kennedy, *Thirteen Days*, 54.
19. Robert Kennedy, *Thirteen Days*, 53–54.
20. "Executive Committee Meeting of the National Security Council, Wednesday, October 24, 1962, 10:00 A.M.," *The Kennedy Tapes*, 231–233.
21. Dobbs, *One Minute to Midnight*, 88–89.
22. Kapitan Gnida, "Raport," November 14, 1962, 4–5, fols. 325–330 [4719–4724].
23. Arkadii Khasin, "Kapitan Golubenko," *Vecherniaia Odessa*, February 24, 2015, http://vo.od.ua/rubrics/odessa-gody-i-sudby/32520.php.

第十五章　一把木刀

1. Ion Mihai Pacepa, *Programmed to Kill: Lee Harvey Oswald, the Soviet KGB and the Kennedy Assassination* (Lanham, MD, 2007), 184–185.
2. Khrushchev, *Vremia, liudi, vlast'*, 2: 518; Gromyko, *Pamiatnoe*, 489.
3. "V Bol'shom teatre SSSR," *Pravda*, October 24, 1962, 2; David G. Winter, "Khrushchev Visits the Bolshoi: [More Than] a Footnote to the Cuban Missile Crisis, Peace and Conflict," *Journal of Peace Psychology* 19 (2013), no. 3: 222–239.

4. Pacepa, *Programmed to Kill*, 185; Liu Yong, "Romania and Sino-Soviet Relations Moving Towards Split, 1960–1965," *Arhivele Totalitarismului* 22 (2014), nos.82/83: 65–80.
5. G. M. Kornienko, *Kholodnaia voina. Svidetel'stvo ee uchastnika* (Moscow, 2001), 124; Dobrynin, *In Confidence*, 83.
6. Pacepa, *Programmed to Kill*, 185; "Rumynskaia pravitel'stvennaia delegatsiia otbyla na rodinu," *Izvestiia*, October 25, 1962, 1; *Pravda*, October 25, 1962, 2.
7. "Priem N. S. Khrushchevym Vil'iama E. Noksa," *Pravda*, October 25, 1.
8. Memorandum from Roger Hilsman to Rusk, October 26; Khrushchev's conversation with W. E. Knox, President of Westinghouse Electrical International, in Moscow on October 24. Secret.2 pp. Kennedy Library, NSF, Cuba, General, vol. 6(A), 10/26–27/62, *FRUS*, 1961–1963, *American Republics; Cuba 1961–1962; Cuban Missile Crisis and Aftermath*, vols.10/11/12, MicroficheSupplement, no.419, https://history.state.gov/historicaldocuments/frus1961-63v10-12mSupp/d419; Dobbs, *One Minute to Midnight*, 85.
9. "Letter from Chairman Khrushchev to President Kennedy, Moscow, October 24, 1962," *FRUS*, 1961–1963, vol. 6, *Kennedy-Khrushchev Exchanges*, no.63, https://history.state.gov/historicaldocuments/frus1961-63v06/d63; Fursenko and Naftali, *"One Hell of a Gamble,"* 254–255.
10. Georgii Bol'shakov, "Goriachaia liniia: Kak deistvoval sekretnyi kanal sviazi Dzhon Kennedi-Nikita Khrushchev," *Novoe vremia*, 1989, nos. 4–6; Georgii Bol'shakov, "Karibskii krizis: Kak ėto bylo," *Komsomol'skaia pravda*, February 4, 1989, 3; Fursenko and Naftali, *"One Hell of a Gamble,"* 109–114, 197; Taubman, *Khrushchev*, 556.
11. "Proekt Postanovleniia TsK KPSS o konfidentsial'nom poslanii N. S. Khrushcheva prezidentu SShA Dzhonu Kennedi," October 25, 1962, Arkhiv prezidenta Rossiiskoi Federatsii, fond 3, op.65, no.904, fols.131–140, in Rossiiskii gosudarstvennyi arkhiv sotsial'no-politicheskoi istorii, "Khushchev. K 120-letiiu so dnia rozhdeniia," http://liders.rusarchives.ru/hruschev/docs/proekt-postanovleniya-tsk-kpss-o-konfidentsialnom-poslanii-ns-khrushcheva-prezidentu-ssha-dzhon.
12. Nikolai Dorizo, "Solntse prorvet blokadu," *Izvestiia*, October 25, 1962, 1.
13. Telegram from the Department of State to the Embassy in the Soviet Union,Washington, October 25, 1962, 1:59 a.m., *FRUS*, 1961–1963, vol. 6, *Kennedy-Khrushchev Exchanges*, no.64, https://history.state.gov/historicaldocuments/frus1961-63v06/d64.
14. Dobbs, *One Minute to Midnight*, 94–95.
15. Scott D. Sagan, *The Limits of Safety: Organizations, Accidents, and Nuclear Weapons* (Princeton, NJ, 1993), 68–69.
16. Kornienko, *Kholodnaia voina*, 129; Fursenko and Naftali, *"One Hell of a Gamble,"*262; cf. Fursenko and Naftali, *Adskaia igra*, 386; Ladygin and Lota, *GRU i Karibskii krizis*, 112–113.
17. Sagan, *The Limits of Safety*, 67.
18. "Central Committee of the Communist Party of the Soviet Union Presidium Protocol 61," October 25, 1962; The Diary of Anatoly S. Chernyaev, 1976. Donated by A.S. Chernyaev to The National Security Archive. Translated by Anna Melyakova, 2, https://nsarchive2.gwu.edu//NSAEBB/NSAEBB550-Chernyaev-Diary-1976-gives-close-up-view-of-Soviet-system/Anatoly%20Chernyaev%20Diary,%20 1976.pdf; *Prezidium TsK KPSS, 1954–1964: Chernovye protokol'nye zapisi zasedanii. Stenogrammy* (Moscow, 2004), 621.
19. "Telegram from TROSTNIK (Soviet Defense Minister Rodion Malinovsky) to PAVLOV (General Issa Pliev)," October 25, 1962, History and Public Policy Program Digital Archive, Archive of the President of the Russian Federation, Special Declassification, April 2002. Trans. Svetlana Savranskaya, https://digitalarchive.wilsoncenter.org/document/117324.
20. "Excerpts from Debate on Cuba in the Security Council. Valerian A. Zorin, Soviet Union," *New York Times*, October 26, 1962, 16.
21. "Excerpts from Debate on Cuba in the Security Council. Stevenson-Zorin Exchange," *New York Times*, October 26, 1962, 16; Porter McKeever, *Adlai Stevenson: His Life and Legacy* (New York, 1989), 527.
22. Arnold H. Lubasch, "Stevenson Dares Russian to Deny Missiles Charge: Khrushchev Indicates Support for a Meeting with Kennedy," photo caption: "Stevenson Shows Photos of Cuban Bases," *New York Times*, October 26, 1962, 1; "Telegram from the Soviet Representative to the United Nations, Valerian Zorin, to the USSR MFA," October 25, 1962, History and Public Policy Program Digital Archive, AVP RF, copy courtesy of NSA, trans. Mark H. Doctoroff, http://digitalarchive.wilsoncenter.org/document/111833; Reeves, *President Kennedy*, 406.

第十六章 美国人要来了

1. “Cable from Soviet Ambassador to the US Dobrynin to USSR Foreign Ministry(1),” October 25, 1962, History and Public Policy Program Digital Archive, Archive of Foreign Policy, Russian Federation (AVP RF), Moscow; copy obtained by NHK (Japanese Television), provided to CWIHP, and on file at National Security Archive, Washington, DC, trans. Vladimir Zaemsky, https://digitalarchive.wilsoncenter.org/document/111918; Fursenko and Naftali, *"One Hell of a Gamble,"* 257–261.
2. Kornienko, *Kholodnaia voina*, 129.
3. Telegram from the Embassy in the Soviet Union to the Department of State, Moscow, October 26, 1962, 7 p.m., *FRUS*, 1961–1963, vol.6, *Kennedy-Khrushchev Exchanges*, n.65, https://history.state.gov/historicaldocuments/frus1961-63v06/d65.
4. Telegram from the Embassy in the Soviet Union to the Department of State, Moscow, October 26, 1962.
5. Acosta, *October 1962*, 157–161; “Fidel Castro's 23 October Interview, Havana, in Spanish to the Americas 0135 GMT 24 October 1962,” Castro Speech Data Base, LANIC: Latin American Information Center, http://lanic.utexas.edu/project/castro/db/1962/19621024.html.
6. “Shifrotelegramma ot Alekseeva iz Gavanny o besede s Fidelem Kastro i Dortikosom,” October 26, 1962, National Security Archive. George Washington University, Rosiiskie programmy Arkhiva natsional'noi bezopasnosti, Karibskii krizis: dokumenty,https://nsarchive2.gwu.edu/rus/CubanMissileCrisis.html; https://nsarchive2.gwu.edu/rus/text_files/CMCrisis/22.PDF; Fursenko and Naftali, *"One Hell of a Gamble,"* 268.
7. “Cable no. 323 from the Czechoslovak Embassy in Havana (Pavliček),” October 25, 1962, History and Public Policy Program Digital Archive, National Archive, Archive of the CC CPCz (Prague), File: “Antonin Novotny, Kuba,” Box 122, https://digitalarchive.wilsoncenter.org/document/115197; “Telegram from the Brazilian Embassy in Havana (Bastian Pinto), 6 p.m., Friday, October 26, 1962,” History and Public Policy Program Digital Archive, “ANEXO Secreto—600.(24h)—SITUACAO POLITICA—OUTUBRO DE 1962//,” Ministry of External Relations Archives, Brasilia, Brazil, trans. from Portuguese by James G. Hershberg, https://digitalarchive.wilsoncenter.org/document/115303.
8. Fursenko and Naftali, *"One Hell of a Gamble,"* 268; Dobbs, *One Minute to Midnight*, 157; Jonathan Colman, *Cuban Missile Crisis: Origins, Course and Aftermath* (Edinburgh, 2016), 153.
9. Acosta, *October 1962*, 170–171; Fursenko and Naftali, *"One Hell of a Gamble,"*268–269.
10. “Ciphered Telegram from Soviet Ambassador to Cuba Aleksandr Alekseev,” October 27, 1962, History and Public Policy Program Digital Archive, obtained and translated by National Security Archive for the October 2002 conference in Havana on the 40th Anniversary of the Cuban Missile Crisis, https://digitalarchive.wilsoncenter.org/document/115063; “Interview with Alexander Alekseyev [Soviet Ambassador to Cuba],” in “Interviews with Soviet Veterans of the Cuban Missile Crisis,” “Mikoyan's “Mission Impossible,” in *Cuba: New Soviet Evidence on the Cuban Missile Crisis*, National Security Archive Electronic Briefing Book No.400, eds. Svetlana Savranskaya, Anna Melyakova, and Amanda Conrad, https://nsarchive2.gwu.edu//NSAEBB/NSAEBB400/docs/Interview%20with%20Alekseev.pdf, 16; Fursenko and Naftali, *"One Hell of a Gamble,"* 272.
11. “Telegram from Fidel Castro to N. S. Khrushchev,” October 26, 1962, History and Public Policy Program Digital Archive, Archive of Foreign Policy, Russian Federation (AVP RF), https://digitalarchive.wilsoncenter.org/document/114501.
12. “Interview with Alexander Alekseyev [Soviet Ambassador to Cuba],” 17; “Ciphered Telegram from Soviet Ambassador to Cuba Aleksandr Alekseev,” October 27, 1962, History and Public Policy Program Digital Archive, obtained and translated by National Security Archive for the October 2002 conference in Havana on the 40th Anniversary of the Cuban Missile Crisis, https://digitalarchive.wilsoncenter.org/document/115063; Fursenko and Naftali, *"One Hell of a Gamble,"* 273.
13. “Telegramma t. Pavlova iz Gavanny ot 26 oktiabria 1962 g.,” in “Vypiska iz protokola no. 62 zasedaniia Prezidiuma TsK KPSS ot 27 oktiabria 1962 goda,” National Security Archive. George Washington University, Rossiiskie programmy Arkhiva natsional'noi bezopasnosti, Karibskii krizis: Dokumenty, https://nsarchive2.gwu.edu/rus/CubanMissileCrisis.html; Direktivy Prezidiuma TsK KPSS Plievu v otvet na ego shriftotelegrammu, https://nsarchive2.gwu.edu/rus/text_files/CMCrisis/23.PDF; cf. S Ia. Lavrenov and I. M. Popov, *Sovetskii Soiuz v lokal'nykh voinakh i konfliktakh* (Moscow, 2003), 258.
14. “Telegram from TROSTNIK (Soviet Defense Minister Rodion Malinovsky) to PAVLOV (General Issa Pliev),” October 27, 1962, History and Public Policy Program Digital Archive, Archive of the

President of the Russian Federation, Special Declassification, April 2002, trans. Svetlana Savranskaya, https://digitalarchive.wilsoncenter.org/document/117326; "Telegram from TROSTNIK(Soviet Defense Minister Rodion Malinovsky) to PAVLOV (General Issa Pliev)," October 27, 1962, History and Public Policy Program Digital Archive, Archive of the President of the Russian Federation, Special Declassification, April 2002, trans. Svetlana Savranskaya, https://digitalarchive.wilsoncenter.org/document/117325; "Telegram from TROSTNIK (Soviet Defense Minister Rodion Malinovsky) to PAVLOV (General Issa Pliev)," October 27, 1962, History and Public Policy Program Digital Archive, Archive of the President of the Russian Federation, Special Declassification, April 2002, trans. Svetlana Savranskaya, https://digitalarchive.wilsoncenter.org/document/117327.

15. "Central Committee of the Communist Party of the Soviet Union Presidium Protocol 62," October 27, 1962, History and Public Policy Program Digital Archive, RGANI, F. 3, Op. 16, D. 947, L. 43-44, trans. and ed. Mark Kramer, with assistance from Timothy Naftali, https://digitalarchive.wilsoncenter.org/document/115085.
16. "Central Committee of the Communist Party of the Soviet Union Presidium Protocol 62," October 27, 1962; "Telegramma t. Pavlova iz Gavanny ot 26 oktiabria 1962 g.," https://nsarchive2.gwu.edu/rus/text_files/CMCrisis/23.PDF; "Memorandum of Conversation between Castro and Mikoyan," November 4, 1962, History and Public Policy Program Digital Archive, Russian Foreign Ministry archives, obtained and translated by NHK television, copy provided by Philip Brenner; trans. Aleksandr Zaemsky, slightly revised, https://digitalarchive.wilsoncenter.org/document/110961.
17. "Memorandum of Conversation between Castro and Mikoyan," November 4, 1962, History and Public Policy Program Digital Archive, Russian Foreign Ministry archives, obtained and translated by NHK television, copy provided by Philip Brenner; trans. Aleksandr Zaemsky, slightly revised, https://digitalarchive.wilsoncenter.org/document/110961.
18. Letter from Chairman Khrushchev to President Kennedy, Moscow, October 27, 1962, *FRUS*, 1961–1963, vol. 6, *Kennedy-Khrushchev Exchanges*, no.66, https://history.state.gov/historicaldocuments/frus1961-63v06/d66.
19. "Central Committee of the Communist Party of the Soviet Union Presidium Protocol 62," October 27, 1962.

第十七章　土耳其困境

1. "Executive Committee Meeting of the National Security Council, Saturday, October 27, 1962, 10:05 a.m.," *The Kennedy Tapes*, 303.
2. Leaming, *Jack Kennedy*, 402–404.
3. "Executive Committee Meeting of the National Security Council, Saturday, October 27, 1962, 10:05 a.m.," *The Kennedy Tapes*, 306.
4. "Meeting on the Cuban Missile Crisis, Tuesday, October 16, 1962, 11:50 a.m.," *The Kennedy Tapes*, 41–42.
5. Philip Nash, *The Other Missiles of October: Eisenhower, Kennedy, and the Jupiters, 1957–1963* (Chapel Hill, NC, 1997), 5–90.
6. "Meeting on the Cuban Missile Crisis, Tuesday, October 16, 1962, 6:30 p.m.," *The Kennedy Tapes*, 67.
7. "Meeting on the Cuban Missile Crisis," Thursday, October 18, 1962, 11:10 a.m.," *The Kennedy Tapes*, 95.
8. "Meeting on Diplomatic Plans, Monday, October 22, 1962, 11:00 a.m.," *The Kennedy Tapes*, 147–148.
9. Stern, *The Week the World Stood Still*, 78–79; Ernest R. May and Philip D. Zelikow, "Editorial Notes," *The Kennedy Tapes*, 140–141.
10. Walter Lippmann, "Today and Tomorrow," *Washington Post*, October 25, 1962; Thomas Risse-Kappen, *Cooperation Among Democracies: The European Influence on U.S. Foreign Policy* (Princeton, NJ, 1995), 165–167; "Cable from Soviet Ambassador to the US Dobrynin to Soviet Foreign Ministry (2)," October 25, 1962, History and Public Policy Program Digital Archive, Archive of Foreign Policy, Russian Federation (AVP RF), Moscow; copy obtained by NHK (Japanese Television), provided to CWIHP, and on file at National Security Archive, Washington, DC, trans. Vladimir Zaemsky, http://digitalarchive.wilsoncenter.org/document/110449; "Memorandum of Conversation between Castro and Mikoyan," November 4, 1962, History and Public Policy Program Digital Archive, Russian Foreign Ministry Archives, obtained and translated by NHK television, copy provided by Philip Brenner, trans. Aleksandr Zaemsky, slightly revised, https://digitalarchive.wilsoncenter.org/

document/110961.
11. "Executive Committee Meeting of the National Security Council, Saturday, October 27, 1962, 10:05 a.m.," *The Kennedy Tapes*, 307.
12. Executive Committee Meeting of the National Security Council, Saturday, October 27, 1962, 10:05 A.M., The Kennedy Tapes, 307–308.
13. Executive Committee Meeting of the National Security Council, Saturday, October 27, 1962, 10:05 A.M., *The Kennedy Tapes*, 308.
14. Executive Committee Meeting of the National Security Council, Saturday, October 27, 1962, 10:05 A.M., *The Kennedy Tapes*, 308–310, 321.
15. Walter S. Poole, *History of the Joint Chiefs of Staff: The Joint Chiefs of Staff and National Policy*, vol. 8: 1961–1964 (Washington, DC, 2011), 180, https://www.jcs.mil/Portals/36/Documents/History/Policy/Policy_V008.pdf.
16. "Press Release, Office of the White House Press Secretary, October 27, 1962," in *The Cuban Crisis of 1962: Selected Documents and Chronology*, ed. David L. Larson (Boston, 1963), 158.

第十八章　失控

1. Stephanie Ritter, AFGSC History Office, "SAC during the 13 Days of the Cuban Missile Crisis," Air Force Global Strike Command, October 19, 2012, https://www.afgsc.af.mil/News/Article-Display/Article/454741/sac-during-the-13-days-of-the-cuban-missile-crisis/.
2. "Memorandum from the President's Special Assistant for Science and Technology (Wiesner) to the President's Deputy Special Assistant for National Security Affairs (Kaysen)," Washington, September 25, 1962, Subject: Cuban Blockade Contingency Planning, FRUS, 1961–1963, vol. 10, *Cuba, January 1961–September 1962*, no.439, https://history.state.gov/historicaldocuments/frus1961-63v10/d439.
3. "Notes from Transcripts of JCS Meetings," October 27, 1962, *FRUS*, 1961–1963, *American Republics*; Cuba 1961–1962; *Cuban Missile Crisis and Aftermath*, vols.10/11/12, Microfiche Supplement, 21–22, https://static.history.state.gov/frus/frus1961-63v10-12mSupp/pdf/d428.pdf; Poole, *History of the Joint Chiefs of Staff*, 180.
4. Dobbs, *One Minute to Midnight*, 268–270; Robert Dallek, "JFK vs the Military," *The Atlantic*, August 2013, https://www.theatlantic.com/magazine/archive/2013/08/jfk-vs-the-military/309496/.
5. Dobbs, *One Minute to Midnight*, 258–265, 268–272, 288–289; cf. idem, "Lost in Enemy Airspace," *Vanity Fair*, June 1, 2008, https://www.vanityfair.com/news/2008/06/missile_crisis_excerpt200806; Amy Shira Teitel, "How the Aurora Borealis Nearly Started World War III," *Discover*, March 2103, http://blogs.discovermagazine.com/crux/2013/03/11/how-the-aurora-borealis-nearly-started-world-war-iii/#.XCk6zFxKjIV.
6. Nikolai Yakubovich, *Pervye sverkhzvukovye istrebiteli MIG 17 i MIG 19* (Moscow, 2014), 50.
7. David Donald, *Century Jets: USAF Frontline Fighters of the Cold War* (London, 2003), 68–70.
8. Dobbs, *One Minute to Midnight*, 258–265, 268–272, 288–289; cf. idem, "Lost in Enemy Airspace"; Teitel, "How the Aurora Borealis Nearly Started World War III."
9. "Executive Committee Meeting of the National Executive Council, Saturday, October 27, 1962, 4:00 p.m.," *The Kennedy Tapes*, 238, 326, 330, 338, 352.
10. For an earlier draft of Kennedy's letter to Khrushchev, see "The Handwritten Notes on White House Paper. Not Dated," 6–10, Papers of Robert F. Kennedy, Attorney General Papers, Attorney General's Confidential File 6-2-3: Cuba: Executive committee meetings: RFK notes and memos, October 16, 1962, RFKAG-215-004. John F. Kennedy Presidential Library and Museum;"Executive Committee Meeting of the National Executive Council, Saturday, October 27, 1962, 4:00 p.m.," *The Kennedy Tapes*, 348, 350.
11. "Executive Committee Meeting of the National Executive Council," Saturday, October 27, 1962, 4:00 p.m., *The Kennedy Tapes*, 327, 353–356.
12. "Executive Committee Meeting of the National Executive Council," Saturday, October 27, 1962, 4:00 p.m., 356–357.
13. Dobbs, *One Minute to Midnight*, 230–231.
14. "Executive Committee Meeting of the National Executive Council, Saturday, October 27, 1962, 4:00 p.m.," *The Kennedy Tapes*, 356–357.

第十九章 “目标被击落！”

1. Michael Dobbs, "The Photographs That Prevented World War III," *Smithsonian*, October 2012, https://www.smithsonianmag.com/history/the-photographs-that-prevented-world-war-iii-36910430/; "VFP-62 Operations over Cuba," Light Photographic Squadron 62, http://www.vfp62.com/index.html; William B. Ecker and Kenneth V. Jack, *Blue Moon over Cuba: Aerial Reconnaissance during the Cuban Missile Crisis. General Aviation* (Oxford, 2012).
2. Sergei Isaev, "Kamen' pretknoveniia. 759 mtab na Kube vo vremia Karibskogo krizisa 1962 goda," VVS Rossii: Liudi i samolety, http://www.airforce.ru/content/holodnaya-voina/1552-759-mtab-na-kube-vo-vremya-karibskogo-krizisa-1962-goda/.
3. Leonid Garbuz, "Zamestitel' komanduiushchego gruppy sovetskikh voisk na Kube vspominaet," *Strategicheskaia operatsiia "Anadyr'." Kak ėto bylo. Memuarno-spravochnoe izdanie*, ed. V. I. Esin (Moscow, 2000), 80–89, here 84; Dobbs, *One Minute to Midnight*, 238.
4. "Interview with General Leonid Garbuz by Sherry Jones," "Cuban Missile Crisis: What the World Didn't Know," produced by Sherry Jones for Peter Jennings Reporting, ABC News (Washington Media Associates, 1992), in "Mikoyan's 'Mission Impossible' in Cuba: New Soviet Evidence on the Cuban Missile Crisis," National Security Archive Electronic Briefing Book No. 400, October 2012, eds. Svetlana Savranskaya, Anna Melyakova, and Amanda Conrad, https://nsarchive2.gwu.edu/NSAEBB/NSAEBB400/docs/Interview%20with%20General%20Garbuz.pdf; Fursenko and Naftali, *"One Hell of a Gamble,"* 271.
5. "Telegramma t. Pavlova iz Gavanny ot 26 oktiabria 1962 g.," in "Vypiska iz protokola no. 62 zasedaniia Prezidiuma TsK KPSS ot 27 oktiabria 1962 goda," National Security Archive. George Washington University, Rossiiskie programmy Arkhiva natsional'noi bezopasnosti, Karibskii krizis: Dokumenty, https://nsarchive2.gwu.edu/rus/CubanMissileCrisis.html; Anatolii Dokuchaev, "A Kennedi podozreval Khrushcheva..., " *Nezavisimoe voennoe obozrenie*, August 18, 2000, http://nvo.ng.ru/notes/2000-08-18/8_kennedy.html.
6. "Telegram from TROSTNIK (Soviet Defense Minister Rodion Malinovsky) to PAVLOV (General Issa Pliev)," October 22, 1962, History and Public Policy Program Digital Archive, Archive of the President of the Russian Federation, Special Declassification, April 2002, trans. Svetlana Savranskaya, https://digitalarchive.wilsoncenter.org/document/117316.
7. Viktor Esin, "Uchastie raketnykh voisk strategicheskogo naznacheniia v operatsii "Anadyr'," in *Strategicheskaia operatsiia "Anadyr',"* 55–64, here 61.
8. Iazov, *Udary sud'by*, 137–140; idem. *Karibskii krizis*, 220–222.
9. Aleksandr Voropaev, "Otshumeli pesni nashego polka..., " pt. 1 (1960–1963), "Sovetskii chelovek na Kube, Karibskii krizis," http://cubanos.ru/texts/txt035.
10. Statsenko, "Doklad komandira 51-i raketnoi divizii o deistviiakh soediineniia v period s 12 iiulia po 1 dekabria 1962 goda na o. Kuba"; Ivan Sidorov, "Vypolniaia internatsional'nyi dolg," in *Strategicheskaia operatsiia "Anadyr'." Kak ėto bylo. Memuarno-spravochnoe izdanie*, ed. V. I. Esin (Moscow, 2000), 125–133, here 131–132; Esin, "Uchastie raketnykh voisk strategicheskogo naznacheniia v operatsii "Anadyr'," 61–62.
11. Dokuchaev, "A Kennedi podozreval Khrushcheva...."
12. Dobbs, *One Minute to Midnight*, 230–231, 236–237.
13. Dokuchaev, "A Kennedi podozreval Khrushcheva...."
14. Dokuchaev, "A Kennedi podozreval Khrushcheva...."
15. "Grechko, Stepan Naumovich," http://encyclopedia.mil.ru/encyclopedia/dictionary/details_rvsn.htm?id=12914@morfDictionary; Aleksandr Kochukov, "Beriia, vstat'! Vy arestovany," *Krasnaia Zvezda*, June 28, 2003, http://old.redstar.ru/2003/06/28_06/5_01.html.
16. "Interview with General Leonid Garbuz by Sherry Jones," 13; Garbuz, "Zamestitel' komanduiushchego gruppy sovetskikh voisk na Kube vspominaet,"85.
17. Dokuchaev, "A Kennedi podozreval Khrushcheva...."
18. Artem Lokalov and Anna Romanova, "Aleksei Riapenko: Ia sbil U-2 i menia stali kachat'," *Rodina*, October 1, 2017, https://rg.ru/2017/10/16/rodina-aleksej-riapenko.html.
19. Gennadii Tolshchin, "Zhivut vo mne vospominaniia. Ili operatsiia "Anadyr' " glazami soldata," "Sovetskii chelovek na Kube, Karibskii krizis," http://cubanos.ru/texts/txt054.
20. Fursenko and Naftali, *"One Hell of a Gamble,"* 278; "Interview with General Leonid Garbuz by Sherry Jones," 13.

第二十章 秘密会晤

1. Robert Kennedy, *Thirteen Days*, 73.
2. "Executive Committee Meeting of the National Executive Council, Saturday, October 27, 1962, 4:00 p.m.," *The Kennedy Tapes*, 356–357.
3. "Executive Committee Meeting of the National Executive Council," Saturday, October 27, 1962, 4:00 p.m., 334–336.
4. "Executive Committee Meeting of the National Executive Council," Saturday, October 27, 1962, 4:00 p.m., 364–382; "Notes from Transcripts of JCS Meetings," October 27, 1962, 23. *FRUS, 1961–1963, American Republics; Cuba 1961–1962; Cuban Missile Crisis and Aftermath*, vols.10/11/12, Microfiche Supplement, 23.
5. Robert Kennedy, *Thirteen Days*, 80–81.
6. "Notes from Transcripts of JCS Meetings," October 27, 1962.
7. "RFK Notes. Executive Committee Meeting. No dates," Papers of Robert F. Kennedy, Attorney General Papers, Attorney General's Confidential File 6-2-10: Cuba: Executive committee meetings: RFK notes and memos, 1962: October–December (1 of 2 folders), 1–4, RFKAG-215-011, John F. Kennedy Presidential Library and Museum; Robert Kennedy, *Thirteen Days*, 77–80; cf. "Telegram from the Department of State to the Embassy in the Soviet Union," Washington, October 27, 1962, 8:05 p.m, *FRUS*, 1961–1963, vol. 6, *Kennedy-Khrushchev Exchanges*, no.67, https://history.state.gov/historicaldocuments/frus1961-63v06/d67.
8. Robert Kennedy, *Thirteen Days*, 81; McGeorge Bundy, *Danger and Survival:Choices about the Bomb in the First Fifty Years* (New York, 1988), 432; Jim Hershberg, "Anatomy of a Controversy: Anatoly F. Dobrynin's Meeting with Robert F. Kennedy, Saturday, October 27, 1962," *Cold War International History Project Electronic Bulletin* 5 (Spring 1995): 75–80.
9. "Cable received from U.S. Ambassador to Turkey Raymond Hare to State Department regarding Turkish missiles, October 26, 1962," Declassified Documents, *The Cuban Missile Crisis, 1962: A National Security Archive Documents Reader*, ed. Laurence Chang and Peter Kornbluh, https://nsarchive2.gwu.edu/nsa/cuba_mis_cri/19621026hare.pdf.
10. Bundy, *Danger and Survival*, 432.
11. Rusk and Rusk, *As I Saw It*, 238–240; cf. Ted Sorensen comments in *Back to the Brink: Proceedings of the Moscow Conference on the Cuban Missile Crisis, January 27–28, 1989*, ed. Bruce J. Allyn, James G. Blight, and David A. Welch (Lanham, MD, 1992), 92–93.
12. Robert Kennedy, *Thirteen Days*, 81–82.
13. Dobrynin, *In Confidence*, 87; "Dobrynin's Cable to the Soviet Foreign Ministry, October 27, 1962," in Hershberg, "Anatomy of a Controversy: Anatoly F. Dobrynin's Meeting with Robert F. Kennedy," 79–80, https://nsarchive2.gwu.edu/nsa/cuba_mis_cri/moment.htm.
14. Hershberg, "Anatomy of a Controversy: Anatoly F. Dobrynin's Meeting with Robert F. Kennedy"; Dobrynin, *In Confidence*, 87.
15. Hershberg, "Anatomy of a Controversy: Anatoly F. Dobrynin's Meeting with Robert F. Kennedy," 79–80; cf. "Dobrynin Cable to the USSR Foreign Ministry, 27 October 1962," Declassified Documents, *The Cuban Missile Crisis, 1962 A National Security Archive Documents Reader*, https://nsarchive2.gwu.edu/nsa/cuba_mis_cri/621027%20Dobrynin%20Cable%20to%20USSR.pdf.
16. Robert Kennedy, "Memorandum to the Secretary of State from Attorney General, October 23, 1962," 3, Declassified Documents, *The Cuban Missile Crisis, 1962: A National Security Archive Documents Reader*, https://nsarchive2.gwu.edu/nsa/cuba_mis_cri/621030%20Memorandum%20for%20Sec.%20of%20State.pdf.
17. Dobbs, *One Minute to Midnight*, 309–310; Leaming, *Jack Kennedy*, 406–407.
18. O'Donnell and Powers, *"Johnny, We Hardly Knew Ye*, 283, 394.
19. "Executive Committee Meeting of the National Security Council, Saturday, October 29, 1962, 9:00 PM," *The Kennedy Tapes*, 391–401; Rusk and Rusk, *As I Saw It*, 240–241; *An International History of the Cuban Missile Crisis: A 50-Year Retrospective*, ed. David Gioe, Len Scott, and Christopher Andrew (London and New York, 2014), 202–203; Beschloss, *The Crisis Years*, 537–538.
20. O'Donnell and Powers, *"Johnny, We Hardly Knew Ye,"* 395; Mimi Alford, *Once Upon a Secret: My Affair with President John F. Kennedy and Its Aftermath* (New York, 2013), 93–94.
21. The Flag Plot "Office Log" for October 27; Cuban Missile Crisis Day by Day: From the Pentagon's

"Sensitive Records," National Security Archive, https://nsarchive2.gwu.edu/NSAEBB/NSAEBB398/docs/doc%2014E%20office%20log.pdf; Opnav [Chief of Naval Operations], "24 Hour Resume of Events 270000 to 280000," with "Intercept Items of Immediate Interest," and "Items of Significant Items [*sic*]" attached, n.d., Top Secret, Cuban Missile Crisis Day by Day: From the Pentagon's "Sensitive Records," National Security Archive, https://nsarchive2.gwu.edu/NSAEBB/NSAEBB398/docs/doc%2014F%20chronology.pdf.

第二十一章 百慕大三角

1. Norman Polmar and Kenneth J. More, *Cold War Submarines: The Design and Construction of U.S. and Soviet Submarines* (Dulles, VA, 2003), 201–206, 218–219; "Pr. 641 Foxtrot," *Military Russia: Otechestvennaia voennaia tekhnika,* http://militaryrussia.ru/blog/topic-206.html.
2. Gary Slaughter, "A Soviet Nuclear Torpedo, an American Destroyer, and the Cuban Missile Crisis," *Task & Purpose,* September 4, 2016, https://taskandpurpose.com/cuban-missile-crisis-nuclear-torpedo; cf. Gary Slaughter and Joanne Slaughter, *The Journey of an Inquiring Mind: From Scholar, Naval Officer, and Entrepreneur to Novelist* (Nashville, 2019), 171–180.
3. "Memoriia: Vasilii Arkhipov," *Polit.ru,* January 30, 2016, http://www.submarines.narod.ru/Substory/6_658_19.html; https://polit.ru/news/2016/01/30/arhipov/.
4. "Report from General Zakharov and Admiral Fokin to the Defense Council and Premier Khrushchev on Initial Plans for Soviet Navy Activities in Support of Operation Anadyr, 18 September 1962," *The Submarines of October:U.S. and Soviet Naval Encounters during the Cuban Missile Crisis,* National Security Archive Electronic Briefing Book No. 75, ed. William Burr and Thomas S. Blanton, October 31, 2002, https://nsarchive2.gwu.edu/NSAEBB/NSAEBB75/asw-I-1.pdf; "Report from General Zakharov and Admiral Fokin to the Presidium, Central Committee, Communist Party of the Soviet Union, on the Progress of Operation Anadyr, 25 September 1962," *The Submarines of October,* https://nsarchive2.gwu.edu/NSAEBB/NSAEBB75/asw-I-2.pdf.
5. Polmar and More, *Cold War Submarines,* 201–206; "Pr. 641 Foxtrot," *Military Russia: Otechestvennaia voennaia tekhnika,* http://militaryrussia.ru/blog/topic-206.html.
6. Riurik Ketov, in Nikolai Cherkashin, *Povsednevnaia zhizn' rossiiskikh podvodnikov*(Moscow, 2000), 146; cf. idem, "The Cuban Missile Crisis as Seen Through a Periscope," *Journal of Strategic Studies* 28, no.2 (2005): 217–231; Aleksei Dubivko, "V puchinakh Bermudskogo treugol'nika," in A. V. Batarshev, A. F. Dubivko, and V. S. Liubimov, *Rossiiskie podvodniki v Kholodnoi voine 1962 goda* (St. Petersburg, 2011), 13–62, here 20–23; Svetlana V. Savranskaya, "New Sources on the Role of Soviet Submarines in the Cuban Missile Crisis," *Journal of Strategic Studies* 28, no. 2 (2005): 233–259, here 240.
7. Dubivko, "V puchinakh Bermudskogo treugol'nika," 23–24; Viktor Mikhailov, "Vospominaniia byvshego komandira rulevoi gruppy shturmanskoi boevoi chasti podvodnoi lodki B-59," https://flot.com/blog/historyofNVMU/5705.php?print=Y.
8. Jeremy Robinson-Leon and William Burr, "Chronology of Submarine Contact during the Cuban Missile Crisis, October 1, 1962–November 14, 1962," *Submarines of October,* https://nsarchive2.gwu.edu/NSAEBB/NSAEBB75/subchron.htm.
9. Anastas Mikoian, "Diktovka o poezdke na Kubu," January 19, 1963, in Aleksandr Lukashin and Mariia Aleksashina, "My voobshche ne khotim nikuda brosit' rakety, my za mir..., " *Rodina,* January 1, 2017.
10. Robinson-Leon and Burr, "Chronology of Submarine Contact during the Cuban Missile Crisis, October 1, 1962–November 14, 1962."
11. "Executive Committee Meeting of the National Security Council," Wednesday, October 24, 1962, 10:00 a.m.," *The Kennedy Tapes,* 228–231.
12. Robinson-Leon and Burr, "Chronology of Submarine Contact during the Cuban Missile Crisis, October 1, 1962–November 14, 1962."
13. Robinson-Leon and Burr, "Chronology of Submarine Contact during the Cuban Missile Crisis, October 1, 1962–November 14, 1962"; Mikhailov, "Vospominaniia byvshego komandira rulevoi gruppy shturmanskoi boevoi chasti podvodnoi lodki B-59."
14. Robinson-Leon and Burr, "Chronology of Submarine Contact during the Cuban Missile Crisis, October 1, 1962–November 14, 1962"; "U.S. Navy, Charts/Deck Logs of Anti-Submarine Warfare Operations Related to USSR Submarine B-59, October 1962," *The Cuban Missile Crisis of 1962.* National Security

Archive, Declassified Documents, https://nsarchive2.gwu.edu/nsa/cuba_mis_cri/621000%20Charts-deck%20logs.pdf.

15. Vadim Orlov, "Iz vospominanii komandira gruppy OSNAZ podvodnoi lodki B-59," in *Karibskii krizis. Protivostoianie. Sbornik vospominanii uchastnikov sobytii 1962 g.*, ed. V. V. Naumov (St. Petersburg, 2012).
16. Orlov, "Iz vospominanii komandira gruppy OSNAZ podvodnoi lodki B-59."
17. Anatolii Leonenko, "Vospominaniia byvshego komandira BCh-3 podvodnoi lodki B-59," in *Karibskii krizis, Protivostoianie,* https://flot.com/blog/historyofNVMU/5708.php?print=Y.
18. Gary Slaughter, "A Soviet Nuclear Torpedo, an American Destroyer, and the Cuban Missile Crisis."
19. Leonenko, "Vospominaniia byvshego komandira BCh-3 podvodnoi lodki B-59"; Mikhailov, "Vospominaniia byvshego komandira rulevoi gruppy shturmanskoi boevoi chasti podvodnoi lodki B-59."
20. "Executive Committee Meeting of the National Security Council, Saturday, October 27, 1962, 4:00 p.m.," *The Kennedy Tapes*, 372–373.
21. Slaughter, "A Soviet Nuclear Torpedo, an American Destroyer, and the Cuban Missile Crisis"; Leonenko, "Vospominaniia byvshego komandira BCh-3 podvodnoi lodki B-59."
22. Slaughter, "A Soviet Nuclear Torpedo, an American Destroyer, and the Cuban Missile Crisis."
23. "Russian nuclear torpedoes T-15 and T-5," *Encyclopedia of Safety,* http://survincity.com/2012/02/russian-nuclear-torpedoes-t-15-and-t-5/; Samuel Glasstone and Philip Dolan, *The Effects of Nuclear Weapons* (Washington, DC, 1977), 248–250.
24. John F. Kennedy, "Radio and Television Report to the American People on the Soviet Arms Buildup in Cuba," The White House, October 22, 1962, John F. Kennedy Presidential Library and Museum, https://microsites.jfklibrary.org/cmc/oct22/doc5.html.

第二十二章　恐怖星期天

1. Oleg Gerchikov, "Kalendarnaia revoliutsiia. Kak bol'sheviki vveli grigorian-skoeletoischislenie," *Argumenty i Fakty,* no. 4 (January 24, 2018), http://www.aif.ru/society/history/kalendarnaya_revolyuciya_kak_bolsheviki_vveli_grigorianskoe_letoischislenie.
2. "Prezidentu SShA D. Kennedi, kopiia i. o. general'nogo sekretaria OON U Tanu," *Pravda*, October 28, 1962, 1; "Mudroe predlozhenie sovetskogo prem'era," ibid.
3. "Govoriat leningradtsy," *Pravda*, October 28, 1962, 1.
4. Fursenko and Naftali, *"One Hell of a Gamble,"* 283.
5. "Memorandum from S. P. Ivanov and R. Malinovsky to N. S. Khrushchev," October 28, 1962, History and Public Policy Program Digital Archive, Library of Congress, Manuscript Division, Dmitriĭ Antonovich Volkogonov papers, 1887–1995, mm97083838, reprinted in *Cold War International History Bulletin* 11, trans. Raymond Garthoff, https://digitalarchive.wilsoncenter.org/document/111757.
6. "Memorandum from S. P. Ivanov and R. Malinovsky to N. S. Khrushchev," October 28, 1962; "Telegram from TROSTNIK (Soviet Defense Minister Rodion Malinovsky) to PAVLOV (General Issa Pliev)," October 28, 1962, History and Public Policy Program Digital Archive, Archive of the President of the Russian Federation, Special Declassification, April 2002, trans. Svetlana Savranskaya, https://digitalarchive.wilsoncenter.org/document/117329.
7. Oleg Troianovskii, *Cherez gody i rasstoianiia: Istoriia odnoi sem'i* (Moscow,1997), 249, "Letter from Khrushchev to Fidel Castro," October 28, 1962, History and Public Policy Program Digital Archive, Archive of Foreign Policy, Russian Federation (AVP RF), https://digitalarchive.wilsoncenter.org/document/114504.
8. Khrushchev, *Vremia, liudi, vlast'*, 2:518.
9. "Telegram from the Department of State to the Embassy in the Soviet Union," Washington, October 27, 1962, 8:05 p.m, *FRUS*, 1961–1963, vol.6, *Kennedy-Khrushchev Exchanges*, no.67, https://history.state.gov/historicaldocuments/frus1961-63v06/d67.
10. "War and Peace in the Nuclear Age: At the Brink; Interview with John Scali, 1986," Open Vault from WGBH, http://openvault.wgbh.org/catalog/V_9F236717EB2649008E00E863CAAF296A; Aleksandr Feklisov, *Za okeanom i na ostrove: Zapiski razvedchika* (Moscow, 2001), 227–228; Fursenko and Naftali, *"One Hell of a Gamble,"* 264–265, 269–271.
11. Anatolii Dobrynin, *Sugubo doveritel'no: Posol v Vashingtone pri shesti prezidentakh SShA, 1962–1986* (Moscow, 1996), 74–75; Dobrynin, *In Confidence*, 88–89; Dobbs, *One Minute to Midnight*, 321–322;

Fred Weir, "Vladimir Putin Joins Pajama Workforce, Decides to Work from Home," *Christian Science Monitor,* October 18, 2012.

12. Troianovskii, *Cherez gody i rasstoianiia,* 250.
13. Boris Ponomarev, quoted in Fursenko and Naftali, *Adskaia igra,* 124; *The Diary of Anatoly S. Chernyaev,* 2.
14. Boris Ponomarev, quoted in Fursenko and Naftali, *Adskaia igra,* 424; "Central Committee of the Communist Party of the Soviet Union Presidium Protocol 63," October 28, 1962, History and Public Policy Program Digital Archive, RGANI, F.3, Op.16, D.947, L.45-46v, trans. and ed. Mark Kramer, with assistance from Timothy Naftali, https://digitalarchive.wilsoncenter.org/document/115092.
15. Troianovskii, *Cherez gody i rasstoianiia,* 251.
16. Khrushchev, *Vremia, liudi, vlast',* 2: 519.
17. Troianovskii, *Cherez gody i rasstoianiia: Istoriia odnoi sem'i,* 251; Sergei Khrushchev, *Nikita Khrushchev and the Creation of a Superpower* (University Park, PA, 2000), 630.
18. Dobrynin, *Sugubo doveritel'no,* 75; Dobrynin, *In Confidence,* 89; Fursenko and Naftali, *Bezumnyi risk: Sekretnaia istoriia kubinskogo raketnogo krizisa 1962 g.* (Moscow, 2006), 283.
19. "Poslanie Pervogo sekretaria TsK KPSS Nikity Sergeevicha Khrushcheva, prezidentu Soedinennykh Shtatov Ameriki, Dzhonu F. Kennedi," *Pravda,* October 29, 1962, 1; cf. *1000(0) kliuchevykh dokumentov po sovetskoi i rossiiskoi istorii,* https://www.1000dokumente.de/index.html?c=dokument_ru&dokument=0038_kub&object=translation&l=ru; cf. "Letter from Chairman Khrushchev to President Kennedy," Moscow, October 28, 1962, *FRUS,* 1961–1963, vol.6, *Kennedy-Khrushchev Exchanges,* no.68, https://history.state.gov/historicaldocuments/frus1961-63v06/d68.
20. "Poslanie Pervogo sekretaria TsK KPSS Nikity Sergeevicha Khrushcheva"; "Letter from Chairman Khrushchev to President Kennedy," Moscow, October 28, 1962.
21. "Letter from Chairman Khrushchev to President Kennedy," Moscow, October 28, 1962, *FRUS,* 1961–1963, vol.6, *Kennedy-Khrushchev Exchanges,* no.70, https://history.state.gov/historicaldocuments/frus1961-63v06/d70.
22. Khrushchev, *Vremia, liudi, vlast',* 2: 520–521.
23. "Letter from Khrushchev to Fidel Castro," October 28, 1962, History and Public Policy Program Digital Archive, Archive of Foreign Policy, Russian Federation (AVP RF), https://digitalarchive.wilsoncenter.org/document/114504.
24. "Central Committee of the Communist Party of the Soviet Union Presidium Protocol 63"; cf. *Prezidium TsK KPSS, 1954–1964: Postanovleniia,* 388; "Soviet Foreign Minister Gromyko's Instructions to the USSR Representative at the United Nations," October 28, 1962, History and Public Policy Program Digital Archive, AVP RF, copy courtesy of NSA; trans. Mark H. Doctoroff, https://digitalarchive.wilsoncenter.org/document/111845.
25. "Telegram from TROSTNIK (Soviet Defense Minister Rodion Malinovsky)to PAVLOV (General Issa Pliev)," October 28, 1962, https://digitalarchive.wilsoncenter.org/document/117329; "Telegram from TROSTNIK (Soviet Defense Minister Rodion Malinovsky) to PAVLOV (General Issa Pliev)," October 28, 1962, History and Public Policy Program Digital Archive, Archive of the President of the Russian Federation, Special Declassification, April 2002, trans. Svetlana Savranskaya, https://digitalarchive.wilsoncenter.org/document/117330.
26. Troianovskii, *Cherez gody i rasstoianiia,* 252.

第二十三章 赢家与输家

1. Dobbs, *One Minute to Midnight,* 334; O'Donnell and Powers, *"Johnny, We Hardly Knew Ye,"* 341.
2. "War and Peace in the Nuclear Age: At the Brink; Interview with John Scali, 1986," OpenVault from WGBH, http://openvault.wgbh.org/catalog/V_9F236717EB2649008E00E863CAAF296A.
3. "Notes Taken from Transcripts of Meetings of the Joint Chiefs of Staff, October–November 1962, Dealing with the Cuban Crisis," October 27, 1962, *FRUS,* 1961–1963, *American Republics; Cuba 1961–1962; Cuban Missile Crisis and Aftermath,* vols. 10/11/12, Microfiche Supplement, 24–25, https://static.history.state.gov/frus/frus1961-63v10-12mSupp/pdf/d441.pdf.
4. "Executive Committee Meeting of the National Security Council, Sunday, October 28, 1962, 11:05 a.m.," *The Kennedy Tapes,* 404; "Summary Record of the Tenth Meeting of the Executive Committee of the National Security Council, Washington, October 28, 1962, 11:10 a.m.", *FRUS,* 1961–1963, vol.11, *Cuban*

Missile Crisis and Aftermath, no. 103, https://history.state.gov/historicaldocuments/frus1961-3v11/d103; Ted Sorensen, *Counselor: A Life at the Edge of History* (New York, 2009), 9.

5. "National Security Council Meeting, Saturday, October 20, 1962, 2:30 p.m.," *The Kennedy Tapes*, 131; "Executive Committee Meeting of the National Security Council, Sunday, October 28, 1962, 11:05 a.m.," *The Kennedy Tapes*, 404–405; "Summary Record of the Tenth Meeting of the Executive Committee of the National Security Council, Washington, October 28, 1962, 11:10 a.m.," *FRUS*, 1961–1963, vol.11, *Cuban Missile Crisis and Aftermath*, no.103, https://history.state.gov/historicaldocuments/frus1961-63v11/d103.
6. "Telegram from the Department of State to the Embassy in the Soviet Union, Washington, October 28, 1962, 5:03 p.m.," *FRUS*, 1961–1963, vol. 6, *Kennedy-Khrushchev Exchanges*, no.69, https://history.state.gov/historicaldocuments/frus1961-63v06/d69.
7. Robert Kennedy, *Thirteen Days*, 83–84.
8. "Telegram from Soviet Ambassador to the USA Dobrynin to USSR MFA, October 28, 1962," History and Public Policy Program Digital Archive, AVP RF, copy courtesy of NSA, trans. Mark H. Doctoroff, https://digitalarchive.wilsoncenter.org/document/111852; Dobrynin, *In Confidence*, 89.
9. Robert Kennedy, *Thirteen Days*, 84.
10. "Conversations with Dwight Eisenhower, Harry Truman and Herbert Hoover, Sunday, October 28, 1962, 12:08 p.m.," *The Kennedy Tapes*, 405–407.
11. "Conversations with Dwight Eisenhower, Harry Truman and Herbert Hoover, Sunday, October 28, 1962, 12:08 p.m.," *The Kennedy Tapes*, 407–409.
12. Dobrynin, *In Confidence*, 90; "Letter from Chairman Khrushchev to President Kennedy, Moscow, October 28, 1962," *FRUS*, 1961–1963, vol.6, *Kennedy-Khrushchev Exchanges*, no.70, https://history.state.gov/historicaldocuments/frus1961-63v06/d70; cf. Fursenko and Naftali *Adskaia igra*, 426.
13. "Telegram from Soviet Ambassador to the US Dobrynin to the USSR Foreign Ministry, October 30, 1962," History and Public Policy Program Digital Archive, Archive of Foreign Policy, Russian Federation (AVP RF), Moscow; copy obtained by NHK (Japanese Television), provided to CWIHP, and on file at National Security Archive, Washington, DC, trans. John Henriksen, Harvard University, https://digitalarchive.wilsoncenter.org/document/112633; Dobrynin, *In Confidence*, 90.
14. "Pribytie v Moskvu t. A. Novotnogo," *Pravda*, October 30, 1962, 1; "Priem v TsK KPSS," *Pravda*, October 31, 1962, 1.
15. "Minutes of Conversation between the Delegations of the CPCz and the CPSU, The Kremlin (excerpt), October 30, 1962," History and Public Policy Program Digital Archive, National Archive, Archive of the CC CPCz, (Prague); File: "Antonin Novotny, Kuba," Box 193, https://digitalarchive.wilsoncenter.org/document/115219.
16. "Mudrost' i muzhestvo v bor'be za mir. Vse progressivnoe chelovechestvo privetstvuet miroliubuvye deistviia sovetskogo pravitel'stva," *Pravda*, October 31, 1962, 1; "Telegram from Brazilian Embassy in Washington (Campos), 2 p.m., Sunday, October 28, 1962," History and Public Policy Program Digital Archive, Ministry of External Relations Archives, Brasilia, Brazil (copy courtesy of Roberto Baptista Junior, University of Brasilia), trans. James G. Hershberg, https://digitalarchive.wilsoncenter.org/document/115314.
17. Seymour Topping, "Russian Accedes: Tells President Work on Bases Is Halted—Invites Talks," *New York Times*, October 29, 1962, 1, 16; "Telegram from Brazilian Embassy in Washington (Campos), 2 p.m., Sunday, October 28, 1962."
18. Topping, "Russian Accedes: Tells President Work on Bases Is Halted—Invites Talks"; "Overseas Reaction to the Cuban Situation as of 3:00 pm, October 29, 1962, 2–3, 16, 22, Papers of Robert F. Kennedy, Attorney General Papers, Attorney General's Confidential File 6-9: Cuba: Cuban Crisis, 1962: USIA.
19. "Llewellyn E. Thompson to the Secretary of State, Memorandum of Conversation—Yurii Zhukov and Mr. Bolshakov—Ambassador Thompson, Wednesday, October 31, 1962, 2:00 p.m.," *FRUS*, 1961–1963, *American Republics; Cuba 1961–1962; Cuban Missile Crisis and Aftermath*, vols. 10/11/12, Microfiche Supplement, https://static.history.state.gov/frus/frus1961-63v10-12mSupp/pdf/d468.pdf; "[Memorandum of Conversation], The Secretary, Herve Alphand, Ambassador of France, and William R. Tyler, Assistant Secretary of State for European Affairs, Subject: Cuba, October 28, 1962," *FRUS*, 1961–1963, *American Republics; Cuba 1961–1962; Cuban Missile Crisis and Aftermath*, vols.10/11/12,

Microfiche Supplement, https://static.history.state.gov/frus/frus1961-63v10-12mSupp/pdf/d446.pdf.

20. James Reston, "The President's View. Kennedy Rejects Thesis That Outcome on Cuba Shows 'Tough Line' Is Best," *New York Times*, October 29, 1962, 1, 17; Arthur Schlesinger Jr., "Memorandum for the President: Post Mortem on Cuba, October 29, 1962," *FRUS*, 1961–1963, *American Republics; Cuba 1961–1962; Cuban Missile Crisis and Aftermath*, vols.10/11/12, Microfiche Supplement, https://static.history.state.gov/frus/frus1961-63v10-12mSupp/pdf/d457.pdf.

第二十四章　满心愤慨

1. Fidel Castro's remarks at the Havana Conference, January 1992, in Blight, et al., *Cuba on the Brink*, 214.
2. Fidel Castro's remarks at the Havana Conference, January 1992, 214; Dobbs, *One Minute to Midnight*, 335–336.
3. "Notes of Conversation between A. I. Mikoyan and Fidel Castro," November 3, 1962, History and Public Policy Program Digital Archive, Russian Foreign Ministry Archives, obtained and translated by NHK television, copy provided by Philip Brenner, trans. Vladimir Zaemsky, https://digitalarchive.wilsoncenter.org/document/110955; "Memorandum of Conversation between Castro and Mikoyan," November 4, 1962, History and Public Policy Program Digital Archive, Russian Foreign Ministry Archives, obtained and translated by NHK television, copy provided by Philip Brenner, trans. Aleksandr Zaemsky, slightly revised, https://digitalarchive.wilsoncenter.org/document/110961.
4. Louis Perez, *Cuba Under the Platt Amendment, 1902–1934* (Pittsburgh, 1986).
5. Secretary of State to White House, Bundy, October 26, 1962, in "Notes on Cuba Crisis," October 26, 1962, 25–27, in Papers of Robert F. Kennedy, Attorney General Papers, Attorney General's Confidential File 6-2-7: Cuba: Executive committee meetings: RFK notes and memos, October 26, 1962, RFKAG-215-008, John F. Kennedy Presidential Library and Museum.
6. Dobbs, *One Minute to Midnight*, 336.
7. "Letter from Khrushchev to Fidel Castro," October 28, 1962, History and Public Policy Program Digital Archive, Archive of Foreign Policy, Russian Federation (AVP RF), https://digitalarchive.wilsoncenter.org/document/114504.
8. "Cable from USSR Ambassador to Cuba Alekseev to Soviet Ministry of Foreign Affairs," October 28, 1962, History and Public Policy Program Digital Archive, Archive of Foreign Policy, Russian Federation (AVP RF), Moscow; copy obtained by NHK (Japanese Television), provided to CWIHP, and on file at National Security Archive, Washington, DC, trans. Vladimir Zaemsky, https://digitalarchive.wilsoncenter.org/document/111985.
9. Fidel Castro's remarks at the Havana Conference, January 1992, in Blight, et al., *Cuba on the Brink*, 214–215; David Coleman, "Castro's Five Points," Research: History in Pieces, https://historyinpieces.com/research/castro-five-points.
10. "Telegram from Yugoslav Embassy in Havana (Vidaković) to Yugoslav Foreign Ministry," October 28, 1962, History and Public Policy Program Digital Archive, Archive of the Ministry of Foreign Affairs (AMIP), Belgrade, Serbia, PA (Confidential Archive) 1962, Kuba, folder F-67. Obtained by Svetozar Rajak and Ljubomir Dimić, trans. Radina Vučetić-Mladenović, https://digitalarchive.wilsoncenter.org/document/115468; "Telegram from Polish Embassy in Havana (Jeleń)," October 28, 1962, History and Public Policy Program Digital Archive, Szyfrogramy from Hawana 1962, 6/77 w-82t-1264, Polish Foreign Ministry Archive (AMSZ), Warsaw. Obtained by James G. Hershberg (George Washington University), trans. Margaret K. Gnoinska (Troy University), https://digitalarchive.wilsoncenter.org/document/115766.
11. "Letter from Fidel Castro to Khrushchev," October 28, 1962, History and Public Policy Program Digital Archive, Archive of Foreign Policy, Russian Federation (AVP RF), https://digitalarchive.wilsoncenter.org/document/114503; Acosta, *October 1962*, 279.
12. "Ukazanie sovposlu na Kube dlia besedy s F. Kastro," October 28, 1962, in *Karibskii krizis, dokumenty*, Rossiiskie programmy Arkhiva natsional'noi bezopasnosti, National Security Archive, George Washington University, https://nsarchive2.gwu.edu/rus/text_files/CMCrisis/30.PDF; Alekseev, "Shifrotelegramma," October 29, 1962, https://nsarchive2.gwu.edu/rus/text_files/CMCrisis/33.PDF.
13. Alekseev, "Shifrotelegramma," October 29, 1962, in *Karibskii krizis, dokumenty*, Rossiiskie programmy Arkhiva natsional'noi bezopasnosti, National Security Archive, George Washington University, https://

nsarchive2.gwu.edu/rus/text_files/CMCrisis/33.PDF.
14. Khrushchev, *Vremia, ludi, vlast'*, 2: 522.
15. "Letter from Khrushchev to Castro," October 30, 1962, JFK, Primary Source, *American Experience*, https://www.pbs.org/wgbh/americanexperience/features/jfk-defendcuba/.
16. "Letter from Castro to Khrushchev," October 31, 1962, History of Cuba, http://www.historyofcuba.com/history/Crisis/Cltr-4.htm.
17. A. Walter Dorn and Robert Pauk, "50 Years Ago: The Cuban Missile Crisis and Its Underappreciated Hero," *Bulletin of the Atomic Scientists*, October 11, 2012, https://thebulletin.org/2012/10/50-years-ago-the-cuban-missile-crisis-and-its-underappreciated-hero/.
18. "Soviet Foreign Minister Gromyko's Instructions to the USSR Representative at the United Nations," October 28, 1962, History and Public Policy Program Digital Archive, AVP RF, copy courtesy of NSA, trans. Mark H. Doctoroff, https://digitalarchive.wilsoncenter.org/document/111845; "Telegram from Soviet Delegate to the UN Zorin to USSR Foreign Ministry on Meeting with Cuban Delegate to the UN Garcia-Inchaustegui," October 28, 1962, History and Public Policy Program Digital Archive, Archive of Foreign Policy, Russian Federation (AVP RF), Moscow; copy obtained by NHK(Japanese Television), provided to CWIHP, and on file at National Security Archive, Washington, DC, trans. John Henriksen, Harvard University, https://digitalarchive.wilsoncenter.org/document/111977; "U Thant's Message to Khrushchev," October 28, 1962, History and Public Policy Program Digital Archive, Archive of Foreign Policy, Russian Federation (AVP RF), https://digitalarchive.wilsoncenter.org/document/114505.
19. Lechuga, *Cuba and the Missile Crisis*, 100.
20. "Our Five Points Are Minimum Conditions to Guarantee Peace," Discussions with UN Secretary-General U Thant, October 30–31, 1962, in Acosta, *October 1962*, 262–263, 265.
21. "Our Five Points are Minimum Conditions to Guarantee Peace," Discussions with UN Secretary-General U Thant, October 30-31, 1962, in Acosta, *October 1962*, 272–273, 275.
22. "Telegram from Deputy Foreign Minister Kuznetsov to Soviet Foreign Ministry(1) On the Second Meeting with U Thant on October 29, 1962," October 30, 1962, History and Public Policy Program Digital Archive, Archive of Foreign Policy, Russian Federation (AVP RF), Moscow; copy obtained by NHK (Japanese Television), provided to CWIHP, and on file at National Security Archive, Washington, DC, trans. John Henriksen, Harvard University, https://digitalarchive.wilsoncenter.org/document/112636.
23. "Cable from Soviet Foreign Minister Gromyko to USSR Ambassador to Cuba A. I. Alekseev," October 31, 1962, History and Public Policy Program Digital Archive, Archive of Foreign Policy, Russian Federation (AVP RF), Moscow; copy obtained by NHK (Japanese Television), provided to CWIHP, and on file at National Security Archive, Washington, DC; trans. Vladimir Zaemsky, https://digitalarchive.wilsoncenter.org/document/110461.
24. "Report of Major-General Igor Demyanovich Statsenko, Commander of the 51st Missile Division, about the Actions of the Division from 07.12.62 through 12.01.1962," The Documents, no.1, p.13, National Security Archive Electronic Briefing Book No.449, ed. Svetlana Savranskaya and Thomas Blanton with Anna Melyakova, https://nsarchive2.gwu.edu/NSAEBB/NSAEBB449/docs/Doc%201%20Igor%20Statsenko%20After-action%20report.pdf; Anatolii Gribkov, "Karibskii krizis," *Voenno-istoricheskii zhurnal*, 1993, no.1: 5, http://archive.redstar.ru/index.php/news-menu/vesti/v-voennyh-okrugah/iz-zapadnogo-voennogo-okruga/item/5959-operatsiya-anadyir.
25. "Memorandum of Telephone Conversation between Secretary of State Rusk and the Permanent Representative to the United Nations (Stevenson)," *FRUS, 1961–1963*, vol. 11, *Cuban Missile Crisis and Aftermath*, no.124.
26. "Telegram from Alekseev to USSR Foreign Ministry," October 31, 1962, History and Public Policy Program Digital Archive, Archive of Foreign Policy, Russian Federation (AVP RF), Moscow; copy obtained by NHK (Japanese Television), provided to CWIHP, and on file at National Security Archive, Washington, DC, trans. John Henriksen, Harvard University, https://digitalarchive.wilsoncenter.org/document/112641; "Report of Major-General Igor Demyanovich Statsenko," 13; Gribkov, "Karibskii krizis," 5.
27. Fidel Castro's broadcast, October 31, 1962, United Nations Archives, https://search.archives.un.org/uploads/r/united-nations-archives/e/8/0/e80a7439b558c1781c4d73157d944d9d0075f0540caf75804e730b138f29ef78/S-0872-0003-10-00001.pdf.

第二十五章　不可能完成的任务

1. Khrushchev, *Vremia, liudi, vlast'*, 2: 522; *Khrushchev Remembers*, 554.
2. Anastas Mikoian, "Diktovka A. Mikoiana o poezdke na Kubu," January 19, 1962, in "My voobshche ne khotim nikuda brosat' rakety. My za mir," *Rodina*, January 1, 2017; Taubman, *Khrushchev*, 580.
3. *Khrushchev Remembers*, 554.
4. "Cable of V. V. Kuznetsov on 1 November 1962 Conversation between CPSU CC Politburo Member A. I. Mikoyan and Acting UN Secretary General U Thant," November 2, 1962, History and Public Policy Program Digital Archive, AVPRF, obtained by NHK, provided to CWIHP, copy on file at National Security Archive, trans. Vladislav M. Zubok (National Security Archive), https://digitalarchive.wilsoncenter.org/document/110033.
5. "Telegram from the Mission to the United Nations to the Department of State," *FRUS*, 1961–1963, vol.11, *Cuban Missile Crisis and Aftermath*, no.133, https://history.state.gov/historicaldocuments/frus1961-63v11/d133; "Soviet Record of 1 November 1962 Dinner Conversation between CPSU CC Politburo Member A. I. Mikoyan and White House envoy John McCloy and US Ambassador to the UN Adlai Stevenson," November 1, 1962, History and Public Policy Program Digital Archive, AVP RF, obtained by NHK, provided to CWIHP, copy on file at National Security Archive, trans. Vladislav M. Zubok (National Security Archive), https://digitalarchive.wilsoncenter.org/document/112645; "Telegram from USSR Foreign Minister Gromyko to Soviet Mission in New York, for A. I. Mikoyan," November 1, 1962, History and Public Policy Program Digital Archive, AVP RF; copy obtained by NHK, provided to CWIHP, and on file at National Security Archive, Washington, DC, trans. John Henriksen, Harvard University, https://digitalarchive.wilsoncenter.org/document/112651.
6. "Mikoyan Cable to Central Committee of the CPSU about His Conversation with US Permanent Representative to the UN Stevenson," November 1, 1962, History and Public Policy Program Digital Archive, Archive of Foreign Policy, Russian Federation (AVP RF).
7. "Memorandum of Conversation between Castro and Mikoyan," November 5, 1962, History and Public Policy Program Digital Archive, Russian Foreign Ministry Archives, obtained and translated by NHK Television, copy provided by Philip Brenner, trans. by Aleksandr Zaemsky, slightly revised, https://digitalarchive.wilsoncenter.org/document/110980; cf. "Zapis' besedy Mikoiana s Fidelem Kastro et al.," November 5, 1962, 7–8, in *Karibskii krizis, dokumenty*, Rossiiskie programmy Arkhiva natsional'noi bezopasnosti, National Security Archive, George Washington University, https://nsarchive2.gwu.edu/rus/text_files/CMCrisis/40.PDF.
8. "Ciphered Telegram from Anastas Mikoyan to CC CPSU," November 6, 1962, History and Public Policy Program Digital Archive, Archive of the President of the Russian Federation (APRF), Special Declassification, April 2002, trans. Svetlana Savranskaya and Andrea Hendrickson, https://digitalarchive.wilsoncenter.org/document/117334.
9. "Notes of Conversation between A. I. Mikoyan and Fidel Castro," November 3, 1962, History and Public Policy Program Digital Archive, Russian Foreign Ministry Archives, obtained and translated by NHK television, copy provided by Philip Brenner, trans. Vladimir Zaemsky; Sergo Mikoyan, *The Soviet Cuban Missile Crisis*, 192.
10. Sergo Mikoyan, *The Soviet Cuban Missile Crisis*, 193; Fursenko and Naftali, *"One Hell of a Gamble,"* 295.
11. "Meeting of the Secretary of the Communist Party of Cuba with Mikoyan in the Presidential Palace," November 4, 1962, History and Public Policy Program Digital Archive, Institute of History, Cuba, obtained and provided by Philip Brenner (American University), trans. from Spanish by Carlos Osorio (National Security Archive), https://digitalarchive.wilsoncenter.org/document/110879; "Memorandum of Conversation between Castro and Mikoyan," November 4, 1962, History and Public Policy Program Digital Archive, Russian Foreign Ministry Archives, obtained and translated by NHK television, copy provided by Philip Brenner, trans. Aleksandr Zaemsky, slightly revised, https://digitalarchive.wilsoncenter.org/document/110961.
12. "Ciphered Telegram from Anastas Mikoyan to CC CPSU," November 6, 1962, History and Public Policy Program Digital Archive, Archive of the President of the Russian Federation (APRF), Special Declassification, April 2002, trans. Svetlana Savranskaya and Andrea Hendrickson, https://digitalarchive.wilsoncenter.org/document/117334; "Memorandum of Conversation between Castro and Mikoyan," November 5, 1962, History and Public Policy Program Digital Archive, Russian Foreign Ministry Archives, obtained and translated by NHK television, copy provided by Philip Brenner, trans.

By Aleksandr Zaemsky, slightly revised, https://digitalarchive.wilsoncenter.org/document/110980.

13. "Ciphered Telegram from Anastas Mikoyan to CC CPSU," November 6, 1962, History and Public Policy Program Digital Archive, Archive of the President of the Russian Federation (APRF), Special Declassification, April 2002, trans. Svetlana Savranskaya and Andrea Hendrickson, https://digitalarchive.wilsoncenter.org/document/117334; "Zapis' besedy Mikoiana s Fidelem Kastro et al.," November 5, 1962, 12, https://nsarchive2.gwu.edu/rus/text_files/CMCrisis/40.PDF; cf. Anastas Mikoian, "Shifrotelegramma," November 6, 1962, 13–14, in *Karibskii krizis, dokumenty*, Rossiiskie programmy Arkhiva natsional'noi bezopasnosti, National Security Archive, George Washington University, https://nsarchive2.gwu.edu/rus/text_files/CMCrisis/42.PDF.
14. Anatolii Gribkov, "Razrabotka zamysla i osushchestvlenie operatsii 'Anadyr'," in *Strategicheskaia operatsiia "Anadyr'*," 26–53, here 51.
15. Aleksei Kosygin, "45-ia godovshchina Velikoi Oktiabrskoi sotsialisticheskoi revoliutsii," *Pravda*, November 7, 1962, 1–3.
16. Gribkov, "Razrabotka zamysla i osushchestvlenie operatsii 'Anadyr'," 51; Fursenko and Naftali, *"One Hell of a Gamble,"* 297–298.
17. "Raport. St. Oper-upolnomochennyi 2-go otdela UKGB pri SM SSSR po Iaroslavskoi oblasti starshii leitenant Goncharov," November 2, 1962, in SBU Archives, fond 1, opys 1, no.1532, fol. 12/363/4757; Valentin Polkovnikov, "Startovyi divizion raketnogo polka na Kube," in *Strategicheskaia operatsiia "Anadyr',"* 148–160, here 159.
18. Rafael Zakirov, "V dni Karibskogo krizisa," in *Strategicheskaia operatsiia "Anadyr',"* 179–185, here 184; "Raport. Starshii upolnomochennyi apparata upolnomochennogo UKGB pri SM UkSSR po Donetskoi oblasti maior Protasov," Odessa, 25 noiabria 1962 g., in SBU Archives, fond 1, opys 1, no.1532, fol.345; Ivan Sidorov, "Vypolniaia internatsional'nyi dolg," in *Strategicheskaia operatsiia "Anadyr'." Kak ėto bylo.* Memuarno-spravochnoe izdanie, ed. V. I. Esin (Moscow, 2000), 125–133, here 132.
19. Polkovnikov, "Startovyi divizion raketnogo polka na Kube," 159.
20. Statsenko, "Doklad komandira 51-i raketnoi divizii o deistviiakh soedineniia v period s 12 iiulia po 1 dekabria 1962 goda na o. Kuba."
21. "Telegram from TROSTNIK (Soviet Defense Minister Rodion Malinovsky) to PAVLOV (General Issa Pliev)," October 27, 1962, History and Public Policy Program Digital Archive, Archive of the President of the Russian Federation, Special Declassification, April 2002, trans. Svetlana Savranskaya, https://digitalarchive.wilsoncenter.org/document/117327; "Telegram from TROSTNIK(Soviet Defense Minister Rodion Malinovsky) to PAVLOV (General Issa Pliev)," October 28, 1962, History and Public Policy Program Digital Archive, Archive of the President of the Russian Federation, Special Declassification, April 2002, trans. Svetlana Savranskaya, https://digitalarchive.wilsoncenter.org/document/117329; "Telegram from TROSTNIK (Soviet Defense Minister Rodion Malinovsky) to PAVLOV (General Issa Pliev)," October 30, 1962, History and Public Policy Program Digital Archive, Archive of the President of the Russian Federation, Special Declassification, April 2002, trans. Svetlana Savranskaya, https://digitalarchive.wilsoncenter.org/document/117331.
22. Ivan Shyshchenko, "Raketnyi pokhod na Kubu," in *Strategicheskaia operatsiia "Anadyr'." Kak ėto bylo.* Memuarno-spravochnoe izdanie, ed. V. I. Esin (Moscow, 2000), 134–141, here 140.
23. Shyshchenko, "Raketnyi pokhod na Kubu," 140; "Raport. Starshii upolnomochennyi apparata upolnomochennogo UKGB pri SM UkSSR po Donetskoi oblasti maior Protasov," Odessa, 25 noiabria 1962 g., in SBU Archives, fond 1, opys 1, no.1532, fols.341, 345.
24. "Raport. Starshii upolnomochennyi apparata upolnomochennogo UKGB pri SM UkSSR po Donetskoi oblasti maior Protasov," fols. 346, 347.
25. "Raport. Starshii upolnomochennyi apparata upolnomochennogo UKGB pri SM UkSSR po Donetskoi oblasti maior Protasov," fols. 347, 348.
26. "Telegram from USSR Foreign Ministry to Soviet Deputy Foreign Minister V. V. Kuznetsov," October 31, 1962, History and Public Policy Program Digital Archive, Archive of Foreign Policy, Russian Federation (AVP RF), Moscow, copy obtained by NHK (Japanese Television), provided to CWIHP, and on file at National Security Archive, Washington, DC, trans. John Henriksen, Harvard University, https://digitalarchive.wilsoncenter.org/document/112642; "Telegram from USSR Foreign Minister A. Gromyko to Deputy Foreign Minister Kuznetsov at the Soviet Mission in New York," November 1, 1962, History and Public Policy Program Digital Archive, AVP RF, copy obtained by NHK, provided

to CWIHP, and on file at National Security Archive, Washington, DC, trans. John Henriksen, Harvard University, https://digitalarchive.wilsoncenter.org/document/112650.

27. "Telegram from the Department of State to the Mission to the United Nations, Washington," October 31, 1962, 12:46 p.m., *FRUS*, 1961–1963, vol.11, *Cuban Missile Crisis and Aftermath*, no.125, https://history.state.gov/historicaldocuments/frus1961-63v11/d125; "Telegram from A. I. Mikoyan in New York to CC CPSU (2)," November 2, 1962, History and Public Policy Program Digital Archive, AVP RF, copy obtained by NHK, provided to CWIHP, and on file at National Security Archive, Washington, DC, trans. John Henriksen, Harvard University, https://digitalarchive.wilsoncenter.org/document/110425.
28. "Telegram from Soviet envoy in New York V. V. Kuznetsov to USSR Foreign Ministry," November 7, 1962, History and Public Policy Program Digital Archive, AVP RF, copy obtained by NHK, provided to CWIHP, and on file at National Security Archive, trans. John Henriksen, Harvard University, https://digitalarchive.wilsoncenter.org/document/110440; "Raport. St. Operupolnomochennyi 2-go otdela UKGB pri SM SSSR po Iaroslavskoi oblasti starshii leitenant Goncharov," November 2, 1962, in SBU Archives, fond 1, opys 1, no.1532, fol. 365.
29. Aleksandr Rogozin, "Sovetskii flot v voinakh i konfliktakh kholodnoi voiny," chap.2, "SSSR v stroitel'stve VMS Kuby," http://alerozin.narod.ru/CubaNavy/CubaNavySoviet-2.htm.
30. Statsenko, "Doklad komandira 51-i raketnoi divizii o deistviiakh soedineniia v period s 12 iiulia po 1 dekabria 1962 goda na o. Kuba"; "Nachal'niku upravleniia KGB pri Sovete ministrov USSR po Odesskoi oblasti generalmaioru tov. Kuvarzinu. Raport. Starshii upolnomochennyi 2-go otdela UKGB pri SM SSSR po Iaroslavskoi oblasti starshii leitenant Goncharov," November 28, 1962, SBU Archives, fond 1, no.1532, fols. 352–369, here fol. 365; "Nachal'niku upravleniia KGB pri Sovete ministrov USSR po Odesskoi oblasti general-maioru tov. Kuvarzinu. Raport. Starshii upolnomochennyi 2-go otdela UKGB pri SM Adzharskoi SSR kapitan Dzhaparidze, December 8, 1962," SBU Archives, fond 1, opys 1, no.1532, fols. 383–389, here fols. 386–387.
31. Statsenko, "Doklad komandira 51-i raketnoi divizii o deistviiakh soediineniia v period s 12 iiulia po 1 dekabria 1962 goda na o. Kuba"; Sidorov, "Vypolniaia internatsional'nyi dolg," 132–133; Rogozin, "Sovetskii flot v voinakh i konfliktakh kholodnoi voiny," chap.2, "SSSR v stroitel'stve VMS Kuby; "Sovetskii Soiuz v lokal'nykh voinakh I konfliktakh," 280; "Telegram from TROSTNIK (Soviet Defense Minister Rodion Malinovsky) to PAVLOV (General Issa Pliev)," November 20, 1962, History and Public Policy Program Digital Archive, Archive of the President of the Russian Federation, Special Declassification, April 2002, trans. Svetlana Savranskaya, https://digitalarchive.wilsoncenter.org/document/117337.

第二十六章 回到封锁

1. Rhodes Cook, "The Midterm Election of '62: A Real 'October Surprise,' " Sabato's Crystal Ball, University of Virginia Center for Politics, September 30, 2010, http://www.centerforpolitics.org/crystalball/articles/frc2010093001/.
2. "Letter from President Kennedy to Chairman Khrushchev," Washington, November 6, 1962, *FRUS*, 1961–1963, vol. 6, *Kennedy-Khrushchev Exchanges*, no.74, https://history.state.gov/historicaldocuments/frus1961-63v06/d74; Beschloss, *The Crisis Years*, 555–557.
3. "Telegram from TROSTNIK (Soviet Defense Minister Rodion Malinovsky) to PAVLOV (General Issa Pliev)," November 5, 1962, History and Public Policy Program Digital Archive, Archive of the President of the Russian Federation, Special Declassification, April 2002, trans. Svetlana Savranskaya, https://digitalarchive.wilsoncenter.org/document/117333.
4. "Telegram from Nikita Khrushchev to Anastas Mikoyan," November 11, 1962, History and Public Policy Program Digital Archive, From the personal papers of Dr. Sergo A. Mikoyan, donated to the National Security Archive, trans. Svetlana Savranskaya for the National Security Archive, https://digitalarchive.wilsoncenter.org/document/11509.
5. "Telegram from Nikita Khrushchev to Anastas Mikoyan," November 11, 1962, History and Public Policy Program Digital Archive, From the personal papers of Dr. Sergo A. Mikoyan, donated to the National Security Archive, trans. Svetlana Savranskaya for the National Security Archive, https://digitalarchive.wilsoncenter.org/document/115098.
6. "Memorandum of Conversation between Castro and Mikoyan," November 5, 1962; cf. "Zapis' besedy

Mikoiana s Fidelem Kastro et al.," November 5,1962, 7–8, https://nsarchive2.gwu.edu/rus/text_files/CMCrisis/40.PDF; Raymond Garthoff, *Reflections on the Cuban Missile Crisis: Revised to Include New Revelations from Soviet and Cuban Sources* (Washington, DC, 1989), 108.

7. Nikita Khrushchev, "Telegram to Mikoian, November 11, 1962," in *Karibskii krizis, dokumenty*, Rossiiskie programmy Arkhiva ntasionalnoi bezopasnosti, National Security Archive, George Washington University, https://nsarchive2.gwu.edu/rus/text_files/CMCrisis/46.PDF; Fursenko and Naftali, *"One Hell of a Gamble,"* 302–303.
8. "Record of Conversation between Mikoyan and Fidel Castro, Havana," November 13, 1962, History and Public Policy Program Digital Archive, From the personal papers of Dr. Sergo A. Mikoyan, donated to the National Security Archive, trans. Anna Melyakova for the National Security Archive, https://digitalarchive.wilsoncenter.org/document/115099.
9. "Record of Conversation between Mikoyan and Fidel Castro, Havana," November 13, 1962, https://digitalarchive.wilsoncenter.org/document/115099
10. Fursenko and Naftali, *"One Hell of a Gamble,"* 305–306; "Cuban Military Order Authorizing Anti-Aircraft Fire," November 17, 1962, in *Karibskii krizis, dokumenty,* Rossiiskie programmy Arkhiva natsional'noi bezopasnosti, National Security Archive, George Washington University, https://nsarchive2.gwu.edu/nsa/cuba_mis_cri/621117%20Authorizing%20Anti-aircraft%20Fire.pdf; *American Foreign Policy: Current Documents 1962* (Washington, DC, 1966), 459–460.
11. "Letter from President Kennedy to Chairman Khrushchev," Washington, November 6, 1962, *FRUS*, 1961–1963, vol.6, *Kennedy-Khrushchev Exchanges*, no.74, https://history.state.gov/historicaldocuments/frus1961-63v06/d74; "Letter from Chairman Khrushchev to President Kennedy," Moscow, Undated, *FRUS*, 1961–1963, vol. 6, *Kennedy-Khrushchev Exchanges*, no.75, https://history.state.gov/historicaldocuments/frus1961-63v06/d75.
12. "Telegram from Soviet Ambassador to the USA A. F. Dobrynin to USSR Foreign Ministry," November 12, 1962, History and Public Policy Program Digital Archive, AVP RF, copy obtained by NHK, provided to CWIHP, and on file at National Security Archive, trans. J. Henriksen, https://digitalarchive.wilsoncenter.org/document/110442; "Editorial Note," *FRUS*, 1961–1963, vol.6, *Kennedy-Khrushchev Exchanges*, no.76, https://history.state.gov/historicaldocuments/frus1961-63v06/d76.
13. "Message from Chairman Khrushchev to President Kennedy," Moscow, November 14, 1962, *FRUS*, 1961–1963, vol. 6, *Kennedy-Khrushchev Exchanges*, no.77, https://history.state.gov/historicaldocuments/frus1961-63v06/d77; "Telegram from Soviet Ambassador to the USA A. F. Dobrynin to USSR Foreign Ministry," November 14, 1962, History and Public Policy Program Digital Archive, AVP RF, copy obtained by NHK, provided to CWIHP, and on file at National Security Archive, trans. John Henriksen, https://digitalarchive.wilsoncenter.org/document/110443; "Message from President Kennedy to Chairman Khrushchev," Washington, November 15, 1962, *FRUS*, 1961–1963, vol. 6, *Kennedy-Khrushchev Exchanges*, no.78, https://history.state.gov/historicaldocuments/frus1961-63v06/d78; "Memorandum from the President's Special Assistant for National Security Affairs (Bundy) to the Executive Committee of the National Security Council," Washington, November 16, 1962, *FRUS*, 1961–1963, vol.11, *Cuban Missile Crisis and Aftermath*, no.184, https://history.state.gov/historicaldocuments/frus1961-63v11/d184.
14. "Telegram from the Mission to the United Nations to the Department of State," New York, November 15, 1962, midnight, *FRUS*, 1961–1963, vol.11, *Cuban Missile Crisis and Aftermath*, no.183, https://history.state.gov/historicaldocuments/frus1961-63v11/d183.
15. "Central Committee of the Communist Party of the Soviet Union Presidium Protocol 66," November 16, 1962, History and Public Policy Program Digital Archive, RGANI, F.3, Op.16, D.947, L. 49, trans. and ed. Mark Kramer, with assistance from Timothy Naftali, https://digitalarchive.wilsoncenter.org/document/115093.
16. "Excerpt from Protocol No. 66 of Session of CC CPSU Presidium, 'Instructions to Comrade A. I. Mikoyan,' " November 16, 1962, History and Public Policy Program Digital Archive, Personal Archive of Dr. Sergo A. Mikoyan, trans. Svetlana Savranskaya, https://digitalarchive.wilsoncenter.org/document/117335; cf. Nikita Khrushchev, "Ob ukazaniiakh tovarishchu Mikoianu," 10 pp., in *Karibskii krizis, dokumenty*, Rossiiskie programmy Arkhiva natsional'noi bezopasnosti, National Security Archive, George Washington University, https://nsarchive2.gwu.edu/rus/text_files/CMCrisis/47.PDF.
17. "Anastas Mikoian Nikite Khrushchevu," November 18, 1962, 3 pp., in *Karibskii krizis, dokumenty*,

Rossiiskie programmy Arkhiva natsional'noi bezopasnosti, National Security Archive, George Washington University, https://nsarchive2.gwu.edu/rus/text_files/CMCrisis/50.PDF.

18. "Rodion Malinovsky and Matvei Zakharov to the Central Committee," November 17, 1962, in *Karibskii krizis, dokumenty*, Rossiiskie programmy Arkhiva natsional'noi bezopasnosti, National Security Archive, George Washington University, https://nsarchive2.gwu.edu/rus/text_files/CMCrisis/48.PDF; "Telegram from Soviet Foreign Minister A. A. Gromyko to A. I. Mikoyan," November 18, 1962, History and Public Policy Program Digital Archive, AVP RF; copy obtained by NHK, provided to CWIHP, and on file at National Security Archive, Washington, DC, trans. John Henriksen, Harvard University, https://digitalarchive.wilsoncenter.org/document/110445; "Anastas Mikoian Nikite Khrushchevu," November 18, 1962, 3 pp., in *Karibskii krizis, dokumenty*, Rossiiskie programmy Arkhiva natsional'noi bezopasnosti, National Security Archive, George Washington University, https://nsarchive2.gwu.edu/rus/text_files/CMCrisis/50.PDF; "Anastas Mikoian to Nikita Khrushchev," November 19, 1962, 4 pp., in *Karibskii krizis, dokumenty*, Rossiiskie programmy Arkhiva natsional'noi bezopasnosti, National Security Archive, George Washington University, https://nsarchive2.gwu.edu/rus/text_files/CMCrisis/52.PDF.
19. "Zapis' besedy tovarishcha Anastasa Ivanovicha Mikoiana s tovarishchami Fidelem Kastro, Osval'do Dortikosom et al.," November 19, 1962, https:// nsarchive2.gwu.edu/rus/text_files/CMCrisis/51.PDF; "Anastas Mikoian to Nikita Khrushchev," November 19, 1962; "Anastas Mikoian to the Central Committee," November 20, 1962, in *Karibskii krizis, dokumenty*, Rossiiskie programmy Arkhiva natsional'noi bezopasnosti, National Security Archive, George Washington University, https://nsarchive2.gwu.edu/rus/text_files/CMCrisis/53.PDF; "Text of Communication Dated 19 November 1962 from Prime Minister Fidel Castro of Cuba to Acting Secretary-General U Thant," Press Release SG/1379, 20 11 1962, 2, https://search.archives.un.org/uploads/r/united-nations-archives/7/e/e/7ee400f4f307d5d29bf66c5d1d0dcfdb5aa620d4117d73a7fea0eaa93d4964d3/S-0872-0002-06-00001.pdf.
20. Acosta, *October 1962*, 188–190; "Anastas Mikoian to Nikita Khrushchev," November 19, 1962, 2–4, https://nsarchive2.gwu.edu/rus/text_files/CMCrisis/52.PDF.
21. "Zapis' besedy tovarishcha Anastasa Ivanovicha Mikoiana s tovarishchami Fidelem Kastro, Osval'do Dortikosom et al.," November 19, 1962; "Anastas Mikoian to Nikita Khrushchev," November 19, 1962; "Anastas Mikoian to the Central Committee," November 20, 1962.

第二十七章 感恩节

1. "Summary Record of the 26th Meeting of the Executive Committee of the National Security Council," Washington, November 16, 1962, 11 a.m., *FRUS*, 1961–1963, vol.11, *Cuban Missile Crisis and Aftermath*, no.185, https://history.state.gov/historicaldocuments/frus1961-63v11/d185; "Memorandum from the Joint Chiefs of Staff to President Kennedy," Washington, November 16, 1962. *FRUS*, 1961–1963, vol.11, *Cuban Missile Crisis and Aftermath*, no.186, https://history.state.gov/historicaldocuments/frus1961-63v11/d186; "Paper Prepared for the Chairman of the Joint Chiefs of Staff (Taylor) for a Meeting with President Kennedy," Washington, November 16, 1962, *FRUS*, 1961–1963, vol.11, *Cuban Missile Crisis and Aftermath*, no.187, https://history.state.gov/historicaldocuments/frus1961-63v11/d187; "Memorandum of a Conference with President Kennedy," Washington, November 16, 1962, 4 p.m., *FRUS*, 1961–1963, vol.11, *Cuban Missile Crisis and Aftermath*, no.188, https://history.state.gov/historicaldocuments/frus1961-63v11/d188.
2. "RFK Notes. Executive Committee Meetings." Papers of Robert F. Kennedy, Attorney General Papers, Attorney General's Confidential File 6-2-10: Cuba: Executive committee meetings: RFK notes and memos, 1962: October–December (1 of 2 folders), 29, RFKAG-215-011, John F. Kennedy Presidential Library and Museum; "Summary Record of the 27th Meeting of the Executive Committee of the National Security Council," Washington, November 19, 1962, 10 a.m., *FRUS*, 1961–1963, vol.11, *Cuban Missile Crisis and Aftermath*, no.192, https://history.state.gov/historicaldocuments/frus1961-63v11/d192.
3. Fursenko and Naftali, *"One Hell of a Gamble,"* 307; "Editorial Note," *FRUS*, 1961–1963, vol. 11, *Cuban Missile Crisis and Aftermath*, no.194, https://history.state.gov/historicaldocuments/frus1961-63v11/d194; cf. Arthur M. Schlesinger Jr., *Robert Kennedy and His Times* (Boston and New York, 1978), 550.
4. "Message from Chairman Khrushchev to President Kennedy," Moscow, November 20, 1962, *FRUS*, 1961–1963, vol.11, *Cuban Missile Crisis and Aftermath*, no.196, https://history.state.gov/

historicaldocuments/frus1961-63v11/d196.
5. "Message from Chairman Khrushchev to President Kennedy," Moscow, November 20, 1962.
6. Message from Chairman Khrushchev to President Kennedy, Moscow, November 20, 1962, *FRUS*, 1961–1963, vol. 11, *Cuban Missile Crisis and Aftermath*, no.196, https://history.state.gov/historicaldocuments/frus1961-63v11/d196; "Telegram from TROSTNIK (Soviet Defense Minister Rodion Malinovsky) to PAVLOV (General Issa Pliev)," November 20, 1962, History and Public Policy Program Digital Archive, Archive of the President of the Russian Federation, Special Declassification, April 2002, trans. by Svetlana Savranskaya, https://digitalarchive.wilsoncenter.org/document/117337.
7. "On Additional Instructions to comrade A. I. Mikoian on the Cuban Issue, November 22, 1962," The Cuban Missile Crisis 1962: The 40th Anniversary, Documents, National Security Archive, George Washington University, https://nsarchive2.gwu.edu/nsa/cuba_mis_cri/621122%20CPSU%20Instructions%20to%20Mikoyan.pdf; cf. Mikoyan's report to the Central Committee on the Cuban instruction to Lechuga and Khrushchev's and Gromyko's instructions to him in that regard, in Sergo Mikoyan, *The Soviet Cuban Missile Crisis,* Documents no.35 and 36, 478–480.
8. "Memorandum of A. I. Mikoyan's Conversation with Comrades F. Castro, O. Dorticos, E. Guevara, E. Aragones, and C. R. Rodriguez," in Sergo Mikoyan, *The Soviet Cuban Missile Crisis*, Document no. 37, 481–488.
9. John Fitzgerald Kennedy, President Kennedy's Statement on Cuba, November 20, 1962, American History, http://www.let.rug.nl/usa/presidents/john-fitzgerald-kennedy/president-kennedys-statement-on-cuba-november-20-1962.php. Cf. *"Third Draft," 11.20.62,* in John F. Kennedy Presidential Library and Museum, Papers of Robert F. Kennedy, Attorney General Papers, Attorney General's Confidential File 6-4-1: Cuba: Cuban Crisis, 1962: *Kennedy-Khrushchev Letters*, 1962: September–November, 24–27; Robert Kennedy, *Thirteen Days*, Documents, 172–74; President John F. Kennedy's 45th News Conference–November 20, 1962, https://www.youtube.com/watch?v=e7dB0AkhvgM.
10. "Ia vam ėkspromptom dolozhil," Iz zakliuchitel'nogo slova N. S. Khrushcheva na plenume TsK KPSS 23 noiabria 1962 goda," Stenogramma, *Ogonek*, October22, 2012, https://www.kommersant.ru/doc/2049584.
11. "Ia vam ėksprоmptom dolozhil," Iz zakliuchitel'nogo slova N. S. Khrushcheva na plenume TsK KPSS 23 noiabria 1962 goda," Stenogramma, *Ogonek*, October 22, 2012, https://www.kommersant.ru/doc/2049584.
12. Dmitrii Poliansky's address in *Nikita Khrushchev, 1964: Stenogrammy plenuma i drugie dokumenty,* comp. Andrei Artizov et al. (Moscow, 2007), 198, https://on-island.net/History/1964.htm.
13. Aleksei Butskii, "Rabota Glavnogo shtaba RVSN v period podgotovki i provedeniia operatsii Anadyr'," in *Strategicheskaia operatsiia Anadyr'*," 65–70, here 70.

后　记

1. "Khrushchev calls Kennedy death 'a heavy blow,' " UPI, November 23, 1963, https://www.upi.com/Archives/1963/11/23/Khrushchev-calls-Kennedy-death-a-heavy-blow/3503214243588/.
2. Simon L. Lewis and Mark A. Maslin, *The Human Planet: How We Created the Anthropocene* (London, 2018), 257–258; Odd Arne Westad, *The Cold War: A World History* (New York, 2017), 224–225, 303; Joseph M. Siracusa, *Nuclear Weapons: A Very Short Introduction* (Oxford, 2015), 39–79.
3. Thomas Graham Jr. and Damien J. LaVera, *Cornerstones of Security: Arms Control Treaties in the Nuclear Era* (Seattle and London, 2002); Ishaan Tharoor, "Trump Embraces a New Nuclear Arms Race," *Washington Post*, February 4, 2019, https://www.washingtonpost.com/world/2019/02/04/trump-embraces-new-nuclear-arms-race/?utm_term=.634a16c21ba1; "U.S. Withdrawal from the INF Treaty on August 2, 2019," Press Statement, Michael R. Pompeo, Secretary of State, August 2, 2019, https://www.state.gov/u-s-withdrawal-from-the-inf-treaty-on-august-2-2019/; " 'Destructive U.S.': Russia Reacts to INF Treaty Withdrawal," *Moscow Times*, August 2, 2019, https:// www.themoscowtimes.com/2019/08/02/destructive-us-russia-reacts-to-inf-treaty-withdrawal-a66680.
4. Max Fisher, "The Cuban Missile Misunderstanding: How cultural misreadings almost led to global annihilation," *Washington Post*, October 16, 2012.
5. Paul Bracken, *The Second Nuclear Age: Strategy, Danger, and the New Power Politics* (New York, 2012), 93–214.